21世纪卓越人力资源管理与服务丛书

薪酬管理

陈国海　罗国栋　刘晓琴◎编著

清华大学出版社

北京

内 容 简 介

"薪酬管理"是人力资源管理专业的一门核心课程。本书回答了薪酬管理如何与组织发展战略和人才管理相匹配，如何制定合理的薪酬水平，如何保障员工的生活以及激励员工，如何设计薪酬结构，如何进行宽带薪酬管理与员工福利设计，如何对特殊人员进行薪酬管理，如何妥善稳健地运作薪酬体系，如何依法依规做好薪酬管理、防范薪酬管理风险等一系列问题。本书共十一章，详细论述并分析了薪酬管理过程中的各种现象，其内容包括薪酬管理概论、战略性薪酬管理、基本工资管理、薪酬水平管理、薪酬结构管理、宽带薪酬管理、奖励性薪酬管理、员工福利管理、特殊群体薪酬管理、薪酬体系的运行管理、薪酬管理法律法规。

本书语言通畅、条理清晰、结构严谨、例证风趣、体例活泼，既方便教师教学，增加课堂教学气氛，提高教学效果，也方便学生自学，十分适合作为经管类专业的本科教材或者企业薪酬管理专员的自学读物，也适合作为 MBA、EMBA 和经管类研究生课程的教材或辅助教材。

图书在版编目（CIP）数据

薪酬管理/陈国海，罗国栋，刘晓琴编著.—北京：清华大学出版社，2020.2
（21世纪卓越人力资源管理与服务丛书）
ISBN 978-7-302-54730-3

Ⅰ.①薪…　Ⅱ.①陈…　②罗…　③刘…　Ⅲ.①企业管理－工资管理　Ⅳ.①F272.923

中国版本图书馆 CIP 数据核字（2020）第 000959 号

责任编辑：邓　婷
封面设计：刘　超
版式设计：文森时代
责任校对：马军令
责任印制：杨　艳

出版发行：清华大学出版社
　　　　网　　　址：http://www.tup.com.cn，http://www.wqbook.com
　　　　地　　　址：北京清华大学学研大厦 A 座　　　邮　　编：100084
　　　　社 总 机：010-62770175　　　　　　　　　邮　　购：010-62786544
　　　　投稿与读者服务：010-62776969，c-service@tup.tsinghua.edu.cn
　　　　质量反馈：010-62772015，zhiliang@tup.tsinghua.edu.cn
印 装 者：三河市龙大印装有限公司
经　　销：全国新华书店
开　　本：185mm×230mm　　　印　　张：23.75　　　字　　数：486 千字
版　　次：2020 年 2 月第 1 版　　　印　　次：2020 年 2 月第 1 次印刷
定　　价：59.80 元

产品编号：069154-01

序　言

　　薪酬管理既是人力资源管理的一个重点，也是难点，同时，它也是人力资源管理专业的核心课程。随着我国经济发展迈入新时代，在科学技术迅猛发展、全球经济一体化、劳动力市场竞争及企业组织扁平化趋势日益加剧的背景下，企业越来越重视通过科学有效的薪酬管理来吸引、留住和激励人才，从而获得生存和竞争优势，保持自身发展的可持续性。此外，虽然目前国内外有一些关于薪酬管理的教材，而且各具特色，但也不可避免地存在一些缺点，比如因编写年代久远，出现内容滞后于现实的现象；内容很丰富，但是缺乏最新研究数据；辅助或拓展性工具缺失，难以支持多样性教学方法的开展；以方法为主，适应性比较欠缺等。因此，本书在此基础上，借助于广东省人力资源研究会平台，紧跟教学改革要求的新形势，紧紧围绕既定的教学目标，通过关注国内外最新的政策，结合最新的理论和实践发展，与时俱进，最终完成此书的撰写。

　　一、本书特色

　　本书语言通畅、内容深度适宜、知识涵盖面广、案例丰富、体例活泼、理论与实际联系紧密、系统性强。具体而言，本书具有以下几方面特点。

　　1. 结合税改等国内热点问题，与时俱进

　　本教材在全面系统地介绍薪酬管理专业理论知识的同时，结合了国内税改政策和相关法律法规变革等热点问题，使得教材内容与国内最新发展动态接轨，做到了与时俱进。例如，第八章员工福利管理中，介绍了员工可享有的最新的法定福利；第五章薪酬结构管理中，提出了在新个人所得税法制度下，企业在薪酬结构设计时应注意的问题并给出了一些合理的建议；第十一章中介绍了与企业薪酬管理相关的最新的法律法规条例等。

　　2. 吸收薪酬管理前沿理论，引入博弈论思想

　　本教材吸收并详细讲述了近年来国内外薪酬管理中最新、最成熟的研究成果和理论，如全面薪酬（详见第一、二章）、战略性薪酬（详见第二章）、弹性福利计划（详见第八章）、宽带薪酬（详见第六章）等反映薪酬管理发展最新趋势的概念。同时，本教材打破了以往仅从企业角度分析薪酬管理的方式，通过引入博弈论思想，充分考虑员工的诉求以及二者间的动态博弈，以期多角度地分析和探索出更符合当前我国企业管理形势的薪

酬体系。

3．内容涵盖面广，结构合理

本教材内容不仅涵盖了国内政策热点，还涵盖了全面薪酬等前沿理论。同时，教材的每个章节开始都设有引例用于启下；每章中，正文部分理论内容的阐述在保证系统完整的前提下都尽量做到了短小精悍，且中间还穿插着相应的例证；每章结尾设有相关学习网站链接和思考题。这样的编写结构有助于读者保持阅读兴趣，更好地理解和掌握教材所阐述的概念、原理和方法，以实现快速消化专业知识的目的。

4．理论结合实践，实现"知行统一"

本教材撰写过程中，采用"产学研"协同模式，借助广东省人力资源研究会平台，充分利用平台资源，将积累十余年的管理案例和实践经验写入教材（详见书中各章节的引例、例证及章末的案例分析），这为实施研究性教学和实践教学提供了载体，真正意义上实现理论与实践相结合，也有助于改善当前大学生"眼高手低""理想化""知行脱节"的现状。

5．教材体例活泼，提升课堂效果

作者在编写此书时，为适应新时期高校教学质量改革的要求，改变以往教材体例单一、固定的模式，共设计了学习目标、引例、例证、本章小结、网站推荐、思考题、案例分析七大模块。这种活泼的教材体例设计和安排，为教师们开展多样性教学创造了条件，如进行课堂小组讨论、案例分析等，使师生互动性增强。同时，也容易激发学生的学习兴趣，推动"自主学习—合作学习—创新学习"的三维复合学习程序，从而提升课堂效果。

6．搭建通向第三方薪酬服务机构的桥梁

本教材在详细介绍薪酬管理专业理论的同时，还通过每章正文之后的"网站推荐"模块，将一些与该章节内容密切相关的、具有权威性的第三方薪酬服务机构（如美世咨询、中智薪酬等）的相应网址附上，在正文中进行个别例证介绍的同时，也相应地附上了网址。这为读者搭建了一座通向第三方薪酬服务机构的桥梁，有助于感兴趣的读者通过网络进一步了解这些第三方薪酬服务机构的特色，从而扩大自己的知识面，弥补课堂教学的不足。

二、其他事宜

本书广泛征求了业界专家、学者、企业高管等专业人士的意见和建议，是集体智慧的结晶。本书由广东外语外贸大学陈国海教授、黄埔将校商学院罗国栋执行院长、广东外语外贸大学刘晓琴副教授负责拟定全书的框架并总纂统稿。陈国海教授的研究生及科研助手们也参与了本书的编写和修改工作，他们是：卢翠平、关俊文、李妙菁、刘永明、万家如、杨博文、王诗宇、陈双、曾礼萍、田晓筱。在此，对他们的热心帮助和工作表示衷心的感谢！本书同时获得了广东外语外贸大学商学院和清华大学出版社的大力支持和帮助。同时，此书也被列为 2018 年度广东外语外贸大学校级教材建设重点立项项目。在此，我们对所有支持本书编写工作的单位和同仁表示诚挚的感谢！

　　本教材适合作为工商管理、市场营销、人力资源管理、管理工程、行政管理、公共管理、经济学、会计学、财务管理、金融学等经管类专业的本科教材或者企业员工的自学读物，也可作为 MBA、EMBA 和经管类研究生人力资源管理学的教材或辅助教材。由于水平、时间和精力有限，书中难免存在疏漏或有待完善之处，欢迎读者对本教材提出批评与建议。作者联系邮箱：gdhrs@vip.163．com。

陈国海

广东外语外贸大学商学院教授

广东省人力资源研究会秘书长

香港大学心理学博士

于 2019 年 8 月 1 日建军节

目　录

第一章

薪酬管理概论

 **学习目标**

- 熟悉薪酬的概念、构成与作用
- 熟悉薪酬的影响因素
- 掌握薪酬管理的概念和特点
- 掌握薪酬管理的目标与原则
- 熟悉薪酬管理的基本内容与流程
- 了解薪酬管理理论与发展趋势

 引例

耐克加薪的背后

2018 年 7 月，美国体育用品生产巨头耐克公司宣布对七千多名员工进行加薪。与此同时，耐克也在全球范围内改变了对于员工年度奖金发放的方式。以前，员工获得奖金的多少取决于个人和团队的绩效；未来，员工的奖金将决定于整个年度公司财政的收益，而且获得奖励的水平将会遵照统一的标准。这次加薪员工数量占到了耐克全球员工数量的 10%。耐克这次为什么会有大范围的加薪举动呢？2017 年，耐克公司的年营业收入达到了 360 亿美元，相比 2016 年增长了约 6%，但这显然不是这次加薪的主要原因。

2017 年春天，《纽约时报》曝光了耐克公司存在歧视女性员工和性侵事件的丑闻，导致耐克几位高管辞职，耐克 CEO 马克·帕克（Mark Parker）出来公开道歉，这些都极大地伤害了耐克的形象。而就在丑闻被曝光的几个月前，耐克进行了一次内部薪酬满意度调查，结果显示耐克内部员工对于"薪酬不公平"问题最为不满，同岗不能同酬的现象十分严重，因此才有了这次耐克的加薪和调整年度奖金发放方式的举措。而耐克的这次加薪无非就是在内外重重压力之下，为了能够快速摆脱危机做的一次高调的危机公关罢了。

因此，企业的薪酬管理想要令企业上下皆大欢喜，人人满意是绝对不可能的事情。薪酬这个话题历来敏感，牵涉多方利益，因此薪酬管理实际上是在多方博弈之后，以期达到一个平衡的状态，让大部分人觉得比较满意就好了。

（Bussin，2018）

企业薪酬管理可以说是人力资源管理六大模块中最为复杂的，同时也是特别重要的一个模块。那么，在企业人力资源管理实践中，薪酬管理发挥了怎样的作用？如何进行薪酬管理以更好地激励员工发挥最大的潜能？本章在界定薪酬和薪酬管理的基本概念后，将着重介绍薪酬的功能和影响因素，以及在薪酬管理中应达到的目标和应掌握的基本原则等内容，使读者对薪酬管理相关基础内容具有基本的认识和了解。

第一节　薪酬概述

本节首先介绍了薪酬的概念，接着，又阐述了薪酬的构成要素、薪酬的功能与影响因素。

一、薪酬的概念与构成

（一）薪酬的概念

薪酬是来源于西方经济学和管理学范畴的概念，常用"Compensation""Salary""Wage、Pay"等单词进行表达，原义是回报、补偿、平衡的意思。通常我们将薪酬定义为"企业在雇佣劳动者进行生产的过程中，由于劳动者付出劳动需要支付给他们的各种货币薪酬和非货币薪酬的总和"（Milkovich，2002）。相对于传统的薪酬概念，现今对薪酬的界定已经发生了很大的拓展，薪酬已经演变为一个内容比较宽泛、丰富的概念，而且还在不断地发展。通常可以把薪酬划分为广义的薪酬和狭义的薪酬。广义的薪酬，从企业的角度看，是指企业为员工支付的全部酬劳和所有激励措施，而从员工的角度看，则是员工从企业获得的有价值的全部所得。广义的薪酬可以分为物质薪酬（或经济薪酬）和非物质薪酬（或精神薪酬）。物质薪酬（或经济薪酬）又可分为直接薪酬和间接薪酬，其中，直接薪酬包括工资和奖金部分，一般以货币方式进行发放，而间接薪酬则是福利和保障部分，以货币、股权、实物等方式进行发放；非物质薪酬（或精神薪酬）是指那些无法用货币进行度量，但却能提升员工满意度、幸福指数、归属感的相关因素，如企业的办公环境、员工职业发展空间以及社会成员对其个人成就的认可等。狭义的薪酬仅指员工因完成工作而得到的直接货币化薪酬，包括基本工资、岗位工资、绩效工资和奖金等货币化收入。其中，基本工资能够保证员工的基本生活水平，主要反映的是员工所承担的职位的价值或者员工所具备的技能或能力的价值，由员工的固定薪点数、薪点值决定；绩效工资和奖金则是企业为了奖励那些已经或者超标实现某些绩效标准的完成者，或为了激励追求绩效工资者去完成某些预定的绩效目标，而在基本工资的基础上支付的可变的、具有激励性的报酬。另外，企业可根据自身实际情况去设置这些奖励的金额。在本书中，我们采用的是广义的薪酬概念。

（二）薪酬的构成

我们按内部构成可以将薪酬分为基本薪酬、可变薪酬以及间接薪酬三部分。

1. 基本薪酬

所谓基本薪酬，是指企业或其他社会组织提供给员工的基本报酬，它是员工完成其承担的工作而获得的报酬。基本薪酬作为员工最为稳定的收入来源，在为其提供基本生活保障的同时，也对员工的可变薪酬产生重要影响。对员工而言，基本薪酬调整的依据主要取决以下五个因素：一是社会的通胀水平；二是其他社会组织支付给条件相同员工的薪酬；三是员工本身所具有的知识、技能及劳动经验；四是员工在企业工作的年限；五是员工职位的变化。通常来讲，基本薪酬随着员工职位的晋升而提高，也会随时依据政策、企业盈利、员工绩效贡献能力等情况进行阶段调整和变动。

2. 可变薪酬

顾名思义，可变薪酬是指员工薪酬中可以变动的部分，这部分薪酬水平的高低与员工的绩效紧密相连。企业采取可变薪酬的目的是为了调动员工的工作积极性，从而提升企业的财务绩效。可变薪酬作为一种激励性措施，在强化员工工作自觉性的同时，企业也实现了提升效率、压缩成本以及实现经营目标的目的。从周期性来看，我们可以把可变薪酬分为短期可变薪酬与长期可变薪酬。短期可变薪酬同员工的具体绩效考核挂钩，长期可变薪酬刺激员工在更长的周期内来努力工作，以获取更丰厚的回报。

3．间接薪酬

间接薪酬主要是指员工获得的基本薪酬与可变薪酬以外的部分，这部分薪酬包括员工所享有的福利。间接薪酬一般可以分为两类：一是社会强制福利；二是企业自身制定的福利。福利与其他货币薪酬不同，在加强企业凝聚力、树立企业文化以及留住企业人才方面都起到了不可或缺的作用。

二、薪酬的功能

薪酬，实现了企业与员工间的紧密相连，推动着社会的进步。对于员工而言，薪酬体现为员工从企业获得劳动报酬，即收入；对于企业而言，薪酬则是一种用来交换员工劳动价值的成本支出。因此，我们可以从员工和企业两个层面来分析薪酬的功能。

（一）员工层面的薪酬功能

从员工层面来看，薪酬主要有保障、激励和调节三大功能（王毅，2015）。

1．保障功能

保障功能是薪酬的基础功能。从市场经济的视角观察，薪酬实际上是将不同学历、技能水平以及经验的人配置到市场的各个岗位上，最终表现为全市场中人力资源供需的一种短暂平衡。在市场经济中，员工消耗自己的体力和脑力，付出劳动，企业给予其相应的薪酬。对于大多数员工来讲，薪酬是其主要的收入来源，对员工的生存起到基础保障性作用。但薪酬的功能不仅表现在保障员工吃、穿、住、用、行方面的基本生存需求，为满足员工的自身发展需要（包括技能培训、再教育等）而产生的开支也要靠薪酬来保障。总体而言，薪酬为员工自身及其家庭的生存、娱乐及发展等生活状态提供了层级化的支撑，对员工及其整个家庭的生活水平以及幸福指数都会产生十分重要的影响。

2．激励功能

激励功能是薪酬管理的核心功能。经典需求理论指出：劳动者具有多层次的需求，即物质、成长空间、工作环境以及其他方面的需求。而薪酬水平的高低能够满足劳动者不同层次的需求，即获得的薪酬水平越高，劳动者的各层次需求就越容易得到满足。此时，薪酬成为绝大多数劳动者积极工作的主要驱动力，对劳动者起着至关重要的激励作用。劳动者为了获得较高的薪酬，满足自己更高层次的需求，会不断提高自身工作效率，改进产品质量，从而为企业创造更大的价值和效益；反之，若薪酬水平达不到劳动者要求，就会挫伤劳动者的积极性。因此，通过薪酬管理对劳动者的个人利益进行调整，可不断地引导和激励劳动者做出与企业目标相一致的行为，从而引导劳动者为企业发挥自己最大的效用。

例证　1-1

谷歌公司的薪酬管理

在《财富》杂志刊登的"2012年美国100家最佳雇主排行榜"上，谷歌排名第一。高福利、高薪酬和贴心的人文关怀，使得谷歌公司受到人才们的青睐。据调查，2012年谷歌公司平均薪水为106 104美元。其中，薪水最高的职位为高级软件工程师（每年140 481美元），薪水最低的职位为客户策略师（每年60 909美元）。谷歌推出以绩效为导向的富有竞争力的全面薪酬，包括工资、津贴、奖金、福利、保险和股票期权等。对外，谷歌尽量使整体薪酬在市场中保持着强大竞争力；对内，谷歌充分考虑不同岗位、职级以及员工工作表现的差异性，建立全方位的以业绩为导向的薪资理念。同时，谷歌为所有正式员工发放股票期权，每年都会根据员工上一年度的业绩表现授予股票期权。业绩表现越好的员工，越能得到更高的工资、奖金和股票期权。这种方法，对员工的短期、中期和长期激励发挥着重要的作用。

（Finn，2013）

3. 调节功能

薪酬的调节功能表现为对劳动力市场上人力资源的流动起引导作用。在现代社会中，薪酬水平不仅是劳动者自身价值的体现和衡量指标，即人们可以根据劳动者的薪酬情况判断其技能水平、个人素养、在企业中的地位和社会影响力等。由于现代企业间人员流动更加频繁，薪酬成为人才流动和人才评价的一个指向性的信息传递方式，代表其所具有的地位、层次和能力。因此，薪酬可以在一定程度上约束员工的个人行为，改变其价值观和行为标准。同时，通过优化劳动者资源配置对薪酬体系的调整来提高劳动者的专业技能，引导劳动者从人才过剩岗位向人才紧缺岗位流动，促进企业的可持续发展。此外，薪酬还可以引导劳动者努力学习新兴产业迫切需要的劳动技能，从人才过剩工种向人才稀缺工种流动。这样既满足了各产业部门的人才需求，也对全国的人力资源结构平衡起到了引导作用。

（二）企业层面的薪酬功能

从企业层面来看，薪酬的功能主要体现在企业经营绩效、企业文化和企业变革方面（殷祺，2018）。

1. 改善经营绩效，促进战略实现

对企业而言，薪酬水平的高低不仅关系到员工的质量，也会影响企业的经营绩效和战略的实现。一般来说，合理的薪酬水平既有利于吸引人才和留住优秀员工，提高员工的工作积极性和企业向心力，又可以调节企业运营成本，改善经营绩效，从而帮助企业实现自身发展战略。因此，面对激烈的市场竞争、行业竞争和人才竞争，如何在发挥薪酬对优秀人才吸引作用的同时又能较好地控制薪酬成本支出，改善企业经营绩效，对于企业经营者来说意义重大。由于前面讲到薪酬具有激励功能，因此，企业经营者可以根据劳动力资源价格的变动自主调节薪酬水平，通过制定科学合理的薪酬战略，吸引、保留企业发展所需要的核心人才，在整体的薪酬成本得到控制的前提下，激励他们为企业发展做出更大贡献，从而促进企业经营绩效的提升和自身发展战略的实现。

2．塑造和强化企业文化

企业文化建设越来越成为现代企业凝聚人心、保持发展的重要手段。科学的、带有激励性的薪酬体系有助于企业建立良好的企业文化，增加员工的归属感，增强企业的凝聚力和向心力。因此，薪酬对企业文化的培育具有十分重要的促进作用。利用薪酬管理可以有目的地塑造和强化企业所特有的企业文化和企业内部工作氛围。同时，企业的治理理念也可以通过不同的薪酬体系原则和思路潜移默化地传递给员工，帮助企业形成其特有的文化氛围，构建出统筹协同，保障有力的企业人力资源环境。如果一个企业的薪酬体系与其自身特有的企业文化发生冲突，则会弱化公司的企业文化，削弱企业凝聚力，对企业文化和价值观产生非常不利的负面影响。

例证 1-2 ▉ ▉ ▉

京东的企业文化

每一个优秀的企业都有着自己独特的文化基因，京东作为目前国内发展最快的电商企业，它的企业文化的独特之处在于：一是客户为先的价值观。京东的价值观中第一条就是客户为先。京东是这么说的，也是这样做的。超快的物流送货速度和坚决抵制假货的强硬态度，体现出了京东客户至上的思想。二是超强执行力。关于这一点，有则报道让人印象深刻。京东总部大楼的每个厕所都贴有禁止吸烟的标志，并且将违反禁烟规定的处罚措施（在禁烟区域内吸烟一次，取消该员工当年度无息贷款资格；达到两次则影响当年晋升加薪资格；达到三次则予以开除）标注其上。最终，严格的控烟制度让京东总部大楼成了标准的禁烟区。从这里，我们可以看出京东内部管理的执行力之强。作为一家创业企业，特别是在电商巨头阿里巴巴营造的巨大压力下，京东必须通过业务的快速发展来保持自己的竞争力。企业策略最终需要企业团队的执行力来实现，也正是类似的严格制度和相应的管理水平，保证了京东在各个部门、各个环节的执行能力，帮助集团和各个部门实现自己的预期目标。三是独特的人人平等。京东不仅给予员工丰厚的福利待遇，还能够做到真正尊重每一名员工。在 2017 年集团年会上，京东老总刘强东亲切地称呼快递员们为"蓝领兄弟"。这一声兄弟，使得快递员感受到了尊重，增加了他们对企业的认同感，让他们感到再苦再累也值得。以上三点，可以说是京东企业文化中比较独特的地方，正是这些独特的文化基因为京东的发展注入了强大的精神力量！

（Garcia-Diaz, 2018）

3. 推动企业变革

如今，随着经济全球化过程的逐渐加剧，市场竞争日趋激烈，变革已经成为企业经营过程中的一种常态。对于处在变革期的企业来讲，必须随时做好变革的准备，否则就会被激烈的市场竞争所淘汰。而利用薪酬工具可以帮助企业适应这一状况，迅速实现产业变革的顺利过渡并取得成功。由于薪酬既能影响到个人，又能作用于团队甚至是整个企业，因此，不管是人才引进的层次、素质的差异，还是企业的业务调整、发展重塑等重大决策，都需要薪酬体系的相应匹配。可以这样说，薪酬体系的改革对企业的变革起到先行作用。薪酬体系的变革可以为公司员工提供全新的工作动力的同时，创造良好的变革氛围，从而减小企业变革的阻力。同时，薪酬体系的变革可以使个人利益同公司利益有机结合，迸发出巨大的能量，从而推动企业变革迅速有效地进行。

三、薪酬的影响因素

（一）社会因素

在社会大环境下，对薪酬情况产生影响的因素有地区差异、行业属性、人才需求状况和政策法规等，具体包括以下几个方面。

1. 总体经济发展形势

总体经济发展形势的好坏直接影响着薪酬水平。通常情况下，薪酬水平与总体经济发展形势呈正相关关系，即总体经济发展形势较好时，员工的薪酬水平通常较高；反之，总体经济发展形势不好时，薪酬水平通常较低。

2. 法律与政策

任何企业、组织和个体单位在制定薪酬水平时，都必须符合国家有关法律法规和政策的要求。企业在进行薪酬设计时，必须着重考虑国家相关的法律法规和政策规定，不能与国家的法律制度相抵触。同时，国家的宏观政策反映了整个国民经济发展的趋势，是企业进行薪酬设计时要遵循的一个重要"风向标"。

3. 当地生活水平

经济发达的区域，企业支付能力比较高，人才竞争激烈，因而薪酬水平明显偏高，而经济欠发达的区域，物价水平不高，企业的支付能力较弱，薪酬水平也会相应较低。

4．所在行业

不同行业的薪酬标准也大不相同。例如，经济、金融、证券投资、IT 等行业的薪酬标准通常高于普通的中小微企业和服务性质的企业。因此，企业在制定薪酬标准时应充分考虑行业特点，同行业之间也应互相参照，必要时做好市场薪酬调查工作。

5．劳动力供求状况

劳动力市场的状况直接制约着企业薪酬体系的设计，市场上劳动力的供求状况是企业确定薪酬水平的重要依据。市场的劳动资源过剩的情况下，企业员工的薪酬水平通常会较低。相反，如果市场劳动力资源短缺，尤其是在专业管理人才和技术人才供不应求的情况下，企业考虑到自身发展的需要，通常会争先抢夺这类人才资源，因此会给出高于一般市场价的薪酬。

（二）企业因素

对薪酬情况产生影响的企业因素主要包括企业的运营情况、企业发展战略和企业文化等，具体包括以下几个方面。

1．企业的经济效益

企业的经济效益是薪酬水平最直接的影响因素。运营状况良好、经济效益高的企业，能够负担的薪酬水平和支付薪酬的能力就比较强，并且能在一定情况下保持增长的趋势；反之，则只能支付相对较低的薪酬。

2．企业经营战略

企业薪酬体系设计的重点是与其经营战略相匹配，即符合企业整体战略发展的需要。因此，企业在制定薪酬制度时，必须考虑如何有效地将其融入企业的整体经营战略中去，制定科学的、有竞争力的薪酬战略，从而更好地支持企业的发展，促进企业经营战略的实现。

3．企业发展阶段

企业的生命周期包括初创期、成长期、成熟期和衰退期四个发展阶段。企业所处发展阶段不同，企业的发展特点和经营目标也不相同，因此，需要设计不同的薪酬制度和薪酬策略来适应和支持处于不同发展阶段的企业。

4．企业文化

企业文化是影响薪酬制度设计的重要因素，每个企业的薪酬制度模式必须遵循企业自身的工作文化和价值导向。因为企业文化代表着一个企业的价值观、价值取向和战略目标等，界定了企业在市场和社会中独特的地位和优势。因此，企业设计薪酬体系时，要充分考虑企业文化因素，以适应企业发展规划的要求。

（三）个人因素

从个人角度来说，薪酬水平是由员工个人或岗位职级的特点所决定的，主要受岗位价值、能力价值和绩效价值等方面因素的影响。

1．工作绩效

员工的薪酬水平受到个人在日常工作中给企业带来的绩效的影响。在同等条件下，员工的工作绩效越高，则获得的薪酬水平就越高。一个健全薪酬体系的基本特征是，把员工的工作绩效作为确定薪酬水平的主要依据。

2．工作技能

在经济、科技等领域全球化竞争日益加剧的今天，企业之争便是人才之争，拥有掌握关键技能的人才已成为企业竞争的利器。为了尽可能地获得来自掌握核心技术的专才与阅历丰富的通才的长期支持，实现企业的长远持续性发展，企业通常愿意支付较高的薪酬。

3．资历与经验

一般情况下，为了补偿员工在学习和提升自身工作技能时所耗费的时间、体能、金钱甚至心理上的压力等直接成本和间接成本，对于资历越高、工作经验越丰富的员工，企业给予的薪酬水平也越高，以此激励员工不断地学习新技术，提高其对企业的贡献度。

4．教育培训

在企业的某些岗位上，教育培训程度是衡量员工工作能力的重要参数，也是衡量员工对企业贡献度的重要因素。因此，一般来说，接受较多教育和培训的员工，具有较大的发展潜力，薪酬水平也会相对较高。

5．个人所在岗位

个人所在岗位不同，则薪酬水平也有所不同。通常情况下，员工所在岗位对企业的发展越重要，或对员工综合素质要求越高，其薪酬水平就越高。为了实现薪酬的内部公平性，企业一般通过岗位价值评估来确定各岗位的重要程度，并以此为依据支付员工薪酬。

第二节　薪酬管理概述

薪酬管理是人力资源管理过程中的核心环节，通过薪酬管理能够最大限度地调动员工的积极性和创造性，从而调动员工的工作热情，提高工作效率与质量。因此，企业必须从薪酬管理出发，不断完善和创新其管理机制及管理方式，为提高企业的经济利润以及社会效益夯实基础。

一、薪酬管理的概念与特点

（一）薪酬管理的概念

薪酬管理，是指企业根据所有职工提供的服务来规定他们理应得到的报酬总额以及报酬结构和报酬形式的一个过程（郭爱英，2011）。在这个过程中，企业就薪酬水准、薪酬系统、薪酬结构、薪酬组成以及特殊职工群体的薪酬做出决策。作为一种持续的动态管理过程，企业还需要不断地制订与调整薪酬计划、拟定薪酬预算，就薪酬管理问题与员工进行沟通，同时对薪酬系统的有效性做出评价，随后不断予以完善。薪酬管理也会受到很多因素的影响，如经济环境、社会环境、法律环境、行业环境等宏观环境的影响以及组织与员工自身等微观环境的影响。对企业来说，为了保持自身在劳动力市场上的竞争力，吸引和保留优秀的人才，企业在开展薪酬管理工作时，必须借鉴市场上竞争对手的薪酬水平和薪酬策略。

（二）薪酬管理的特点

相比人力资源管理中的其他工作而言，薪酬管理具有一定的特点，具体为如下三点。

1. 敏感性

由于薪酬牵扯到公司每一位员工的切身利益，尤其是当员工的生活质量还不是很高的情况下，薪酬直接影响着他们的生活水平。因此，薪酬管理是人力资源管理中最敏感的部分。另外，薪酬的高低在很大程度上取决于员工自身的工作能力和工作水平，薪酬也往往被员工视作标尺来衡量自己在公司中所处地位。因此，每一位员工对薪酬问题都比较敏感。

2. 特权性

企业管理者认为，员工参与薪酬管理会增加公司管理矛盾，影响企业投资者的利益。因此，员工几乎不参与公司的薪酬管理，薪酬管理成为员工参与最少的人力资源管理项目，成为企业管理者的一个特权。

3. 特殊性

由于公司性质、公司规模、所处行业等因素的不同，不同公司的薪酬管理差别很大。另外，薪酬管理本身就有岗位工资型、技能工资型、资历工资型、绩效工资型等很多不同的管理类型，这就使得不同公司之间的薪酬管理几乎不具有参考性。

二、薪酬管理的目标与原则

薪酬管理是人力资源管理的核心，通常薪酬管理的方式和工作效率关系密切。因此，为了充分调动员工的工作积极性，提高工作效率，企业应在薪酬管理方面制定合理的目标，掌握一定的原则。

（一）薪酬管理的目标

要发挥薪酬应有的作用，薪酬管理应达到合法目标、公平目标和效率目标。其中，合法性是对薪酬管理的基本要求，因为合法是公司存在和发展的基础。在合法目标的基础上，进而实现公平目标和效率目标，促使薪酬激励作用的实现。

1. 合法目标

合法目标是企业薪酬管理的基本前提。任何企业、组织和个体单位在设计和实施薪酬制度时，都必须符合国家有关法律法规和政策条例要求。例如，企业在薪酬管理中，必须遵循最低工资制度、法定保险福利制度、工资指导线等相关法律规定。

2. 公平目标

公平目标具体包括四个层面，分别是结果公平、程序公平、交往公平和信息公平。

薪酬管理的结果公平，是指员工对薪酬水平、增薪幅度的公平性做出的评价。根据公平理论，员工会将自己的收获和付出与他人（如企业内部其他员工和所处行业相同、岗位相似者）进行比较，来判断企业薪酬分配结果的公平性。但是，公平原则并不是判断薪酬管理结果公平性的唯一原则，员工还会根据以下两个原则判断结果公平性：一是平等原则，指企业平均分配员工的薪酬；二是需要原则，指企业根据个人的需要分配薪酬（Adams，1965）。

薪酬管理的程序公平，是指员工对企业薪酬管理的程序与方法的公平性做出的评价。程序公平具有六项基本原则：一致性、无偏向性、准确性、纠错性、代表性和道德性。其中，员工主要根据薪酬制度的公开性、管理人员与员工的双向沟通、员工参与薪酬制度设计和管理工作、员工投诉和上诉程序等评估企业薪酬管理的程序公平性（Leventhal，1980）。

薪酬管理的交往公平，是指企业管理人员如何对待员工也会影响员工的公平感（Robert J.，1986）。其中，薪酬管理交往公平包括以下三个方面：一是真诚，即管理人员真心实意地坚持公平的薪酬管理程序；二是人际关系敏感性，即管理人员在薪酬制度决策与实施过程中，要礼貌地对待员工，不伤害员工的尊严；三是沟通，即管理人员应向员工解释薪酬制度与决策依据（Coz，2010）。

薪酬管理的信息公平是指在薪酬管理工作中，管理人员为员工提供薪酬信息，解释薪酬管理过程和结果（Greenberg，1993）。

3．效率目标

效率目标的本质是企业力图实现用适当的薪酬成本来获取最大的价值，具体包括两个层面：一是从企业产出角度看，薪酬要给组织绩效带来最大价值；二是从投入角度来看，要实现企业的薪酬成本控制，即在维持企业正常运营的情况下，尽力实现薪酬成本的最小化。

（二）薪酬管理的原则

1．补偿性原则

在薪酬管理过程中，要求企业薪酬的支付能够补偿员工为恢复工作精力、获取和提高自身工作能力以及身体发育等所必需的衣、食、住、用、行方面的费用。企业只有为员工的生活提供了充分的保障后，才能使员工无后顾之忧、全身心地投入工作。

2．公平性原则

在薪酬管理过程中，为增强员工对企业薪酬分配机制的认同感和满意度，发挥薪酬应有的作用，必须注重薪酬分配的公平性。这就要求企业在进行薪酬分配时既要考虑员工的绩效、能力、劳动强度和责任等因素，又要考虑薪酬的外部竞争性和内部一致性，最终实现薪酬的个人公平、内部公平和外部公平。

3．透明性原则

在薪酬管理过程中，企业要适当公开薪酬方案和薪酬政策，让员工有所了解。这样既能使员工清晰了解自身所处层次的薪资水平，还会促使员工为了达到较高层次的薪资水平而努力，从而较好地调动员工的积极性。

4．激励性原则

在薪酬管理过程中，企业要根据员工所实现绩效本身的价值大小确定合适的薪酬水平，即薪酬的发放要与员工为实现企业发展目标所做的贡献挂钩，这样才能极大地调动员工的积极性和创造性，充分发挥薪酬的激励作用。

5．竞争性原则

在薪酬管理过程中，要求企业具有竞争意识，制定一套有利于吸引和留住人才的薪酬体系。只有这样，企业才能在激烈的市场竞争环境中建立薪酬管理方面的优势，吸引和留住人才，从而实现自身利益最大化。

6．经济性原则

企业要在衡量自身投入与产出效益的基础上，进行薪酬设计和薪酬管理。企业要实现自身长远的可持续发展，需要做到，在短期内，企业的销售收入在扣除各项费用和成本后，能够支付得起所有员工的薪酬；在长期内，企业在支付所有员工的薪酬及补偿所用非人工费用和成本后，要有一定的盈余。

7．合法性原则

企业在制订薪酬计划，构建薪酬管理体系的过程中，必须依据国家的法律法规制定相应的标准，通过合法规范的薪酬管理实现公平、竞争、激励的目的。随着我国劳动法体系的逐步健全和完善，薪酬政策的制定更应当遵循法律规定。

8．可操作性原则

如果企业薪酬体系的内容结构简明，薪酬核算方法简单，管理手续简便，就能够为企业节省不必要的人力和开支，降低企业成本。因此，薪酬体系要根据公司经营情况进行灵活调整，规范薪酬结构，简化薪酬单元，突出可操作性与高效性。

三、薪酬管理的基本内容与流程

（一）薪酬管理的基本内容

薪酬管理的主要目的是依据企业的战略方针，对员工薪酬的范围、种类、过程进行全方位的管理。完整的薪酬管理应包括如下五个方面的内容。

1．薪酬的目标管理

薪酬的目标管理，即薪酬应该怎样更好地支持企业的战略发展需求，同时又该如何满足企业员工的需要。

2．薪酬的水平管理

薪酬的水平管理，即薪酬要在满足内部一致性和外部竞争性的基础上，根据员工绩效、工作能力和行为态度进行动态调整，这就包括确定管理团队、技术团队和营销团队的薪酬水平，确定跨国公司各子公司和外派员工的薪酬水平，确定稀缺人才的薪酬水平以及确定与竞争对手相比的薪酬水平等内容。

3．薪酬的体系管理

薪酬的体系管理，不仅包括对基础工资、绩效工资、期权期股的管理，还包括对如何给员工提供个人成长空间、提高员工工作成就感、达成员工良好的职业预期和提高就业能力的管理。

例证　1-3

丰田集团的薪酬管理制度

丰田汽车公司，成立于1937年8月28日，注册资金为6 354亿日元。截止到2018年3月，员工数量达到369 124人。丰田集团创业至今，贯彻经营核心的精神来自于"丰田纲领"。根据丰田集团的创始人丰田佐吉先生的思想精华而总结出的"丰田纲领"是丰田基本管理理念的基础。丰田集团希望与员工建立起一种长期的信任关系，即在没有监督的情况下，员工也能够为公司尽心尽力，那么长期下来，若公司能够获得更大的成功，员工也会因此受益。

丰田集团的员工工资包括基本工资、绩效奖金与业绩红包三个部分。其中，基本工资是丰田根据行业工资水平与当地生活条件，每半年调整一次。在基本工资中，工龄工资是重要的一部分，可以鼓励员工长期留任。绩效奖金是一种将绩效与酬劳联系在一起的额外收入。比如，若整个工厂达到了安全、质量、生产率、成本以及出勤率等KPI指标，员工就能够获得奖金。它是一种内部生产性指标，不与销售挂钩，完全在员工的掌控之中，所有员工获得的绩效奖金基本上是相同的。业绩红包每半年发一次，主要是由销售业绩决定。丰田以稳定性和相互信任为基础的福利包括以下几个方面：休假、带薪休假、短期与长期病假、退休计划、提供进修学费、提供灵活工作时间、为员工提供购车折扣、提供无息贷款，每两年调整一次福利计划。丰田还有一些特殊的福利项目，比如完美出勤仪式，奖励那些出勤率百分之百的员工；一站式的儿童保育及健身中心等。每年丰田都要邀请那些出勤率百分之百的员工到当地体育馆或剧院，为他们举办大型晚会。在晚会上，包括团队与宾客在内的全部人员都会享用豪华的晚餐，并且随时有抽奖活动，奖品是12辆汽车。

（Deriba K, 2017）

4．薪酬的结构管理

薪酬的结构管理，除了要正确划分合理的薪级和薪等、确定合理的级差和等差，还包括如何适应组织结构扁平化和员工岗位大规模轮换的需要，以及合理地确定工资宽带。

5．薪酬的制度管理

薪酬的制度管理，即薪酬决策应在多大程度上向所有员工公开化和透明化，由谁负责设计和管理薪酬制度，如何建立和设计薪酬管理的预算、审计和控制体系等。

（二）薪酬管理的基本流程

企业薪酬管理流程的科学性、有效性决定了薪酬管理体系能否正常运行并充分发挥效能。虽然不同企业的薪酬管理流程会受到经营性质、业务规模、战略目标及员工能力等因素的影响，但我们仍可以总结出其共性，将企业薪酬管理的流程及内容描述出来，具体如图 1-1 所示（刘晔顿，2015）。

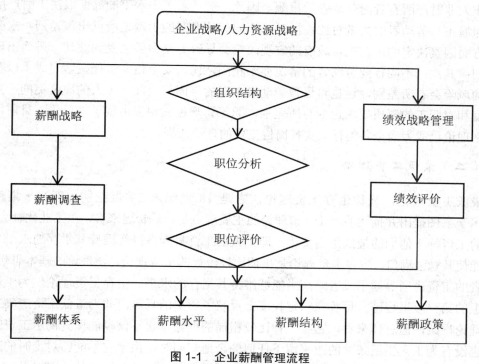

图 1-1　企业薪酬管理流程

第三节　薪酬管理理论概述

本节将对薪酬管理理论进行详细介绍。首先，介绍早期薪酬管理理论，具体包括工资差别理论、最低工资理论和工资基金理论；然后，介绍近代薪酬管理理论，具体包括边际生产力工资理论、均衡价格工资理论、劳资谈判工资理论和劳动力市场分割理论；最后，介绍现代薪酬管理理论，具体包括人力资本理论、效率工资理论和分享经济理论。

一、早期薪酬管理理论

（一）工资差别理论

亚当·斯密（Adam Smith，1981）认为，工资是在财产所有者与劳动相分离的情况下，作为非财产所有者的劳动者的报酬。因此，劳动者工资水平的高低取决于财产所有者，即雇主与劳动者的力量对比。同时，不同劳动者间的工资之所以出现差别，主要是由两方面因素决定的：首先，政府的宏观政策会导致劳动力供求受到波动，进而出现薪酬差别；其次，不同行业劳动者的情况亦不相同，比如安全性、责任、学习成本以及所承受的风险会有所差别，这也将导致劳动者工资的不同。因此，工人的岗位不同，其劳动强度和对职工的素质要求也会有所差别，职工薪酬也就相应出现了差异化。目前，工资差别理论已成为当今各类行业实行岗位工资的理论依据。

（二）最低工资理论

最低工资理论，又称生存工资理论，它是 18 世纪末 19 世纪初由亚当·斯密和大卫·李嘉图提出并描述的理论。该理论的主要观点是：从长远来看，在工业化社会中，工人的工资等于他们的最低生活费用，即工人的工资只能保持在维持其生存的水平上，即只能使其勉强糊口。生存工资理论是早期比较流行的工资理论，该理论的基本思想是：劳动者的工资应当等同于或者略高于能够维持其生存的水平。生存工资理论作为工资理论史上的第一座里程碑，尽管在一定程度上反映了历史的真实，并为最低工资的确立提供了理论框架，但总体来看，它是一种比较粗糙的理论。它不仅没能深刻揭示工资的本质，也没有为工人生活条件的改善留下任何的余地。同时，由于它不能够对当时的全部现实做出全面解释，尤其是不能解释工资超过生存需要的增长和提高的情况以及同一个国家和地区工人与工人之间的工资差别，使得人们对这个理论的完整性和严格性产生了怀疑。因此，这一理论到 19 世纪中期逐渐被多数经济学家们所抛弃。

（三）工资基金理论

在 19 世纪中期，生存工资理论逐渐被工资基金理论替代。工资基金理论由英国古典经济学家约翰·穆勒提出。该理论认为，企业的资本总额是一定的，在这个条件下，劳动者的工资就取决于劳动人数、用于支付劳动力的资本和其他资本之间的关系，而且短期内变化不大的工资基金就是用于支付工资的资本。19 世纪末，英国经济学家威廉·西尼尔对工资基金理论进行了改善。他把工资分为实际工资和货币工资，认为工资是企业生产的产品和提供的服务当中，分给劳动者的那部分，且工资基金的总数受到劳动者生产产品的效率和生产这些产品过程中直接或间接雇佣的劳动者数量的影响。该理论的主要观点是：任何国家和企业用于支付工资的短期基金都是有限度的。工资基金是总资本的一部分，其他部分需要用于企业的扩大再生产和管理费用支付等。因此，这就意味着，只有企业的资本处于增长阶段或者劳动者数量处于下降阶段时，员工的工资水平才会上涨。

二、近代薪酬管理理论

（一）边际生产力工资理论

边际生产力工资理论是近代工资研究的基础理论，美国经济学家约翰·贝茨·克拉克（John Bates Clark，1983）将传统经济学中的资本生产力论和边际效用论结合起来，创立了边际生产力理论。他认为，企业工人工资的高低是由劳动投入要素的边际产值决定的，工人的劳动边际产值越高，工资越高。这一理论的基础是古典经济学的边际分析，即厂商利润最大化的条件是边际成本等于边际收益，工人的工资取决于工人的边际生产力，厂商劳动力的最佳雇佣量是劳动的边际成本等于劳动的边际收益。边际生产力工资理论的成立有以下几个较为严格的假设：

（1）工人的劳动是可以精确度量的；

（2）劳动者转换工作的成本是零；

（3）劳动市场是完全竞争的市场，工人可以随时找到工作，雇主也可以随时找到所需要的工人，解雇是惩罚工人的最高手段；

（4）工资水平是由劳动的边际成本等于边际收益决定的。

边际生产力工资理论在工资理论发展史上占有十分重要的地位，被公认为是对长期工资水平所做的最令人满意的解释。它将工资研究从致力于对工资问题的一般分析转向对企业和厂商层面的微观分析，建立了工资与生产力之间的联系。

（二）均衡价格工资理论

英国经济学家阿尔弗雷德·马歇尔（Alfred Marshall，1981）是均衡价格工资理论的提出者，他将供给决定的生产费用理论和需求决定的边际效用价值理论相结合，认为在商品价格的确定中，供给和需求同样重要。于是他将生产成本理论和效用理论的观点综合运用于均衡价格的形成中，认为需求和供给共同决定价格，从而建立了均衡价格理论。

马歇尔认为，工资是劳动的报酬，并从劳动的需求和供给两方面阐明了工资的市场决定机制。首先，从劳动的需求方面看，劳动的需求价格取决于劳动的边际生产力，厂商愿意支付的工资水平也是由劳动的边际生产力决定的。由于劳动的边际生产力递减，所以劳动的需求价格就要降低，在资本价格和消费者购买水平不变的情况下，雇用人数与工资率的高低成反比。其次，从劳动的供给方面看，劳动的供给价格由劳动力的生产成本（包括工人养活自己和家人所需的生活费用、工人所需的教育和培训费用及必需品）和劳动的负效用（劳动的闲暇效用）决定。决定劳动供给价格的因素是复杂的，且劳动的供给价格由于受这些复杂因素变动的影响也是不断波动的。马歇尔认为，现代文明中不存在一般工资率，若假定其他职业的工资水平不变，则对应于每一种工资率，其趋势是劳动力供给人数与工资率的高低呈同方向变动。马歇尔从均衡价格工资理论出发，否定了古典学派提出的工人仅能得到维持生存工资的最低工资理论和工资基金理论，同时也否定了边际主义者单纯从边际生产力来决定工资水平的观点。

（三）劳资谈判工资理论

劳资谈判工资理论是工会发展的产物。19 世纪下半叶，随着工业社会的发展，工会组织在许多行业中出现，并开始作为一个重要的主体来参与工资标准的确定。英国的经济学家韦伯、庇古与美国的克拉克等把集体交涉办法同工资标准的确定联系在一起，形成了劳资谈判工资理论。庇古（Arthur Cecil Pigou，1920）认为，由于工会的作用，完全竞争的劳动力市场模型让位于非完全竞争的劳动力市场模型，工资由工会组织和资本家通过集体协议的方式来确定。工资水平存在上限和下限，实际工资就在上下限之间波动，工资的最终确定取决于工会和资本家双方在集体谈判中的力量对比，当工会谈判能力强时，工资水平上升；反之，工资水平下降。在谈判过程中，工会要考虑到经济状况和工资增长可能对就业造成的影响，工会的谈判力量会受到经济现实的限制。其中，关于劳资谈判工资率的确定，庇古建立了一种短期工资决定模型来讨论劳资双方赖以达成协议的工资上下限。同时，英国经济学家约翰·希克斯（John Richard Hicks，1932）提出了著名的罢工和集体谈判模型。他认为，双方在谈判过程中都有既定策略，工会的最后武器是罢工，雇主的最后武器是关厂，雇主与工会都不愿意为长期停产付出代价，最终双方让步，找出妥协方案。虽然工会组织及集体谈判能够影响工资标准的确定，但是工资谈判本身只是一种形式、方法和手段，只能确定短期的工资水平，劳资谈判决定工资，在双方力量对比的背后，实际上仍是经济因素在起作用，谈判双方都受到经济因素的制约。

（四）劳动力市场分割理论

20 世纪 60 年代末 70 年代初，国外很多学者对劳动力市场基本属性的看法及判断发生了深刻变化，他们放弃了居于主流地位的竞争式分析方法，转而强调劳动力市场的分割属性，从制度因素来解释工资的决定，认为工资不是简单地由供给和需求双方的力量决定，制度和社会等不完全竞争因素，如劳动力流动障碍、持续性失业、歧视和习惯等对劳动报酬和就业也有着至关重要的影响。劳动力市场分割理论就这样在与新古典劳动力市场理论的争论中逐步发展起来。其中，最具影响力的是二元劳动力市场分割理论。该理论认为现实经济生活中存在两个分离的劳动力市场，在每个劳动力市场内部，劳动力可以自由流动，但是两个劳动力市场之间却不流动或有限流动。根据工作性质和劳动者特征的不同，劳动力市场可划分为初级劳动力市场和二级劳动力市场。初级劳动力市场需求方多为竞争力强的资本密集型和技术密集型核心产业，劳动者报酬高、工作条件好、具有较多培训机会及发展空间，而二级劳动力市场需求方为竞争力较弱的劳动密集型产业或小公司，劳动者报酬低、公司管理缺乏规范制度，劳动者较少有升迁机会。劳动者会努力追求初级劳动力市场的职位，但其追求会受到制度约束和需求方的挑选歧视制约。劳动市场的歧视使得在二级劳动市场工作的人不能进入初级劳动力市场工作。因此，劳动市场上工资和人事的变动不能仅靠工资率来解释，同时也应该由产品市场的特征、雇主的权力、生产技术和现实社会制度加以解释。

三、现代薪酬管理理论

（一）人力资本理论

人力资本理论最初起源于经济学领域，在 20 世纪 60 年代，该理论由美国经济学家舒尔茨和贝克尔提出，至今已有数十年历史。当前，人力资本理论的观点已趋于丰富和完善，是企业加强战略管理的重要指导依据。人力资本理论的核心在于实现企业生产与价值再造的激励作用，包括资源产权激励、员工能力与绩效激励、企业文化激励等方面。首先，该理论强调要"以人为本"，在综合衡量企业的总收益与员工提供的劳动量的基础上，分配给员工应得的激励报酬和基本劳动收入；其次，强调要注重产权激励作用，将企业部门经理、企业管理人员与企业先进员工的工作绩效与其对企业的贡献度相结合，以提供股权和分红的形式，激励员工为企业创造效益；最后，强调要注重企业的文化激励和文化价值的构建，将企业的文化、价值观与企业的管理制度相结合，加强对企业运营工作、企业员工的规范化约束和管理，最终实现企业与员工双赢的目标。因此，该理论指导下的薪酬管理过程中，通过将企业的盈利收入与员工的劳动力相结合，分配给员工相应的资金回报和激励补贴，从而达到优化人力资源并创造更多资产和生产效率最大化的目标。

（二）效率工资理论

效率工资理论是 20 世纪 80 年代以来比较有影响的现代工资决定理论。该理论不仅解释了当今西方国家工资的决定机制，还为理解西方国家普遍持久的失业现象提供了理论依据，并说明了支付低工资会造成劳动生产率的降低。夏皮罗和斯蒂格利茨（Shapiro and Stiglitz，1985）提出了效率工资模型，其主要观点是工人的生产率取决于工资率，工人的有效劳动供给量（如工作努力程度、工作绩效等）与工资水平的高低成正比，即企业支付的工资越高，工人的工作效率就越高，从而给雇主带来的利润也就越高。因此，工资可视为增加利润的有效手段。同时，效率工资理论不再将工资视为生产率的结果，而是将工资视为促进生产率提高的手段，认为支付高于均衡水平的工资有利于保证优质的劳动力再生产、降低劳动力的流动效应（即离职率）、减少企业雇佣新员工的时间和费用、节约企业的监督与管理成本和吸引高素质人才。在实际经济生活中，为工人支付效率工资是保证高质量劳动力供应和参与劳动力市场竞争的有效手段，也是提高员工工作绩效和企业生产效率的有力措施。为了更好地运用这一手段，企业还应积极引入严格的考核淘汰机制，激发员工的工作潜能。

（三）分享经济理论

为解决资本主义世界出现的滞涨现象，马丁·L. 威茨曼（Martin Lawrence Weitzman，1986）从企业劳动报酬的分配角度入手，根据分享经济理论建立分享工资制度。总的来说，分享经济理论是一种将工人与雇主的利润联系起来的理论，主张在企业中建立分享基金作为工人工资的来源，它与利润挂钩，工人与雇主在劳动力市场上达成的协议规定了双方可分享利润的比例。在分享工资制中，由于分享基金是工人工资的来源，并与利润挂钩，那么企业利润的下降会导致分享基金的减少，若此时雇佣水平不变，则工人的工资就会下降；另外，由于分享基金在一定时期是固定的，那么随着工人数量的增加，工人的工资水平也会下降，即工人的报酬与工人的人数呈反比。一般情况下，实行分享工资制的企业，大多数采用劳动者的工资由以时间为基础的保障工资和利润分享基金两部分组成的工资决定模式。分享理论提出以后，对我国的工资改革实践产生了巨大的影响。自 20 世纪 90 年代以来，我国工资研究理论界的学者进行了劳动分工的理论研究，并展开了实践探索。分享理论的思想一般被用于企业内部的工资收入分配中，为我国的工资改革探索提供了新的实践方式。

例证　1-4

好市多（Costco）的薪酬管理理论

好市多（Costco）是美国仅次于沃尔玛，排名第二的跨国零售连锁企业。它采取的是会员制经营模式。虽然好市多在全球的门店数量远不及沃尔玛，但是营业额的贡献却很大。2018年7月19日，《财富》发布世界500强排行榜，好市多位列第35位，年营业额达到了惊人的1 290亿美元，相当于每个门店平均贡献1.7亿美元，这几乎是沃尔玛的3.8倍。在2014年，美国最大的招聘网站玻璃门（Glassdoor）发起了一项针对美国企业的雇员薪酬福利满意度的调查，然后按照评分对相关企业进行排名，排名第一的是谷歌、第二是好市多、第三是脸书（Facebook）。好市多竟然能够击败当年如日中天的脸书，这让很多人觉得不可思议。究竟是什么原因能让这家传统零售企业的薪酬满意度超过当今的互联网巨头呢？经过调查发现，好市多自成立以来，一直以亚当·斯密的工资理论为指导，建立不同行业以及不同职位的工资结构体系，以收银员为例，好市多的两个主要竞争对手，沃尔玛和塔吉特（Target）的收银员平均工资为每小时9美元，而好市多的收银员平均工资为每小时13美元，高出沃尔玛和塔吉特近45%。这样一来，好市多的员工就会产生较大的公平感和满意感。

（Doering，2018）

第四节　薪酬管理发展趋势

薪酬管理在现代市场经济中已成为企业人力资源管理的重要环节，在一定程度上影响着企业的竞争力。而企业要想用好薪酬这把双刃剑，不仅要清楚了解企业现行的薪酬管理状况，还要充分认识薪酬管理的发展趋势。本节主要对薪酬管理的理念、方法以及制度三方面的发展趋势进行阐述。

一、薪酬管理发展趋势：理念

（一）从"人力成本"到"人力资本"

企业核算成本时，通常会把人归纳到物的范畴，即将人当作一种资源，把支付给每位员工的薪酬作为一项人力成本计入企业成本核算中。但是，人的能力，尤其是创新能力和学习能力已经成为影响工作绩效的最为突出的方面。这就要求企业应该认识到，在现代薪酬管理体系中，薪酬体系的成本不仅取决于员工薪酬的支出，更取决于员工基于能力的产出；薪酬不应仅仅被看作是一种人力成本支出，而应被看作是一种资源投入，一种能够带来价值回报的投资，企业支付给员工的薪酬应该是一种可带来长期收益的人力资本而非简单的人力成本。同时，企业要弘扬人力资本管理的薪酬文化，真正做到以人为本，通过建立框架清晰、内容简明的薪酬体系和科学合理的薪酬制度来激励员工更好地工作。因此，未来员工薪酬的构成将发生实质性的变革，间接经济薪酬和非经济薪酬的占比会越来越高，与物质薪酬完全不同的精神薪酬也将成为发展趋势。

（二）从"价值不公"到"可比性价值"

近年来，随着"可比性价值"概念的提出，传统的同工同酬的思想再次成为薪酬管理的重点，这也是薪酬内涵深化以及薪酬管理公平化的重要体现。在阐释薪酬管理公平化时引入"可比性价值"的概念，其意义在于将公平化思想应用于薪酬管理的理念上，引导雇佣双方通过对相似职位的工作评价来评判薪酬管理公平与否，使企业的薪酬管理更具灵活性和现实性。一般而言，公平包括程序性公平和分配结果公平两部分，前者是指企业与员工之间在薪酬管理上应该建立起一个公平、公开和公正的程序，在方案制定和执行过程中的公平性问题；后者又可称为分配公平，包括外部公平、内部公平和个人公平，是相对于员工付出来谈回报的公平性问题。然而，令人遗憾的是，目前仍有许多企业没有对薪酬沟通等程序性问题给予足够的重视，许多员工对自己的薪酬知之甚少。之所以出现这种现象，与企业经营者观念上的误区有关，他们错误地认为薪酬管理只是企业管理者的事情，与普通员工无关，管理者还没有认识到薪酬管理工作的一个重要的职责就是向员工推销企业的薪酬体系，而在这个推销过程中，良好的沟通是有效激励员工的关键要素。

（三）从"基本决策"到"战略决策"

如上所述，薪酬已经拓展到人力资本的范畴。因此，将薪酬管理上升到战略管理的高度，也就成了一种趋势，主要表现在两个方面：一是针对企业不同的发展战略，采用不同的薪酬战略。当一个企业在制定发展战略时，首先必须考虑企业的自身性质及优势条件、发展方向、竞争对手情况、所处环境状况等因素。反映到人力资源战略上就是企业需要何种人才和组织来实现目标，在何种程度上企业的发展状况与企业员工的能力和素质有关、企业员工的质量、动机、承诺以及态度是有助于还是会阻碍企业经营目标的实现等。反映到薪酬制度上就是企业的经营战略需要何种类型的人才，如需要出色的成本控制能力、独树一帜的创新思维等。二是结合企业所处的不同发展阶段，实行差异化的薪酬战略。例如，在企业成长阶段，其发展战略是以投资促成长，与之对应的薪酬战略应该具有较强的激励性，着重将高额报酬与中高程度的奖励相结合，提供比较高的薪酬水平；在企业衰退阶段，合适的经营战略是收获利润并转移目标，转向新的投资点，则与此相适应的薪酬战略应是实行低于中等水平的基本工资和标准福利水平的同时，采用适当的刺激与鼓励措施并直接与成本控制相联系，避免提供过高的薪酬水平。

联想国际化进程中的薪酬架构

联想自 2004 年 12 月 8 日以 12.5 亿美元收购 IBM 全球 PC 业务之后，新联想开始在国际化进程中寻求既兼顾本土国情，又链接国际行情的薪酬架构，总体思路是采取"软着陆"方式，逐步达成中国员工和海外员工薪酬政策和结构的一致性。

为此，美国一位薪酬管理专家 Ezara 加盟联想成为专管薪酬的副总裁。Ezara 上任后曾在中国巡查并了解薪酬现状以及中国的文化。在美国总部，联想设立了由 Ezara 领导的薪酬福利项目组，负责设计全球薪酬体系，项目组中也包括一名中国员工。在充分的调查和研究，清楚双方的优势、劣势以及当地的文化背景和员工的心态变化等的基础上，联想对现有的薪酬体系做了调整。融合后新的薪酬架构将原来联想的 3P，即 Pay for position（为岗付酬）、Pay for person（为人付酬）、Pay for performance（为绩效付酬），改为"P Three"，即 Priority（KPI 的优先性）、Performance（绩效沟通和反馈），Pay（报酬），即根据 KPI 优先指标的达成，对员工的绩效进行反馈，然后据此支付其薪酬和奖金。大体上来说，职能部门员工的基薪高、奖金少；销售人员的基薪相对低些，奖金和业绩挂钩；研发人员的基薪高些，奖金更多地和员工申报的发明专利、完成项目的情况挂钩。中国和美国两边的员工互相都会外派，外派员工的薪酬按照各国的国际惯例执行。

（王春梅，2006）

二、薪酬管理发展趋势：方法

（一）从"个人绩效"到"团队绩效"

当今时代，团队已经在各种各样的组织中得到认可，成为组织中重要的基本管理单位。员工，尤其是知识型员工的工作一般是以团队的形式开展的。《财富》调查结果显示，80%的 500 强企业中，超过一半比例的员工都以团队的形式开展工作。同时，68%的制造企业采用团队的方式进行日常生产经营与管理。此外，几乎所有的高技术企业都采用项目制，开展团队组织形式的工作。而对于工作绩效较高的项目团队而言，企业需要通过一套科学合理的薪酬激励机制来鼓励"团队合作"而不是鼓励"单打独斗"。因此，企业应将薪酬与个人绩效挂钩转向与团队绩效挂钩，针对团队这种工作形式设计专门的薪酬激励方案和计划。当然，在考虑薪酬与团队绩效挂钩时，并不意味着企业只衡量团队绩效，也要适当考虑每位团队成员对于实现团队目标所做出的贡献。因此，企业应在基于团队绩效薪酬和个人基本薪酬系统之外，选取一种以团队完成目标为前提的个人薪酬制度，使员工的奖金、晋升、加薪以及其他各种激励都会以他们在团队合作中的表现为衡量标准。

（二）从"满意度"到"忠诚度"

目前，许多企业都面临着"高薪酬支出，低忠诚回报"的困境，即企业给自己的员工提供了很高的薪酬，员工对这样的薪酬也很满意，但其忠诚度却下降了。一个重要的原因是企业在制定薪酬管理战略时仅仅注重了薪酬水平的市场竞争性，而对于薪酬水平的内在一致性没有给予足够重视，即非常重视员工的薪酬水平，而对员工的薪酬结构不够重视，具体表现在薪酬结构的保障性因素所占比重过大，而真正起激励作用的因素所占比例不足，使得薪酬能留人，但不能有效地激励人。基于以上情况，企业必须认识到员工的满意度并不等于忠诚度，薪酬水平高并不意味着员工的忠诚度就高。企业需要适应形势的变化，从关注支付方式转向关注支付效能，不断进行薪酬策略变革，采取薪酬承诺制，或者基于承诺的薪酬体系，善待核心员工，注重员工管理，实行灵活、人性化且更具有激励性的管理体系，不仅向员工支付较高的薪酬，而且还要注意让员工多多参与企业的收益分享，使员工利益与企业经营目标相一致，从而提高员工忠诚度。

（三）从"普遍原则"到"个性方案"

对员工的薪酬激励设计，只有普遍原则，没有普遍方案，合适才是最好的。尽管具体薪酬方案设计在理念、原则和方法上可能是完全相同的，但由于不同员工的需求存在差异，使得同样的原则在不同的企业具体运用的效果可能不同，甚至会大相径庭。目前，随着劳动力市场的不断发展变化，员工的个性化差异也越来越明显，企业不仅要为员工提供与其能力和贡献相称的薪酬，还要充分了解员工的个人需求和职业发展意愿。在薪酬支付上，要做到因人而异，体现出特殊性和个性化倾向。例如，不同的员工在福利方面的偏好是不同的，这就要求企业在设计员工福利制度时，要体现出个性化的特点，改变过去的单一福利制度，实行自助式福利和弹性福利制度等。这样，可以让员工在规定的范围内选择自己喜欢的福利组合，以发挥福利的留人和激励作用。同时，在许多企业里，员工的薪酬往往与自身的职业生涯发展紧密联系在一起，企业应该为员工设置管理类、技术类、营销类等多条发展通道，使员工可以选择最能体现自身价值的发展途径，通过职位升迁获得更高的薪酬回报，更好地发挥薪酬对员工的激励作用。

三、薪酬管理发展趋势：制度

（一）全面薪酬制度

由以上内容我们已经知道，薪酬是由物质薪酬和非物质薪酬两种不同性质的薪酬构成的。物质薪酬属于有形的外在报酬，属于可量化的货币性价值，包括工资、奖金和货币性的福利等；而非物质薪酬是属于内在的附加报酬，是基于工作本身但不能直接获得的报酬，也称为隐性酬劳，其特点是不能以量化的形式表现。外部的物质激励方式，虽然能够显著提高员工的工作效率，但是持续的时间不长，且强烈的外在薪酬物质刺激，实际上可能会削弱组织内部员工在完成工作时所需的创造和革新能力，增加企业成本。而内在的心理激励过程虽然需要较长的时间，但一经激励，不仅可以提高效果，还具有持续性。而且对于高层次人才和知识型员工，内在的心理激励很大程度上左右着他们的工作满意度和工作业绩。因此，现代管理心理学要求企业实行全面薪酬制度，即物质和精神并重，注重对员工进行外在物质刺激的同时，还要从心理上去激励员工，重视员工内在的心理需求，如通过提供晋升机会、帮助员工设计明确的个人职业发展目标、提供各种培训机会、提供良好舒适的工作环境和加强与员工的交流沟通等来满足员工高层次的需求。这样，既可有效弥补单纯的金钱刺激手段的不足，让员工从工作本身得到最大的满足感，加深员工对企业的认同感。同时，也能使企业从仅靠金钱激励员工、加薪再加薪的循环中摆脱出来。

例证 1-6

海底捞的全面薪酬管理思想

海底捞通过为员工提供良好的生活和工作环境，让员工在工作中充满激情，体现出了人力资源管理中全面薪酬的思想。第一，在薪酬和福利方面，海底捞永远把员工的利益和生活摆在第一位，尽最大努力照顾好员工。海底捞员工的月工资在同行业处于中等偏上的水平，海底捞员工若一年累计三次或连续三次被评为先进个人，员工父母及子女可来公司探亲一次，并在店里就餐一次，往返车票公司报销。第二，平衡员工的工作和生活，体现了全面薪酬战略的激励性。海底捞为集体居住的员工提供免费的家政服务，即公司有专门的家政服务人员，负责员工宿舍的日常清扫以及员工衣服、床单、被褥的清洗等。第三，赏识和认可员工。海底捞规定若员工的创意得到采纳并实施，不仅能获得相应的奖励，还可以用自己的名字命名，这对员工是极大的尊重和鼓励。第四，建立以顾客和员工为核心的绩效考核制度。顾客满意度和员工满意度是海底捞考核一个店长或区域经理的重要标准。第五，开发职业发展机会。公司公开、公平地为每位员工提供了发展空间，管理者都从基层提拔。

（朱苏鹭，2016）

（二）宽带型薪酬制度

宽带型薪酬制度，即工资的等级减少，且各种职位等级的工资之间可以交叉。其主要特征包括以下几点。

（1）加大专业人员、管理人员和领导者的工资差距，即减少薪酬等级。

（2）工资标准在某一工资类别的不同等级中差距比较大，每个员工都有广泛的提薪空间。其中，专业技术人员的工资等级间的差距更大，一般最高档与最低档相差一倍以上。

（3）职务和工资等级的高低与员工的专业水平密切相关，员工的专业水平上升，职位和工资等级上升，反之则下降，这实际上加大了工资中知识技能因素的含量。

宽带型薪酬制度可以说是为配合组织扁平化量身打造的，它打破了传统薪酬结构所维护的等级制度，有利于企业引导员工将注意力从职位晋升或薪酬等级的晋升转移到个人技能的增长和能力的提高上来，给予优秀的员工较大的薪酬上升空间；也有利于增强员工的创造性，促进其全面发展；给员工以更大的发挥能力的空间，产生良好的工作绩效。同时，也使企业在员工薪酬管理方面具有更大的灵活性，企业可以根据员工的业绩情况对其薪酬进行弹性处理。

（三）透明化薪酬制度

保密的薪酬制度会损害企业凝聚力，不利于培养组织的团队合作精神，也会使员工互相猜忌，不利于竞争，大大削弱薪酬应有的激励作用。此外，实行保密薪酬制度的企业往往会出现这样的现象：强烈的好奇心使得员工通过各种渠道打听同事的薪酬水平，保密薪酬很快就会变得透明，无密可保，即使制定严格的保密制度也无济于事。

因此，现代企业管理层越来越倾向于实行透明的薪酬制度，具体包括让员工参与薪酬的制定，即在制定薪酬制度时，除各部门领导外，还要有一定数量的员工代表；在职务评价时，尽量采用简单方法，易于员工理解；发布文件向员工详细说明薪酬的制定过程；在评定后制定的薪酬制度，务必描述详细，尽可能不让员工产生误解；设立员工信箱，随时解答员工在薪酬方面的疑问，处理员工投诉。透明化的实质是在公平、公正和公开的基础上建立薪酬制度。实行透明的薪酬制度，准确反映每个员工的绩效和岗位价值，让每个员工明确自己在企业内部的发展方向，可以增强员工的团队观念，提高其对企业和管理层的信任度。同时，还可以促使企业的薪酬制度更加科学和完善，更容易得到员工的支持。

 本章小结

1．薪酬通常是指企业在雇佣劳动者进行生产的过程中，由于劳动者付出劳动需要支付给他们的各种货币薪酬和非货币薪酬的总和；广义的薪酬可分为物质薪酬和非物质薪酬；狭义的薪酬仅指员工因完成工作而得到的直接货币化薪酬，包括基本工资、岗位工资、绩效工资和奖金等货币化收入。

2．薪酬按内部构成分为基本薪酬、可变薪酬以及间接薪酬。其中，基本薪酬是指企业或其他社会组织提供给员工的基本报酬，是员工最为稳定的收入来源；可变薪酬是指员工薪酬中可变动的部分，与员工的绩效紧密相连；间接薪酬是指员工获得的基本薪酬与可变薪酬以外的部分，包括员工所享有的福利。

3．对于员工来说，薪酬具有保障功能、激励功能和调节功能；对于企业来说，薪酬具有改善经营绩效，促进战略实现，塑造和强化企业文化，以及推动企业变革的功能。

4．影响员工薪酬水平高低的因素有：社会因素，包括总体经济发展形势、法律与政策、当地生活水平等；企业因素，包括企业经济效益、经营战略和自身文化等；个人因素，包括员工工作绩效和技能等。

5．薪酬管理，是指一个企业根据所有职工提供的服务来规定他们理应得到的报酬总额以及报酬结构和报酬形式的一个过程，它具有敏感性、特权性和特殊性的特点。在薪酬管理过程中，应达到合法目标、公平目标和效率目标，掌握补偿性、公平性、透明性、激励性、竞争性、经济性、合法性和可操作性原则。

6．完整的薪酬管理内容包括薪酬的目标管理、水平管理、体系管理、结构管理和制度管理。

7．薪酬管理理论按时间顺序可分为早期薪酬管理理论，具体包括工资差别理论、最低工资理论和工资基金理论；近代薪酬管理理论，具体包括边际生产力工资理论、均衡价格工资理论、劳资谈判工资理论和劳动力市场分割理论；现代薪酬管理理论，具体包括人力资本理论、效率工资理论和分享经济理论。

8. 随着时代的发展，薪酬管理也将发生深刻变化，具体表现在薪酬管理的理念、方法以及制度等方面。

@ 网站推荐

1. 薪酬网：www.xinchou.com
2. 中智薪酬：www.ciicsh.com/ciicsalary
3. 中华薪酬网：www.xinchou.com.cn

思考题

1. 简述薪酬和薪酬管理的概念。
2. 薪酬的构成要素及影响因素有哪些？
3. 薪酬管理的目标和基本内容是什么？

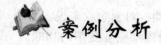

案例分析

IBM 公司的薪酬管理

IBM 公司的员工都知道一句话：加薪非偶然。虽然 IBM 公司的工资水平在外企中既不是最高的，也不是最低的，但 IBM 公司有一个让所有员工坚信不疑的规则，即只要干得好，加薪是必然的。为了使每位员工的独特个性及潜力得到足够尊重，通过薪酬管理达到奖励进步、督促平庸的效果，IBM 公司一直致力于薪酬与福利制度的完善，并形成了非常独特和有效的高效绩文化。IBM 公司高效绩文化的精髓体现在以下几个方面。

1. 薪酬与职务重要性、难度相称

在 IBM 公司，每一个员工工资的涨幅，会有一个关键的参考指标，即个人业务承诺计划（PBC）。只要你是 IBM 公司的员工，就会有个人业务承诺计划。制订承诺计划是一个互动的过程，你和你的直属经理坐下来共同商讨这个计划怎么做才能切合实际，几经修改，其实相当于你和老板立下了一年期的军令状，老板非常清楚你一年的工作内容及重点，你自己对一年的工作也非常明白，剩下的就是执行。大家团结紧张、严肃活泼地干了一年，到了年终，直属经理会在你的军令状上打分。当然，直属经理也有个人业务承诺计划，他的直属上司会给他打分，大家谁也不例外，都按这个规则走。IBM 公司在奖励优秀员工时，就是在履行自己所宣称的高效绩文化。

1996 年初，IBM 公司推出个人业务承诺计划（PBC）。具体来说，PBC 从三个方面来考察员工工作的情况：第一是 Win，制胜。胜利是第一位的，首先你必须完成你在 PBC 里面制订的计划，无论过程多艰辛，到达目的地最重要。公司在实现目标时无法玩概念，必须见结果，股市会非常客观地反映公司的经营情况，董事会对总裁也不会心软。第二是 Executive，执行。执行是一个过程量，它反映了员工的素质，执行能力需要无止境地修炼。PBC 不仅决定你的工资，还影响到你的晋升，同时也影响你的收入。因此，执行是非常重要的一个过程监控量。第三是 Team，团队精神。在 IBM 公司独自埋头做事可不行，必须合作。IBM 公司采用非常成熟的矩阵结构管理模式，一件事会牵涉很多部门，你有时候会需要从全球各地的同事那里获得帮助。因此，团队意识应该成为第一意识，你在工作中要随时准备与人合作。总之，你必须确实了解自己部门的运作目标，掌握工作重点，发挥最佳团队精神，并彻底执行。

2. 薪酬充分反映员工的业绩

PBC 考核通常由直属上级负责对员工工作情况进行评定，上一级领导进行总的调整。每个员工都有进行年度总结和与他的上级面对面讨论这个总结的权利。上级在评定某员工的业绩时往往将其与做类似工作或工作内容相同的其他员工进行比较，根据其业绩是否突出而定。评价大体上分十到二十个项目进行，这些项目从客观上都是可以取得一致的。例如，"在简单的指示下，理解是否快，处理是否得当。"

对营业部门或技术部门进行评价是比较简单的，但对凭感觉评价的部门，如秘书、宣传、人事及总务等部门怎么办呢？IBM 公司设法把感觉换算成数字，以宣传为例，他们把考核期内在报纸、杂志上刊载的关于 IBM 的报道加以搜集整理，把有利报道与不利报道进行比较，以便作为衡量一定时期宣传工作的标尺。

评价工作全部结束后，就在每个部门甚至全公司进行平衡，将员工分成几个等级。例如，A 等级的员工是大幅度定期晋升者，B 等级是既无功也无过者，C 等级是需要努力的，D 等级则是因生病或其他原因达不到标准的。从历史情况来看，65%～75% 的 IBM 公司职工每年都能超额完成任务，只有 5%～10% 的人不能完成定额。那些没有完成任务的人中只有少数人真正遇到麻烦，大多数人都能在下一年完成任务，并且干得不错。

IBM 的薪酬政策精神是通过有竞争力的策略，吸引和激励业绩表现优秀的员工继续在岗位上保持高水平。个人收入会因为工作表现和相对贡献，所在业务单位的业绩表现以及公司的整体薪酬竞争力而进行确定。1996 年调整后的新制度以全新的职务评估系统取代原来的职等系统，所有职务将按照技能、贡献和领导能力、对业务的影响力及负责范围这三个客观条件，分为十个职等类别。部门经理会根据三大原则决定薪酬调整幅度，三大原则分别是：员工过去 3 年的个人业务承诺计划（PBC）成绩的记录；员工是否拥有重要技能，并能应用在工作上；员工对部门的贡献和影响力。员工对薪酬制度有任何问题，可以询问自己的直属经理，进行面对面沟通，或向人力资源部咨询。若一线经理提出薪酬调整计划，必须得到上一级经理认可。

3. 薪酬要等于或高于一流公司

IBM 公司认为，作为一流公司，就应付给职工一流公司的薪酬，员工也会以身为一流公司的职工而自豪，从而转化为热爱公司的精神并对工作充满热情。为确保比其他公司拥有更多的优秀人才，IBM 公司在确定薪资标准时，首先就某些项目对其他公司进行了调查，确切掌握了同行业其他公司的标准，并注意在同行业中经常保持领先地位。IBM 选择定期调查对象时主要考虑以下三点：第一、对象应当是工资标准、卫生福利都优越的一流公司；第二、要与 IBM 公司从事相同工作的人员的待遇进行比较，就应当选择兼具技术、制造、营业、服务等部门的公司；第三、选择有发展前途的公司。为了与各公司交换这些秘密的资料，根据君子协定，绝对不能公开各公司的名字。当然，IBM 公司所说的"必须高于其他公司的工资"，归根结底是要"取得高于其他公司的工作业绩"。

（资料来源：IBM 公司的薪酬管理[EB/OL].（2016-11-28）. http：//www.hrsee.com/?id=424.）

讨论题：

1. IBM 公司的高绩效文化体现了薪酬的影响因素有哪些？
2. IBM 公司的薪酬管理告诉我们在以后的薪酬制定工作中要注意哪些问题？

参考文献

[1] ADAMS J S. Inequity in social exchange[J]. Advances in experimental social psychology，1965，2（4）：267-299.

[2] BIES ROBERT J，JOSEPH S MOAG. Interactional justice：communication criteria for fairness[J]. Research on negotiation in organizations，1986：43-55.

[3] BUSSIN M. Have you ever felt unfairly paid?[J]. HR future，2018（4）：34-37.

[4] COZ A. The importance of employee participation in determining pay system effectiveness[J]. International journal of management reviews，2010，2（4）：357-375.

[5] CARL SHAPIRO，JOSEPH E STIGLITZ. Can unemployment be involuntary?[J]. American economic review，1985，75（12）：1215-1217.

[6] DOERING R, GOTI L, FRICKE L. Equity and ITQs: about fair distribution in quota management systems in fisheries[J]. Environmental values, 2018, 25 (6): 729-749.

[7] DERIBA B K. Health professionals' job satisfaction and associated factors at public health centers in West Ethiopia[J]. Human resources for health, 2017, 15 (1): 1426-1443.

[8] FINN R H, LEE S M. Salary equity: its determination, analysis and correlates[J]. Journal of applied psychology, 2013, 56 (4): 283.

[9] GARCIA-DIAZ A, HOGG G L. A mathematical programming approach to salary administration[J]. Computers & industrial engineering, 2018, 7 (1): 7-13.

[10] GREENBERG J. The social side of fairness: interpersonal and informational classes of organizational justice[J]. Journal of business ethics, 1993: 79-103.

[11] LEVENTHAL G S. What should be done with equity theory? new approaches to the study of fairness in social relationships[J]. Social exchange advances in theory & research, 1980: 52.

[12] MILES R E, SNOW C C. Designing strategic human resources systems[J]. Organizational dynamics 1984, 13 (1): 36-52.

[13] JOHN RICHARD HICKS. The theory of wages[M]. London: Harvard University, 1932: 28-57.

[14] 郭爱英, 张立峰. 薪酬管理[M]. 杭州: 浙江大学出版社, 2011.

[15] 贺伟跃, 周怡. 现代企业薪酬管理的制度创新[J]. 上海市经济管理干部学院学报, 2006 (9): 17-21.

[16] 克拉克. 财富的分配[M]. 陈福生, 等, 译. 北京: 商务印书馆, 1983.

[17] 廖慧英. 薪酬激励管理及新趋势[J]. 科学咨询 (科技·管理), 2017 (9): 37-38.

[18] 李丽燕. 公立医院薪酬管理现状及发展趋势[J]. 现代商贸工业, 2014, 26 (15): 92-93.

[19] 刘晋. 马克思工资理论的思想史考察及理论指导意义[D]. 天津: 南开大学, 2013.

[20] 马歇尔. 经济学原理·下卷[M]. 陈良璧, 译. 北京: 商务印书馆, 1965.

[21] 马丁·魏茨曼. 分享经济论[M]. 林青松, 等, 译. 北京: 中国经济出版社, 1986.

[22] 刘晔顿. TJZR 公司薪酬战略构建研究[D]. 大连: 大连海事大学, 2015.

[23] 庇古. 福利经济学[M]. 金镝, 译. 北京: 华夏出版社, 2007.

[24] 乔治·米尔科维奇, 杰里·纽曼, 巴里·格哈特. 薪酬管理[M]. 成得礼, 译. 11 版. 北京: 中国人民大学出版社, 2014.

[25] 孙玉斌. 薪酬设计与薪酬管理[M]. 北京: 电子工业出版社, 2010.

[26] 孙云鹏. 中国企业薪酬现状及发展趋势[J]. 企业导报，2015（7）：64+81.

[27] 汪纯孝，伍晓奕，张秀娟. 企业薪酬管理公平性对员工工作态度和行为的影响[J]. 南开管理评论，2006（12）：5-12.

[28] 王春梅. 新联想的国际化薪酬架构[J]. 管理@人，2006（4）：58-59.

[29] 原苗苗. D 寿险分公司内勤人员薪酬满意度调查及改进对策探讨[D]. 北京：首都经济贸易大学，2018.

[30] 尹亚茜. 薪酬管理视角下的人力资源管理发展趋势[J]. 中外企业家，2017（6）：150.

[31] [英]亚当·斯密. 国民财富的性质和原因的研究·上卷[M]. 郭大力，王亚南，译. 北京：商务印书馆，1972.

[32] 殷祺. HG 传媒集团薪酬优化设计[D]. 南昌：江西财经大学，2018.

[33] 朱苏鹭，宋帝利，朱瑾. 快乐哲学在人力资源管理中的意义与应用——以海底捞公司为例[J]. 经济论坛，2016（5）：135-138.

第二章

战略性薪酬管理

 **学习目标**

- 掌握战略性薪酬管理的概念、特征与要素
- 熟悉影响战略性薪酬管理的因素
- 掌握薪酬与战略之间的匹配性
- 了解战略性薪酬的历史演进
- 熟悉全面薪酬的含义、构成及主要激励模式
- 熟悉全面报酬的含义及构成

 引例

海尔的"三环四阶"对赌激励系统

海尔曾经是工业时代规模管理的忠实践行者，如今在互联网带来的冲击下，海尔是所有家电企业中转型态势最为激进的一家。2013 年，海尔的小微模式开始在各地的工贸公司试水。如今，海尔全国 42 家工贸公司已经全部转型为"商圈小微"。在这种小微模式中，海尔变身为网络化平台型生态圈组织，扮演着创客孵化器的角色。小微是海尔平台组织上的基本创新单元，也是独立运营的创业团队。小微能够充分利用海尔平台上的资源快速完成价值变现。通过不断地组织平台化和小微生态圈建设，海尔逐渐构建了"贯通三环，四阶联动"对赌激励系统，简称"三环四阶"对赌激励系统。"三环"是指激励层次贯通了"生存权利——利益分享——事业成就"这一从低级到高级的全过程。"四阶"

是指从小微抢单进入阶段开始，经过持续快速迭代阶段、引爆目标阶段到最终引领目标阶段的实现。海尔、小微与创客不同主体之间在开始价值创造前，根据预期贡献，确定每个阶段目标实现与薪酬水平的对应关系，全过程覆盖，建立了一体化的有差异的薪酬水平等级。

如表 2-1 所示，与传统的激励方法相比，"三环四阶"连接了不同激励环节，实现了从创业低级阶段到上市高级阶段全程的覆盖；对不同层级采取有差别的激励方式组合，增加激励性；激励反映出的是创造的价值水平，强调信息对称、即时激励和认同；强调激励结果是自己价值创造的回报，体现的是公平性。整个对赌不同环节和阶段的目标由被激励者自行设定，根据最优结果确定方案。

表 2-1　传统激励和"三环四阶"对赌机制的对比

传 统 激 励	"三环四阶" 对赌激励
一次定价，只能反映过去价值	打通三个激励环节
目标薪酬，不分等级，刚性增长，长远感受不深刻	不同阶段激励效果不同，层层递进
升上去降不下来，不能直接反映创造者的价值	能升能降，创造者的价值与创造出的价值紧密联系
反馈滞后、不及时	及时反映、信息对称、激励效率高
奖励的贿赂思想，雇佣双方是对立的	自我价值的实现，公平性与共赢的体现
组织驱动，指令性	自我驱动，自主管理

为了实现"贯通激励三个环节"，海尔树立"挣工资"理念，充分激发员工的创造性，所有员工面向市场，积极寻找释放自身价值的空间，为用户创造价值，价值创造得越多，报酬越高；同时，建立利益共同体。海尔实行与小微共享超利润、与合作方利润共享、小微内部也实行共享利润，股权共赢激励，整个利益共同体实现利润共享，真正实现利益最大化；此外，让员工经营属于自己的事业。实施以"小微"为基本运作单元的平台型组织，企业与员工不再是劳动雇佣关系，而成为市场化的资源对赌关系。所有人都可以在海尔平台上创新创业，成立小微公司，小微与海尔签订对赌协议，海尔对小微进行投资，而且提供对赌酬，只有小微的业绩到达协议标准，小微才会有相应的薪酬，这种做法最大化地激活了个人活力。

（云鹏，彭剑锋，2016）

海尔的经验告诉我们，在互联网时代背景下，当下的市场竞争进一步加剧，组织内外部各种不确定性因素不断增多，员工的工作性质和工作动机日益复杂化，企业面临着严峻的变革挑战。而作为发挥重要激励和约束功能的薪酬管理，必须作为一种有效辅助企业进行组织变革、战略变革、确保企业经营战略落地的重要人力资源管理手段。因此，企业在设计薪酬体系的过程中，必须要重视组织战略与薪酬战略的一致性，构建战略性薪酬管理体系，从而支撑企业战略和业务经营战略的实施。

第一节　战略性薪酬管理概述

本节首先介绍了战略性薪酬管理的概念与特征，接着，又阐述了战略性薪酬管理的要素。

一、战略性薪酬管理的概念与特征

（一）战略性薪酬管理的概念

在第一章中我们提到，薪酬管理是指企业根据所有员工付出的劳动而确定相应的薪酬总额、薪酬结构以及薪酬制度的一个过程。战略性薪酬管理则是在此基础上，将企业的薪酬管理活动上升到战略的高度，从企业战略的角度设计薪酬管理体系。通俗来讲，就是企业要根据自身的组织结构、企业文化、发展阶段、业务范围和工作特性等内在要素和外在环境条件的变化设计出相应的薪酬管理体系，并结合企业的战略和经营环境的变化不断进行调整，从而确保企业战略的落地，实现自身的可持续发展（刘善仕，巫郁华，2006）。

战略性薪酬管理强调薪酬是一种对人力资源的投资行为，突破了以往将薪酬看作是成本投入的传统思维方式，其主要聚焦点是如何对这种人力资源投资进行有效利用，即将企业的有限资源进行高效合理的利用和整合，使其投放在最有效的领域以发挥最大的激励作用（李翠妮，杨利霞，2013）。

以战略为导向的薪酬管理体系需要回答以下几个问题（张宝生，2018）。

（1）薪酬管理的目标是什么？即薪酬如何支撑企业经营管理目标的实现，当组织业务变动或者战略变革时，企业应该如何调整自身的薪酬战略。

（2）如何实现薪酬的内部一致性？即在组织内部，面对不同职位、不同技能或不同能力的员工，如何结合员工的实际工作绩效，支付不同的薪酬。

（3）如何实现外部竞争性？即相对于竞争对手，企业在劳动力市场上的薪酬水平应该如何定位。

（4）如何认可员工的贡献？即如何确定员工的基础工资，衡量标准是组织、团队绩效，还是个人的知识、经验以及能力因素，又或者是生活成本、物价水平的状况；货币薪酬与非货币薪酬该如何组合；长期薪酬和短期薪酬该如何均衡等。

（5）如何提高薪酬管理的有效性？即如何有效控制薪酬总成本使其充分发挥薪酬的激励作用。

（二）战略性薪酬管理的特征

战略性薪酬管理具有以下四个特征。

1. 战略导向性

战略性薪酬管理的核心在于通过选择一系列报酬策略，帮助企业赢得并保持竞争优势，从而支撑企业战略实现。一方面，薪酬成本占据企业运营成本较高的比重，通过战略性薪酬管理，能够提高薪酬管理成本的有效性，从而帮助企业建立低成本的竞争优势；另一方面，战略性薪酬管理不仅能够帮助企业吸引和保留核心人才，同时也对员工个体的态度、行为及能力等具有显著性影响，将员工行为引导到实现企业战略和组织变革的方向上来，进而创造出与企业战略相适应的内外部环境，最终有效推动企业战略目标的实现。

2. 沟通性

通过战略性薪酬管理系统，企业将组织的价值观、使命、不同阶段的战略以及组织的未来发展规划传递给员工，增强员工对组织价值观和目标的认同感，规范员工的行为。

3. 权变性

战略性薪酬管理是权变的，会因企业的战略、发展阶段、文化背景、业务发展不同而发生变化。企业就像生命体一样，也会经历出生、成长、成熟、衰落等不同阶段。处于不同生命周期的企业具有不同的特点，其组织战略、业务类型、组织结构等都可能存在较大的差异，因此，企业的薪酬管理战略要根据自身所处阶段的具体特点而定，以强化组织总体战略。

4. 系统性

战略性薪酬管理是一个系统性的框架体系，涵盖战略、制度和技术三个层面的内容。其中，战略层面是战略性薪酬管理体系设计的整体指导思想，一般认为企业战略驱动人力资源战略，进而影响薪酬战略；制度层面是战略性薪酬管理体系的具体内容，包括薪酬水平、薪酬结构、绩效奖金、福利、管理与调整机制等；技术层面则是指构建战略性薪酬体系时所涉及的一些具体的技术方法，如职位分析与评价、薪酬调查方法、薪等薪级设计方法等。

二、战略性薪酬管理的要素

与传统薪酬管理相比，战略性薪酬管理的第一要义是把薪酬管理融入企业战略中去，从而有效地支持企业战略的实施，具体来说，就是以企业战略目标为出发点，设计科学合理的薪酬结构，并通过有效的薪酬管理活动，实现企业的战略目标和员工个人的利益目标。战略性薪酬管理是一种以战略为核心的管理体系，其要素包括：薪酬支付依据、薪酬水平的定位、薪酬结构的调整、薪酬组合政策以及薪酬制度管理。

（一）薪酬支付依据

薪酬支付依据是组织在核定与支付本薪、调整薪酬与激励员工时所依据的要素或准则，及其比重组合（David，Luis，1990）。在人力资源管理实践中，企业往往会根据员工对组织的价值和贡献来支付其薪酬。这种价值和贡献既能够以员工的业绩来衡量，也能够通过员工的能力或职位来体现。因此，薪酬支付依据可以分为以下三种（Mahoney，1989）。

1. 绩效

以绩效作为薪酬支付依据就是根据员工在岗位上体现的业绩水平和价值贡献大小确定其薪酬支付，主要适用于产出周期短，绩效便于考核、量化的岗位，如一般的生产、销售岗位。这种薪酬支付依据对员工的行为有直接的引导作用，员工以绩效目标为中心，为实现目标而竭尽所能，力求创新。因此，这就要求企业不仅要具备科学的绩效管理体系，同时还要构建基于员工绩效的薪酬管理体系，将员工的薪酬与其绩效挂钩。

2. 职位

以职位作为薪酬支付依据是指根据职位对组织战略与目标实现的贡献程度大小来确定员工的薪酬支付，适用于产出周期短，绩效难以考核、难以量化的岗位，如普通的职能管理岗位。在这种薪酬支付依据下，职位的相对价值越高，工资也就越高，如果员工想要更高的薪酬，就只能通过职位晋升来获得。选择以职位作为薪酬支付依据，最重要的是要确定职位在组织内部的相对价值，一般是根据职位分析获得的信息对职位进行评价，从而获得组织内部的职位价值序列，以此作为企业构建薪酬体系的依据。

3. 能力

以能力作为薪酬支付依据是指在薪酬水平的确定上，主要考虑员工自身所具备的与工作和企业发展所需的知识、能力和经验的多少及相对重要性。这种薪酬支付依据一般适用于产出周期长、技术含量高、绩效难以考核的岗位，如基础研究岗位、技术开发岗位等。这种薪酬支付依据有助于引导员工不断提升自身能力，进而形成企业独特的核心能力。选择以能力作为薪酬支付依据的，最关键的一点是要构建一个科学的能力评估系统，否则若评估结果难以令员工信服，将导致员工的不满和抵触。

上述三种不同的薪酬支付依据有其各自的优缺点和适用范围，不同的企业和岗位具有不同的特点，因此并不存在"哪种薪酬支付依据最好"的说法。由于企业内部职位的多样性和工作的复杂性，在实际的应用中，企业的薪酬支付可能同时反映了绩效、职位或能力中的一个或多个要素，而非单一地使用其中一个作为薪酬支付依据。

例证　2-1

华为的薪酬管理思想——以贡献为准绳、向奋斗者倾斜

1. 以贡献为准绳

我们的待遇体系，是以贡献为准绳的。我们说的贡献和目标结果，并不完全是可视的，它有长期的、短期的，有直接的、间接的，也包括战略性的、虚拟的、无形的结果。因为只有以责任结果为导向才是公平的，关键过程行为考核机制与此没有任何矛盾。关键过程行为，成功的实践经验和有价值的结果，三者是一致的。

——任正非《2010 人力资源管理纲要第一次研讨会上的发言》

2. 向奋斗者倾斜

任正非提出将华为的员工分为三类：第一类是普通劳动者，第二类是一般奋斗者，第三类是有成效的奋斗者。华为要将公司的剩余价值与有成效的奋斗者分享，因为他们才是华为事业的中坚力量。"我们在报酬方面从不羞羞答答，坚决向优秀员工倾斜。工资分配实行基于能力主义的职能工资制；奖金的分配与部门和个人的绩效改进挂钩；安全退休金等福利的分配，依据工作态度的考评结果；医疗保险按贡献大小，对高级管理和资深专业人员与一般员工实行差别待遇。"

——任正非《华为的红旗到底能打多久》

（二）薪酬水平的定位

薪酬水平是指企业内部不同职位的平均薪酬，用公式可以表示为

企业薪酬水平＝薪酬总额/企业员工总人数

企业薪酬水平定位以当地市场薪酬行情和竞争对手的薪酬水平为参照依据，一般包括市场领先型、市场跟随型和市场滞后型三种类型。

1. 市场领先型

市场领先型的薪酬水平是指企业的薪酬水平在劳动力市场、同行业或同地区中处于领先水平。这种薪酬水平的优点是有利于吸引优秀人才，保留组织内部的核心员工，提高员工素质和工作效率。其不足之处在于，这种领先于市场的薪酬水平会大大增加企业的人工成本，如果企业无法通过有效的手段将这种高投入转化为高回报，那么企业最终会面临沉重的负担，甚至难以持续经营。

2．市场跟随型

市场跟随型的薪酬水平是指企业的薪酬水平与市场薪酬水平保持一致。在这种薪酬水平下，企业主要根据市场平均薪酬水平的变化而变化，从而保证企业的薪酬支付与市场平均薪酬保持一致。市场跟随型的薪酬水平既能够避免像市场领先型那样给企业带来高昂的人工成本，同时又能够较大程度地保持企业薪酬的外部竞争性，起到吸引和保留优秀人才的作用。

3．市场滞后型

市场滞后型是指企业支付给员工的薪酬水平低于市场平均薪酬水平。在这种薪酬水平下，企业更多是考虑节约内部成本，而较少考虑市场和竞争对手的薪酬水平。市场滞后型的薪酬水平一般适用于市场替代率较强的员工。这类员工一般在劳动力市场上供过于求，因此企业招募这一类员工的成本较低且较为容易。

（三）薪酬结构的调整

薪酬结构是指薪酬的具体构成形式、构成比例及其构成形式之间的动态变化情况，具体又可分为薪酬的内容结构和薪酬的等级结构。

1．薪酬的内容结构

薪酬的内容结构是指员工薪酬中包含哪些构成要素以及这些要素在总薪酬中所占的比例，如固定薪酬与浮动薪酬的比例、短期薪酬与长期薪酬的比例等。

例证　2-2

京东调整薪酬结构：取消快递员底薪

2019 年 4 月 8 日，京东通过内部邮件向全体员工通告，京东将取消旗下快递员的底薪，另外将增加快递收件任务，揽件将计入绩效，直接影响工资收入，也就是说快递员的收入全凭绩效。而在之前京东物流业务模式相对单一（主要为京东商城派单）的情况下，为了保障快递员的基本收入，其薪酬结构设计为"底薪+提成"的模式。如今京东物流独立运营之后，不仅服务京东商城自身的订单，还有大量外部订单业务、大客户业务以及个人快递的揽件业务等，原来的薪酬结构已经不适应新的模式，无法对绩效优异的员工体现出足够的激励。因此，这次京东物流快递员的薪酬体系改革方向是开源节流，意图通过取消底薪和依据绩效付薪来减少支出以及激励快递员通过多揽件来增加收入。

（资料来源：京东调整快递员薪资结构：取消底薪，增加提成[EB/OL]．（2019-01-12）．http://www.sohu.com/a/307520572-99921611.）

2. 薪酬的等级结构

薪酬的等级结构是指同一企业内部不同职位、技能或绩效员工的薪酬水平的排列形式，强调薪酬水平的等级设定以及不同等级水平之间的级差。薪酬的等级结构一般包括职位薪酬等级结构和宽带薪酬等级结构两种设计方式。

职位薪酬等级结构是根据职位评价得到企业内部的职位点值序列，然后按照某一标准将一定范围的职位划分为同一等级，支付同样等级的薪酬水平，最后根据每个职位技能、职责和对组织贡献的差异，确定该薪酬等级的上下限，即薪酬等级的具体范围。这种薪酬结构通常要求对每个薪酬等级做出细致的描述，明确每个员工的工作职责和具体要求，鼓励员工进行职位升迁。

与职位薪酬等级结构不同的是，宽带薪酬等级结构对每个等级的描述范围比较宽泛，其薪酬等级个数更少，每个薪酬等级水平的范围更加宽广。这种薪酬等级结构能够保证员工不需要通过职位升迁也能获得较高的薪酬，从而提升员工的公平感。

（四）薪酬组合政策

薪酬组合是指根据企业中各层各类人员的特点和重要程度，确定不同层次员工的薪酬策略，体现了一种人才分层分类管理的思想。例如，向高层管理者支付市场领先型薪酬水平，并以长期薪酬激励为主；向基层员工支付市场跟随型或滞后型的薪酬水平，以短期激励为主。

（五）薪酬制度管理

薪酬制度管理是指制定和调整薪酬制度的行为方式和决策标准，不同的薪酬管理制度具有不同的特征和作用，需要结合企业的具体情况进行选择（王凌云，刘洪，张龙，2004）。

1. 集权与分权管理

区分企业薪酬制度是集权还是分权管理的标准在于薪酬制度是由总部还是分部制定的。部门独立性较大的企业可能由各部门根据实际情况自主制定本部门的薪酬制度，然后由总部进行审核；反之，部门独立性较小的企业一般是由总部制定统一的薪酬制度。

2. 员工参与度

在薪酬管理过程中，较高的员工参与度能够更好地提高员工对薪酬的满意程度。这是因为如果员工能够根据自身的需要来影响或决定薪酬制度，那么企业的薪酬制度就能更真实地反映和满足员工的诉求，员工对薪酬制度的接纳程度也就更高。

　　3. 公开或秘密支付

　　Lawler（2004）认为，秘密支付薪酬会使得员工之间互相猜疑，降低信任水平；而公开支付则能增加企业管理的透明度，让员工清晰地了解企业现行薪酬体系的运行状况，减少甚至杜绝在秘密支付过程中可能存在的以个人好恶取代客观标准的弊端。公开支付的优点在于不仅能够有效发挥薪酬的激励作用，还可以迫使管理者有效地管理薪酬制度，其缺陷在于公开支付薪酬会出现优秀员工遭受排斥、非优秀员工不合作和员工间相互攀比等现象，不利于企业的持续经营。Mejia（1987）认为，公开支付方式比较适合那些重视共担风险、具备长期目标导向的企业采用。

三、影响战略性薪酬管理决策的因素

　　战略性薪酬管理决策是企业根据组织内外部环境所做出的具有总体性、长期性和关键性的薪酬决策。企业往往会针对外部环境存在的机会与威胁以及自身条件的特点，确定其战略性薪酬管理的各要素情况，即选择相应的薪酬支付依据、薪酬水平、薪酬结构、薪酬组合以及薪酬管理制度。我们必须全面分析组织内外部可能影响战略性薪酬管理决策的因素，概括起来，这些因素主要有宏观环境因素、行业特点因素、组织内部因素以及员工特点因素（付维宁，2018）。

（一）宏观环境因素

　　宏观环境因素是指企业经营所处的与企业薪酬管理相关的经济、社会文化以及国家法律法规等因素（刘华，2014）。在经济方面，一个国家或地区的经济发展水平与其社会平均薪酬水平息息相关，企业的薪酬水平必须根据其所在地区的经济状况来确定；此外，企业所在地区的劳动力市场供求关系及竞争状况也会直接影响企业的薪酬管理设计；随着经济全球化和技术水平飞速进步，企业的战略性薪酬管理决策需要面对不断变化的经济环境压力，还要起到应对经济环境变化所带来的不确定性的作用。在社会文化方面，一个国家的主流价值观、特定的收入分配观念以及独特的民族文化必然会对企业管理者和员工产生潜移默化的影响，因此，其薪酬管理体系也必然会打上社会和民族文化的烙印。在国家法律法规方面，企业的薪酬管理体系设计必须要符合相关的法律法规，如《劳动法》《劳动合同法》《最低工资规定》。另外，政府出台的一些财政政策、税收政策在客观上也会对企业薪酬管理产生影响，如个人所得税改革。

例证 2-3 ■ ■ ■

全国部分地区月最低工资标准情况

单位：元

地　　区	标准实行日期	月最低工资标准				
		第　一　档	第　二　档	第　三　档	第　四　档	第　五　档
北京	2018.09.01	2 120				
天津	2017.07.01	2 050				
河北	2016.07.01	1 650	1 590	1 480	1 380	
山西	2017.10.01	1 700	1 600	1 500	1 400	
上海	2018.04.01	2 420				
江苏	2018.08.01	2 020	1 830	1 620		
浙江	2017.12.01	2 010	1 800	1 660	1 500	
福建	2017.07.01	1 700	1 650	1 500	1 380	1 280
广东	2018.07.01	2 100	1 720	1 550	1 410	
深圳	2018.07.01	2 200				
河南	2018.10.01	1 900	1 700	1 500		

（资料来源：人社部官网，http://www.mohrss.gov.cn）

（二）行业特点因素

企业所处的行业也是影响企业战略性薪酬管理决策的一大因素。不同行业有不同的特点，因此其薪酬制度与薪酬水平会有较大的差异。例如，高新技术行业中的企业技术含量高、人均资本占有量大，企业可以采用高薪政策；而在传统制造业和劳动密集型行业中，企业一般会采用较为保守的薪酬制度，总体薪酬水平比较低，更多地注重福利和非绩效类工资。此外，行业的竞争状况也会影响企业薪酬战略的决策。比如，完全垄断市场下，垄断企业几乎没有任何的外在竞争威胁，因而其战略性薪酬管理决策更多是结合企业内部条件来制定的；而在自由竞争市场，企业之间竞争激烈，产品差异性大，因此各企业之间的战略性薪酬管理体系也各不相同。

（三）组织内部因素

影响战略性薪酬管理决策的组织内部因素主要有企业战略、企业生命周期、企业文化以及企业组织结构。

1. 企业战略

Berger（2000）认为薪酬策略与企业战略是密切相关的，不同的战略定位会对企业的战略性薪酬管理体系设计的定位产生影响。关于企业战略与薪酬管理之间的相互影响及匹配关系，可详见本章第二节。

2. 企业生命周期

企业生命周期描述的是一个企业从成立、发展到衰退不同阶段的状态过程，具体包括四个阶段：初创期、成长期、成熟期、衰退期。处于不同生命周期阶段的企业，其各种制度和机制也不相同。处于初创期或成长期的企业，资金有限且注重发展自身产品或服务，未来的不确定性较高，因此在薪酬管理方面往往会采用较低的基本薪酬和福利，更倾向于使用变动薪酬以及重视长期激励，如提供股票期权、实行员工持股计划等。成熟期的企业拥有成熟的技术和产品且进入大规模生产阶段，所面临的不确定性亦随之降低，因此更倾向提供较高的基本薪酬与福利，注重短期激励，重视团队薪酬激励。而当企业处于衰退期时，其往往会更聚焦于生存和削减劳动成本，因此一般会采用减薪、冻结涨薪或是其他有助于降低企业薪酬成本的管理策略（谢延浩，孙剑平，2011）。

例证　2-4

华为初创期的薪酬策略

华为技术有限公司于1987年成立于深圳，经过27年的发展，这家当初仅有注册资金2万元、员工6名的小公司已经成为全球领先的通信设备供应商以及智能手机厂商，员工人数达15万人，其中研发人员占40%，在全球有23个研究所和34个创新中心。

初创期的华为整体实力比较弱，内外部资源都比较匮乏。华为在薪酬水平和福利水平方面都低于市场平均水平，能够吸引员工的主要是创业机会以及对未来成功的期望，那时候的华为公司主要依靠晋升、能力提高、工作氛围等非经济性薪酬来吸引人才。

（刘昕，2014）

3. 企业文化

企业文化是一个企业内部形成的、对其成员的行为起到指导作用的一整套共享的价值观、信仰以及行为，包括精神层、制度层和物质层三个层面。企业文化主要通过精神层面和制度层面对战略性薪酬管理决策产生影响。

企业文化的精神层面指企业全体人员共同恪守的基本信念、道德规范、价值标准及精神风貌，主要包括企业精神、企业价值观、企业宗旨、企业伦理道德和企业风貌等内容。作为企业文化的核心和精髓，精神层面企业文化必然会对薪酬管理制度产生影响，主要表现为企业价值观将企业所有员工的不同价值观整合为企业的根本价值观。为激励个人价值观与企业价值观相同的员工，同化个人价值观与企业价值观不同的员工，企业会通过一系列的激励机制来强化企业价值观，从而对企业薪酬制度的制定产生重大影响。

企业文化的制度层面主要指对企业全体成员和企业组织行为产生规范、约束性影响的部分，即企业及其成员在生产经营过程中应当遵守的行为准则，主要包括企业人际关系、企业规章制度、企业领导体制三个方面。其中，企业规章制度是由企业权力部门制定，以书面形式表达，并且以一定方式公示，非针对个别事务的规范总称。企业规章制度规定了员工必须遵循的行为方式、程序及处理各种关系的规则，具有强制性，是企业在制定战略性薪酬管理体系时必须参照的规范标准之一。因此，一个企业若拥有好的规章制度，自然会拥有公平合理、具有较强激励作用的薪酬制度。

4. 企业组织结构

在过去，企业以工作高度专门化、职能部门化、集权、多层级为根本特征的金字塔型的机械式组织结构作为效率最优的结构形式，每个职位的工作内容具有很强的稳定性。因此，传统的薪酬体系是以职位为中心进行构建的，其薪酬等级较多且每个薪酬等级变动的范围较小，着重强调对个人的激励。而随着网络技术的快速发展、生产要素的不断知识化和经济的日趋全球化，企业的经营环境越来越呈现出高度的复杂性和不确定性。企业组织结构正在从机械式组织向能够支持创新、快速反应、具有高度适应性的有机式组织转变。有机式组织的特点包括组织结构扁平化、工作单元团队化、无边界化等。在这种情况下，企业的薪酬体系也由以职位为基础逐渐转变为以人的技能和能力为基础，宽带薪酬结构得到广泛应用，薪酬激励对象也由个人转变为以团队为主。

（四）员工特点因素

美国康奈尔大学斯奈尔教授根据价值和稀缺性将企业中的人力资源划分为核心人才、独特人才、通用人才和辅助性人才四类。企业应该针对不同类型人才的特点，采取不同的人力资源管理技术和方法。核心人才是企业的核心竞争力的来源，应该支付其较高的薪酬水平，以能力为薪酬支付依据，注重长期激励；独特人才是企业的合作伙伴，通常为企业提供短期的服务，因而一般会根据其为企业提供的解决方案或工作成果支付相应数额的报酬；通用人才从事的多为具有传统特征的工作，如财务管理、销售等，一般是以绩效和业绩作为薪酬支付的依据；辅助性人才从事的多为根据合同要求明确界定工作职责的工作，因此一般是按小时或临时签订的合同支付薪酬（文跃然，2017）。

第二节　薪酬战略的匹配性

战略性薪酬管理最主要的功能是实现对企业战略的支撑。企业的战略不同，采取的薪酬管理模式也不相同。在企业经营过程中，市场需求的变化、竞争对手的变化、政策制度的变化、技术的变化都会对企业的战略带来重大影响，导致战略的调整和变动。因此，我们需要分析薪酬与战略之间的匹配性关系，从而强化薪酬对战略的支撑作用。

一、与企业战略的匹配性

（一）薪酬战略与企业战略的关系

关于薪酬战略与企业战略的关系，学者们主要存在两种不同的观点：一种观点认为企业战略影响人力资源战略，进而间接影响薪酬战略；另一种观点认为，企业战略直接影响并决定薪酬战略（文跃然，2017）。虽然两种观点存在分歧，但它们存在一个共识，即企业战略影响薪酬战略。企业的薪酬战略源于企业战略，又服务于企业战略，而企业战略确定企业的发展目标和方向，定义了企业的核心能力以及核心人力资源。因此，企业战略不仅明确了企业薪酬激励的方向和重点，还影响企业薪酬管理基本框架的构建，包括薪酬支付依据、薪酬水平、薪酬结构、薪酬组合以及薪酬管理机制等。

例证　2-5

海尔薪酬体系与战略的匹配

海尔自主经营体的经营战略旨在将公司打造为平台化的生态系统，成为可实现各方利益最大化的利益共同体。自主经营体强调员工和经营者同一立场、共同合作，奉行全员参与经营战略，员工不再是被动的执行者，而是身处其中的主动的创业者，但这一模式潜藏着员工消极怠工的风险。为消除该风险，海尔在薪酬战略的四大目标中选择侧重偏向雇员贡献方面，并以"三公原则"（即公平、公正、公开）作为指导思想。海尔的公平体现在对所有员工都实行统一的可量化考核标准；公正是指设立严格与工作成果挂钩的员工升迁制度，根据绩效高低将员工在优秀、合格、试用三个等级内进行动态转换；公开则指考核方式、考核结果和所得薪酬保持透明并向所有员工公开。实践证明，这一薪酬战略较好地解决了潜在的委托代理问题，并激励员工主动工作和构建利益共同体。

（余毅锟，石伟，2016）

（二）薪酬战略与企业战略的匹配

企业战略包括三类：成长战略、稳定战略和收缩战略。不同类型的企业战略与不同的薪酬战略相匹配（付维宁，2018）。

1. 成长战略下的薪酬战略

成长战略是一种关注市场开发、产品开发、创新以及合并等内容的战略，又可分为内部成长战略和外部成长战略（胡尊亮，2009）。其中，前者是指通过整合和利用组织拥有的所有资源来强化组织优势的一种战略，主要关注企业自身力量的增强和自我扩张；后者是指通过纵向一体化、横向一体化或者多元化的方式来实现组织增长的战略，这种战略往往是采用对外兼并、联合、收购等方式来增强企业实力或是扩大其市场份额，强化其市场地位。采用成长战略的企业一般比较注重组织内部的创新、风险承担以及新市场的开发等，因此其薪酬战略往往更偏向于企业与员工共同承担风险和共享成功的收益。如此，不仅企业能够达成自身目标，员工也有机会在未来获得较高的收入。追求成长战略的企业一般对管理层人员、研发部门人员和对外服务人员要求较高，因为这三类人员共同构成了企业内部的核心架构，是企业核心竞争力的重要影响因素。

因此，这一类的企业更倾向于以员工绩效作为薪酬支付依据，在短期内提供水平相对较低的薪酬，但同时实行奖金或股票期权计划，使员工在长期内获得较高的收入；在薪酬制度管理方面往往会比较注意分权，赋予直线管理人员较大的薪酬决策权。同时，采用内部成长战略的企业薪酬管理的重点是进行目标激励，采用外部成长战略的企业则比较注重内部薪酬管理的规范化和标准化。

2. 稳定战略下的薪酬战略

稳定战略是指在经营范围维持不变的情况下，企业在已经占领的市场中选择其中能够做得最好的部分进行精益求精（赵弘，2000）。这一类企业往往处于较为稳定的环境，企业增长率较低，更强调提高市场份额或者降低运营成本。企业往往是以稳定现有的劳动力队伍为人力资源管理重心，更注重薪酬内部一致性和外部薪酬水平的追随性。

因此，追求稳定战略的企业更倾向选择以职位作为薪酬支付依据，薪酬水平一般会与外部劳动力市场持平或略高于市场水平，较为稳定的基本薪酬和福利的比例占总薪酬的比例较大，在薪酬管理方面的决策集中度比较高。

3. 收缩战略下的薪酬战略

收缩战略是指企业在原有经营领域处于不利地位，又无法改变这种状况时，逐渐收缩甚至退出原有经营领域，收回资金，等待东山再起或另谋出路的一种战略（赵弘，2000）。选择收缩战略的企业往往与裁员、剥离以及清算等联系在一起，更关注成本控制和成本节约，以严格的定量目标作为激励基础。

因此，追求收缩战略的企业主要依据自身经营业绩来确定员工的薪酬水平，努力将员工收入与自身经营业绩挂钩，会尽量降低固定薪酬在总薪酬中所占的比重，同时还会力图实行员工持股计划、收益分享计划等，以鼓励员工与企业共担风险。

二、与竞争战略的匹配性

（一）薪酬战略与竞争战略的关系

竞争战略是企业战略管理体系的基本组成部分，其核心目标在于帮助企业提高市场占有率，获取持续的竞争优势以及更多的经济利润。企业竞争战略的执行效果取决于员工的行为。而在人力资源管理活动中，薪酬水平直接影响着员工的切身利益，是员工最为关心的部分，同时也是企业激励员工最直接、最有效的手段。因此，企业在竞争战略的要求和驱动下制定相应的薪酬战略，并依据薪酬战略的规划，通过构建科学合理的薪酬体系引导员工行为以符合企业预期的目标，进而通过员工行为的合理化，使员工个人目标与企业目标相一致，最终实现企业的竞争战略，即企业的竞争战略对薪酬战略起驱动作用，薪酬战略可以帮助企业规范员工的行为，有效支撑竞争战略（邓湘南，2009）。薪酬战略与竞争战略的关系如图 2-1 所示。

图 2-1　薪酬战略与竞争战略的关系

（二）薪酬战略与竞争战略的匹配

迈克尔·波特将竞争战略划分为三种不同的类型：成本领先战略、差异化战略和集中战略（马宁，王雷，2018）。不同的竞争战略具有不同的组织特征，因而采取的薪酬战略也表现出较大的差异性。

1. 成本领先战略下的薪酬战略

成本领先战略是指企业为了抢占市场份额，获得竞争优势和同行业平均水平以上的利润而积极采用各种方法降低自己在生产经营过程中的各项成本，降低产品价格。推行成本领先战略的企业为了将成本控制在最低点，会严格控制企业的研发、生产、采购、销售等经营活动，同时注重生产效率的不断提高。因此，采用成本领先战略的企业在进行战略性薪酬管理体系设计时会严格控制人工成本，采用较低的薪酬水平且以员工个人短期绩效作为绩效评估标准，薪酬结构一般以固定薪酬、短期薪酬为主，实行中央集权式的薪酬管理制度。

2．差异化战略下的薪酬战略

差异化战略是指企业通过产品或服务在质量、设计或技术等方面具有的独特性来获得竞争优势。采用差异化战略的企业强调创新与卓越，对员工创造力要求更高，且倾向于与员工建立长期的工作关系。此时，企业通常会向员工支付较高的薪酬水平，注重员工的技能薪酬和绩效薪酬，在薪酬结构上强调变动薪酬、长期薪酬，实行分权式的薪酬管理制度（付维宁，2018）。

3．集中战略下的薪酬战略

集中战略，又可称为聚焦战略，是指企业为了能够以更高的效率和更好的效果服务于某一特定市场或客户群体而集中资源专门生产经营某个产品或提供某种服务。采用此类战略的企业不仅要能够满足客户现有的需求，而且要能够自主深入挖掘客户潜在的需求。因此，实行集中战略的企业对员工的主动性和创新性要求极高。因此，企业在薪酬策略上往往会支付员工高于市场水平的薪酬待遇，在薪酬结构上侧重采用股票期权等长期激励手段，在薪酬管理制度上实行分权管理，让员工参与薪酬的制定。此外，为了激励员工更好地服务客户，提高服务质量，采用集中战略的企业还会根据客户对员工所提供服务的评价来支付奖金。

第三节　薪酬战略的演进

科学有效的激励机制能够让员工发挥出最佳的潜能，为企业创造更大的价值。作为企业激励机制中最重要的手段之一，科学的薪酬战略不仅能够增强企业的凝聚力和吸引力，同时也能使人力资源管理中的许多问题迎刃而解。

传统的薪酬战略主要是基于企业自身的角度来设计的，很少反映员工的需求，而且以物质激励为主。随着知识经济时代的到来，知识型员工逐渐成为企业的主体，新生代员工需求的多样化、动态化，扁平化组织、平台化组织和网络化组织结构等新事物的出现对企业的薪酬战略提出了更高的要求。传统薪酬战略的缺陷开始凸显，企业需要重新思考如何顺应时代、环境以及人的变化不断调整薪酬战略，以吸引和保留核心人才，形成企业的核心能力。在这一背景下，传统薪酬战略逐渐向全面薪酬、全面报酬等综合性的薪酬战略演进。

一、传统薪酬战略

（一）传统薪酬战略的构成

在传统薪酬战略中，企业员工的薪酬一般包括基本薪酬、可变薪酬和员工福利三个部分（周涛，2005）。

1. 基本薪酬

传统薪酬战略中的基本薪酬包括员工为企业工作所获得的绝大部分报酬。影响基本薪酬水平的因素包括工作价值、维持组织内部公平性的需要、实现组织外部竞争性的需要等，其中，特定工作的价值是决定薪酬水平最关键的要素。在传统薪酬战略指导下，基本薪酬通常会被划分为多个等级以适应员工职位晋升和加薪的需要，并且不对员工的内在个人能力特征和胜任素质（如灵活性、团队协作能力、问题解决能力等）支付报酬，因而会引导员工更多地关注个人职位晋升而非技能增长，或导致员工仅重视本职能所需技能的增长，而忽视范围更宽的技能增长。

2. 可变薪酬

在美国的传统企业中，大多数员工得到的薪酬仅包括基本工资、绩效加薪和生活成本加薪，仅有高层管理者和销售部门的员工有资格获得不确定的奖金或参与年度奖金计划。在我国，随着社会主义市场经济体制的确立和发展，许多企业也实行了浮动工资和绩效工资计划。值得注意的是，部分国内企业在绩效管理尤其是绩效考核上存在不足，其绩效工资也演化成了一种变相的固定工资，员工将浮动工资或绩效工资看作自己的一种既得权利，而非视为与组织分担风险的报酬或一种真正的绩效奖励。

3. 员工福利

在国际上，员工福利在第二次世界大战后逐渐发展起来，起初受到重视的程度不高且发展较为缓慢。当前，员工福利对企业来说已成为一个重要成本开支项目，从员工的角度来看，则是一种重要的价值来源，如员工子女的看护费、学费，员工自身及家人的卫生保健费等有相当一部分都是由企业承担的。值得注意的是，虽然许多企业在员工福利上投入大量资金，但并未将这种支出作为薪酬的重要组成部分来看待，没有认真分析研究如何让员工福利为企业的人力资源管理目标乃至企业战略目标服务，从而导致员工福利投入的效果并不明显。

（二）传统薪酬战略的不足

21世纪以来，随着企业的发展和环境的变化，传统薪酬战略的不足越来越明显，主要表现在以下几个方面。

（1）传统薪酬战略难以满足企业多元化目标的需要。在传统薪酬战略下，企业薪酬体系建立的目标仅仅是吸引、保留和激励员工，相应的薪酬战略则是为员工提供具有市场竞争力的薪酬，这使得这种薪酬体系下的薪酬战略无法成为企业人力资源战略、经营战略等各种战略的延伸，无法保证这些战略目标的一致性。同时，这种薪酬体系大多以利润最大化为单一目标，只关注生产率和市场占有率等一些可量化的指标，这对于处于激烈竞争环境当中、需要达成多元目标的现代企业来说，存在很大的局限性。

（2）传统薪酬战略难以满足扁平型组织结构的需要。在经济发展的新时代，企业组织结构从原来的金字塔职能型向扁平型转化。在扁平型组织结构中，员工向上垂直流动或晋升的机会有限，个人和组织的成功主要取决于绩效和员工的横向成长，即新技能和能力的获得，不再强调薪酬的保障性。而传统薪酬战略的基本薪酬部分强调保障性和职位的持续晋升，这种薪酬导向难以适应扁平型组织的要求。

（3）传统薪酬战略难以满足跨职能团队的需要。"基本薪酬+绩效加薪"的模式非常适用于注重稳定性和一致性的职能组织，但无法满足强调创新、绩效、服务流程以及快速等的组织的需要。因为这种组织的发展依靠的是团队成员共同分享工作角色的跨职能团队，且在这种团队中，组织绩效比员工个人绩效更为重要，而传统薪酬战略过于强调特定的、单个职位的价值，这显然不适用于跨职能和跨部门的团队。

二、全面薪酬战略

（一）全面薪酬战略的含义

全面薪酬战略，又称整体薪酬战略或总薪酬战略，是一种以客户满意度为中心，鼓励创新精神和持续的绩效改进，并对娴熟的专业技能提供奖励的新型薪酬战略。它摒弃了原有的科层体系和官僚机制，在员工和企业之间营造出了一种双赢的工作环境。全面薪酬战略关注的对象，主要是那些帮助企业达到组织目标的行动、态度和成就，其关键在于制定正确的奖酬计划组合，将传统的薪资项目和新型的奖酬项目结合起来，最大限度地发挥薪酬战略对组织战略的支撑作用（贾臻，2017）。

（二）全面薪酬战略的构成

全面薪酬将公司支付给员工的薪酬分为外在薪酬和内在薪酬两大类。外在薪酬包括直接经济薪酬，如基本工资、绩效奖金等；福利薪酬，如社会法定福利、带薪休假等。内在薪酬是指员工在完成工作任务的过程中，从工作本身、工作环境、企业文化等方面获得的心理收入，是难以用货币来量化和衡量的精神报酬，是员工个人价值的体现。二者的具体构成如表 2-2 所示（梁艳荣，2012）。

表 2-2 全面薪酬的内容

外 在 薪 酬	内 在 薪 酬
◎ 直接经济薪酬：基本工资、绩效奖金、津贴等短期激励薪酬，股票期权、认股权、股份奖励等长期激励薪酬 ◎ 间接经济薪酬（福利薪酬）：社会法定福利、商业保险计划、生活及娱乐设施、健康计划、带薪休假、集体活动等福利措施	◎ 工作内容方面：工作趣味性、工作创新性与挑战性、工作自主性与内容丰富性、工作成就感与荣誉感等 ◎ 个人成长方面：良好的企业发展前景、健全的职业发展规划、拓展培训机会、晋升机会、参与决策与授权、社会地位、弹性的工作时间等 ◎ 文化环境方面：舒适的工作环境、良好的工作氛围、以人为本的企业文化、优秀的管理艺术、创新型组织与团队合作、工作保障等 ◎ 情感方面：适当的尊重与关怀、适时的沟通、友谊、榜样等

外在薪酬和内在薪酬都有自己独特的薪酬激励功能，两者相互补充，相互作用，缺一不可。企业只有为员工设计合理的全面薪酬体系，科学把握外在薪酬与内在薪酬两个方面，才能充分发挥薪酬吸引、保留和激励员工的功能。

（三）全面薪酬战略与传统薪酬战略的区别

全面薪酬战略与传统薪酬战略的区别如表 2-3 所示（刘晔頔，2015）。

表 2-3 全面薪酬战略与传统薪酬战略的区别

对 象	全面薪酬战略	传统薪酬战略
目标	◎ 企业目标与员工目标协调发展 ◎ 吸引和留住员工	◎ 以企业发展为重点
员工定位	◎ 员工是增加企业竞争力的核心资源	◎ 把员工视为工具性资源
薪酬定位	◎ 薪酬是企业对人力资源的投资	◎ 将薪酬作为成本支出
薪酬内涵	◎ 外在薪酬 ◎ 内在薪酬	◎ 外在薪酬为主
方法	◎ 弹性设计，适应企业经营战略变化	◎ 高度结构化设计，弹性空间少
具体规定	◎ 内外统一 ◎ 职员的作用 ◎ 战略匹配	◎ 内外统一
特点	◎ 奖励关键行为 ◎ 重视员工参与权与责任 ◎ 鼓励交流价值观和期望	◎ 强调任务 ◎ 员工被动接受薪酬安排 ◎ 严格控制沟通

　　由此可见，全面薪酬战略不仅强调薪酬在外部市场的竞争性、内部的一致性，更强调员工的贡献、薪酬战略与企业战略的匹配性。薪酬不仅是企业成本支出，更是对人力资源的一种投资；员工与企业是共担风险的合作关系，并且员工还是公司价值的创造者，并不是消极地完成相关工作而已。

（四）全面薪酬战略的主要激励模式

　　1. 奖酬激励

　　（1）谈判工资制度。谈判工资制度是指在市场经济条件下，以企业、雇主或其组织为一方，以雇员或工会组织为另一方，双方就工资分配问题通过谈判后签订合同。它是兼顾双方利益的体现，既能充分反映知识型员工的自身价值，调动其工作积极性和对企业的忠诚度，又有利于维护企业的利益。由于工资既是劳动力的价格，又是知识型员工价值的重要组成部分，因此，谈判工资制度承认了人力资本的价值，并从制度上确立了对人力资本的补偿。劳资双方结成利益共同体，形成稳定和谐的劳动关系，共同努力发展生产，促进企业目标的实现。

　　（2）项目奖金激励。项目奖金是指为了激励员工及时、超额完成工作任务或取得优秀工作成绩而支付的额外薪酬。由于奖金的发放一般是根据企业和部门效益、团队业绩以及个人工作业绩综合评定的，因此项目奖金制度有两大好处：一是促进员工加快项目进度；二是可以提高项目的质量和水平。不过，在运用项目奖金激励时要注意：必须信守承诺，否则就会给激励增加许多困难；不要搞平均主义，奖金金额要使员工感到满意；奖金金额的增长要与企业的发展挂钩，使员工清楚地认识到只有企业利润不断增长时，自身才能获得更多的奖金。

　　（3）股票期权激励。股票期权是企业给予员工的一种权利，股票期权持有者可以凭此权利在一定时期内以一定价格购买公司股票。股票期权获利分红至少要在一年以后才能实现，且获利多少与企业经营业绩挂钩，因此，股票期权的持有者若想获取收益，必须同企业所有者一起努力改善企业经营管理，以保持企业价值长期稳定增长。股票期权的这些特点使其成为一种长期激励方式，较好地解决了所有者与经营者之间的利益矛盾。一些企业在所有者和知识型员工之间达成一种协议，即在完成或超额完成经营目标的前提下，允许知识型员工在未来某个时间，以当前的市场价或更低的价格买进一定数量的公司股票，通过这种协议使企业所有者和知识型员工形成利益共同体，实现对知识型员工的长期激励。

　　2. 福利激励

　　（1）强制性福利。强制性福利是指为了保障员工的合法权利，由政府统一规定必须提供的福利措施。强制性福利主要包括社会养老保险、失业保险、医疗保险等基本保险。

强制性福利是员工的基本工作福利，也是员工权利的重要组成部分，其激励作用不大，但却是员工必不可少的保障因素。

（2）菜单式福利。菜单式福利是指由企业设计出一系列合适的福利项目并平衡好所需费用，然后由知识型员工根据自己的需要进行选择，这样会增大员工选择的余地，提升员工满意度，福利项目的激励作用也会增强。这类福利主要包括：非工作时间报酬（假日、带薪休假、探亲假等），津贴（交通津贴、服装津贴、住房津贴等）、服务（体育娱乐设施、集体旅游、节日慰问等）。但是，企业在确定福利菜单项目时，要充分听取员工意见，在自身可接受的成本范围内，最大限度地满足员工需求。

（3）特殊性福利。特殊性福利是指企业中少数特殊群体单独享有的福利，这些特殊群体往往是对企业做出特殊贡献的员工。特殊性福利主要包括：提供宽敞住房，专车接送，发放特殊津贴，享受全家度假等。特殊性福利通过差异化的方式使知识型员工获得额外利益，为员工带来心理上的自豪感与满足感。

3．工作内容激励

（1）工作多元性、创造性激励。它主要表现在两个方面：一方面是企业针对部分表现优异的员工，实行岗位轮换制度，实现员工跨岗位或跨部门的横向流动，以增加员工工作的趣味性，降低员工长期从事某种工作的枯燥感。另一方面是公司适当授权，让员工参与工作设计、独立承担项目任务、开展工作，增加员工工作的自主性和创造性，形成员工对企业的归属感、认同感和责任感，最终产生内心的满足感，最大化激励员工。

（2）目标管理激励。公司依据自身经营目标和各岗位工作职责，给每个工作岗位设定关键工作指标以及相应的基本目标、挑战目标，并根据员工对指标的完成情况定期调整目标值，建立相应的激励机制，以增加工作的挑战性，引导和激励员工不断向更高目标发起挑战。尤其是知识型员工，他们对自身有着较高的期望值，渴望挑战自我，期望在工作中取得进步，实行目标管理激励，设计富有挑战性的工作，能够最大限度地激发他们的创造力。

（3）工作荣誉感激励。随着员工岗位的升迁和个人薪金水平的提高，工作荣誉感发挥着越来越重要的作用。为增加员工工作的荣誉感，公司可适当对员工进行表扬，尤其是那些通过辛苦努力获得良好绩效的员工；也可每年进行优秀员工的评选活动，给予那些能力、态度及业绩优秀的员工金钱及荣誉的双重激励。但企业在运用工作荣誉感激励时应注意：要有明确的奖励标准；多种奖项的设计要合理，等级要分明。

4．个人成长激励

（1）培训和发展激励。培训和发展激励是指企业通过为员工提供形式多样的培训活动或培训计划，促进员工的发展和进步。如今科技变化速度越来越快，为了跟上时代的发展速度，保持自身竞争力，知识型员工有着强烈的学习动机。对此，企业应积极创造条件，为员工提供形式多样的培训计划，如新员工入职培训、文化培训、新产品推广培训、先进管理理念培训以及拓展训练等，对他们采取交流指导、访问学习、专业和技能培训等激励措施，以提高他们的能力，给他们提供进一步发展的机会，满足他们自我实现的需要。

（2）职业生涯激励。职业生涯激励主要体现为以下两点：一是设计合理的职位体系，给员工提供双重职业道路。例如，针对研发人员，可提供专业发展通道，即由初级研发人员，经过中级研发人员、高级研发人员，最终成为高级技术专家的职业发展路径；管理晋升通道，即由初级研发人员，经过一线主管，最终成为高层管理者的职业发展路径。但是，企业在实施过程中，要保证专业发展通道与管理晋升通道的层级结构是平等的，且每一个研发等级都享有与管理等级相同的地位和报酬，这样才能实现对员工的激励。二是帮助员工制订和实现职业计划。公司通过与员工定期进行绩效反馈谈话及提供专家指导，帮助员工明确自身特长，明晰发展方向，为其展示良好的职业生涯发展前景。同时，通过建立内部人才市场和完善培训机制，提高员工个人能力层次，增加其内部岗位竞聘的机会。

5．文化环境激励

（1）文化环境激励，又称软环境激励。它主要体现为以下六点：一是运用多种媒体形式传递优秀企业文化，如开展知识竞赛、演讲比赛促进员工对公司核心理念的学习，编写典型案例、树立典型人物，加深员工对公司理念的理解等；二是公司建立信息共享机制，通过一些内部刊物、网站发布优秀员工的知识经验，促进员工的共同进步；三是公司强调团队工作文化，将员工个人绩效同团队、部门绩效紧密联系起来；四是公司提倡部门内外的沟通协调，如经常举办一些座谈会，鼓励大家进行沟通讨论；五是充分利用工会等社团组织，建立"员工互助会""女工之家""青年之家"等非正式组织，开展多种形式的文体活动、聚餐活动等，加强员工工作外的联系，营造良好人际关系氛围，满足员工社交需要，建立和谐的企业文化；六是为员工提供法律、劳动政策、生活心理等方面的义务咨询，帮助员工建立良好心态，营造和谐的人际关系。

（2）硬环境激励。硬环境激励是指企业采取多种措施营造以人为本的工作环境，使员工在优雅舒适的环境中工作和休息。它主要表现为：根据企业实际情况，配备和更新电脑等办公自动化设备，提高企业信息化水平，提高工作效率；持续深入开展"5S"（整理、整顿、清扫、清洁、素养）活动，为员工创造一个干净、整洁、舒适的工作场所和空间环境；给予员工一定的自由度，允许员工用自己的创意改善办公环境；给员工创造良好的沟通空间，如建立人性化的员工休息室、餐厅、读书室、健身房等场所。

6．情感激励

所谓情感激励，就是要加强与员工之间的感情沟通，给予员工适当的尊重、认可和信任，从而使员工保持高昂的情绪和工作热情。在快节奏、高压力和强竞争的现代社会，管理者的真情关怀和尊重爱护，能使员工感到温暖，产生自豪感、使命感和归属感，进而激发其主动性和积极性，不断推动其努力工作。这种情感激励对知识型员工尤其重要，他们自觉对企业的贡献较大，更加渴望被尊重。管理者应经常与他们沟通交流，了解他们的思想动态，在工作中给予鼓励和支持，在生活上给予关心，缩小员工与管理者间的心理距离，建立良好的企业氛围，提高员工对企业的认同感和工作积极性。此外，公司还可以通过赠送生日礼物、婚嫁礼物及丧事礼金等形式加强对员工的人文关怀。

三、全面报酬战略

（一）全面报酬战略的含义和作用

1. 全面报酬战略的含义

全面报酬战略是指将组织中的外在报酬和内在报酬、经济报酬和非经济报酬加以结合，形成一种对员工的最优激励系统。这一激励系统将各种激励方式有机地整合在一起，从多角度体现了员工的价值和贡献，使之成为支持组织战略实现和应对变革挑战的有力工具，并在组织和员工之间形成一种积极特殊的雇佣关系，最大限度地调动了员工的积极性，提升了员工的敬业度，使员工全身心地投入工作，从而实现组织的战略目标（孙苑媛，2014）。

全面报酬战略的特征是：现金与非现金相结合；物质激励与精神激励相结合；内部公平性与外部竞争力相结合；绩效沟通与绩效改进相结合；长期激励与短期激励相结合；共性需求与差异化个性需求相结合；人才发展与人才晋升相结合；保障性因素与激励性因素相结合（吴一萍，2017）。

全面报酬战略有别于全面薪酬战略，它是将各种传统和非传统的报酬要素、物质要素和精神要素结合在一起，以达到使雇佣关系更有意义，以及更能满足员工需要的目的，它既包括传统的薪酬项目，也包括对员工有激励作用的能力培养方案和非物质的奖励方案等。

例证　2-6

腾讯的"热血薪酬"

腾讯是一个以高新技术人才为企业发展源动力的企业。首先，其薪酬福利支付采取市场跟随型的方式，既不会在行业中当领头羊，也不会让雇员觉得自己的工资福利不如别人。其次，腾讯能够让大学生觉得满意的重要原因是抓住了应届毕业生最看重的一环——"非货币性薪酬福利"。在腾讯这样一个企业文化极其轻松的公司里面，公司内部的人际关系十分简单纯粹，员工彼此之间是朋友而不是同事。除此之外，腾讯还有很多的非货币性福利，包括培训发展机会、旅行计划、晋升通道、团队拓展、奖励性福利、休假制度等。这些虽然没有薪酬性福利来得那么具体和切实，但是可以让腾讯的员工不断地感受到来自企业的关怀和来自周围关系网络的支持。

（刘帆，2013）

2. 全面报酬战略的作用

全面报酬战略作为一种系统的回报和激励员工的手段，受到越来越多的企业和员工的欢迎，它的突出作用主要表现在以下三个方面。

（1）全面报酬战略是企业吸纳人才的重要手段。一套有竞争力的薪酬体系之所以有吸引力，不仅仅是因为它能够提供具有吸引力的货币报酬，还体现在它能够根据被吸引人群的特殊需求，提供各种非货币形式的待遇，体现出企业对员工的人文关怀。全面报酬战略在这方面就具有明显的优势。一方面，传统的货币报酬为员工提供了物质回报，使其能够满足物质生活的需要；另一方面，非货币报酬部分，比如学习和培训给员工提供了个人价值提升的机会，而令人满意的工作氛围又给员工提供了身心愉悦的外在环境。可以说，全面报酬战略对于吸引人才起着非常重要的导向作用。

（2）全面报酬战略能够更好地激励员工。激励理论认为，要想让员工实现组织目标并达到高绩效，就必须想方设法强化员工努力工作的动机，除了组织文化的引导和规章制度的强制以外，最根本的做法是要满足员工的需要。人的需要具有低层次的生理和生存需要（主要以物质满足为主），也有尊重、自我实现等高层次需要（主要以精神满足为主）。全面报酬战略既涉及员工物质需要的满足，也涉及员工精神需要的满足，比如学习与成长的机会、舒适的工作环境、公司的表彰和鼓励、主管及同事的赞许与认可、其意见对公司决策的影响等。由此可见，全面报酬战略比传统的薪酬战略更能有效地满足员工的各种需要，对员工尤其是知识型员工和高层次人才的激励效果更为明显。

（3）全面报酬战略对于留住企业的关键人才具有重要影响。企业不仅要能够吸引到人才，更重要的是要把那些承载企业核心竞争力的最有价值的人才保留下来。全面报酬战略既满足了员工的基本需要，又帮助员工实现了自我价值，员工自然就不会轻易跳槽。因此，只要全面报酬体系设计合理，就能有效解决企业关键人才流失问题，为企业保持持续竞争优势、实现企业经营战略目标储备关键人才。

（二）全面报酬战略的构成

在全面报酬战略中，企业中员工的薪酬主要包括薪酬、福利、工作生活平衡、绩效管理与认可、开发与职业发展机会这五部分。

1. 薪酬

薪酬一般包括基本薪酬、可变薪酬、短期奖励薪酬和长期奖励薪酬。其中，基本薪酬和可变薪酬是全面报酬的核心部分。基本薪酬通常是根据员工的岗位或能力确定，体现岗位或能力对于整个组织的价值或贡献。但是，单纯的基本薪酬难以激发员工的最大潜力，难以实现员工目标与组织目标的一致，因此，需要加强可变薪酬的作用。可变薪酬通常与组织绩效和员工业绩相结合，体现组织目标和绩效的动态变化，能够为企业与员工之间建立起合作伙伴关系提供支持，同时，还有利于控制企业成本开支。短期奖励薪酬是企业在季度末或者年终，根据员工的综合表现以及企业业绩情况，给予员工的现金或物质奖励。长期奖励薪酬是针对一年以上（含一年）的特定绩效提供奖励的一种薪酬计划。股权计划是一种典型的长期奖励薪酬，有利于促使员工，特别是经营者和股东形成利益共同体，减少监控费用、降低代理成本等。因此，股权计划在越来越多的企业中成为薪酬的一个重要组成部分。

2. 福利

福利是全面报酬体系中不可或缺的组成部分。它是一种保护性报酬，有利于员工及其家庭避免各种经济风险。福利具体包括：社会保险，如失业、赔偿金、社会保障、残疾或职业补偿等保险；团体保险，如医疗、牙齿、视力、处方药、精神健康、人寿、残疾、退休等保险；非工作时间支付工资，具体包括上班期间吃饭，清洁，换制服时间和未上班时间照付工资（如假期、公司内的节假日及特殊日期等）。作为薪酬的补充及对法律要求的响应，企业必须重视福利项目的设计，全面分析员工的需求，提供切实满足员工需要又具有企业特色的福利来吸引和保留员工。

3. 工作生活平衡

工作生活平衡又称工作家庭平衡计划，是指组织帮助员工认识和正确看待家庭和工作之间的关系，调和职业和家庭的矛盾，缓解由于工作导致家庭关系失衡而给员工造成压力的计划。现代社会的发展使得员工，尤其是那些知识型员工和高层次人才，在注重薪酬福利的同时，越来越关注对家人的照顾和生活质量的提高，他们越来越关心自己和家人的身心健康，注重对老人以及儿童的关心照顾，希望花更多的时间进行锻炼和保健。这些需求形成的压力通过影响员工的工作情绪和精力分配，最终影响员工对工作的参与程度。为了协调员工从事工作和照顾家庭之间的冲突，企业在如何灵活安排工作时间和为员工提供便利的各种计划方面进行大量投入，制订出切实有效的工作家庭平衡计划，具体内容包括：向员工提供家庭问题和压力排解的咨询服务；创造参观或联谊的机会，促进家庭成员对员工工作的理解和支持；将部分福利扩展到员工家庭范围，以便分担员工的部分家庭压力；把家庭因素列入考虑员工晋升或工作转换的制约条件中；设计适应家庭需要的弹性工作制以供选择，以便于员工不管是在公司还是在家里，都能够有效地完成工作任务。

4．绩效管理与认可

绩效管理与认可，是指强化绩效管理，同时对员工的努力表示感谢或关注。其中，绩效管理包括绩效计划、绩效执行、绩效评价和绩效反馈四个关键环节。从设定绩效目标和标准开始，到执行实施目标计划、评判绩效目标的实现情况，再到绩效问题诊断与改进，每个环节的有效推进都离不开管理者与员工之间的绩效沟通，都体现了组织的期望，即通过绩效管理过程找出员工、部门和组织的绩效差距，从而改进和提高员工与组织的绩效。经过绩效管理系统的动态循环过程，员工不仅可以使其对组织的贡献和价值得到体现，而且也使他们的技能得到提升，绩效得到改善，在某种程度上也是对员工的一种奖励和认可。认可是指对员工表示感谢，或者对员工的行动、努力行为或绩效给予特别的关注。认可满足了人们对自己的努力受到欣赏的内在心理需要，它可以通过强化有助于组织取得成功的某些特定行为来支持组织战略。认可的形式多样，比如现金奖励、口头表扬、颁发奖品或证书、发布告示、赠送音乐会门票或球赛门票等。

5．开发与职业发展机会

开发，一般是指为提高员工技能和素质提供的学习机会。职业发展机会，是指为员工实现职业生涯规划提供的可能性。开发和职业发展机会的具体形式主要包括：一是各种学习机会，如学费报销、就读企业大学、新技术培训、参加外部研讨会、虚拟教育、在职学习、职位轮换等；二是组织内外得到的指导和辅导机会，包括领导力培训、参加专业协会、参会及发表演讲的机会、被专家了解的机会、正式或非正式的导师计划等；三是组织内外取得进步的机会，如实习、专家助手、海外工作派遣、内部竞聘、职位晋升、职业阶梯与接班人计划等。

伴随着企业与员工之间的契约，企业对员工的承诺从传统的终身雇佣向长期就业能力培养转变，一家仅能够提供高薪而不能为员工提供长期发展机会的企业，将会越来越难以留住人才。这是因为，员工特别是知识型员工，越来越看重企业提供的发展机会，一旦在某个企业得不到这种发展机会，他们就会选择到其他能够提供这种机会的企业去工作。与此同时，随着未来组织的扁平化发展趋势，传统的晋升阶梯数量将会被大量削减，企业仅仅依靠级别晋升来对员工进行激励的做法，也将受到越来越多的约束。在这种情况下，企业必须寻找一些具有创新性的方法来对员工进行激励与开发。

本章小结

1．战略性薪酬管理是指企业根据自身的组织结构、企业文化、发展阶段、业务范围和工作特性等内在要素和外在环境条件的变化设计出相应的薪酬管理体系，并结合企业的战略和经营环境的变化不断进行调整，从而确保企业战略的落地。

2. 除了具备一般的薪酬管理特点外，战略性薪酬管理还具备四个方面的特征：战略导向性、沟通性、权变性、系统性。

3. 战略性薪酬管理的要素包括：薪酬支付依据、薪酬水平的定位、薪酬结构的调整、薪酬组合政策以及薪酬制度管理。

4. 战略性薪酬管理决策是企业根据组织内外部环境所做出的具有总体性、长期性和关键性的薪酬决策。影响战略性薪酬管理决策的因素包括宏观环境因素、行业特点因素、组织内部因素以及员工特点因素。

5. 企业战略包括三类：成长战略、稳定战略和收缩战略，不同类型的企业战略与不同的薪酬战略相匹配，管理者需要根据不同的企业战略，制定相应的战略性薪酬管理体系。

6. 企业在竞争战略的要求和驱动下制定相应的薪酬战略，并依据薪酬战略的规划，通过构建科学合理的薪酬体系引导员工行为以符合企业预期的目标，进而通过员工行为的合理化，使员工个人目标与企业目标相一致。

7. 竞争战略可分为三种不同的类型：成本领先战略、差异化战略和集中战略。不同的竞争战略具有不同的组织特征，因而采取的薪酬战略也表现出较大的差异性。

8. 传统薪酬战略中的薪酬一般包括基本薪酬、可变薪酬和员工福利三个部分。传统薪酬战略存在三个方面的不足：难以满足企业达成多元目标的需要、难以满足扁平型组织结构的需要、难以满足跨职能团队的需要。

9. 全面薪酬战略是一种以客户满意度为中心，鼓励创新精神和持续的绩效改进，并对娴熟的专业技能提供奖励的新型薪酬战略，它摒弃了原有的科层体系和官僚机制，在员工和企业之间营造出了一种双赢的工作环境。

10. 全面报酬战略是指将组织中的外在报酬和内在报酬、经济报酬和非经济报酬加以结合，形成一种对员工的最优激励系统。它既包括传统的薪酬项目，也包括对员工有激励作用的能力培养方案和非物质的奖励方案等。

@ 网站推荐

1. 中国人力资源网：www.hr.com.cn
2. 海外雇佣薪酬网：www.yingkepayroll.cn
3. 怡安翰威特咨询公司：www.aonhewitt.com.cn

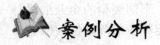

思考题

1. 简述战略性薪酬管理的概念。
2. 战略性薪酬管理的特征及要素有哪些？
3. 战略性薪酬管理如何支撑企业战略和竞争战略？

案例分析

海尔集团不同发展战略下的薪酬管理

创立于1984年，崛起于改革大潮之中的海尔集团，是在引进德国利勃海尔电冰箱生产技术成立的青岛电冰箱总厂基础上发展起来的，从一个濒临倒闭的集体小厂发展壮大成为在国内外享有盛誉的跨国企业。海尔价值观的核心是创新，以观念创新为先导、以战略创新为基础、以组织创新为保障、以技术创新为手段、以市场创新为目标。这一价值观伴随着海尔从无到有、从小到大、从大到强，从中国走向世界。因此，海尔的薪酬体系也是随着整体战略的创新而不断创新的。

（一）海尔集团的战略变化

海尔集团的发展可以概括为以下三个阶段。

名牌战略阶段（1984—1991年），用7年的时间，通过专心致志于冰箱业务的过程实施了名牌战略，建立了全面质量管理体系；

多元化阶段（1992—1998年），用6年的时间，通过企业文化的延伸及"东方亮了再亮西方"的理念，成功地实施了多元化的扩张；

国际化战略阶段（1998年以后），以创国际名牌为导向的国际化战略，通过以国际市场作为发展空间的三个"1/3"的策略正在加快实施与进展。

（二）与战略同变化的薪酬制度

1. 名牌战略阶段的薪酬制度——以质量为主

这一时期，海尔推行了全面质量管理，以开创海尔的优质品牌。海尔把重点放在产品与服务质量上，因此，薪酬管理制度也就以质量为主要内容。以质量为主的薪酬管理制度主要是改变员工的质量观念，其特点是把工资考核制度的重点放在质量考核上。

当时海尔建立了"质量价值券"考核制度，要求员工不但要做出一台产品，而且要做好一台产品。海尔把以往生产过程中出现过的所有问题，整理、分析汇编成"质量手册"，针对每一个缺陷，明确规定了自检、互检、专检三个环节应负的责任价值，质检员检查发现缺陷后，当场撕价值券，由责任人签收，每个缺陷扣多少分全都印在质量手册上。对操作工互检发现的缺陷，经质检人员确认后，当场予以奖励，同时对漏检操作工和质检员进行罚款。质量价值券分红券和黄券，红券用于奖励，而黄券则用于处罚。

2. 多元化阶段的薪酬制度——多种工资模式并存

多元化阶段的薪酬制度是实行分层、分类的多种薪酬制度和灵活的分配形式，制定了 13 种薪酬模式。科技人员实行科研承包制，营销人员实行年薪制和提成工资制，生产人员实行计件工资制，辅助人员则实行薪点工资制。海尔工资分档次发放，岗位工资标准不超过青岛市职工平均工资的 3 倍，岗位工资+国家补贴=工资总额，每月无奖金，年终奖金不超过两个月的工资。科研和销售人员实行工效挂钩，科研人员按市场效益和科研成果进行奖励，销售人员如果是外聘的推销员，收入和推销的成果挂钩。

对于一线员工，在质量价值券的基础上，推行"计点到位，绩效联酬"的全额计点工资制。这里的"点"是指员工在劳动过程中的体力和脑力消耗的基本计量单元。本着"工资总额增长低于企业利税增长、平均工资增长低于劳动生产率增长"的"两低于"原则，确定员工的工资总额与增长幅度，然后根据预计的点数总和来确定点值。岗位点数是根据工作的操作复杂程度、岗位体力要求、工作危险程度等来确定。接着，岗位点数工资单价=点数×点值，从而算出岗位计件工资额=岗位工资单价×产量±各种奖罚。在海尔的日常管理中，一线员工的工资是运用上述公式通过 3E 卡算出的，员工可以根据劳动成果自己算出工资数额。例如，海尔电冰箱将生产过程分解为 160 个工序，540 项责任，具体落实到每一个员工。这种计酬方式使一线员工的收入与其劳动数量和质量直接挂钩，激发了员工的工作热情，也减小了管理的难度，避免了互相扯皮等现象的发生。

对于销售及科研人员的工资确定，海尔一直坚持向市场要报酬的做法，并较早地实行了年薪制。"主副联酬"是海尔对销售人员采取的特有的工资奖惩制度，即将业绩分为主项（如卖货量）、副项（如产品均衡率），两者联系起来综合考查具体的工作业绩，通过严格的量化指标，真正实现了有市场才有效益。对于研发人员，薪酬的多少并不是以进行了多少项改造创新为衡量标准，而是决定于其科研成果的市场转化率和市场效益。

在激励的方法上，海尔更多地采用"即时激励"的方式。为鼓励员工搞技术发明，海尔集团还颁布了《职工发明奖酬办法》，设立了"海尔奖""海尔希望奖""合理化建议奖"等，根据员工对企业创造的经济效益和社会效益，分别授奖。

3. 国际化战略阶段——市场链

在海尔内部，"下道工序就是用户"，每个人都有自己的市场，都有一个需要对自己的市场负责的主体。"下道工序就是用户"，自己就代表用户，或者自己就是市场。每位

　　员工最主要的不是对自己的上级负责，而是对自己的市场负责。

　　海尔的市场链管理模式就是把外部市场效益内部化。不仅让整个企业面对市场，而且让企业里的每一个员工都去面对市场，把市场机制成功地导入企业的内部管理，把员工相互之间的同事和上下级关系变为市场关系，形成内部的市场链机制。市场链管理模式旨在增强职工的市场竞争观念，并在工资分配中加以体现。

　　（资料来源：BELLMANN K，HIMPEL F. Haier group[J]. Fallstudien zum produktions management.，2008. ）

讨论题：

1. 海尔集团薪酬管理的经验给了我们哪些启示？
2. 海尔集团的经营战略与薪酬体系之间是如何互相适应的？

参考文献

[1] BALKIN D B，GOMEZ-MEJIA L R. Matching compensation and organizational strategies[J]. Strategic management journal，1990，11（2）：153-169.

[2] BELLMANN K，HIMPEL F. Haier group[J]. Fallstudien zum produktions management，2008.

[3] EDWARD E. LAWLER. Excellent value：performance-based compensation scheme design[J]. Corporate Stewardship，2004.

[4] GOMEZ MEJIA L R. Tow and a contingency theory of compensation strategy [J]. Strategic management journal，1987，（8）：169-182.

[5] MAHONEY A THOMAS. Multiple pay contingencies：strategic design of compensation [J]. Human resource management，1989，28（3）：337-347.

[6] 邓湘南，解朝杰，蔡小于. 企业薪酬战略与竞争战略的匹配研究[J]. 企业活力，2009（01）：46-47.

[7] 胡尊亮. 薪酬战略与企业战略的匹配研究[J]. 消费导刊，2009（12）：85-86.

[8] 贾臻. T公司战略性薪酬体系构建研究[D]. 保定：河北大学，2017.

[9] 刘帆. 企业绩效薪酬管理的思考——以IT技术企业华为、腾讯为例[J]. 商情，2013（28）：109-109.

[10] 刘华. 影响企业薪酬设计的相关因素分析[J]. 商场现代化，2014（21）：117.

[11] 刘晔顿. TJZR公司薪酬战略构建研究[D]. 大连：大连海事大学，2015.

[12] 刘善仕，巫郁华. 论战略性薪酬与企业的匹配[J]. 华南理工大学学报（社会科

学版），2006（1）：47-51．

[13] 刘昕．华为的发展历程及其薪酬战略[J]．中国人力资源开发，2014（10）：76-83．

[14] 刘玉波，李晓辉．不同企业文化类型下的薪酬策略选择[J]．企业改革与管理，2014（2）：41-43．

[15] 梁艳荣．GW 公司全面薪酬体系构建研究[D]．合肥：合肥工业大学，2012．

[16] 马宁，王雷．企业生命周期、竞争战略与风险承担[J]．当代财经，2018（5）：70-80．

[17] 彭剑锋．战略人力资源管理：理论、实践与前沿[M]．北京：中国人民大学出版社，2014．

[18] 孙苑媛．知识型员工全面报酬战略激励机制文献综述[J]．商场现代化，2014（19）：173．

[19] 王凌云，刘洪，张龙．论企业薪酬战略与经营战略的匹配[J]．外国经济与管理，2004，26（11）：44-48．

[20] 吴一萍．A 药品销售公司全面报酬体系优化设计[D]．天津：天津工业大学，2017．

[21] 文跃然．薪酬管理原理[M]．上海：复旦大学出版社，2013．

[22] 谢延浩，孙剑平．企业薪酬战略决策的最佳匹配范式[J]．财会研究，2011（9）：57-59．

[23] 杨力．河北远洋集团船员全面薪酬管理体系设计[D]．秦皇岛：燕山大学，2016．

[24] 云鹏，彭剑锋．海尔"三环四阶"对赌激励系统[J]．企业管理，2016（4）：6-9．

[25] 余毅锟，石伟．基于薪酬管理的阿米巴经营结构构建——以海尔集团为例[J]．福建论坛（人文社会科学版），2016（6）：204-208．

[26] 张宝生，孙华．薪酬管理[M]．北京：北京理工大学出版社，2018：30-32．

[27] 赵弘．企业家要善用稳定型战略与收缩型战略[J]．经济师，2000（4）：150-152．

[28] 张津豪．企业薪酬构成及薪酬结构影响因素研究[J]．东方企业文化，2012（24）：182-183．

[29] 周涛．传统薪酬战略与全面薪酬战略比较[J]．中山大学学报论丛，2005（06）：251-254．

第三章

基本工资管理

 **学习目标**

- 了解基本工资的含义
- 理解基于职位的薪酬体系
- 理解基于能力的薪酬体系
- 理解基于绩效的薪酬体系
- 掌握基于职位、能力和绩效的薪酬体系的基本概念、形式及特征
- 掌握基于职位、能力和绩效的薪酬体系设计的基本思路与操作步骤

 引例

加薪为何令员工不满

鸿运餐厅的老板准备扩大餐厅的规模，这就需要相应地增加员工人数。餐厅通过人才服务公司聘请了 12 名员工，其中，两名员工在厨房帮工，月薪 800 元；另外 10 名员工做服务员，月薪 600 元。在月薪上，厨房帮工的工资比服务员多，但如果服务员用心工作，就有机会获得一笔小费。餐厅运营过程中，老板发现，厨房帮工与服务员之间的关系变得紧张了。厨房帮工觉得厨房工作又苦又累，却只能获得 800 元的月薪，薪资水平太低，而服务员有机会获得小费，因此拿到了多于他们应得的报酬，这让厨房帮工觉得很不公平；而服务员却认为，厨房工作不是技术活，每个人都能做，但并非每个人都会招待客人，服务员觉得自己的工作能力要比厨房帮工强，所以获得更高的报酬是理所

应当的。

餐厅老板深思熟虑后，决定给厨房帮工加薪 200 元，给服务员加薪 100 元。然而加薪不久后，员工之间的矛盾再次凸显了：厨房帮工的工作态度没有好转，服务员因为加薪少而心生不悦，有服务员还透露出跳槽的想法，厨师们因没有获得加薪也有不满的情绪等。

那么，为什么加薪还会让员工不满呢？

（资料来源：中国教学案例网，www.cctc.net.cn）

在上述案例中，虽然餐厅规模小、员工数量少，可却因没有设计合适的薪酬体系导致员工之间的矛盾日益突出。工资涉及劳动者和企业双方的利益，那么在企业人力资源管理实践中，基本工资管理起着怎样的作用？如何进行基本工资管理、设计合理的薪酬体系，平衡员工与企业、员工与员工之间的关系？本章在界定基本工资管理的基本概念后，接着介绍基于职位、能力和绩效的薪酬体系的基本概念、形式及特征，以及基于职位、能力和绩效的薪酬体系设计的基本思路与操作步骤，使读者对基本工资管理相关内容有基本的认识和了解。

第一节　基本工资管理概述

前面的章节已经详细介绍过薪酬管理和战略性薪酬管理的相关内容，本章主要是介绍与企业和劳动者息息相关的基本工资的管理。不管是作为劳动者的收入，还是企业的成本，基本工资的合理公正是企业和劳动者之间达到均衡状态的基准。本节主要介绍基本工资的相关概念范畴，以及基本工资的管理目标、支付形式、付酬因素。

一、基本工资的含义

（一）基本工资的定义

1. 工资

工资，即在劳动关系的基础上，员工因为向企业付出劳动而从企业获得的以货币或其他形式支付的劳动报酬。工资报酬应当符合有关法律法规以及劳动合同的规定。

2. 基本工资

基本工资是员工所得工资的基本组成部分。相较于工资的其他组成部分，基本工资具有稳定性，同时是企业对员工事先承诺要承担的工作支付的一种现金报酬（Milkovich，

2008）。实行结构工资制的企业支付给员工的基础工资、职务工资均属于基本工资。需要注意的是，员工的薪酬除了基本工资以外，还包含奖金、加班工资、津贴、补贴等。

3. 基本工资的属性

首先，基本工资的给付是基于劳动关系的确立。其次，基本工资是以劳动者的脑力劳动或者体力劳动为标尺进行的货币支付。最后，基本工资是以劳动者实际提供的劳动量为标准进行货币数额的确定（王丽娟，2016）。

（二）基本工资的管理

在整个薪酬体系中，基本工资是根据员工素质及其所在的职位权重、工作成果等因素确定的一种相对稳定的货币支付形式。基本工资管理设计的总体思路是：首先，确保两点薪酬的外部竞争力和薪酬的内部公平度。其次，通过相应的工作职位评价和市场薪酬调查，大致确定基本工资的结构和水平。然后，结合实践经验进行综合平衡、反复调整和不断地更新完善，最终形成一整套适合公司的结构合理、水平适当的基本工资标准体系（丁宁，王馨，2016）。

不同行业之间的基本工资占比不同，薪酬体系也不同。比如，当前我国科研机构的工资体系以基本工资、绩效工资和津贴补贴为主体构成；中央直属科研机构以三元工资制为主，包括基本工资、岗位工资和绩效工资；地方科研机构则全部转型为绩效总额核定下的绩效工资制度，由岗位工资、薪级工资、绩效工资和津贴补贴四个部分构成。在绩效工资的构成中，基础性绩效工资所占比重一般为50%~70%，奖励性绩效工资所占比重一般为30%~50%（汪雯，2018）。铁路企业实行的是岗位技能工资制度，由基本工资、工龄工资、特种工资和效益工资构成。按照这个基本制度派生出来的计时工资制、计件工资制、定额工资制、承包工资制等都是工资分配的具体形式（王志超，2016）。由此可以看出，不同行业之间的薪酬体系模式不同，基本工资占比不同、重要程度不一，因此管理者需要掌握基本工资管理技巧、各薪酬体系模式，以设计出一套适合企业运营的薪酬体系。

（三）基本工资的功能与设计原则

基本工资是劳动者的生活之本，企业在进行设计时首先要明确基本工资的功能，了解基本工资对于劳动者的重要性，在此基础上再设计基本工资体系。

基本工资的主要功能有以下三个方面（刘爱军，2013）。

1. 保障性

保障性是基本工资的最基本功能。基本工资作为相对稳定的收入，首先是劳动者生活的基本保障，其次是劳动力简单再生产正常进行的基石。

2．稳定性

基本工资是劳动者在一定时间里从用人单位获得的具有相对稳定性和固定性的货币性收入，保障着劳动者的稳定生活。

3．基础性

基本工资是劳动者在用人单位里付出劳动所获得的最基本薪酬，具有基础性且不可缺少的特点。

企业在设计基本工资时要体现出上述的三项功能，同时，在基本工资的设计方面要坚持以下两项原则（王丽娟，2016）。

1．确保内部公平度

确保内部公平度是指在基本工资设计的过程中和结果上要符合公平原则，在结构上需要切合公司内部各环节中不同职位、不同技能人员的分布状况，要有利于提高全体员工的工作主动性，要有助于增强企业的凝聚力，进而支持企业运营战略目标的实现。

2．确保外部竞争力

确保外部竞争力主要是指基本工资的水平结构要适应外部市场环境，具备一定的市场优势，在财务能够负担的基础上最大限度地招聘和维系公司的核心技术人员。一个组织的基本工资设计要考虑自身的财务状况以及组织所需人力资源市场供给情况。

总而言之，确保内部一定的公平度和确保组织在外部市场的竞争力，需要分别从结构和水平两个维度确定基本工资设计的总体思路和基本操作流程。

二、基本工资的管理目标

基本工资管理是企业薪酬管理工作的重要基础。企业如果想在市场中占据一定地位，保持一定的竞争力，就需要利用基本工资管理来平衡员工和企业之间的关系，建立一套完善合理的、适合本企业运营的基本工资管理方式，由此逐渐提高企业员工的工作主动性，进而有效提高员工的工作效率（丁宁，2017）。

（一）建立科学的薪酬体系

企业正常运作的基础是要建立适合本组织的合理公正且有效的薪酬体系。只有企业有了科学的薪酬体系，员工才可能会认同企业的管理，进一步认同企业的愿景，将自己的行为与企业的发展直接挂钩，从而给企业带来效益。此外，企业具备完善的薪酬体系才可能激励员工更加积极地工作，进而提高企业的生产效率，实现企业的长期发展。

（二）高效率目标

通过基本工资管理，设计科学的薪酬体系，使得企业劳动力的流动与配置实现最优化。企业应依据劳动者的能力特点及其需求进行最合理的岗位匹配，进而增加员工在其所在企业的归属感和被需求感，增加企业员工之间的信任、合作以及凝聚力，让员工愿意为企业服务，提高员工的工作积极性，最终实现企业工作的高效率目标，确保企业具有外部竞争力。

（三）公平目标

基本工资关乎企业和劳动者双方的合作关系，能否共赢取决于企业是否将劳动者视作公司的一部分，是否将劳动者视作值得信任的合作伙伴。要想达到合作共赢的状态须实现企业内部的公平度。要实现企业内部的公平度主要从以下三个方面进行管理。

1．分配公平

分配公平是指企业在薪酬分配时应符合公平的要求。如果员工认为自己受到了不公平对待，便会心生不悦。一般而言，员工对分配公平的认知来源于其在自我公平、内部公平、外部公平三个方面进行分析后所得的结论。自我公平，即员工获得的薪酬应与其付出成正比；内部公平，即同一企业中，不同职位的员工获得的薪酬应正比于其各自对企业的贡献；外部公平，即不同企业的同类型职位的薪酬应基本相同（张勤，2014）。

2．过程公平

过程公平是指企业在做出奖惩决策时，所依据的制度规则、标准或方法要符合公平公正的原则，要做到决策程序公平、标准明晰、过程公开透明等。

3．机会公平

机会公平是指企业赋予所有员工同等程度的发展机会，在同样的环境里员工各司其职，各尽其责。企业在做出决策前应该与员工交流，充分考虑员工的立场、意见和建议。另外，企业还可以建立员工申诉机制。

三、基本工资的支付形式

基本工资的支付形式多样，与工作形式的类别高度相关，有计时、计件，也有月薪、年薪。目前，我国大多数企业对于从事体力或脑力劳动的普通员工采用以下两种支付形式。

1．计时薪酬

计时薪酬是指以员工劳动的投入量或者工作时间的长短作为付酬的比较点。这种支付形式在实际操作中实行时，直接以员工的工作技能水平来确定其薪酬级别。

2．计件薪酬

计件薪酬是指以员工的劳动产出数量、工作绩效作为付酬的比较点。这种支付方式一般在工厂中使用较多，直接以员工完成合格产品数量或作业量来支付工资。

一般情况下，对于计时薪酬与计件薪酬，企业会同时使用。除此之外，对于研发人员、营销人员等具有专业性质的员工而言，因为他们的工作产出数量很难测量与评价，并且企业对员工工作的努力程度也很难进行监督与评估，因此，这些员工的基本工资多采用月薪或年薪的方式支付。这种方式一般是以通过职位性质、职位相对价值等因素衡量员工工作绩效的评估结果为依据来支付员工薪酬。

四、基本工资的付酬因素

（一）外部因素

1．劳动力市场的供求变化

劳动力在市场上的供求情况变动会影响企业工资水平的变化。当劳动力市场供过于求的时候，企业的工资水平会较低；当劳动力市场供不应求的时候，企业会提高工资水平。因此，企业在确定员工工资水平之前，必须对劳动力市场的供求状况进行调查，并预测其未来的发展趋势。

2．国家的法律法规和相关政策

企业的薪酬体系规定必须符合国家的法律法规政策。政府对企业工资水平设计的影响分为直接调节和间接调节两种方式。直接调节是指国家以相关的法律文件对工资水平进行直接的规定，如《劳动法》《最低工资规定》等。间接调节是指政府通过一定的财政政策、货币政策以及当时的一些产业经济结构的调整等对工资水平产生影响。

3．当地的经济发展水平

确定员工工资水平时必须考虑当地的经济发展水平，让其符合一定地区间的平均工资水平。在当地经济发展水平上升的情况下，提高工资水平在所难免。

4．行业状况的影响

企业的工资水平会受到企业所在行业的特征的影响，而行业特征中的生产运营模式会对企业工资水平产生主要影响。不同的生产运营模式决定了其所需员工的技能素质，从而导致了工资水平的差异。此外，企业所在行业的平均工资水平也会影响企业的工资水平。

（二）内部因素

1．组织自身的薪酬设计策略

组织自身的薪酬设计策略对工资水平具有很大的影响。如果组织采取高薪留住或者吸引人才的策略，那么工资水平会较高；如果组织采取跟随市场策略，那么工资水平会在市场平均工资水平上下浮动。

2．工作的性质

根据工作性质的不同，工资会有所偏差。工作的性质主要是指季节性、临时性和危险性。由于从事季节性、临时性工作的员工在工作结束后不容易找到新的工作，且失业期间无收入来源。同时，在受雇期间他们很可能得不到社会保障，很难享受到企业福利。因此，从事季节性、临时性工作的员工的工资水平一般会高于长期正常工作的员工的工资水平，从事危险性工作的员工的工资水平普遍高于在安全环境工作的员工的工资水平。

3．岗位的差别

员工的能力各异，所从事的工作及岗位也不一样。同样的条件下，劳动者因在不同的岗位所承担的责任、劳动的强度、复杂的程度均有差别，因而工资水平也不一样。

4．工龄

工龄之所以会成为付酬因素出于两点考虑：一是组织要考虑劳动者在组织中所付出的精力和心力；二是组织要减少员工的流失。

5．组织的发展状况、财务状况

组织的发展状况、财务状况与付酬直接挂钩。发展状况好、利润丰厚的组织，工资水平相对较高；反之，工资水平则较低。

6．企业文化

企业所主张的企业文化也影响着薪酬水平的定位。如果企业主张和谐仁爱的企业文化，比较关注员工的生活状态，则工资水平会有少许提高；反之，企业则不会主动提高工资水平。

7．员工个人价值

员工的个人价值，即工作经验、人脉资源、个人能力等因素，基本上都会体现在员工对组织的重要性和组织应付的工资上。员工在组织中越是无可替代，他的工资就会越高；反之亦然。对于刚刚走上工作岗位的新员工，他的工资相对而言会比较低；而对于经验丰富、能力较强的员工，他的工资会比较高。

第二节 基于职位的薪酬体系

第一节已详细叙述基本工资的相关含义及其对于公司和劳动者的重要程度，公司在设计薪酬体系时要充分考虑基本工资的标准及比例，选择并设计出适合公司的、具有合理基本工资比重的薪酬体系。本节主要是介绍基于职位的薪酬体系，包括基于职位的薪酬体系的构建原因、形式与特征以及体系设计。

一、基于职位的薪酬体系的构建原因

基于职位的薪酬体系是以职位要素作为确定企业基本薪酬的依据和基础，是比较容易衡量且最能反映公平性的一种薪酬体系。基于职位的薪酬体系的基本思路是企业依据职位的相对价值支付员工报酬。企业首先要对职位相对价值做出合理评估，再根据评估结果确定和支付与任职者价值相当的薪酬（姚欣，2012）。基于职位的薪酬体系的构建原因主要从以下两个方面进行分析。

（一）企业的稳定发展

基于职位的薪酬体系是以职位来确定员工在企业中的地位和价值，继而建立基于职位价值的薪酬序列，确定以职位为核心的员工与企业、员工与职位之间的关系，明确职位赋予的权力，更好地处理上下级关系以及实现员工之间的沟通和协作，形成一个有序、稳定的组织环境。使用以职位为基础的薪酬体系，企业的操作会比较简单，管理成本也比较低。

（二）员工的自我定位

由于实行基于职位的薪酬体系的企业是将员工薪酬与员工职位直接联系起来，所以员工关注的焦点集中在寻求职位的晋升，以得到薪酬水平的提升。如此，员工便会自觉发掘自己的潜能，寻求能力的改善与提升，找准自己的定位，努力工作。

员工的职位与所得报酬直接相关，职位晋升和基本薪酬的增长之间具有强关联性，从而使员工努力提高自身的工作能力。除此之外，以职定薪根据工作职责和内容，实行同工同酬，能够体现企业内部的公平度。

二、基于职位的薪酬体系的形式与特证

（一）基于职位的薪酬体系的形式

基于职位的薪酬体系主要有职位等级薪酬制和职位薪点薪酬制两种形式。

1．职位等级薪酬制

职位等级薪酬制，即将职位按重要程度划分为不同的类别和级别，然后通过排序确定相应职位的薪酬水平。具体而言，职位等级薪酬制有以下两种方式。

（1）一岗一薪制。一岗一薪制，即一个职位只有一个工资标准，同一职位上的所有员工都执行这个工资标准。职位工资标准由低到高排列，形成一个职位工资标准体系。一岗一薪制适用于自动化程度较高、技术比较单一的职位。

一岗一薪制使得岗动薪动，企业管理简便灵活，但是不利于体现同职位的员工之间由于经验、技术熟练程度的不同而产生的劳动差异。因此，该方式在相同职位的员工之间缺乏激励效用。

（2）一岗数薪制。一岗数薪制，是指一个职位内设置不同的工资等级，能够反映相同职位内部的不同等级员工的工资水平差异。该制度适用于职位内部存在劳动或技术差异的职位，如技术工人、研发人员等。

实行一岗数薪制的岗位，基本规范要求与一岗一薪制相同。在进行职位测评时，要以该职位对员工的最低技能要求为基准，加上劳动责任大小、工作强度、工作条件等因素进行评分，由此确定的职位系数为"基本系数"，再根据职位对员工的较高技能要求，确定"技能附加系数"。"基本系数"与"技能附加系数"的综合即为"职位技能综合系数"。职位起点工资与最高工资之间根据具体情况划分为几个工资档次。相同职位的员工，因技能水平的不同，职位技能综合系数也不同；相同技术水平的员工，因所在职位的不同，职位技能综合系数也会不同。实行一岗数薪制后，员工在职位内部也可以实现工资水平的提升，直到达到该职位的最高工资标准。

例证　3-1

鞍山钢铁集团的差异化薪酬增长机制

鞍山钢铁集团建立了差异化薪酬增长机制。首先，鞍钢以企业战略为基础，根据是否处于生产经营主线、外部替代难易程度、是否直接创造利润等要素开展单位评估，将所属基层单位划分为 A 类（核心单位）、B 类（协作单位）、C 类（服务单位）三类。A类单位是主营的核心单位，B 类单位是过渡单位，C 类单位是计划退出单位。其次，划分

职位类型。鞍钢与基层单位根据影响、沟通、创新、知识等要素开展职位评估，将职位划分为 a 类（重要职位）、b 类（辅助职位）、c 类（一般职位）三类。a 类职位是本单位的重要职位，b 类职位是过渡职位，c 类职位是退出职位。最后，划分企业资源价值等级，确定员工薪酬水平。基层单位按职位类型实施差异化薪酬分配，a、b、c 三类职位薪酬增长比例为：a 类职位＞b 类职位＞c 类职位。

鞍钢基于职位的差异化薪酬增长机制，极大地促进了员工的工作积极性。员工只要符合条件均可参与高收入的职位竞争，实现换岗换薪。此外，企业还通过培训等多种方式，帮助员工提高专业能力，让员工尽快满足任职要求。对员工而言，职位是载体，员工通过职位利用企业资源，就能获得薪酬回报。

（世界金属导报，www.worldmetals.com.cn）

2. 职位薪点薪酬制

职位薪点薪酬制是以职位为对象，以点数为标准，并且使用薪点因素分析法，以员工的实际劳动量定系数，以企业效益获取的工资定点值，从而确定员工薪酬的一种弹性工资分配形式。

职位薪点薪酬制使得员工的工资水平直接与企业效益、员工绩效联系起来，能够客观反映员工之间的劳动差别。同时，由于把各类津贴和奖金纳入员工的薪点数中，逐步做到收入工资化，因此薪点薪酬制下产生的工资水平差异不仅使员工在心理上更容易接受，也便于企业管理。

职位薪点薪酬制主要适用于岗位固定、重复性较强的技术性、科研性岗位。实行职位薪点薪酬制的具体做法包括以下三个方面。

（1）确定岗位的薪点标准。在岗位评价的基础上，根据外部市场薪酬调节结果和企业自身的薪酬战略、财务能力等确定各等级岗位的薪点定位，然后确定各个等级岗位薪点的幅度和不同级别的薪点数，最后确定企业的薪点标准表。

（2）确定发放的薪酬总额，核定薪点值。根据企业薪酬总额与企业效益相挂钩确定薪点值，即根据上述的薪点等级表核算企业总薪点，再根据薪酬总额计算出薪点值。

（3）注重动态考核，计算员工薪酬。职位薪点薪酬制操作的最后一步便是利用薪点值计算员工的薪酬标准，并分析员工薪酬水平的变动情况，及时核算员工的薪酬。

例证　3-2

中原油田分公司采油五厂的职位薪点制

中原油田分公司采油五厂曾经使用的岗位技能工资制，虽然强调了员工的能力和贡献差异，增加了员工之间的收入差距，但与工资总额由企业效益决定、员工报酬随岗位绩效变化而变化的原则不相符，结果使得该制度的激励和约束作用越来越弱。

为了改变这一状况，采油五厂进行了改革，推行"职位薪点制"。第一，细化并量化每个职位的人才要求、职责、工作环境等要素，设置相应的分值和等级，建立起职位评价标准体系。第二，按照职位评价标准对每一个职位打分，计算每个职位的平均分值。第三，按照平均分值进行高低排序，将管理职位按职权大小或职责范围分为19个岗序；专业技术人员按职位重要程度和技术要求分为16个岗序；操作服务人员按职位强度、技能要求、复杂程度、工作环境分为13个岗序。此外，还规定了各管理层的人员必备的任职条件，并赋予一定的分值。做好基础工作后，开始确定管理职位、专业技术职位、操作服务职位的薪点及薪点值。薪点值按分公司实际拨付的计划工资总额除以全厂职位总薪点数确定。具体公式如下

厂月薪点值=(全厂月计划工资总额±增减工资额)÷全厂职位总薪点数

各三级单位月薪点值=(厂月薪点值×厂对三级单位按定员核定的职位总薪点数)÷(三级单位职位总薪点数±经考核增加或扣减薪点数)

基层单位薪点值=(三级单位月薪点值×三级单位对基层单位按定员核定的职位总薪点数)÷(基层单位职位总薪点数±经考核增加或减少的薪点数)

员工个人实得工资=员工个人实得薪点×基层单位月薪点值

（张彦林，2010）

（二）基于职位的薪酬体系的特征

以职定薪的薪酬体系以职位作为参考依据，不管是一岗一薪制、一岗数薪制，还是职位薪点制都是以职定薪的不同表现形式，其本质是一样的，比较容易实现同工同酬，能够给予员工明确的职位晋升方向和努力方向。基于职位的薪酬体系的适用范围较窄，一般只适用于传统产业和管理职位，其不同形式的适用范围及侧重点和效用等特征具体如表3-1所示。

表3-1　三种基于职位的薪酬体系形式的特征比较

职 位 薪 酬		侧 重 点	效 用	适 用 范 围
职位等级薪酬制	一岗一薪制	同一岗位上的人员执行统一的工资标准	岗动薪动，不同岗位之间激励性较大，操作简便灵活	自动化程度较高、技术比较单一的职位
	一岗数薪制	同一岗位设置不同的工资等级	同岗位内也有较大激励性	技术工人、研发人员等
职位薪点制		用不同薪点确定职工的工资，一专多能	量化考核，激励效果强	岗位固定，重复性较强的技术性、科研性岗位

三、基于职位的薪酬体系设计

基于职位的薪酬体系设计思路是企业根据职位的价值给予员工相应的报酬。因此，企业在对职位的价值进行考核评价时要注意方式方法，以获得企业与劳动者双方都认可的职位说明书。基于职位的薪酬体系具体的设计流程如图3-1所示。

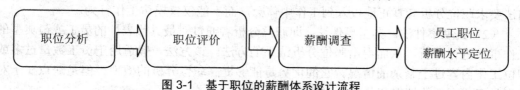

图 3-1　基于职位的薪酬体系设计流程

（一）职位分析

职位分析是薪酬管理的基础性工作之一，即企业为了全面了解一个职位，而对该职位进行全方面描述和深入研究的过程。职位分析能够为企业薪酬水平的确定提供客观依据。以下将介绍在职位分析过程中，几种比较常用的收集职位信息的方法。

1. 问卷调查法

问卷调查法，即职位分析者让员工填写科学合理的问卷，然后通过分析问卷得出职位分析结果的方法。一般而言，问卷调查法适用于知识型员工、管理者或工作状况多变的员工，如研发部员工、高级经理等。问卷调查法的优势是能够进行量化分析，在此基础上得出的分析结果更为客观。问卷调查法的关键在于调查问卷的内容设计或选择上。如果企业准备自行设计问卷，则问卷一定要满足科学性与合理性要求，符合企业的实际情况。另外，满足实施条件的企业也可以选择已有的经典问卷，比如阈值特质分析方法、职位分析调查问卷、职业分析问卷等进行调查。

2. 观察法

观察法，即职位分析者通过观察员工的日常工作状况，获取职位信息，并通过对职位信息进行分析，得出结果的方法。一般而言，该方法适用于负责日常行政工作的员工、后勤工作者、体力工作者，如文员、保洁员等。根据观察对象工作性质的不同，观察法又可细分为工作表演法、阶段观察法和直接观察法等。

3. 面谈法

面谈法，又可称为采访法，即职位分析者通过直接与员工进行面谈，从谈话内容中获取职位信息的方法。一般而言，面谈法适用于脑力工作者，如研发人员、高层管理者等。面谈法的实施并不困难，但需要注意一些事项。比如，在面谈之前，职位分析者应提前设计面谈的内容并做成提纲；在面谈过程中，职位分析者要注意言辞谈吐，并且控制好谈话内容，以防谈话跑题。同时，要做好谈话记录，但要明确告知面谈者谈话记录的用途，避免使谈话对象产生顾虑等。

　　4．其他方法

　　（1）参与法。参与法，又称为职位实践法，即职位分析者通过亲身体验员工的日常工作，从中获取某个岗位的职位信息的方法。一般而言，该方法适用于对专业性、技术性要求不高的职位。参与法的优势是获得的职位分析结果更为准确。需要注意的是，参与法要求职位分析者真正地投入到工作中体会，而不能仅仅模仿工作行为。

　　（2）典型事件法。典型事件法，即职位分析者通过对最具代表性的员工或最典型的工作事件进行分析，从而得出职位分析结果的方法。该方法一般适用于员工数量过多或职位工作内容过于繁杂的情况。它的优势是能够提高职位分析的效率，但是缺点在于对典型员工或事件的把握和分析上可能会存在偏差。

　　（3）工作日志法。工作日志法，即职位分析者通过让员工按照规定填写一套内容翔实的工作日志表单，然后从中收集并分析职位信息的一种方法。由于工作日志内容是员工自主填写，因此工作日志法的缺点在于收集的职位信息主观性较强，难以保证其客观性。

　　（4）材料分析法。材料分析法，即职位分析者直接分析已有的大量职位分析材料，从而得出职位分析结果的方法。材料分析法的适用情形是该职位的职位分析已经有类似的企业完成。一般而言，材料分析法的成本较低，因此新创办的企业可以考虑使用这种方法。

　　（5）专家讨论法。专家讨论法，即职位分析者邀请相关领域的专家或资深员工共同讨论，从而进行职位分析的一种方法。一般而言，该方法适用于发展较快或职位职责还未明确的企业。

（二）职位评价

　　职位评价是在职位分析的基础上进行的，它是对不同职位的职责大小、工作难易程度、任职要求等进行比较，进而确定企业内部每一职位的相对价值。在基于职位的薪酬体系中，职位评价使得每一职位的相对价值得以体现，是薪酬等级构建的基础。除此之外，通过职位评价可以明确不同职位的等级和不同等级职位之间的联系，明确各个岗位的地位与作用以及相应的职位结构。以下介绍四种常用的职位评价方法。

　　1．排序法

　　1）排序法的类型

　　排序法较为简单，它是根据职位的相对价值或职位对企业的贡献，对职位进行从高到低排列的一种方法。排序法主要包括直接排序法、交替排序法和配对排序法等。

　　（1）直接排序法。直接排序法是按照从最高到最低排列的原则，简单地对评价职位进行排序的一种方法，其具体操作为按照顺序依次选择价值最高、次高、再次高的职位。直接排序法示例如表 3-2 所示。

表 3-2　直接排序法示例

排　　序	职　　位
价值最高或贡献最大	董事长
	总经理
↑	副总经理
	生产部经理
	车间主任
价值最低或贡献最小	班组长

（2）交替排序法。当职位较多或者职位间价值差距不容易分辨时，直接排序法就难以进行。但是，人们在一组事物中比较容易区分最大与最小的差距，因此，将其运用到职位价值评估中，就产生了交替排序法。交替排序法遵循"最高—最低，次最高—次最低"的基本原则，依次对所需评估的职位一一进行排序。交替排序法示例如表 3-3 所示。

表 3-3　交替排序法示例

排　　序	排 序 过 程	职　　位
1	最高（第一次选择）	董事长
2	次最高（第二次选择）	总经理
3	再次最高（第三次选择）	副总经理
4	再次最低（第三次选择）	生产部经理
5	次最低（第二次选择）	车间主任
6	最低（第一次选择）	班组长

（3）配对排序法。配对排序法，即把某个待评价职位与所有职位进行比较，然后根据比较结果确定职位价值顺序的方法。如表 3-4 所示，将六个职位分为纵横两列，一一进行对比，价值高者得"1"分，否则得"0"分，最后计算每一个职位的总得分，并按照得分排序。需要注意的是，职位得分表示职位相对价值的评价结果，而非该职位的绝对价值。在实际工作中，也可能会出现评价得分相同的情况。

表 3-4　配对排序法示例

职　　位	董事长	总经理	副总经理	生产部经理	车间主任	班组长	计分	排序
董事长	—	1	1	1	1	1	5	1
总经理	0	—	1	1	1	1	4	2
副总经理	0	0	—	1	1	1	3	3
生产部经理	0	0	0	—	1	1	2	4
车间主任	0	0	0	0	—	1	1	5
班组长	0	0	0	0	0	—	0	6

2）排序法的优缺点

排序法最大的优点在于简单、容易操作、成本比较低，且员工容易理解。但是，由于排序法的排序选择具有较强的主观性，因此可能会导致排序结果难以达成共识。另外，如果公司职位数量太多，排序法的操作难度会很大。

2. 归类法

1）归类法的内涵

归类法，即将企业中的所有职位根据任职要求、工作职责、工作环境等方面的不同要求，划分为不同的类别，一般可分为市场类、管理类、研发类、生产类等，如表 3-5 所示。在归类法中，首先进行职位分类。在确定职位类别的基础上，还要确定职位等级数量，即职位价值的层级结构。一般而言，组织规模越大，职位类别越多，职位间价值差异越大，职位等级数量也就越多。在确定职位等级数量之后，还要对每个职位等级进行定义，并确定其相应的标准。对每个职位薪酬等级标准的定义既要有一定的范围，又要有可操作性。

表 3-5　归类法示例

职 位 等 级	职　　位	职位等级定义举例
10 级	首席执行官	
9 级	副总裁	
8 级	高级经理	
7 级	中层经理	
6 级	专业三级	9 级：市场副总裁
5 级	专业二级	一般情况下，市场副总裁需要协助首席执行官制定企业的市场战略目标；监控并分析市场运营数据报告，及时调整市场运营策略；制定、执行企业的全年市场营销方案；与各类合作伙伴、客户建立并维持良好的关系
5 级	主管级职位	
4 级	专业一级	
4 级	技术三级	
4 级	职员/行政事务三级	
3 级	技术二级	
3 级	职员二级	
2 级	技术一级	
2 级	职员一级	
1 级	办公室的一般支持性职位	

2）归类法的优缺点

归类法具有简单易操作以及对评价者的培训要求较少等优点，且能够在大量相似职位存在的情况下快速实施评价。但是在职位设置纷繁复杂的企业中，管理者很难建立起能够普遍适用的职位等级定义。此外，由于职位等级定义的自由度较大，很容易出现职位等级定义范围过宽或过窄的情形；一些人还可能通过曲解或擅自更改职位定义来控制职位评价结果。

3．计点法

1）计点法的内涵

计点法，又称要素计点法，它是一种复杂的量化职位评价技术，但却是企业中最常用的方法。通常来说，计点法包括三个要素：报酬要素、报酬要素权重和数量化的报酬要素衡量尺度。就具体操作而言，计点法包括六个主要步骤：①收集职位信息；②确定报酬要素；③定义所选的报酬要素，并确定其权重或相对价值；④确定每一报酬要素内不同等级的点值；⑤使用报酬要素评价每一个职位；⑥将职位按照其点值的高低排序，形成企业的职位等级结构。

2）计点法的优缺点

与其他非量化的方法相比，计点法能够运用点数对不相似的职位进行比较，评价结果更具客观性，因此也就更容易被员工认同。同时，由于报酬要素能够反映组织的需求，在一定程度上能够引导员工的积极行为。计点法的缺点在于：设计与应用评估方案会耗费较多的人力与物力，且整个过程耗时较长；在界定报酬要素、定义等级以及明确点数权重等方面容易受到主观因素的干扰；在多人决策的情境下，可能会出现意见不一致的情况等，这些都会增加运用计点法的难度。

4．因素比较法

1）因素比较法的内涵

因素比较法是一种相对量化的职位评价方法，是对排序法的一种改进与优化。排序法是从整体的角度对职位进行比较和排序，而因素比较法则是选择多种报酬要素，如工作职责、工作强度、工作环境等方面，并按照各种因素分别进行排序。因素比较法并不关注具体的职位职责或任职资格，而是将所有的职位内容抽象成若干因素，然后根据每个职位对这些因素的要求不同，得出职位价值。

具体操作而言，因素比较法包括九个步骤：①收集职位信息；②确定报酬要素；③选择标准职位；④根据报酬要素，给标准职位排序；⑤将薪酬水平分配到每个标准职位的每个报酬要素上；⑥根据每个报酬要素的价值将标准职位进行多次排序；⑦根据排序结果选出大家所认同的标准职位；⑧构建标准职位的报酬要素等级基准表；⑨使用标准职位的报酬要素等级基准表来确定其他职位的工资。

2）因素比较法的优缺点

因素比较法的评价结果较为客观；在评价时，由于选定的影响因素较少，能够节省评价时间以及减少工作量。因素比较法的缺点在于，整个评价过程较为复杂，需要依靠评价者的经验，且在判定各影响因素的相对价值在总价值中所占的百分比时会受到主观因素的影响，降低评价结果的准确度与客观性。

（三）薪酬调查

薪酬调查，是指通过一系列规范、专业的方法，对市场上属于调查范围内的各个职位的薪酬水平和结构进行分析，形成能够客观反映市场薪酬水平情况的调查报告，这是企业确定其薪酬水平的参考依据。薪酬调查是薪酬体系设计的重要环节，是提高外部竞争力和内部公平度的重点工作，能够帮助企业有针对性地设计适合自身发展情况的薪酬体系。具体而言，薪酬调查主要包括以下四项内容。

1．明确薪酬调查的价值

企业开展薪酬调查的价值主要包括以下几个方面。

（1）了解同行业的薪酬水平。所有的企业都处于一定的市场环境下，薪酬水平的选择对企业的经营有很大影响。企业要结合外部市场的薪酬水平来确定本企业相关职位的薪酬水平，从而保证企业薪酬水平具有外部竞争力。对于那些新创办的企业而言，薪酬调查能够帮助企业确定起点薪酬标准。

（2）了解薪酬管理发展趋势。薪酬调查的内容不仅包括市场中的薪酬水平调查，还包括整个行业的薪酬管理调查，从而使企业了解薪酬结构、薪酬设计方法等的发展趋势。这有利于企业全面认识薪酬管理体系，同时也可以学习其他企业的先进管理经验。

（3）帮助查找薪酬不合理的职位。通过薪酬调查，企业能够发现与市场薪酬水平不相匹配的职位。一方面能够避免企业薪酬水平较低带来的竞争力不足问题，另一方面也能够纠正企业薪酬水平过高带来的薪酬成本过高的问题。

（4）了解员工的薪酬需求。薪酬调查不仅包括对市场的薪酬调查，还包括企业内部的薪酬调查。在薪酬调查中，企业可以进一步了解员工的需求，并为企业制定更为完善的薪酬管理体系提供客观依据，强化企业薪酬制度的激励性。

2．薪酬调查范围的确定

在进行薪酬调查时要确定哪些企业的哪些岗位应纳入调查的范围，具体内容包括以下两个方面。

（1）企业的确定。在选择调查的企业方面，一般选择的企业是与本企业在同类产品或服务上有竞争关系的企业、在其他行业中与本企业有相近职位的企业以及在同一地域范围内在招聘员工方面有竞争关系的企业。

（2）职位的确定。在选择调查的职位方面，一般选择的是具有相对稳定性、得到员工广泛认可的职位，或者是在市场上供求状况相对稳定的职位以及一些能够代表或者反映当时所研究职位的完整职位结构的职位。

3. 薪酬调查方法的选择

薪酬调查的方法有两种：一种是企业自行组织人员调查；另一种是企业委托专门的外部薪酬调查公司开展调查。企业可以根据自己的需求衡量这两种方式的利弊决定选择何种方式进行调查（王丽娟，2016）。

4. 薪酬调查结果统计与分析

在保证薪酬调查数据的真实性和有效性的前提下，企业可以借助多种分析方法，如相关性分析、频度分析、趋中趋势分析、离散分析、回归分析等，统计分析薪酬调查数据，并基于分析结果撰写薪酬调查报告。

（四）员工职位薪酬水平定位

首先，根据职位分析和薪酬调查等确定不同职位的薪酬水平等级、薪酬幅度和薪酬之差，结合本企业的薪酬政策，企业对市场薪酬线进行修正，从而得到本企业的薪酬线。然后，企业再确定各个具体职位的薪酬水平，进而确定员工的薪酬水平。最后，企业建立起每个职位的中点工资、最高工资和最低工资，从而形成完整的薪酬结构。具体的薪酬水平和薪酬结构的内容会在本书的第四章、第五章进行详细讲解。本节仅做一些简要介绍，以帮助读者熟悉薪酬体系的设计流程与步骤。

例证 3-3

中石油 BGP 公司的岗位工资制

中石油 BGP 公司对合同化的管理人员和专业技术人员采用的是岗位工资制，包含固定工资、奖金和津（补）贴。对长期从事海外项目的员工采用双薪制，即在海外项目作业期间，既可以领取国内的岗位工资制所发放的基本工资，又可以领取所在东道国根据环境评估后的境外工资。依据岗位级别来看，专业技术人员细分为四个不同的等级，在每个等级之中又细分为五个不同的档次。依据技术等级来看，三级以及三级以上的人员都能够享受到专门的津贴。各部门的绩效总额根据各部门年终模拟经营责任指标完成情况和绩效合同的完成情况考核确定。各部门员工的绩效收入由部门领导根据员工岗位职责履行情况、绩效考核结果进行分配，经中心相关领导审核后发放。员工考核（项目）绩效总额由月（季度）绩效预兑现及年终考核绩效结余组成。中心专项奖励不占部门绩效总额。专项奖励是指处理中心对重点科研生产、攻关招标等项目或其他先进部门、先进个人、质量、安全等方面的专项奖励。按照岗位分为按项目考核人员和不按项目考核人员两大类，分别制定相关的考核及预兑现标准。

岗位工资是制度工资中占最大比重的部分。岗位工资由所在岗位的责任、技能、负荷和环境作为衡量尺度。工龄津贴从计算工龄日开始，每年每月增加1元，弱化了工龄在制度工资中所起到的作用。BGP规定员工必须连续三年考核合格才可晋升一档岗位工资，否则就要顺延晋档时间。因个人原因或工作需要发生岗位变动的人员，从评聘之日起，按照该岗位初始档工资标准确定工资。对于同时具有多种职务的员工，工资按照择高原则。

（王羽，2017）

第三节　基于能力的薪酬体系

前两节已讲述过薪酬体系的基础内容和基于职位的薪酬体系，理解掌握基本工资的相关概念和以职定薪的薪酬体系对于学习本节的内容颇有帮助。本节主要是介绍基于能力的薪酬体系，包括基于能力的薪酬体系的构建原因、形式与特征以及体系设计等内容。

一、基于能力的薪酬体系的构建原因

基于能力的薪酬体系实际上是指以员工所具备的与专业相关的技能和知识作为确定薪酬水平的模式，即以能定薪，主张能力越强，薪酬越高。美国著名心理学家戴维·麦克利兰提出的"能力素质冰山模型理论"中提到，基本知识和基本技能是外显的、可见的，属于"冰山以上部分"，易于了解和测量，也是比较容易通过培训及个人努力来获得和改变的。以能定薪是以货币来衡量员工能力的价值和贡献度，能够发挥肯定和激励员工的作用，进而以提升员工的能力来谋求企业的长远发展（李伟杰，2018）。

基于能力的薪酬体系的构建原因主要从以下两个方面进行分析。

（一）企业长久发展的保证

在如今知识大爆炸的新时代，员工的能力愈发成为企业能力的重要体现，企业必须不断实现自我革新，吸引新型员工，不断提升自身综合实力，才能增强或保持企业在市场中的竞争力。与此同时，信息技术的迅猛发展使得组织形式愈发呈现扁平化的特征，网络状分布的组织团队跨越了职能、部门的界限，工作的逐渐透明化使得员工直面顾客。因此，企业需要不断提升员工能力以应对瞬息万变的市场环境，激发员工的创新性，推动他们创造性地完成工作。

（二）员工提升自我的动力

如今，多数员工已不再把追求更高的职位作为职业生涯发展的主要目标，他们期盼更大的工作自主性和工作弹性，期望更好地实现个人价值。传统的以职定薪的方式已经不能满足员工自我实现的需求。在以能定薪的方式下，员工能够更加积极地参与到工作中，并努力实现自我价值的提升。

二、基于能力的薪酬体系的形式与特征

（一）基于能力的薪酬体系的形式

能力是一个人的知识、技能及相关特质的综合，是一个有层次的结构，并且能够驱动人的行为，进而产生相应的绩效结果（云鹏，2016）。基于能力的薪酬体系在实际运用中有多种变化形式，主要包括技能等级工资制、胜任力工资制和任职资格工资制。

1. 技能等级工资制

技能等级工资制，即首先根据相应职位所需的技能划分等级，然后制定相应的工资标准，最后根据员工所达到的技能水平确定其技能等级和工资标准的一种形式。技能等级工资制的适用范围较窄，只适用于技术复杂程度高、劳动熟练程度差别大的企业，或是处在艰难期，亟须提高企业核心能力的企业，以及提倡员工参与管理的企业。在实际运用中，技能等级工资制主要由工资等级表、工资标准表和技能等级标准三部分组成。

（1）工资等级表。工资等级表，即规定工资等级数目和各等级之间工资差别的总表。它显示不同性质的工作之间的工资标准的比例关系，是确定各个等级之间的工资标准数额的依据。

（2）工资标准表。工资标准表，又称为工资率，即按时间单位确定的工资数额。它表示某一等级下，在一定时间内的与劳动价值对等的货币工资水平。

（3）技术等级标准。技术等级标准，又称为技术标准，即衡量员工技术等级和员工工资等级的尺度。技术等级标准表一般包括理论知识、技术知识和操作技能，从知理论、会操作、能实践这三个角度对员工进行培训与考核。

2. 胜任力工资制

胜任力，又称为素质能力，主要是指能够促使员工实现优秀绩效的"冰山以下"的因素，如"成就导向""诚信"等。它一般与企业的愿景、价值观、战略导向和要求紧密联系。胜任力工资制一般适用于具有较高知识性、专业性的人才，比如中高层管理者、知识白领、技术专家等。而且，这种制度已经实现了从不偏不倚、一视同仁到向关键员

工倾斜的转化。胜任力工资制对劳动者的评价主要从以下两个方面进行。

（1）通用素质。通用素质是指企业对于员工关于其企业文化和价值观方面的要求，是员工进行工作所需具备的最基本的胜任特质。

（2）专业素质。专业素质是指企业的相应工作对于员工在专业能力方面的要求，是能够将优秀绩效和一般绩效进行区分的胜任特征。

3．任职资格工资制

任职资格，又称为技术等级、内部职称，主要是对员工所具有的经验、成果、素质和能力等多种要素进行综合分析，然后建立起能力等级序列表。任职资格工资制是基于能力等级序列的工资体系，主要适用于专业性质的管理类、技术类、服务类劳动者。员工的薪酬、培训、长期职业规划等方面都可以和任职资格体系联系起来，帮助企业形成基于能力的、综合的人力资源发展系统。

与技能等级工资制相比，任职资格工资制承认员工内在特质和动机的重要性。与胜任力工资制相比，任职资格工资制认为虽然胜任力会对工作绩效产生影响，但仍然需要员工具备与职位工作相关的知识和技能。

（二）基于能力的薪酬体系的特征

能力有高低之分，根据不同的能力层次，以能定薪也有不同的表现形式。以上内容已经详细地讲述了以能定薪的三种表现形式，包括技能等级工资制、胜任力工资制和任职资格工资制，而这三种不同形式虽然都是基于能力的薪酬体系，但具有不同的特征，除了侧重点的不同，能力来源以及能力架构也都有所区别，三种形式具体的特征比较如表 3-6 所示。

表 3-6   三种基于能力的薪酬体系表现形式的特征比较

能 力 薪 酬	侧 重 点	能 力 来 源	能 力 架 构
技能等级工资制	关注具体的理论知识和操作技能	培训；具体的工作技术要求	培训的考核体系；技能的深度与广度
胜任力工资制	关注素质和潜能、胜任特质	与企业的愿景、价值观、战略导向和要求紧密联系	基于企业文化和价值观的素质模型
任职资格工资制	关注经验、知识、技能、能力等	经验、成果、素质和能力等多种要素的综合	基于能力等级序列的工资体系，与任职资格体系紧密相连

三、基于能力的薪酬体系设计

基于能力的薪酬体系是以员工的技能、胜任力等要素作为评判标准，而以能定薪的模式往往与宽带薪酬相结合。宽带薪酬管理的内容会在本书的第六章做详细讲解。在实际运用中以能定薪的模式与宽带薪酬管理相结合使用，具体的基于能力的薪酬体系设计流程如图 3-2 所示。

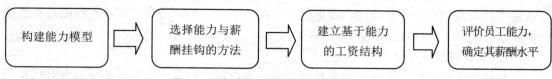

图 3-2　基于能力的薪酬体系设计流程

（一）构建能力模型

在实践中，企业可以为整个组织建立能力模型，也可以仅为角色、职能或职位建立能力模型。能力模型一般包括核心能力模型、职能能力模型、角色能力模型和职位能力模型。

1. 核心能力模型

核心能力模型，又称为胜任力模型，即企业建立一套适于各个层级、各个职位的，用于指导人才招聘、评价、培训、判定薪酬级别的能力模型。核心能力包括督导力、影响力、应变力、判断力等。核心能力模型有利于辨认和明确与组织文化相符的行为。

2. 职能能力模型

职能能力模型，即企业围绕重要职能所建立的一种能力模型，该模型适用于所有处于同一职能领域内的员工（不管级别）。在企业内部，不同职能领域要求员工应具备的能力往往是不相同的。职能能力模型的优点是具有很强的针对性，它使得企业内不同职能领域的员工能够辨别自己的哪些行为是符合企业期望的，从而快速改变自己的行为以更好地回应企业的期望。

3. 角色能力模型

角色能力模型，即企业为组织内部某些人担任的角色（如经理、技工等）而建立的能力模型。由于特定角色可能需要多种不同的能力，因此这种能力模型是跨职能领域的。角色能力模型尤其适用于企业内的小组或团队，因为小组或团队成员通常需要具备多方面的能力以完成任务，而角色能力模型的特点就能满足这种要求。

4. 职位能力模型

职位能力模型，即企业为组织内的某些多人从事的职位建立的能力模型，但是，它只适用于单一职位，因此适用范围很窄。比如，保险公司可能会针对保险销售人员建立职位能力模型。

（二）选择能力与薪酬挂钩的方法

构建适合的能力模型后，企业需要考虑如何使能力与薪酬挂钩。一般而言，企业通常采用的方法包括职位评价法、直接能力分类法、传统职位能力定薪法、行为目标达成加薪法和能力水平变化加薪法等。

1．职位评价法

职位评价法，即在传统的要素计点法中，用与能力相关的部分或全部要素替代传统的要素，并基于这些能力要素来评价职位的一种方法。比如，A、B 两个职位都是管理职位，虽然 A 职位管理的下属人数比 B 职位少，但是 A 的下属人员的多元化程度要高于 B 职位，或者比 B 职位更加分散，因此 A 职位的任职者就需要比 B 职位的任职者更具有计划、组织、领导和控制能力。根据能力要素来进行职位评价，会比根据诸如下属人数等传统要素来进行职位评价更能反映员工对企业的真正贡献。

2．直接能力分类法

直接能力分类法，即薪酬等级完全按照员工的能力而不是职位情况来划分的一种方法。在实际操作中，评价者通常会把员工所在的职位（如文秘、主管）放进某个单一的薪酬宽带中，然后在每个薪酬宽带中都划分出几个区域，每个区域代表一种能力水平并且对应着一个特定的薪酬浮动上限和下限。评价者将所有员工放到其应属的区域内，之后，员工的薪酬增长一般会根据其实际工作结果或绩效决定。因此，员工只有在提高了自己的工作能力并且愿意承担难度更大的角色（如从经理晋升为高级经理）的时候，其薪酬区域才可能上升到上一个区域。采用角色能力模型的企业适合使用直接能力分类法。

3．传统职位能力定薪法

使用传统职位能力定薪法的企业，它的每一个职位都会被确定在职位应属的某一个薪酬等级之中，但这个薪酬等级的薪酬浮动范围较小。在薪酬浮动范围内，企业会根据员工的能力决定员工的薪酬水平处于这一薪酬范围的某个位置上。在这种方法中，员工依然能够通过提升自身的能力而获得薪酬增长，但是能力只能在一个比较小的薪酬浮动范围内发挥作用。采用职能能力模型、职位能力模型的企业适合使用传统职位能力定薪法。

4．行为目标达成加薪法

行为目标达成加薪法，即根据以能力为基础的行为目标达成度来确定加薪幅度的一种方法。企业根据员工实现预设目标的情况来对员工能力进行评价，然后根据评价结果确定加薪幅度。一般而言，只要员工达到事先制定的工作目标，就能得到相应的奖励。

5．能力水平变化加薪法

能力水平变化加薪法，即将员工的薪酬水平与对员工能力水平变化情况的评价联系起来。企业首先会对员工的能力进行评估，然后在员工工作的过程中，根据其能力水平变化情况的评价结果，直接决定员工的加薪幅度。这种方法的最大缺陷是评价结果的主观性太强，评价者在评价的过程中可能会受到个人偏见的影响，或者有意控制评价结果。

（三）建立基于能力的工资结构

基于能力的工资结构大多采用宽带工资结构，也就是在组织中仅仅采用少数几个薪酬宽带来代替传统的职位结构。

首先，企业需要根据员工总体的能力差异性来决定企业需要多少个薪酬宽带，即将能力要求差异大的员工划分到不同的薪酬宽带。然后，对每个薪酬宽带的人员进行能力评价，以进入每个宽带的员工的最低能力来确定该公司宽带的基本能力要求，进而得出每个宽带的平均能力水平。最后，根据每个薪酬宽带人员的平均能力要求，结合前述的每项能力的每个层级薪酬水平的定价，得出该公司宽带的中点工资，进而得出该工资宽带的工资范围、最高和最低的工资。

（四）评价员工能力，确定其薪酬水平

企业为了清晰地了解和掌握员工的能力水平，可以使用评价中心或 360 度评估反馈等方法对员工的能力进行具体评估，以充分了解员工是否与其所任职位的能力等级相匹配。员工凭借自身具备的某项能力的具体层级而获得相应的薪酬。以下介绍评价中心和 360 度评估反馈这两种方式。

1．评价中心

评价中心，即评价者将评价对象置于创造的模拟系统或工作场景中，然后采用多种评价方式，观察和分析评价对象在模拟情境下的心理变化和行为特征，最终评估其能力的一种方法。评价中心的主要方式包括无领导小组讨论、公文筐测验、管理游戏、角色扮演等。

2．360 度评估反馈

360 度评估反馈，又称为 360 度考核法、全方位考核法，即由员工自己、上司、下属、同事甚至是客户等，全方位、多角度地评估员工的方法。评估内容包括专业知识、人际关系、沟通技巧、决策能力等。通过评估，员工可以从多方面获得反馈，从而清楚认识自身工作的长处与不足。评估方式主要有问卷调查法和一对一访谈法，最常用的是问卷调查法。

例证 3-4

宜家的以能定薪体系

宜家（IKEA）是全球最大的家具家居用品企业，目前它的全球员工总数已超过 10 万人。宜家倡导以高薪酬吸引高素质的人才，它建立了基于能力的薪酬管理系统，关注员工的长期发展。在这种制度下，员工会为了获得更多的报酬而努力提升自身的工作能力，并且持续发挥自身的优势。宜家将多个薪水等级合并为少数几个更宽的宽带工资（Broad Banding），并实行季度奖金与 KPI 完成情况直接挂钩。同时，计划开展多种非货币激励方式，如对入职十年的员工给予奖金、奖章和证书，给员工学习和发展的机会，对于有突出贡献的团队予以奖励等。此外，宜家还有多种员工晋升通道、提供全球范围内不同地点的工作岗位、提供参与不同工作的机会等，如不同职位的轮岗、参加领导力培训课程。

（王卫玲，2013）

能力并不等于现实的业绩，因此，基于能力的薪酬体系，在激励员工通过提高自身技能来获得更多报酬的同时，可能会增加企业的成本，最终使得企业整体上并没有获得相应的经济价值，这也是大多数以能力为基础的薪酬体系失败的主要原因。能力评价本身具有软性的特点，主观性较强，因此很难保持这种工资模式下的内部一致性，使得员工对这类工资模式的负面评价较多。此外，适用基于能力的薪酬体系的企业和职位比较少，一般用于以知识为主要竞争力的企业，或者研发类、技术类的职位。

第四节　基于绩效的薪酬体系

在薪酬体系的设计方面主要是采用以职（Position）定薪、以能（Ability）定薪以及以绩（Performance）定薪这三种模式。本节介绍最后一种以绩定薪的薪酬体系，主要介绍基于绩效的薪酬体系的构建原因、形式与特征以及体系设计。

一、基于绩效的薪酬体系的构建原因

基于绩效的薪酬体系以企业组织、员工团队以及员工个人等对企业的贡献和表现为基础来制定薪酬结构，以实现企业业绩目标为目的，通过激励员工的行为来保持企业生

产的高水平运作。以绩效定薪酬具有更强的公平性、灵活性和激励性（孙佳，2018）。简单来说，所谓的基于绩效的薪酬体系，就是根据员工的工作绩效来决定劳动报酬的一种薪酬设计形式，是将员工报酬与员工绩效直接联系起来的薪酬制度，企业的业绩目标和绩效的衡量标准是该体系实施的关键所在。

基于绩效的薪酬体系的构建原因主要从以下两个方面进行分析。

（一）企业高效率的发展

基于绩效的薪酬体系重在奖励员工个人、团队或者小组的工作绩效。区别化的薪酬能够激励员工提高工作效率。在实际应用中，基于绩效的薪酬体系能够有效提高员工积极性，促使员工投入更多的时间与精力到工作中，为企业创造更多的成果与利润。

通过绩效标准的设定，使得员工与企业成为利益共同体，这有助于提升员工的创新动力，促进员工形成团队合作的模式。另外，基于参股为绩效兑现形式的薪酬体系，可以使员工与企业的经营管理者从相同的视角观察企业的发展状况，企业全体员工都是公司价值的创造者，企业员工与企业发展共进退，最终实现企业的长远发展。

例证 3-5

小米的利益分享机制

小米公司的薪酬制度有两大特点：一是重视员工的责任感，而且不设 KPI；二是利益分享机制。一方面，小米没有设置 KPI；所有员工一周工作 6 天，每天 12 小时，但不设打卡制度。小米引导员工要把他人的事情放在第一位，强调员工的责任感。另一方面，小米还坚持公司与员工共同分享利益的理念，尽可能让员工享受公司的成果。透明的利益共享机制是小米薪酬管理的一大亮点。小米给予员工足够的回报，员工期权有上涨空间，而且公司每一年还有一些内部回购。在这种制度下，虽然员工在团队工作中有时压力会很大，但能够从工作成果中获得极大的成就感，因此能够激励员工不断提高对工作的投入度。

（李海堤，2016）

（二）员工自身高薪酬的动力

基于绩效的薪酬体系的特点是员工的工资收入与其绩效具有高度正相关性。当企业本着公正公平的原则对员工的绩效进行评价并据此支付员工相应的薪酬时，员工就会高度认可企业的绩效评价方法和薪酬体系标准。这意味着员工会觉得自己受到了公平的对待，而且这种认知会促使其自觉地为公司多做贡献。员工认可公司，乐于融入其中，在公平感和自我成就感都得到满足的情况下，他们会获得更多的工作动力，同时，他们想为公司创造更多利润的意愿也会不断被强化。

二、基于绩效的薪酬体系的形式与特征

（一）基于绩效的薪酬体系的形式

科学的绩效考核制度是企业实现目标的驱动力，而基于绩效的薪酬体系是有效的、符合现代企业管理要求的薪酬体系模式。基于绩效的薪酬体系在实际运用中有多种变化形式，主要包括以下两种形式。

1. 定额计件工资制

定额计件工资制是指根据员工完成的与劳动直接相关或者间接相关的各种定额的合格产品的数量或者作业量来进行劳动报酬分配的形式。定额计件工资制主要包括以下三个组成要点。

（1）能够反映员工的劳动量。定额计件工资制能够从员工的工作成果中准确知道员工实际付出的劳动量大小，根据已经定额的产品或者作业量直接体现劳动者的劳动价值。也就是说，无论员工从事何种具体形式的劳动，都能够根据企业已经明确、具体规定的生产、工作和应完成的数量及质量来判断自己的薪酬水平。

（2）各种定额都应有客观的计量标准，并且能够进行严格的评价。对完成作业量的计量标准要能够直接反映员工之间的劳动差别。即使是相同等级的员工，由于其生产的产品数量和质量的不同，其得到的工资水平也应该有所差别。

（3）员工工资的多少取决于其完成定额的多少。简单来说，由于定额计件制使得员工的工作产量直接与工资挂钩，则员工完成定额多，其工资就多；完成定额少，其工资就少。此种方式能够促进员工进行自主创新，提高劳动生产效率。

实行定额计件工资制要做到以下三个方面。

（1）工作物等级。工作物等级，又称为工作等级，是指企业根据某项工作所需的能力大小、技术和劳动的繁复程度等方面而划分的等级。

（2）劳动定额。劳动定额，是指在规定单位时间内员工完成合格产品的数量的标准水平。这是企业合理组织劳动和计算单位产品工资水平的依据。

（3）计件单价。计件单价，是指完成某种产品或作业的单位产量的工资支付标准。这是根据与工作物等级相应的等级工资标准和劳动定额计算出来的。

2. 提成工资制

提成工资制，又称为佣金制，是指企业从销售收入或纯利润中提取一定的比例分配

给员工，进而确定员工薪酬的一种形式。

常见的提成工资制结构包括以下几个方面。

（1）底薪，又称基本工资，主要是依照国家的法律法规或劳动合同规定来支付的工资。

（2）佣金提成，是指根据员工工作量进行的货币支付。

（3）奖金，是指员工因为其卓越的工作绩效和为企业做出的超额贡献而获得的奖励。

华为员工的股权激励

华为百分之百股权归属于华为投资控股有限公司，该公司内部有一个员工持股会。华为控股的股权由任正非和员工持股会共同持有。持股会进行持股员工名单的编制，就每个员工所拥有的股数、发放和购买时间、每年分成以及持股的变动进行登记，并在员工职位调整、退休以及离职时购买收回股份，再把回收的股份转做预留股份用于以后的股权激励。

华为采用"虚拟股票+股票增值权"的激励模式。员工依据其持有的股权数量享有利润分成和净资产的增益，但公司内部的虚拟股票不能交易。被激励员工离职后，其股权必须由持股会回购。员工只要达到考核要求，每年度均可获得购买虚拟股票的资格。购买数量根据考核办法进行核算，但每个员工持股的数量有最高限额，以避免持股会拥有的股权数剩余数量较少，激励人数有限。

2013年有消息显示，华为全部员工数量15万，拥有激励股权的员工数量约8万人，超过半数。从2001年开始至2014年，华为销售额从230亿元增加到2 300亿元，实现了9倍的增长；净利润达到210亿元。虽然华为通过虚拟股权激励将大部分的利润让渡给了员工，但公司的经营管理权却从来不曾分散，重大决策的权限还是牢牢掌握在以任正非为代表的决策层的手中，保证了公司长期的发展。

（陈童，2017）

（二）基于绩效的薪酬体系的特征

基于绩效的薪酬体系是以员工的工作成果为基础的付薪体系。它以员工最终实际的工作成果来确定员工的薪酬，主要有定额计件工资制和提成工资制两种形式。虽然以绩定薪有不同的形式，但它们的基本特征都是将员工的收入与其工作绩效挂钩，只是侧重点有所不同。关于这两种形式的特征的具体比较，如表3-7所示。

表 3-7　两种基于能力的薪酬体系形式的特征比较

绩效薪酬	侧　重　点	效　用	适　用　范　围
定额计件工资制	关注员工完成的合格产品的数量或作业量	更利于提高产量	生产类、可计量性质的工作
提成工资制	关注销售额度	有效激励员工工作	销售类

三、基于绩效的薪酬体系设计

不管是以职定薪、以能定薪还是以绩定薪，都需要设计出一套让企业和劳动者双方都认可的考核标准。以绩定薪最重要的地方在于企业在对员工的绩效进行考核时，要注意考核的方式方法以及建立绩效考核的标准体系。基于绩效的薪酬体系设计的具体流程如图 3-3 所示。

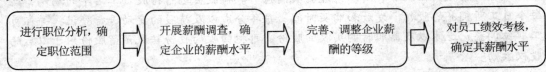

图 3-3　基于绩效的薪酬体系设计流程

（一）进行职位分析，确定职位范围

对于基于绩效的薪酬体系设计而言，首先，企业根据各类职位的工作性质筛选出本企业中可以实行基于绩效的薪酬体系的职位。其次，从员工从事的工作内容、责任、权利、任职要求等方面进行职位分析，确定该职位在企业中的价值。另外，一些能够量化或清晰界定的中高层管理者职位也可采用以绩定薪方式。关于职位分析的方法，请参考本章第二节相关内容。

（二）开展薪酬调查，确定企业的薪酬水平

企业完成组织内部的职位分析后，就需要开展薪酬调查以确定企业的薪酬水平。关于薪酬调查的具体内容，请参考本章第二节相关内容。

（三）完善、调整企业薪酬的等级

每个职位的工作要求和特点都各有不同，考核的结果与员工的收入紧密挂钩，为了体现公平公正，接下来需要对考核制度进行适当调整。

在调整绩效管理方案时，确定固定工资与绩效工资（提成工资等）之间的比例非常

重要。有薪酬专家认为，当企业的固定工资比重占到总薪酬的 60%时，薪酬体系具有一定的激励作用；当企业的固定工资比重降低到总薪酬的 40%时，薪酬体系会发挥较大的激励作用；当企业的固定工资比重降低到总薪酬的 20%时，可能不利于发挥激励作用（卫尔琦，朱亮亮，2014）。因此，企业在调整薪酬制度时需要准确把握尺度。

（四）对员工绩效考核，确定其薪酬水平

基于绩效的薪酬体系将企业效益与员工收入直接联系起来。对于企业来说，其实行的绩效考核标准必须用于实现具体目标、满足特定需要，兼具设计的科学性与实施的规范性，本着公平公正的原则进行绩效考核，每位员工的收入都与一定数量的业务收益相联系，当员工完成既定目标且超额完成时，才能得到绩效工资；没有完成既定目标的员工只能领取较低的仅能够保障其基本生活的工资。如此一来，员工便只能努力提升自己的能力以提高工作效率，通过业务量的增加实现工资水平的增长。其中，需要注意绩效考核与员工薪酬管理要同步（邹善童，2015）。同步的内涵包括以下两个方面。

（1）时期的同步。时期的同步，即绩效考核应区分长短期考核，相应地，员工薪酬体系也应当区分长短期的激励，不同周期的薪酬与不同周期的考核相衔接。

（2）考核与薪酬都应以员工在企业中所承担的责任、所做的贡献联系起来，即承担责任越大的员工，完成业绩后所获得的业绩评价应当越高，所获得的奖励应当更多、激励力度应当更大。

例证 3-7

海尔的"超利分享酬"

从 2013 年开始，海尔集团实行的"商圈小微"，如今已经全面推进。为了配合"商圈小微"，海尔的薪酬体系也发生改变，推行了"超利分享酬"。所谓超利分享酬，简言之就是在扣除企业常规利润和市场费用后，员工就可与企业共享剩下的超额利润。这种制度能够激励员工为客户创造价值。基于员工为客户创造的价值，海尔把薪酬基数分为五个级别，依次为分享级别、提成级别、达标级别、保本级别和亏损级别。若某员工创造的价值达到分享级别或提成级别，则该员工就可以与企业共享剩下的超额利润。换言之，员工其实是努力从市场中"挣工资"，而不是等着企业"发工资"。海尔实行这种制度，从某种程度上意味着企业的文化导向是客户至上。员工若想获得更多的报酬收入，就必须努力为客户创造价值。企业推行这种制度后，最终使得企业目标与员工目标达成一致。

（海尔官网，www.haier.net/CN/）

本章小结

1．基本工资是员工所得工资的基本组成部分。基本工资具有稳定性，同时是企业对员工事先承诺要承担的工作支付的一种现金报酬。实行结构工资制的企业支付给员工的基础工资、职务工资均属于基本工资。

2．基本工资管理设计的总体思路是：首先，确保两点薪酬的外部竞争力和薪酬的内部公平度。其次，通过相应的工作职位评价和工资市场调查，大致确定基本工资的结构和水平。然后，结合实践经验进行综合平衡、反复调整和不断地更新完善，最终形成一整套适合公司的结构合理、水平适当的基本工资标准体系。

3．基于职位的薪酬体系是以职位要素作为确定企业基本薪酬的依据和基础，是比较容易衡量且最能反映公平性的一种薪酬体系。

4．以职定薪的基本思路是：企业首先合理评估职位价值，然后依据职位价值确定任职员工的薪酬。

5．基于能力的薪酬体系实际上是指以员工所具备的与专业相关的技能和知识作为确定薪酬水平的模式，即以能定薪，主张能力越强，薪酬越高。以能定薪即是以货币来衡量员工能力的价值和贡献度，能够发挥肯定和激励员工的作用，进而以提升员工的能力来谋求企业的长远发展。

6．以能定薪的基本思路是：首先，构建能力模型；然后，选择能力与薪酬挂钩的方法；接着，建立基于能力的工资结构；最后，评价员工能力，确定其薪酬水平。

7．基于绩效的薪酬体系是以企业组织、员工团队以及员工个人等对企业的贡献和表现为基础来制定薪酬结构，以实现企业业绩目标为目的，通过激励员工的行为来保持企业生产的高水平运作。

8．以绩定薪的基本思路是：首先，进行职位分析，确定职位范围；接着，开展薪酬调查，确定企业的薪酬水平；然后，完善、调整企业薪酬的等级；最后，对员工绩效考核，确定其薪酬水平。

@ 网站推荐

1．中国工资网：www.cnwage.com

2．世界薪酬协会：www.worldatwork.org

3．北京中调法治网：www.bjzdfzw.com

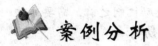

思考题

1. 简述基本工资和基本工资管理的概念。
2. 基本工资的支付形式和付酬因素分别有哪些？
3. 基于职位的薪酬体系有何价值？有哪些形式与特征？如何设计以职定薪的薪酬体系？
4. 基于能力的薪酬体系有何价值？有哪些形式与特征？该薪酬体系设计包括哪几个步骤？
5. 基于绩效的薪酬体系有何价值？有哪些形式与特征？其设计流程是什么？

案例分析

海底捞的工资结构

海底捞是一家直营餐饮品牌火锅企业。经过多年的发展，海底捞已经成为业内小有名气的火锅品牌。海底捞创始人张勇曾经表示，员工到企业工作的初衷很简单，就是为了谋生；但是，如果一个学历不高的员工在企业赚钱的过程中，还能从普通员工晋升为管理者（比如领班），那么就很有可能提高他的工作积极性和忠诚度。因此，企业需要构建一个合适的人才管理机制。其中，公平合理的工资结构是基础。

1. 海底捞的总体工资结构

总工资=基本工资+级别工资+奖金+工龄工资+分红+加班工资+其他-员工基金

级别工资：一级员工+60元，二级员工+40元，普通员工不变

奖金：先进员工、标兵员工奖励80元/月，劳模员工280元/月，功勋员工500元/月

工龄工资：每月40元，逐年增加

分红：一级员工以上才可以分红，分红金额为当月分店纯利润的3.5%

其他：包括父母补贴（200、400或600，帮助寄到父母处）、话费（10~500元/月）

员工基金：在每月工资中扣除20元，扣满一年为止。

2. 海底捞的普通员工工资结构

新员工：总工资=月薪+基本工资+加班费+岗位工资+其他-员工基金

二级员工：总工资=月薪+级别工资+工龄工资

一级员工：总工资=月薪+级别工资+工龄工资+分红

劳模员工：总工资=月薪+级别工资+荣誉奖金+工龄工资+分红

3. 海底捞的管理层员工工资结构

大堂经理：总工资=基本工资+浮动工资+工龄工资

店经理：总工资=基本工资+浮动工资+工龄工资

海底捞员工的工资结构如表 3-8 所示。

表 3-8　海底捞员工的工资结构

结构	基本工资	级别工资	奖金	工龄工资	分红	加班工资	父母补贴	话费
用意	避免员工经常请假	希望员工多做或做更有价值的工作	激励员工努力达到更高的工作标准	提高员工的忠诚度	促使员工目标与公司目标达成一致	鼓励员工承担更多工作	间接促使员工努力工作	鼓励员工多与合作伙伴联系

海底捞的工资结构提示我们，企业在推行"多劳多得"的激励机制之前，需要通过划分职位类别来确定不同的工资分配方案，而不能简单地"一刀切"。

（资料来源：海底捞上市，薪酬体系正式曝光！[EB/OL].（2018-09-27）. http://k.sina.cn/article_1914101557-7216df3501960dzhc.html.）

讨论题：

1. 海底捞使用了何种薪酬体系？
2. 海底捞的薪酬体系有哪些可取之处或不足之处？请说出你的理由。

 参考文献

[1] CAMPBELL J P. Group differences and personnel decisions：validity，fairness，and affirmative action[J]. Journal of vocational behavior，1996，49（2）：122-158.

[2] CHEN H Y. The role of salary in human resource management [J]. Science and technology，2014（21）：159-159.

[3] GEORGE T MILKOVICH，JERRY M NEWMAN. Compensation[M]. NewYork：McGraw-Hill，2008.

[4] HAROLD KERZNER. Project management case studies[M]. NewYork: John Wiley & Sons Inc, 2017.

[5] LI YING. Study on the mode of salary system based on performance of Datong Coal Mine Group [J]. Enterprise reform and management，2017（3）：120.

[6] 晁玉方．现代薪酬管理——理论、工具方法、实践[M]．北京：清华大学出版社，2017：135-136．

[7] 陈浩．绩效考核与薪酬激励精细化设计必备全书[M]．北京：中国华侨出版社，2014．

[8] 陈童．宁波方力科技有限公司员工股权激励方案设计[D]．宁波：宁波大学，2017．

[9] 郭长征．基于职位价值评价的长德集团宽带薪酬体系设计[D]．长春：吉林财经大学，2017．

[10] 龚海燕．人才管理，让"症状解"变为"杠杆解"[J]．人力资源，2017（12）：63-65．

[11] 韩琳．企业绩效薪酬设计探讨[J]．消费导刊，2009（07）：74-75．

[12] 胡昌全．薪酬福利管理[M]．北京：中国发展出版社，2006：134-135．

[13] 贾斌．企业绩效薪酬激励体系的改革和完善分析[J]．人力资源管理，2018（6）：101-102．

[14] 刘爱军．薪酬管理理论与实务[M]．2版．北京：机械工业出版社，2013．

[15] 刘昕．薪酬管理[M]．4版．北京：中国人民大学出版社，2014．

[16] 李伟杰．国有企业基于能力的薪酬体系设计与思考[J]．化工管理，2018（28）：6-7．

[17] 孙利虎．战略薪酬管理理论与实务[M]．大连：东北财经大学出版社，2015：81-82．

[18] 孙佳．北京丰胤祥投资有限公司薪酬体系优化[D]．保定：河北大学，2018．

[19] 王卫玲．基于能力素质模型的宜家人力资源管理体系研究[D]．北京：北京工业大学，2013．

[20] 王淑静．GBC公司管理人员薪酬体系优化设计[D]．济南：山东财经大学，2015．

[21] 王丽娟．非人力资源经理的人力资源管理——中卷[M]．北京：中国经济出版社，2016．

[22] 王志超．关于铁路企业工资制度综述研究[J]．经济师，2016（05）：61-63．

[23] 汪雯．我国科研机构薪酬管理的现状与挑战[J]．中国计量，2018（03）：44-47．

[24] 卫尔琦，朱亮亮．薪酬设计与员工激励全案[M]．上海：立信会计出版社，2014：171．

[25] 云鹏．薪酬福利管理[M]．北京：中国商业出版社，2016．

[26] 张勤．企业员工心理契约、组织公平感与进谏行为的关系研究[D]．南京：南京师范大学，2014．

第四章

薪酬水平管理

 学习目标

- 掌握薪酬水平及其外部竞争性的概念与作用
- 理解薪酬水平及其外部竞争性的决策类型
- 了解影响薪酬水平决策的主要因素
- 掌握薪酬调查的定义、类型和目的
- 了解薪酬调查的过程

 引例

西门子薪酬管理模式及其借鉴

西门子是一家业务涉及工业、能源、基础设施和城市、医疗四个领域的高科技跨国公司，其业务遍及全球 190 多个国家，在全世界拥有大约 600 家工厂、研发中心和销售办事处，职员人数超过 40 万，是知名的世界 500 强企业。2013 年，西门子在中国的总营收达到 61.4 亿欧元，其全球化战略发展顺利，在众多企业中独占鳌头。观其发展过程，薪酬管理发挥的作用不可小觑。

在一般人看来，外企的薪酬一定会比其他类型的公司高出很多，然而西门子公司却不是盲目地遵循这个所谓的标准，它有着自己特有的薪酬发放标准。该公司的薪酬包含两个方面：工资和福利。

其一，工资。西门子公司的信条是："工作出色的人应该多拿工资"。该公司的工资

标准是这四个方面：①一致性，即对员工的考核标准具有一致性；②对外有竞争性，即与其他公司的相同职位相比具有竞争性，借以吸纳人才；③员工贡献得到很好的反映，即不会对员工的贡献视而不见，而会按照员工的表现来发放工资；④具有说服力，敢于公开，这是与现今各行各业工资保密这一准则完全不同的，它的公开，给了员工间竞争的动力。按照以上标准发放工资，确保了工资的公平性，同时还能吸引人才，一举两得。

其二，福利。西门子公司除了为员工提供基本的"四金"保障、年终奖励，还为员工提供各类商业保险等其他福利套餐，以及制订弹性福利计划，根据员工需求发放福利。丰厚的福利给员工提供了全方位的保障，提高了员工的忠诚度，员工离职率在这样的高福利下几乎为零。

（蒋素梅，2014）

从此案例可看出，企业的薪酬水平及其外部竞争性对企业优秀人才的招聘、激励和留用起着重要的作用。但是薪酬水平会对企业造成哪些影响？如何确定企业自身的薪酬水平来保持本企业的竞争优势？本章在阐述了薪酬水平及其外部竞争性的概念与作用后，重点介绍薪酬水平和薪酬水平外部竞争性的决策类型和影响因素，最后介绍企业在确定员工薪酬水平前必须进行薪酬调查，以使读者对薪酬水平这一章有一个基本的了解与认识。

第一节　薪酬水平概述

本节首先介绍薪酬水平及其外部竞争性的概念，其次介绍薪酬水平外部竞争性的作用，最后介绍薪酬水平外部竞争性的决策类型。

一、薪酬水平及其外部竞争性概述

（一）薪酬水平及其外部竞争性的含义

国内外的学者并没有对薪酬水平（Salary Level）提出一个准确和一致的定义。米尔科维奇（2008）认为，薪酬水平是指某雇主所支付的一系列劳动力费用的平均水平，它的计算公式为：(基本工资+奖金+福利+股票价值)/员工的数量。刘昕（2014）认为，薪酬水平是指企业中各职位、各部门以及整个企业的平均薪酬水平，薪酬水平决定了企业薪酬的外部竞争性。赵曙明（2014）认为，薪酬水平是指从某个角度按照某种标准考察的某一领域内员工薪酬的高低程度，它决定了企业薪酬的对外竞争力，对员工队伍的稳定性也有一定的影响。付维宁（2016）认为，薪酬水平是指组织内部各类职位和人员平均薪酬的高低状况，它侧重分析组织间的薪酬关系，是相对于其竞争对手的组织整体的薪酬支付能力。本书采用付维宁（2016）的观点。联系第一章内容，因为潜在员工在选择雇主前不仅仅会去了解公司支付给现有员工的基本薪酬，而且会去了解企业所能给予的可变薪酬和间接薪酬。因此，概念中的平均薪酬通常理解成总薪酬。本书采用刘银花（2011）的观点，认为薪酬水平的外部竞争性是指一个组织的薪酬水平在劳动力市场中的相对位置高低以及由此产生的组织在劳动力市场上人才竞争能力的强弱。

例证 4-1

本田罢工显现的薪酬体系问题

2010 年，本田罢工事件持续升级。南海本田的工人高喊着"罢工到底"的口号，要求提高待遇。导致罢工最直接的原因是工人普遍收入低，晋级加薪困难。以本田 1 级工人为例，月收入大约在 1 200 元左右，通过长时间的加班最高能拿到 1 700 元。考虑到当地的生活开支，工人结余少，生活困难，而该厂薪酬体系决定了想依靠升级来加薪也是遥遥无期。本田工厂薪酬体系分为 1 至 5 级，每个大级又被细分为 15 个小级别，也就是说该厂的薪酬体系共被分成了 75 个级别。绩效考核是每年评审一次，考核合格后才能晋升一级。对于一线的工人而言，晋升一个小级别所享受到的就是月薪增加 20～30 元，这远远赶不上物价上涨速度；而晋升一个大的级别则需要 15 年之久，且要保证每年都能通过考核。用一句话来概括，本田工人工资低，涨幅慢，加薪难。这样的薪酬制度不光谈不上对员工工作有什么激励作用，而且连基本的生活保障都不能令人满意，这是导致员工罢工的最直接原因。

（邱静，2010）

（二）薪酬水平外部竞争性的重要内涵

当今，薪酬水平的外部竞争性主要是基于不同组织里面相似的职位或者职位族进行相互比较得出的，而不再是将组织中全体员工的平均薪酬水平和其他组织中全体员工的平均薪酬水平相比较得出。具体而言，如果某一组织的平均薪酬水平高于另一个组织的平均薪酬水平，并依此得出这个组织的薪酬水平外部竞争性比另一个组织更强，就有可能得出错误的结论。具体原因如下：虽然前者的平均薪酬水平较高，但这个组织的重要岗位与非重要岗位的薪酬差距较小；后者的平均薪酬水平虽然较低，但其重要岗位的薪酬水平大幅高于前者的重要岗位的薪酬水平，同时，非重要岗位的薪酬水平也相对低于前者。若此时外部劳动力市场上从事非重要岗位的潜在员工供过于求，而从事重要岗位的潜在员工供不应求，则根据马歇尔的均衡价格工资理论可知，非重要岗位员工的薪酬水平会较低，重要岗位员工的薪酬水平会较高。这时，大部分企业都能够以较低的价格及时补充非重要岗位员工；但重要岗位薪酬水平较高的后者，则更有利于吸引重要岗位的优秀人才。最终，后者的薪酬水平外部竞争性却高于前者。

薪酬水平的外部竞争性与外部劳动力市场之间的关系十分紧密，外部竞争性的概念可以理解为"市场推动"。简单来说，市场推动即职位价值的市场化。在薪酬决定方面，薪酬水平的外部竞争性可能会与内部一致性有所冲突。例如，从内部一致性的角度，如果通过职位评价了解到采购部经理和人力资源部经理对公司的相对贡献大小相近，那么这些职务的薪酬水平应该相近。但是从外部竞争性的角度，当人力资源市场中人力资源部经理短缺而采购部经理充裕的情况下，人力资源部经理的市场价位则高于采购部经理。因此，组织在确定薪酬水平时，需要思考到底是根据内部职位评价来确定，还是根据外部劳动力市场的价格确定。在具体实践中，企业通常会结合两者的情况，即内部职位评价以及该职位的市场薪酬状况来确定该职位员工的薪酬水平。

星巴克的薪酬计划

作为风靡全球的世界 500 强品牌，星巴克总是把员工放在首位并对员工进行了大量的投资。这一切来得绝非偶然，全都出自首席执行官的价值观和信念。舒尔兹曾说道："我想建立的公司能给人们带来主人翁意识并能提供全面的医疗保险，最重要的是，工作能给他们带来自尊。人们普遍认为该公司是一家能给他们带来自尊的公司，能尊重他们所做的贡献，不管员工的教育程度和工作地点在哪里。"

为了加强和推动公司的文化，星巴克实施了一系列的报酬激励计划。对于全职和兼职员工（符合相关标准），公司提供卫生、牙科保险以及员工扶助方案、伤残保险。此外，星巴克还雇用了一家叫工作解决方案的公司帮助员工处理工作及家庭问题。支付兼职员工福利虽然增加了公司的总福利成本，但平均福利成本和对手相比仍然很低。尽管投资巨大，但星巴克仍支付得起大量红利。那些享受到这些福利的员工对此心存感激之情，因而对顾客服务得更加周到。

另外，所有的员工都有机会成为公司的主人。星巴克在 1991 年设立了股票投资方案，允许员工以折扣价购买股票。另外还有蚕豆方案，它是每年提供一定的期权，总金额是基本工资的 14%。达到最低工作量的兼职员工均可享受上述两个方案。满足下列条件的员工可以得到期权：从 4 月 1 日到整个财政年度末在公司工作，这期间至少有 500 个工作小时，到公司发放期权时仍在公司工作的员工。由于星巴克公司的股价持续不断地上涨，因此给员工的期权价值很可观。更重要的是，配合公司对员工的思想教育，使得员工建立起自己是公司股东的想法。

因此，星巴克被《财富》杂志评为"100家最值得工作的公司"之一，星巴克员工的流失率远远低于行业一般水平。

（资料来源：星巴克的薪酬计划及人力资源体系[EB/OL].（2016-11-11）. www.hrsee.com/?id=121.）

二、薪酬水平外部竞争性的作用

薪酬水平外部竞争性的作用大致可分为以下两个方面。

（一）吸引、留住和激励员工

企业若想吸引、留住和激励员工，就要提供比其他企业更具竞争性的薪酬水平。如果本企业支付给员工的薪酬水平较低，可能很难招聘到合适的员工。基本工资水平（而非奖金水平）与自我报告的工作绩效和情感承诺均呈正相关（Bard，2006），高绩效员工的薪酬增长对员工流动率的影响最大（Charlie，1997）。薪酬水平是吸引、留住和激励员工、提高员工满意度的重要因素。根据赫兹伯格双因素理论：较低的薪酬水平一方面会造成员工的物质需求得不到满足，员工的满意度和忠诚度降低、工作积极性下降，进而导致员工流失率提高；另一方面，与提供较高薪酬水平的竞争对手相比，较低的薪酬会较难满足应聘人才的物质需求，一定程度上降低其求职意愿，使本企业在劳动力市场中招聘优秀人才方面处于劣势。因此，若企业支付给员工的薪酬水平较高，则不仅能够满足内部员工的物质需求，提高其满意度和忠诚度，降低人才流失率，还有利于满足潜在员工的物质需求，使企业在劳动力市场上占据优势，更容易招聘到优秀人才，也为企业的持续性经营提供了人力资本的保证。

例证　4-3

百度公司的薪酬管理

百度是全球最大的中文搜索引擎。2000年1月1日，公司创始人李彦宏、徐勇携120万美元风险投资，从美国硅谷回国，创建了百度公司。创立之初，百度就将自己的目标定位于打造中国人自己的中文搜索引擎，并为实现此目标进行不懈的努力奋斗。

百度公司的薪酬结构由三部分组成：一是保障性薪酬，与员工的业绩关系不大，只与其岗位有关；二是变动薪酬，与员工绩效紧密挂钩；三是公司在成立之初就将全公司范围内的员工股票期权计划纳入了薪酬制度中。与其他高科技网络公司（如搜狐、新浪）不同的地方在于，百度的股票期权计划是面向所有员工的。为了实现薪酬水平的外部竞争性，百度公司意在培育一种注重员工绩效的、完全以业绩为导向的企业文化。在薪酬和晋升方面，百度公司根据员工的工作表现确定薪酬水平，薪酬和职业发展、学历、资历、专业之间的关系越来越淡化。同时，公司对于一些以团队为单位的项目，采取团队奖励计划。团队完成的每一个项目，公司都依据团队成员的贡献大小给予团队奖励，或为团队成员普遍加薪，这些方案使得百度公司的薪酬管理相当灵活并富有成效。此外，公司还为员工提供了多样性的福利项目，如公司出资为员工购买除去法定保险的其他商业保险，聘请专业保健医生解决员工身心健康问题，提供免费早餐，报销加班交通费、通信费等费用。以上使得百度公司在面对大型国有企业、跨国公司的强势揽才和新兴民营企业的高薪招聘时，同样保持着其企业的竞争力，最终达到企业与职工双赢的目标。

（刘李豫，2016）

（二）塑造雇主品牌

Ambler 和 Barrow（1996）提出了有关雇主品牌的综合定义，他们认为，雇主品牌体现为由雇佣行为提供并与雇主联系在一起的功能、经济和心理的利益组合。其中，功能利益是指雇主向员工提供的有利于职业发展或其他活动的机会；经济利益是指雇主向员工提供的薪酬水平；心理利益则是指员工在工作中产生的归属、方向和目标等方面的感受和体验。通过较高的薪酬水平，企业更容易获得较高的媒体曝光度，而外部的潜在员工则可能通过互联网或者口口相传更容易了解到企业，从而有助于该企业在人力资源市场上树立起实力雄厚的企业形象。此时，企业也从一定程度上获得了现有和潜在员工所赋予的组织合法性。同时，较高的薪酬水平会使现有员工和潜在员工在脑中对组织承诺有印象，使得组织的使命、愿景、价值观听起来不再像是空话。由此，最终促进了雇主品牌的塑造，企业也能够在人力资源市场上具有可持续的竞争优势。

例证 4-4

西门子人力管理：百年战车的强劲引擎

在西门子160多年的发展历史中，"更负责任、更具创新精神、追求卓越"始终是其不曾改变的价值观。它反映到人力资源组织架构和流程上，更加强调在不断创新、追求卓越的理念下，更好地服务于内部客户，支持业务和员工的发展需要。同时，由于西门子公司在中国各地分支众多、机构庞大，是什么样的引擎，支撑着这部百年战车，在强手如林、竞争激烈的今天，仍然保持着一股强劲的发展势头？

面对如何更好地激励和保留人才，满足每一位员工的个性化需求这一问题，西门子公司的人力资源部门启动了弹性福利计划。为了推出契合员工实际需要的福利项目，该计划花费了一年时间通过内部调查、员工大会等渠道全方位收集员工的需求。根据弹性福利计划，员工可以根据自己的需求从公司提供的菜单式福利项目中选择自己最想要的，包括企业年金、医疗福利、教育培训、交通福利和现金等。

当很多公司热衷于将员工"送出去"培训的时候，西门子已经将员工培训内化为管理职能的有机组成部分，在中国成立了西门子管理学院，专门负责开发、管理和提供西门子管理教程和员工再培训计划等，相当于特别为西门子量身定做的培训服务提供商。虽然把自己的服务对象称作"客户"，但西门子管理学院并没有财务上的压力，可以专注于开发培训课程和服务于西门子的战略与业务需求。为此，他们成立了专门的教研室和客户支持部门。作为定位于企业战略的实施者和布道者的独立部门，西门子管理学院在课程开发上非常注重贴近企业的战略要求和业务部门的个体需求；为了避免出现"强制培训"的走过场现象，西门子管理学院强调"让业务部门真正喜欢和需要自己"，给业务部门提供了很多量身定制的课程。客户支持部门的重要工作就是到各个分公司"拉客户"，让业务部门参与到培训课程中来，并从中获益。

（亦丹，2008）

三、薪酬水平外部竞争性的决策类型

从第一章薪酬的概念可知，薪酬是企业的一项成本支出，薪酬水平的高低直接影响到企业的生产成本，因此，对薪酬水平决策类型的正确选择对公司以及公司在产品市场的竞争有着重要的影响。一家企业确定自身薪酬水平时的外部压力主要来自产品市场和人力资源市场，但是企业仍可以根据自身的实际情况对企业的薪酬水平进行动态调整。当企业在具体的竞争环境中拥有一定的主动权的时候，企业需要做出重大的战略决策，即是让企业的薪酬水平高于特定市场的薪酬水平，还是让企业的薪酬水平恰好等于或低于市场的薪酬水平。如果将企业的薪酬水平定在高于人力资源市场水平的位置，则有利于招聘和留用高素质的优秀人才，进而确保企业能够拥有一支高效、高质量解决问题的人才团队，为实现战略目标奠定较为坚实的人力基础。然而，这种决策类型的最明显的缺点就是成本的增加。一般来说，为了保证企业薪酬水平的外部竞争性，企业可以选择的薪酬水平决策类型主要有以下四种，分别是薪酬领先型策略、薪酬跟随型策略、薪酬滞后型策略、薪酬混合型策略。

（一）薪酬领先型策略

薪酬领先型策略又称为薪酬领袖政策，是指企业采用一个自身愿意支付且高于人力资源市场薪酬水平的策略。采用这种策略的企业通常具有如下特征：企业规模大、投资回报率高，人力资源成本在企业经营总成本中所占比例较低，公司产品的不可替代性强。

公司实施薪酬领先型策略的目的是希望能够通过付出较高的薪酬成本来获取更大的利益。首先，由于规模大、投资回报率高的企业往往拥有较多资金，不会因为提高员工薪酬水平就立即导致公司的资金周转不畅或者财务安全受到影响。同时，规模大、投资回报率高的企业实施薪酬领先型策略不仅有利于吸纳和留用高质量人才，还可以通过较高的薪酬水平抵消工作本身给员工带来的不好的雇佣体验，比如工作条件差、通勤距离远等。其次，当人力资源成本在企业经营总成本中所占的比例较低时，企业更加愿意通过提高公司的薪酬水平来减少公司种种劳动问题的发生概率，从而把人力资源管理的目的由控制员工成本转移到为公司创造价值。最后，如果公司产品的不可替代性强，则产品价格的变动不会大幅影响消费者需求的变动。换言之，企业可以通过上调产品价格来将较高的人力资源成本转移给消费者。

薪酬领先型策略的实现方式是在每一年年底调薪时考虑并预测下一年度全年的劳动力市场的薪酬水平变动趋势，然后根据预测出的市场薪酬水平来确定企业下一年的薪酬水平，这样就能够确保企业的薪酬水平在全年都高于市场平均的薪酬水平。通常情况下采取薪酬领先型策略的企业的薪酬水平比人力资源市场平均水平高出 5%及以上，如图 4-1 所示。

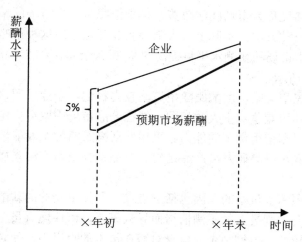

图 4-1　薪酬领先型策略

1. 薪酬领先型策略的优点

薪酬领先型策略的优点包括以下五个方面。

（1）薪酬领先型策略能够快速为企业吸引大批的求职者，有利于企业在短期内获得企业所需要的人才，满足企业的人员需求。

（2）薪酬领先型策略会减少企业在员工甄选时所产生的费用。因为求职者可能会意识到较高的薪酬水平往往意味着较高的能力要求或较大的工作压力，因此，那些不符合招聘标准的求职者可能会回避这类支付较高薪酬的企业。

（3）实施薪酬领先型策略的企业，可以不必经常掌握人力资源市场的薪酬水平的变动情况，从而有利于节省薪酬管理的成本。

（4）薪酬领先型策略可以降低由薪酬所引起的内部矛盾，同时有利于提高企业的媒体曝光度，从而提高企业的知名度和树立正向的企业形象。

（5）薪酬领先型策略提高了外部公司在本企业挖人的难度，从而降低员工的离职率以及由此引发的一些不确定性风险，改进员工的工作质量。

2. 薪酬领先型策略的缺点

薪酬领先型策略的缺点是会给企业带来高成本。因为企业是通过支付较高的薪酬水平来达到吸引和留用员工的目的的。如果企业不能通过工作的规划与协调，将对员工的高资本投入转化为高回报，那么员工的高薪酬水平给企业带来的不是利润或资本，而是负担或压力。

（二）薪酬跟随型策略

薪酬跟随型策略又称为市场匹配政策，是指依照劳动力市场的平均薪酬水平来确定本企业薪酬水平的一种方法。实际上，大部分企业都是采用这种策略。如果企业在今年年底预估明年劳动力市场的薪酬水平将提高 5%，那么企业也会将明年本企业的薪酬水平提高 5%，如图 4-2 所示。

相对于薪酬领先型策略，薪酬跟随型策略较为稳健。企业采用这种策略时通常期望自身的薪酬水平与其他竞争对手大致相同，能在产品市场中取得一定的优势，同时也期望自身能够维持吸引和留用员工的能力。采用此薪酬策略的企业能够获取到相对充足的潜在员工，避免企业在产品研发、产品定价、产品销售及留用高素质人才或团队方面处于劣势。

企业采取薪酬跟随型策略的原因包括三点：一是如果企业的薪酬水平低于其竞争对手的薪酬水平，则会加剧员工的不满情绪而导致离职，留住现有员工的难度加大；二是若企业的薪酬水平较低，会抑制企业自身对潜在员工的吸引力，使企业较难在人力资源市场上招到合适的员工，人才招聘的难度加大；三是向员工支付劳动力市场的平均薪酬水平也是企业应该履行的社会责任。如果企业提供的薪酬水平较低，则难以在劳动力市场树立起积极的雇主形象，在招聘潜在人才时，难以与竞争对手相抗衡。

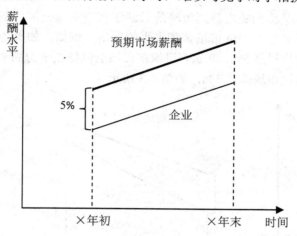

图 4-2　薪酬跟随型策略

1．薪酬跟随型策略的优点

薪酬跟随型策略的优点包括以下两个方面。

（1）薪酬成本较低，对企业资金周转的要求较小。

（2）由于薪酬跟随型策略不需要向员工支付高于劳动力市场平均水平的薪酬，则相比薪酬领先型策略，企业少支付了部分薪酬给员工，企业可将省下的这部分资金合理地运用到其他更重要、更紧急的项目中去。

2．薪酬跟随型策略的缺点

薪酬跟随型策略的缺点包括以下两个方面。

（1）不会使企业在人才市场的竞争中具备较强的优势，企业在聘用一些非常优秀的人才方面会有一定的困难。

（2）薪酬调整存在时间滞后性，这种滞后性可能会对企业人才团队稳定性造成不利影响，即当企业内部员工离职后，企业才发现自身提供的薪酬水平已经落后于劳动力市场了。此时，即使企业通过薪酬调查，了解到劳动力市场薪酬水平的变动并进行一定调整，但由于人才流失，企业的稳定运营会受到影响。

薪酬跟随型策略的实现方式是在每一年年底调薪时考虑并预测下一年度全年的劳动力市场的薪酬水平变动趋势，然后根据预测出的市场薪酬水平来确定企业下一年的薪酬水平。这样，就能使本企业的薪酬水平与市场薪酬水平相接近。

（三）薪酬滞后型策略

薪酬滞后型策略又称为成本导向策略落后薪酬水平策略或拖后型薪酬政策，是指企业采取薪酬水平低于竞争对手或市场薪酬水平的策略。例如，如果企业预估劳动力市场薪酬水平在第二年初将提高5%，那么，组织在市场上保持竞争力的唯一时间就是在第一年年初，第二年它将比市场落后5%，如图4-3所示。

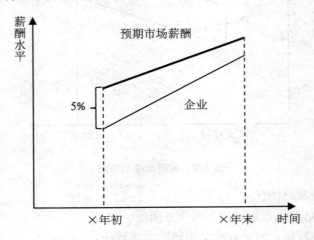

图 4-3　薪酬滞后型策略

实行薪酬滞后型策略的组织，一般规模相对较小，资金周转压力大，成本承受能力弱，边际利润率较低。由于产品的利润空间有限，企业收入有限，若企业为员工提供较高的薪酬水平，则会大幅度增加企业的负担，难以维持企业的正常经营活动，这也是此类企业实施薪酬滞后型战略的原因。当然，有些时候，滞后型薪酬策略的实施者并非真的没有支付能力，而是没有支付意愿。

1．薪酬滞后型策略的优点

薪酬滞后型策略可以作为一种过渡或暂时性策略，帮助企业快速成长或渡过难关。

2．薪酬滞后型策略的缺点

薪酬滞后型策略的缺点是：不利于聘用人才，很容易出现招不到员工的情况，且若企业长期实施这种策略，则企业内部员工也会流失。

一般情况下，优秀的薪酬管理者在实施此种薪酬策略的时候，往往从其他方面来弥补低薪的劣势，如提供具有挑战性的工作、赋予较大的权力、营造和谐共进的工作氛围、提供较多的培训等，使得应聘者和员工可能会因这些原因而愿意与企业共同成长。此外，薪酬管理者还会用将来更具诱惑力的薪酬来留住员工，比如承诺将来工资提高到更高的水平，或是向员工发放股票等，员工可能为了将来获得更高的收入而容忍当前较低的收入，选择该企业或继续留在企业。

（四）薪酬混合型策略

薪酬混合型策略是指企业在确定薪酬水平时，根据职位的类型或员工的类型分别制定不同的薪酬水平决策，而不是所有部门都采用相同的薪酬水平。

一些企业根据内部不同的职位族采用不同层次的薪酬水平策略：对处于核心位置上的职位族采用薪酬领先型策略；对其他非核心位置上的职位族则实行薪酬跟随型策略和薪酬滞后型策略。换言之，企业的核心人员（如技术人员、高级管理人员）会提供高于劳动力市场水平的薪酬，对普通员工采用薪酬跟随型策略，而薪酬滞后型策略是对于那些在劳动力市场上随时可以找到替代者的员工，如图 4-4 所示。

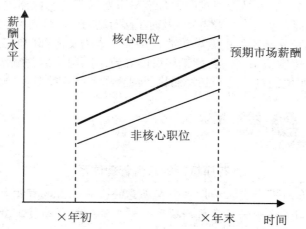

图 4-4　薪酬混合型策略

此外，有些企业在不同的薪酬构成部分之间采用不同的薪酬策略。例如，基本工资低于劳动力市场的平均水平，但可变薪酬和间接薪酬处于高于劳动力市场的领先地位，最后使得薪酬总额处于高于劳动力市场的领先地位。比如某公司的薪酬方案可能会这么制定：员工的基本薪酬水平比劳动力市场的薪酬水平低 3%，但是如果员工所在部门的绩效达到或超过了某一目标，则该部门员工有机会获得该目标绩效 25%的奖金。从表面上看，虽然这家企业的基本薪酬水平比劳动力市场的薪酬水平低，但是在企业经营状况良好的情况下，考虑到奖金等可变薪酬的增加，该企业的总薪酬水平实际上还是领先于劳动力市场的。这种薪酬方案的目的在于提醒员工要关注企业的经营绩效，让员工意识到他们与企业在某种程度上是一种"命运共同体"，激励他们提高工作责任心、主动性、积极性以及工作效率。同时，这个薪酬方案还向潜在员工传递了一种信息，即公司愿意为努力工作的员工提供较为优厚的待遇，但是要承担一定的风险。

1. 薪酬混合型策略的优点

薪酬混合型策略的优点体现在以下三个方面。

（1）对于劳动力市场上的优秀人才，企业希望能在关键职位上拥有可以长期工作的人才，则倾向于采用薪酬领先型策略。

（2）对于劳动力市场上相对充裕的劳动力以及流动性较大的低级岗位的员工则倾向于采用薪酬跟随型策略甚至是薪酬滞后型策略，这不仅有利于保持企业获取人才的竞争力，还有利于控制企业的劳动力成本。

（3）对企业薪酬结构中的不同组成部分采用不同的薪酬水平策略，有利于企业传递自己的价值观以及实现自己的业务目标。

2. 薪酬混合型策略的缺点

薪酬混合型策略的缺点是管理难度大且容易引发内部公平性问题。

（1）采用薪酬混合型策略，需要企业及时了解劳动力市场薪酬水平的变化，难度较大。

（2）对不同岗位实施不同的薪酬策略，增加了人力资源部门的工作量和管理难度。

（3）对不同岗位实施不同的薪酬策略可能导致不同岗位的薪酬水平差异较大，造成从事较低薪酬水平职位的员工的不满，弱化了混合型薪酬策略的实施效果。

例证　4-5　■■■

花旗银行的薪酬管理体系

花旗银行承诺在所有分支机构提供令人满意的，且在当地有竞争力的薪资福利，设计和实施不同的薪酬策略确保各类薪酬项目——工资、福利和员工激励，使得银行能够招募、留用和激励高素质员工。

花旗银行的薪酬政策有四个基本目标：一是按绩取酬；二是确保在每个区域和机构内形成和保持一致且平等（即内部公平）的薪酬政策，确保在同样的市场，对工作责任、资格要求、绩效评价大致相同的员工支付水平大致相同的工资；三是各区域最高薪资管理机构确认本机构在本市场中保持薪酬的竞争性地位，这主要通过薪资调查完成；四是薪酬成本必须可预测和可控制。

银行业在美国是个竞争十分激烈的行业，因此，在决定薪酬水平时，往往要多多考虑市场性因素，要充分考虑到竞争对手的情况，花旗每年在核定自身薪酬标准和调整幅度时，都要直接参考 18 家直接竞争对手的薪酬水平和调整动向，这 18 家竞争对手包括摩根大通、美国银行等，而且，由于花旗集团中还有投资银行系统，其薪酬还要和高盛、美林等投资银行比较后确定。由于花旗处在美国金融业中的领导地位，因此其总体薪酬水平尤其是关键职位和重要人才的薪酬水平在市场上也必须是领先的（一般职位，即稀缺程度不高的职位保持在市场中位水平）。通过这种定位方式，使花旗银行在减少工薪成本和保持市场竞争力之间找到合理的平衡点，既能保证银行对高管人员和专业人员有足够的吸引力，又不至多付薪酬。

（韩金花，2008）

第二节　影响薪酬水平决策的主要因素

根据上一节内容，我们可知薪酬水平及其外部竞争性会受到两个市场的影响：劳动力市场和产品市场。企业所在的产品市场、劳动力市场、企业特征和法律法规，这四个方面对企业的薪酬水平决策具有重要的影响。在这一节中，我们将详细介绍影响薪酬水平决策的主要因素，以深化读者对薪酬水平的理解。

一、劳动力市场对薪酬水平决策的影响

（一）劳动力市场运行的基本原理

组织的运作需要劳动力，因此，劳动力市场是企业为了生存和实现盈利而必须参与的三大市场（资本市场、劳动力市场和产品市场）之一，如图4-5所示。组织在劳动力市场上对人才的竞争，是对组织的薪酬水平以及薪酬的外部竞争性产生影响的重要原因。接下来首先介绍劳动力市场对薪酬水平决策的影响。

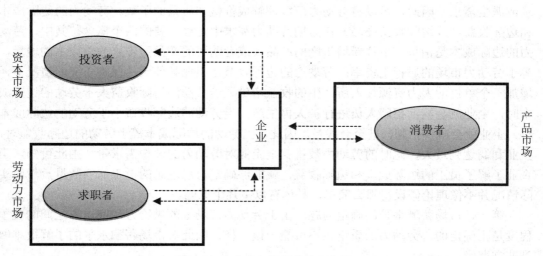

图 4-5　企业参与运行的三大市场

劳动力市场是指配置劳动力并且协调就业的市场。劳动力市场的运行结果主要表现为雇佣条件（薪酬水平、工作条件等）和雇佣规模（雇佣人数）。劳动力市场如同其他市场一样，也存在买方和卖方。在劳动力市场中，买方，即劳动力的需求方，是指组织、企业或雇主；卖方，即劳动力的供应方，是指员工或劳动者。劳动力供求双方的相互作用会产生一个均衡工资率或市场通行工资率，同时，市场通行工资率的变动会对劳动力供求都产生影响。

与产品市场相比，劳动力市场具有一定的特殊性：一是劳动力无法储存。劳动者的主要资源就是时间，这种时间如果不能被有效利用，则无法储存下来。二是劳动力每时每刻都在变化。劳动力的数量和质量会随着劳动者的工作能力、工作环境甚至是工作心态而变化。三是劳动力供给者与劳动力无法分离。劳动力提供者可在工作过程中控制提供劳动力的数量与质量。由于劳动力服务的实际成本是由单位产出成本决定的，因此企业在购买劳动力时会面临一个困难，即无法事前对劳动力进行定价，但是劳动力提供者在售卖自己的劳动力时，又要求必须定价。因此，企业必须在购买劳动力前，依据劳动力服务的数量和质量进行估算，确定一个估算价格，并将此估算价格作为确定劳动力实际成本的依据。同时，劳动力提供者在确定以何种价格售卖自己的劳动力时，也存在一定的困难，因为他们大多只知道某个特定职位的通行工资率是多少，对于企业所能提供的上下级关系、集体工作的完成方式等并不是很清楚。

（二）劳动力需求

从理论上来说，劳动力需求是由人的消费所引起或派生出来的需求，又称为引致需求或派生需求。因此，可以将劳动力函数理解成价格和质量的函数。劳动力的边际成本和边际收益（或边际收益产品）在短期劳动力需求中是最重要的两个概念。其中，劳动力的边际成本是指每一单位新增生产的产品（或者购买的产品）带来的总成本的增量，等于劳动力市场的通行工资率；劳动力的边际收益是指在其他条件保持不变的情况下，增加一个单位的人力资源投入所产生的收益增量。当劳动的边际收益大于劳动的边际成本时，企业就会继续招聘人员进行扩大再生产；当劳动的边际收益小于劳动的边际成本时，企业就会减少招聘，甚至会裁员。因此，当劳动的边际成本等于劳动的边际收益时，企业利润达到最大，此时的劳动力数量就是企业对劳动力的理想需求量。由此可知，当企业了解了员工的边际成本和边际收益，就能够确定自己理想的员工雇佣数量，然而实际情况并不像理论假设得那么简单，具体有以下几个原因。

第一，市场薪酬水平的确定问题。由于劳动力市场上的供给方和需求方之间的竞争程度是不确定的，劳动力的质量也不可能一模一样，因此对市场薪酬水平的了解很难做到非常准确。

第二，对员工边际收益的预测。企业很难对劳动的边际收益进行预测，主要是因为：一是在劳动力不同质的情况下，要想确定单个员工创造的价值非常困难；二是在价值创造过程中，做出贡献的除了劳动力外，还有资本、土地和其他生产要素，因此，在生产过程中只研究劳动力是困难的。

由于边际收益难以直接衡量，因此企业通常使用其他要素来估计员工为组织创造的边际效益。例如，上一章讲到的报酬要素、职位评价、技能及能力评估等内容，实际上是从投入的角度来衡量边际收益。另外，限定某等级职位的最高薪酬水平（即限制某一等级的员工所能获得的最高薪酬水平不能高于其边际收益，员工薪酬水平的增长不能超过其生产率的增长）和采用绩效加薪等做法，也是企业对员工带来的边际收益进行评价的方式。

（三）劳动力供给

劳动力市场上的劳动力供给是指特定的人口群体所能够承担的工作总量。一般来说，整个经济或社会中的劳动力供给受以下四个方面因素的影响。

1. 劳动力参与率

劳动力参与率是指一个国家或社会中 16 岁以上的经济活动人口总量，用数学公式表示为

劳动力参与率=(有工作的人数+目前正在找工作的人数)/劳动力人口总数×100%。

其中，劳动力参与率的大小主要取决于单个家庭做出的劳动供给决策，其影响因素主要包括年龄、性别、家庭经济状况和受教育程度等。

2. 人们愿意提供的工作时数

在实践中，由于市场上存在越来越多的工时制度安排，以及越来越多的企业实施弹性工作制，因此，劳动者实际上可以通过选择企业或职业来表达自己对工作时间的偏好。工作决策实际上是一种时间利用方式的选择，即劳动者就工作时间做出的决策，可以看成是其在工作和闲暇之间进行选择的结果。显然，闲暇所产生的效用和有酬工作带来的薪酬对于劳动者是有价值的，而市场工资率的变化同时会为劳动者带来两种效应，即替代效应和收入效应。替代效应是指如果收入不变，市场工资率提高，闲暇的成本提高，劳动者的闲暇需求减少，从而提高工作动机；而收入效应是指如果收入增加，工资不变，劳动者愿意工作的时间将减少。在通常情况下，当工资率的绝对水平比较低时，工资率上升的替代效应大于收入效应，但是当工资率水平不太高时，收入效应大于替代效应的可能性就会增加。

3. 员工受过的教育和培训

前面两个因素决定了经济中的劳动力供给数量，但是劳动力供给不仅有数量的问题，

还有质量的问题，而且质量要求比数量要求更为重要。决定劳动力质量的最重要因素是劳动力所受过的教育以及接受过的培训，即劳动力的人力资本投资情况。人力资本投资的具体形式有很多种，包括经验积累、接受正规教育、在职培训、劳动者及其家庭的教育投资决策和企业的培训投资决策等。通常情况下，员工受过的教育程度越高、参加相关的职业培训次数越多，则自身的工作技能越强，其得到的薪酬水平也会越高；同时，拥有较多在职培训机会的员工的工作时间一般也较长。

4. 员工在工作过程中付出的努力水平

在工作中，劳动者是否能够将拥有的知识和具备的技能充分发挥出来，主要取决于企业的总体制度安排及其激励水平。这其中就涉及员工与工作之间的匹配性，绩效管理制度是否完善以及薪酬水平和薪酬制度是否合理等问题，这些实际上都是人力资源管理工作的核心。

二、产品市场对薪酬水平决策的影响

大多数企业同时存在于三个市场当中，即劳动力市场、资本市场和产品市场。产品市场上的变化会通过市场机制对劳动力市场产生影响，从而对企业薪酬的外部竞争性产生影响。一般来说，劳动力市场决定了企业支付的薪酬水平的下限，产品市场则在一定程度上确定了企业可能提供的薪酬水平的上限。通常情况下，产品市场会通过以下两个方面影响企业的实际支付能力。

（一）产品市场的竞争程度

产品市场的结构通常划分为完全竞争、垄断竞争、寡头以及垄断四种不同类型。在现实中，完全竞争市场和完全垄断市场属于比较极端的两种市场结构，比较少见。最常见的是垄断竞争性的市场结构，即企业的产品与其他企业的产品有一定差异，因而具有一定的垄断性，又与其他企业的产品存在一定的可替代性，因而具有一定的竞争性。处于完全竞争或接近完全竞争市场上的企业如果没有能力提高自己的产品价格，就会面临销售量迅速下降的困境；而在产品市场上处于垄断或接近垄断地位的企业在一定范围内可以自由地对产品进行定价。如果产品定价过高，远超其成本，其他企业就会设法进入这个市场，促成这个市场向自由竞争市场发展。

显然，产品市场的竞争程度对薪酬水平决策起着十分重要的影响。如果企业在产品市场上处于垄断地位，就能获得高于市场平均利润水平的垄断利润，而利润的增加成为企业在劳动力市场的薪酬决策方面的保障，足以向员工支付高于市场水平的薪酬。然而，一旦垄断地位丧失，企业就无法将高薪酬水平产生的成本通过较高的价格转嫁给消费者。

（二）产品市场的需求水平

如果产品市场对某企业所提供的产品或服务的需求增加，并且假定该企业可以利用的技术、资本和劳动力供给保持不变，那么在产品或服务价格不变的情况下，企业能够出售更多的产品或服务。为了实现自身利润的最大化，企业会相应地提高自身产量水平和规模效应，增加对劳动力的需求量，而这必将进一步增强企业支付实力和提高员工的薪酬水平。

在竞争性的市场上，产品市场对某企业产品的需求增加可能出于以下三种原因：①企业通过广告或者其他手段来宣传本企业产品或服务与竞争对手所提供的同类产品或服务的差异，从而培养消费者对本企业产品或服务的偏好；②虽然市场上存在多个同类产品竞争者，但是这种产品属于畅销产品或者新型产品，其市场容量足够大；③一方面，产品生产者之间存在竞争，另一方面，大家共同做大了市场后就可以一起从市场中获益。

三、企业特证对薪酬水平决策的影响

产品市场和劳动力市场的情况为企业做出薪酬水平决策提供了一个基本的可行空间，但是具体的组织要素，例如企业的规模、所处行业、经营战略以及所在的地理区域等，则会直接影响企业的支付能力，进而决定其实际薪酬水平的高低。

（一）行业因素

企业可以支付的薪酬水平会受到自身所处行业的影响。由于不同行业具备不同的技术经济特点，不同的技术经济特点决定了组织的基本生产形态是劳动密集型还是技术密集型，不同的生产形态需要不同的员工技能和素质与之相匹配，从而产生了薪酬差异。例如，在互联网、金融、生物制药等行业中，人均薪酬水平普遍要高一些。另外，在不同的国家，不同行业的工会化程度的高低也是影响企业薪酬水平的主要决定因素。在工会势力较强的行业或国家中，组织往往会被迫维持一定的薪酬水平的下限；而在工会势力较弱的行业或国家中，组织所面临的这种压力会相对较小。但是，为了保持自己在外部劳动力市场中的竞争力，非工会化的组织往往会追随工会组织的薪酬动向来调整自己的薪酬水平。

（二）企业规模因素

刘中虎（2005）认为，在其他因素不变的情况下，大型组织的薪酬水平和薪酬增长速度要高于中小型组织，公司规模与薪酬水平呈显著正相关。在美国，规模较大企业的总经理秘书一般比普通企业的总经理秘书的薪酬水平要高。通常情况下，大型组织的薪酬水平高于中小型组织的主要原因有以下四点。

（1）在大型组织中采取长期雇佣的做法往往比在中小型组织中更有优势，因此，大型组织时常关注员工的离职率以及确保空缺职位能够得到快速填补。因为员工流失，尤其是优秀人才的流失，不仅会影响组织的正常运作，还会带来聘用新员工的招聘成本和使员工适应组织等一系列成本的增加，因而大型组织倾向于向员工支付较高的薪酬水平。

（2）大型组织更有动力去维持与员工之间的长期雇佣关系。为了尽量减少组织内部的员工流失，维护员工的稳定性，大型组织通常会采用员工培训等方式，不断增加人力资本投入，提高员工的满意度和对组织的认同度，从而激励他们不断地提升自身工作技能，为组织创造价值。

（3）一般情况下，组织规模越大，对员工的监督就越困难，因此，组织就越倾向于通过其他方法来激励员工。在这种情况下，大型组织往往采取高于市场水平的薪酬来激励员工，使员工即使在没有严密、直接的监督下也能够努力工作。

（4）大型组织出于维护自身形象和其他方面的考虑，有着支付更高的薪酬的意愿。

（三）企业经营战略与价值观因素

企业的经营战略与价值观因素对确定薪酬水平的影响非常明显。如果组织选择低成本战略，那么组织将尽一切可能降低成本，包括人力成本。一般情况下，大多数实行低成本战略的企业是劳动力密集型企业。这些企业边际利润较低、盈利能力差、支付能力也差，因此总体薪酬水平不会太高。相反，实施创新战略的组织，通常并不太关注薪酬成本的高低，而是更关注薪酬成本能够为组织带来多少收益。因此，创新战略型组织为了吸引那些具有创造力、敢于冒风险的员工，以获得较高的收益，通常会尽力提高薪酬水平。这是因为，对于创新战略型组织来说，采取较高的薪酬水平，一方面可以提高产品质量、员工生活质量和顾客服务质量；另一方面，可以增强员工的创新能力、激发员工的创新精神、提高组织收益。

四、法律法规对薪酬水平决策的影响

国家和地区制定的有关工资制度方面的法律法规，也会对组织进行薪酬水平的决策产生影响。近年来，随着工资制度相关法律法规的健全，其对组织薪酬的影响也越来越显著。具体来说，主要包括以下几个方面。

（一）最低工资标准对组织薪酬水平的影响

工资是用人单位给予劳动者的劳动报酬，是对劳动者生活的保障，是关乎劳动者生活水平的直接因素，工资的高低直接决定着劳动者的生活水平。为了保障劳动者最基本的生活水平，国家规定了最低工资标准，各地区根据各自的实际情况制定最低工资标准。在确定最低工资标准时，各地既考虑了当地的经济发展水平，又贯彻了政府、工会、企业三方代表民主协商的原则。在 2017 年《企业最低工资规定》的第五条指出：国务院劳动行政主管部门对全国最低工资制度实行统一管理。在确定最低工资标准时，要综合考虑城镇居民生活费用支出、职工个人缴纳社会保险费、住房公积金、职工平均工资、失业率、经济发展水平等因素。用公式表达为

$$M=f（C、S、A、U、E、a）$$

其中，M 为最低工资标准，C 为城镇居民人均生活费用，S 为职工个人缴纳的社会保险费和住房公积金，A 为职工平均工资，U 为失业率，E 为经济发展水平，a 为调整因素。

从最低工资标准确定的计算公式可以看出，最低工资标准的确定与以下情况密切相关：当地经济发展状况、人均生活费用、企业的平均工资以及各项福利等因素。因而，组织在确定薪酬水平时必须考虑当地的最低工资标准。

（二）员工福利对组织薪酬水平的影响

员工福利通常包括法定福利和自定福利。法定福利，即所有在中国注册的企业都必须根据国家的政策法规要求向员工提供的福利，如养老保险、医疗保险、工伤保险、生育保险、失业保险和公积金（即统称"五险一金"），以及法定休假、病假、产假、丧假、婚假、探亲假等政府明文规定的福利制度，还有安全保障福利、独生子女奖励等，详细内容见本书第八章和第十一章；自定福利则是组织根据自身特点，有目的、有针对性地设置的一些福利项目。由于法定社会保险是根据工资基数的固定比例缴纳的，组织给予员工的薪酬水平越高，则所需要缴纳的法定保险就越多，且法定的社会保险会构成组织额外的工资负担。因此，即使组织有实力提高员工的薪酬水平，但考虑到法定保险费用也会相应地增加，组织通常会适当地降低薪酬水平的增长幅度，以避免在法定保险方面的过高支出。

（三）企业工资指导线对组织薪酬水平的影响

企业工资指导线，是指政府根据当年经济发展调控目标，向企业发布的年度职工工资增长建议。其实施方式是：有关地区结合当年国家对企业工资分配的总体调控目标，

在综合考虑本地区当年物价水平、劳动力市场状况等因素的基础上，提出本地区当年企业工资增长指导意见；然后企业根据地区工资增长指导意见，结合自身的生产发展状况和经济效益情况，确定本企业当年的工资增长率。企业工资指导线的实质是反映整个社会经济发展与劳动者工资增长的关系，也是企业开展工资集体协商的重要依据。但是，企业工资指导线仅作为参考，不具有强制性。虽然，政府并不强制要求所有企业必须按照工资指导线的水平给职工增加工资。但是，在市场经济体制下，企业要实现市场调节在工资分配中的主导作用，就需要政府制定工资指导线，以实现政府的宏观引导和协调使用，这使得工资指导线的实施成为企业的一种客观需要，在一定程度上影响了组织薪酬水平的决策。

第三节　薪酬水平的市场调查

上一节主要介绍了影响薪酬水平决策的主要因素，了解了薪酬水平决策的主要影响因素后，更有利于实施薪酬水平的市场调查。本节将介绍薪酬调查的概念与目的、类型和过程。

一、薪酬调查的概念与目的

（一）薪酬调查的概念

根据前面两节的内容我们可以知道，大多数组织都是在了解劳动力市场薪酬水平的基础上进行薪酬水平决策的，以确保本组织薪酬水平的外部竞争性。乔治·T. 米尔科维奇（George T. Milkovich，1986）认为对薪酬决定的关注点需要从内部职位评价转移到市场薪酬调查。那么，何为薪酬调查？国内有学者认为企业薪酬调查是通过一系列规范和有效的方法，对调查范围内的职位、薪酬水平及薪酬结构等进行评估、统计和分析，形成能够客观反映市场薪酬现状的调查结果，为企业薪酬设计提供参考的一项人力资源管理活动（魏蜀明，2010）；也有学者认为薪酬调查就是各种组织通过一些途径，将从企业或个人处所获得的有关薪酬的信息进行统计整理，得出的结论可以用于企业薪酬水平的市场定位，从而帮助企业更好地吸引、激励和保留有价值的员工（杨雪梅，2006）。本书采用潘琦芳和段志强（2007）的观点，认为薪酬调查是指企业通过搜集信息来判断其他企业所支付的薪酬状况的系统过程。其中，实施调查的企业能够获得市场上的各种相关企业（包括自己的竞争对手）的薪酬水平和薪酬结构等方面的信息，并根据这一调查结果来判断自己当前的薪酬水平相对于竞争对手在既定劳动力市场上的位置，进而结合自身经营战略和薪酬战略调整自己的薪酬水平以及薪酬结构。

（二）薪酬调查的目的

现阶段，企业进行薪酬改革或进行工资调整前都会开展薪酬调查工作，这有助于企业了解竞争对手的薪酬制度、薪酬水平和薪酬结构等，并结合自身实际情况及时调整自己的薪酬战略，以确保工资水平能够在一个合理的增幅区间内，确保企业自身薪酬水平的外部竞争性。其中，薪酬调查的目的具体包括以下几点（龚涛，2015）。

（1）确定公司基准职位的薪酬水平，建立合理规范的薪酬管理系统，实现薪酬在效率、公平、合法等方面的目标，从而吸引、保留和激励优秀人才。

（2）了解竞争对手的薪酬变化情况和当地薪酬水平，有针对性地制定自己的薪酬调整对策，合理调整薪酬水平或薪酬结构，保持薪酬在劳动力市场竞争中的有利地位，实现薪酬的外部竞争性，满足公司的用人需求。

（3）在薪酬上对员工能力予以认可，突出薪酬的业绩导向，促进员工绩效持续改进，从而提升公司整体经营业绩水平。

（4）支持公司短期经营目标达成，保障中长期目标的实现，真正做到薪酬为公司的发展战略服务，促进公司的可持续发展。

（5）了解同行业其他竞争对手薪酬管理实践的最新发展和变化趋势，估计其劳动力成本，及时调整自身的薪酬战略乃至整个公司的战略导向，打造公司自身的核心竞争优势。

二、薪酬调查的类型

薪酬调查的分类标准不同，其表现类型就会不同。下面分别从薪酬调查的方式、薪酬调查的主体两方面来对薪酬调查进行分类。

（一）薪酬调查的方式

根据调查方式不同，薪酬调查可分为正式薪酬调查和非正式薪酬调查。其中，正式薪酬调查主要是指企业委托专门的调查机构通过问卷调查和实地访谈等方式收集相关信息和资料；非正式薪酬调查则主要是企业通过电话询问、报纸招聘信息和非正式沟通等方式来收集相关信息和资料。正式薪酬调查成本较高，但调查结果比较全面、权威和可靠。非正式薪酬调查成本较低，操作简单，但可信度低。

（二）薪酬调查的主体

根据调查主体不同，薪酬调查可分为政府部门的薪酬调查、专业咨询机构的薪酬调查和其他社会机构的薪酬调查。

1. 政府部门的薪酬调查

政府部门的薪酬调查往往是由国家有关部委会同各级地方劳动保障部门和统计部门，抽调专门人员对全国或本地区的各行各业职位薪酬水平情况进行调查。政府将依据调查结果制定工资宏观调控政策和工资指导线、城镇居民最低生活保障线等。政府部门薪酬调查的特点是涵盖的范围广、内容分类细致、各部分可比性强、结果具有可靠性。

2. 专业咨询机构的薪酬调查

专业咨询机构的薪酬调查主要是指由一些专门的咨询机构应客户要求对某一行业的薪酬状况进行调查，或者为了获取一些收益主动进行调查。20 世纪 50 年代，国外兴起了一批专门的第三方咨询机构，如翰威特（Hewitt）、美世（Mercer）咨询、华信惠悦（Watson Wyatt）等，这些机构的一项重要工作就是进行各类信息和数据的调查，如有关薪酬的信息和数据。专业咨询机构薪酬调查的特点是：调查范围比较集中，区域性较强；调查职位主要集中在一些非生产性的通用岗位，如市场营销、人力资源管理和秘书等；不仅关注工资水平还调查其他薪酬形式；既注重薪酬水平，又注重趋势分析；主要服务对象是企业的人力资源管理部门。但是专业咨询机构的薪酬调查通常调查的透明度低、统计方法仍然比较简单、调查指标定义不统一且调查结果的可比性不高。

3. 其他社会机构的薪酬调查

除了政府部门和专业咨询机构之外，还有一些其他社会机构也可以进行薪酬调查。这些社会机构主要包括劳动中介机构、人才招聘网站、人才交流服务机构、部分学术研究机构、行业或专业协会、企业家联合会等。这类社会机构的调查往往随意性比较强，没有任何约束，缺乏专业的调查人员，被调查对象提供数据的真实性无法保障。只有一些学术研究机构和专业协会的薪酬调查比较正式、严谨和权威，它们通常是接受政府部门或者企事业单位的委托而进行调查的，也有的是出于研究和学术目的而进行调查。比如，美国管理学会（American Management Association，AMA）的一项业务就是调查并提供各行业行政人员、管理人员以及专业人员的薪酬状况；美国行政管理协会（Administrative Management Society，AMS）每年都要对美国、加拿大和西印度群岛的约 130 多个城市中的 13 种事务性职位、7 种信息处理类职位以及各种中层管理职位的薪酬状况进行调查。

三、薪酬调查的过程

薪酬调查的过程一般分为准备阶段、调查阶段、分析阶段和撰写报告阶段。

（一）准备阶段

1. 明确薪酬调查目的，选择准备调查的关键职位

（1）明确薪酬调查目的。在薪酬调查的准备阶段，首先需要明确企业进行薪酬调查的目的。企业薪酬调查的目的和用途不同，则调查的内容也会有所不同。由前面内容可知，薪酬调查的目的一般包括确定公司基准职位的薪酬水平，建立合理规范的薪酬管理系统；了解竞争对手的薪酬变化情况和当地薪酬水平，有针对性地制定自己的薪酬调整对策等。企业要根据薪酬调查的目的，科学地选择调查对象并确定调查内容。

（2）选择准备调查的关键职位。关键职位是指企业中可以直接与外部劳动力市场上的职位相比较的职位，其工作内容相对稳定，易于在其他企业中找到相同或类似的职位（李晓峰，2018）。其中，企业在关键职位的选择上，要注意以下几点内容：一是要照顾到企业所有类型的职位，应从每个相同或相似的职位群中挑选关键职位；二是关键职位在被调查的其他企业中都能够找到；三是关键职位较容易界定且具有比较稳定的工作内容；四是关键职位对任职者的要求，如受教育程度、工作经验等不同，反映在胜任水平和绩效上也要有明显的差别，能够提供比较好的参考价值；五是关键职位可以很容易从外部劳动力市场填补；六是关键职位的供给和需求相对稳定，短期不会受影响；七是入门职位和面临劳动力市场激烈竞争的职位可以被认为是关键职位；八是任何一个存在问题的职位都可作为关键职位，因为职位存在问题很可能就是薪酬问题。

2. 界定调查范围，明确调查对象

根据覆盖范围，劳动力市场可分为地方性、地区性、全国性和国际性四类。组织首先要确定薪酬调查所面对的劳动力市场的范围，这个市场范围是针对所需调查的职位而言的。通常来讲，组织对于文员、半技术人员等低层次职位进行的薪酬调查在组织所在地进行即可；而组织所需的高级技术、高级管理等人才，由于学历高，流动性大，就需要扩大调查范围，进行地区性甚至是全国性的薪酬调查。

一般情况下，能够作为被调查对象的企业应具有以下特征：一是这些企业与本企业处于相同或类似的行业；二是这些企业雇佣员工的技术类型与本企业类似；三是被调查的大中小企业的数量要均衡，但不必调查太小的企业；四是尽量选择那些有比较成熟的工资管理体系的企业；五是被调查的企业与本企业的地理位置接近，员工可以相互流动。

3．选择要收集的薪酬信息，确定调查的实施方法

（1）选择要收集的薪酬信息。选择要收集的薪酬信息内容是调查者需要认真考虑的问题。因为同样的职位在不同的组织中所获得的价值评价可能不太相同，员工获得的报酬也不一定相同，如有些组织会给某些职位以较高的基本薪酬，但激励性的浮动薪酬或者福利就可能相对较少。因此，薪酬调查的内容如果仅仅包括基本薪酬部分，那么得到的薪酬数据将无法反映市场的一般状况。通常而言，薪酬调查所涉及的薪酬信息包括岗位工资、绩效工资、薪酬总额、津贴、福利项目、变动薪酬（包括年终奖、提成奖励、特殊奖励等）、奖金发放形式及薪酬调整方式等。

（2）确定调查的实施方法。确定调查的实施方法，即决定薪酬调查是由企业自己来做，还是专门聘请第三方咨询机构来做，或者是购买专业机构提供的调查报告。其中，实施方法的选择需要分析该项调查需要的资源和技术，确认企业有无相应的资源和技术条件来完成这项调查。在实践中，大多数企业都是通过第三方咨询机构完成薪酬调查工作的。企业选择第三方咨询机构完成薪酬调查的主要原因有两个：一是第三方咨询机构的可行性。处于中立地位的第三方咨询机构更容易说服目标企业的合作和参与，若是企业自行进行薪酬调查很容易引起其他企业，尤其是竞争对手的警觉性，降低合作的可能性。二是薪酬调查工作费时费力。企业通常没有足够的人力和时间进行薪酬调查工作，因此，借助专业化程度高的第三方咨询机构从事薪酬调查也就成为企业人力资源管理中一种常见的外包形式。

例证 4-6 ▪ ▪ ▪

爱立信：以员工体验塑造雇主品牌

在过去的 20 年里，中国的通信行业经历了人才竞争最激烈的时期。爱立信，这家有着百年历史的瑞典公司却始终能招揽和保留大批的优秀人才，其员工的流失率只有行业平均水平的一半。有人把这归因于爱立信强大的雇主品牌，也就是该公司在人力资源方面给员工以及潜在员工留下的良好印象。

好的雇主品牌具有更强的号召力和影响力，一方面能为企业吸引到更多优秀的人才；另一方面也会给企业节约很多成本，比如招聘成本和招聘时间。不仅如此，好的雇主品牌还会使公司现有的员工拥有更多的自豪感，更容易帮助雇员建立起满意度和忠诚度。

那么，如何才能建立雇主品牌？爱立信认为，雇主品牌和其他品牌的建立也有相通之处：两者都要在品牌塑造过程中提供美好的品牌体验。对品牌的体验，决定着品牌的成败。

爱立信非常重视为员工提供有利于身心健康的办公环境。举个例子来说，爱立信员

工的办公桌都是很特别的，是可以升降的，为什么设计成这样？因为考虑到员工在工作中如果坐得太久了，不利于健康，那么他们可以把桌子升高，站着办公。每年10月，爱立信都会请第三方公司来做关于员工意见的调查，员工要在网上回答约一百个问题，其中一个重要的方面就是了解员工对于授权方面的满意程度。

同时，爱立信每年都会做两次关于薪酬福利的调查以保证员工得到的薪水和福利在同类行业中是有竞争力的。良好的办公环境、体面的薪水和体面的企业会让员工感到快乐，这就是对品牌的一种体验。

（资料来源：爱立信：以员工体验塑造雇主品牌[EB/OL].（2016-11-18）. www.hrsee.com/?id=203.）

（二）调查阶段

1. 设计薪酬调查问卷

调查问卷是收集调查数据最常用的方法。调查问卷的内容通常有组织本身、职位和任职者、员工薪酬这三大块内容。其中，组织本身的相关信息包括组织名称、地址、所在行业及组织规模等；职位和任职者的相关信息包括职位类别、职位名称、任职者的受教育程度和相关工作年限要求等；员工薪酬的相关信息包括基本薪酬、奖金、津贴、员工福利、其他收入、调薪幅度、工作时间和假期的规定等。有时薪酬调查问卷还需要进行更为详细的划分，如员工福利包括医疗保险、养老金、住房公积金、休假制度、交通费和饮食补贴等。

在设计调查问卷时，应当尽量方便被调查者填写，确保问卷易读、易懂、易回答。同时，为确保所有被调查者都能够理解调查内容，问卷上应该附上详细的问卷填写说明。表 4-1 所示是一份薪酬调查问卷样表。

表 4-1　薪酬调查问卷样表

调查对象基本信息						
姓　名		年　龄		性　别		入职时间
所在部门		职　务		学　历		毕业院校

企业资料

贵企业所属性质	□外商投资　　□民营企业　　□股份制企业　　□国有企业　　□其他（请注明） 注：若是外商投资，请选择 □外商独资企业　　　□中外合资企业　　　□中外合作企业
所属行业	□加工制造业　　□纺织服装业　　□医疗卫生业　　□酒店餐饮业　　□其他（请注明）
企业成立时间		企业员工人数	

薪资状况

1. 您目前的年薪　　□1万～2万元　　□2万～3万元　　□3万～5万元　　□5万元以上

续表

调查对象基本信息

2. 您的薪资构成

薪资的组成	所占总薪资的比例

3. 各部门及人员薪酬状况（年薪）

生产部门	部门经理	□2万～3万元	□3万～5万元	□5万～8万元	□8万元以上
	中层领导	□1万～2万元	□2万～3万元	□3万～5万元	□5万元以上
	一般员工	□1万元以下	□1万～2万元	□2万～3万元	□3万元以上
人力资源部门	部门经理	□2万～3万元	□3万～5万元	□5万～8万元	□8万元以上
	中层领导	□1万～2万元	□2万～3万元	□3万～5万元	□5万元以上
	一般员工	□1万元以下	□1万～2万元	□2万～3万元	□3万元以上
财务部门	部门经理	□2万～3万元	□3万～5万元	□5万～8万元	□8万元以上
	中层领导	□1万～2万元	□2万～3万元	□3万～5万元	□5万元以上
	一般员工	□1万元以下	□1万～2万元	□2万～3万元	□3万元以上

4. 福利待遇

（1）体检

新员工入职，是否为其提供健康检查	□是	□否
每年是否定期为员工提供健康检查	□是	□否

（2）社会保险

社会养老保险	每月交纳（　　　）元
社会医疗保险	每月交纳（　　　）元
失业保险	每月交纳（　　　）元

（3）假期

除了国家规定的法定节假日外，公司是否还提供其他假期，若有，请注明：

（4）其他

5. 您觉得您所在企业的薪酬水平在同行业中处于	□较低水平	□中等水平	□偏高水平

6. 您对目前的薪酬满意吗

7. 您对本次薪酬调查的建议

2. 实施问卷调查

　　由于大部分的组织都采用薪酬保密制度，因此在寄出薪酬调查问卷时，首先要与被调查者做好沟通工作。在实施问卷调查时，可采取的一种合作调查的方式就是将被调查者作为调查队伍的成员之一，若被调查者接受调查，则给予其一定的调查费用，此外，调查结束后，被调查者不仅可以获得专项调查报告，还可以获得较优惠的综合性报告。但是，这种合作协议需要被调查者与调查队伍签订保密协议，要对组织提供的薪酬资料严格保密。

待沟通工作完成后，调查者就可以向调查对象发放调查问卷。调查问卷的发放方式主要有两种：一种是直接上门向被调查企业的总经理或者人力资源部发送；另一种是采取特快专递、传真和电子邮件等方式发送给被调查企业的总经理或人力资源部。在发放调查问卷时，优先选择直接上门拜访的方式进行发放，以保证问卷的回收率。同时，若发现某一职位员工的薪酬差距明显，如业务职位，则在选择调查对象时就要尽量安排高、中、低不同薪酬水平的人员参与，这样才能避免以偏概全，准确反映该职位上大多数员工所能达到的薪酬水平。

（三）分析阶段

1. 核查调查数据

在回收调查问卷以后，调查者首先应对每一份调查问卷的内容做逐项的分析，以判断每个数据是否存在可疑之处。例如，调查者需要检查组织所提供的薪酬浮动范围与其报告的职位的实际薪酬水平之间是否一致。如果这一职位的基本薪酬数据超出了既定的薪酬浮动范围，则要核查该职位与基准职位之间的匹配性，看该职位所承担的责任与基准职位相比是更多还是更少。若经核实，存在职位匹配性的问题，则要根据实际职位与基准职位之间的匹配程度，调整薪酬数据。

2. 分析整理调查数据

在数据核查完成后，就需要分析数据背后所蕴含的信息。薪酬调查数据的一般分析方法有频度分析、集中趋势分析、离散分析以及回归分析。

（1）频度分析。频度分析，即将所得到的与每一岗位相对应的所有薪酬调查数据从低到高排列，然后看落入每一薪酬范围之内的组织的数目。这是一种最简单，也是最直观的分析方法。频度分析的结果可以用图表来显示，如表4-2和图4-6所示。

表4-2　薪酬数据的频度分析表：人力资源专员

薪酬浮动范围（元）	组织数量（家）
4 000~4 250	0
4 251~4 500	1
4 501~4 750	3
4 751~5 000	4
5 001~5 250	5
5 251~5 500	6
5 501~5 750	7
5 751~6 000	3
6 001~6 250	1

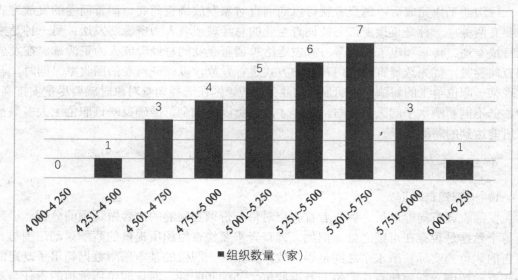

图 4-6　薪酬数据的频度分析图：人力资源专员

（2）集中趋势分析。集中趋势分析可以进一步细分为简单平均数分析法、加权平均数分析法和中值分析法。

简单平均数分析法，又称非加权平均数分析法，是一种最为常见的分析方法。这种方法对所有组织的薪酬数据均赋予相同的权重，不考虑在不同的组织中从事某种职位的员工人数之间的差异。在实际操作中，通常是将与特定职位相对应的所有数据简单相加，再除以参与调查组织的数目，从而求出平均值。这种方法使用起来比较简单，但是极端值有可能会对分析结果造成很大的影响，因此，有些组织会首先用频度分析将极端值剔除掉。当调查者所获得的数据不能全面代表企业或是竞争对手的情况时，采用简单平均数分析法是最好的选择。

加权平均数分析法的具体应用方法是对不同组织的薪酬数据赋予不同的权重，权重的大小取决于每一组织中在同种职位上工作的员工人数。换言之，公司从事某种职位工作的人数越多，则该公司的薪酬数据对于该职位最终加权平均数的影响也就越大。在调查结果基本上能够代表企业总体状况的情况下，加权平均数的分析结果是比较接近劳动力市场的真实状况的。

中值分析法是将搜集到的某职位的薪酬数据进行降幂或升幂排列，然后取恰好位于中间位置上的那个薪酬水平数值。这种方法的最大好处是可以排除掉极端的薪酬数据对平均数的影响。但是，这种数据处理方法比较粗糙，只能显示当前市场平均薪酬水平的大概情况。

（3）离散分析。一般情况下，离散分析的方法有标准差分析法和四分位、百分位分析法。利用标准差分析法可以检验各种分布值与平均值之间的差距大小，但在薪酬调查数据分析中不太常用。与之相比，四分位、百分位分析法在薪酬调查数据分析中更为常用。在进行百分位分析时，将某职位所有薪酬调查数据按从低到高排序，并用百分位来表示特定组织薪酬水平在全部薪酬调查数据中的相对位置。对于薪酬水平处于某一百分位的组织来说，该百分位反映出有百分之几的企业的薪酬水平低于该组织的薪酬水平；进行四分位分析时，将某一职位所有薪酬调查数据按从低到高排列，划分为四组，每组中所包括的企业数分别为调查组织总数的四分之一，处在第二小组（百分位是 50%）中的最后一个数据就是所有数据的中值。

（4）回归分析。利用回归分析可以测试两个或多个变量之间的相关关系，且变量之间的相关系数越接近 1，变量之间的相关关系越强。由此，可以利用得到的一个变量的值来预测另外一个与其具有相关关系的变量的值。

（四）撰写报告阶段

薪酬调查报告是对薪酬调查成果的总结和展现，也是薪酬调查的最后一个步骤。因薪酬调查的适用范围不同，薪酬调查报告内容在结构上也会有所差异。一般而言，薪酬调查报告由如下几个部分构成：①薪酬调查背景与目的；②薪酬调查对象资料、调查开展的具体过程、调查方法、调查样本量的描述、调查的职位描述等；③薪酬调查数据汇总与整理，即得出最低薪酬额度、最高薪酬额度、频率、中位数、均值、众数等数据，然后制成薪酬数据汇总表格、结构图、趋势图等；④进行薪酬调查对比分析，得出对策与措施。薪酬调查报告，尤其是公开的薪酬调查报告有助于我们了解薪酬的一般情况。但要注意薪酬调查的结果对组织来说，只能起到一定的参考作用，不能盲目照搬，应科学地看待数据结果。

本章小结

1. 薪酬水平是指组织内部各类职位和人员平均薪酬的高低状况，它侧重分析组织间的薪酬关系，是相对于其竞争对手的组织整体的薪酬支付能力；薪酬水平的外部竞争性是指一个组织的薪酬水平在劳动力市场中的相对位置高低以及由此产生的组织在劳动力市场上人才竞争能力的强弱。

2. 薪酬水平的外部竞争性具有吸引、留住和激励员工，塑造雇主品牌的作用。薪酬水平外部竞争性的决策类型包括薪酬领先型策略、薪酬跟随型策略、薪酬滞后型策略和薪酬混合型策略。

3．影响薪酬水平决策的主要因素包括：劳动力市场（劳动力供给和劳动力需求）、产品市场（产品市场的竞争程度及需求水平）、企业特征（行业、企业规模、企业经营战略与价值观）和法律法规（最低工资标准、员工福利及企业工资指导线）。

4．薪酬调查是指企业通过搜集信息来判断其他企业所支付的薪酬状况的系统过程，这种调查能够向实施调查的企业提供市场上的各种相关企业（包括自己的竞争对手）的薪酬水平和薪酬结构等方面的信息。

5．薪酬调查根据调查方式不同，可分为正式薪酬调查和非正式薪酬调查；根据调查主体不同，可分为政府部门的薪酬调查、专业咨询机构的薪酬调查和其他社会机构的薪酬调查。

6．薪酬调查的目的是确定公司基准职位的薪酬水平，建立合理规范的薪酬管理系统；了解竞争对手的薪酬变化情况和当地薪酬水平，有针对性地制定自己的薪酬调整对策；突出薪酬的业绩导向；支持公司短期经营目标达成，保障中长期目标的实现；了解同行业其他竞争对手薪酬管理实践的最新发展和变化趋势。

7．薪酬调查的过程一般分为准备阶段、调查阶段、分析阶段和撰写报告阶段。其中，准备阶段包括明确薪酬调查目的，选择准备调查的关键职位；界定调查范围，明确调查对象；选择要收集的薪酬信息，确定调查的实施方法。调查阶段包括设计薪酬调查问卷和实施问卷调查。分析阶段包括核查调查数据和分析整理调查数据。

@ 网站推荐

1．美世咨询：www.mercer.com.cn
2．韦莱韬悦：www.willistowerswatson.com/zh-CN
3．光辉国际：www.kornferry.com/cn/

思考题

1．请简述薪酬水平的定义、薪酬水平外部竞争性的作用。
2．请简述薪酬领先型策略的优缺点及其实现方式。
3．请简要说明产品市场是如何对企业的薪酬水平决策造成影响的。
4．请根据划分方式的不同，简述薪酬调查的类型。

5. 请简述薪酬调查的过程。

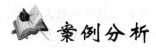 **案例分析**

华为的发展历程及其薪酬政策

1. 1987—1994 年，初创期的薪酬政策

初创期的华为公司基本还是一家贸易型公司。公司从 1991 年开始投入全部资金和人力开发和生产自主品牌的新型用户程控交换机，尽管华为在 1992 年时的销售收入已经突破 1 亿元，但公司整体实力依然较弱，内外部资源都比较贫乏，受到了人力、财力、物力等诸多方面的限制。当时的华为在薪酬水平和福利水平方面都低于市场平均水平，吸引大家的主要是创业机会以及对未来成功的期望，那时候的华为公司主要依靠晋升、能力提高、工作氛围等非经济性薪酬贡献来吸引员工。

在尚无法支付高薪的情况下，华为还尝试采用股权激励方式来吸引和留住员工。早在 1990 年，华为便第一次提出了内部融资、员工持股的概念。在 1992 年变更为集体企业之后，华为便开始推行员工普遍持股制，但持有内部股的员工只有分红权，并无其他股东权利，公司在员工退出公司时按照购股之初的原始价格对股权加以回购。

2. 1995—2005 年，高速成长期的薪酬政策

1995 年之后，华为开始高速成长，1996 年的销售收入达 26 亿元。在进入快速发展阶段之后，华为的实力逐渐变得相对雄厚，同时人才招聘需求迅速上升，遂开始实施全面的薪酬领先型策略；大部分时候，华为员工的薪酬比国内其他厂商高出三分之一左右。1997 年以后，华为开始进行多元化经营，除原有的电话交换机外，还增加了数据业务、无限通信等通信领域的主导产品，迅速扩张导致了对优秀人才的巨大需求。1998 年，华为开始实行第一次大规模招聘，当年共招收了 800 多名大学毕业生，此后三年分别招收了 2 000 名、3 000 名和 5 000 名大学毕业生，这种招聘势头一直持续到 2002 年。由于华为此时的实力已经很雄厚，加上大规模招聘的需要，高薪战略得到了进一步加强。在 2000 年前后，国内电子通信类人才奇缺，通信行业快速扩容导致对通信类人才的争夺加剧，华为在这场人才争夺战中开出的条件尤为优厚，待遇最好的研发人员和市场人员的月薪通常能够达到 8 000～9 000 元，比通信行业的通常工资高出 3 000～4 000 元左右。不过，薪酬高速增长的情况在 2001 年有所停顿。

3. 2005 年以来，稳定发展期的薪酬政策

2013 年 7 月，华为公布了公司的上半年业绩：实现销售收入 1 138 亿元，与 2012 年同期相比增长 10.8%，并且预期 2013 年度的净利润率在 7%～8%。随后，华为宣布将为基层员工和应届毕业生大幅度加薪，加薪的对象主要是位于13~14级的基层员工以及2014年新招应届毕业生。基层员工的平均加薪幅度在30%左右，很多人的薪酬翻番，部分人的薪酬上涨幅度甚至会超过70%。而2014年进入华为工作的应届毕业生起薪也将大幅上调：前些年，本科毕业进入华为的员工月薪为6 500元（一线城市税前），调整后将超过9 000元，增幅达到38%；硕士毕业进入华为的员工的起薪也将从8 000元/月上调至10 000元/月，增幅为25%。如果是优秀毕业生，起薪还会有不同程度地上浮。关于此次加薪原因的一种解释是：13~14级的基层员工群体是公司各项业务的主要具体操作执行者，他们思想新、冲劲足，富有活力和热情，是公司未来的管理者和专家之源。公司现行的薪酬政策是强调控制刚性、增加弹性，造成13~14级基层员工的工资与业界相比没有竞争力，难以吸引和保留优秀人才。因此，可以说，此次加薪一方面是为了进一步吸引和保留优秀人才，特别是中基层人才；另一方面则是要增加固定薪酬，即确定性的工资收入，以降低薪酬的变动幅度。

（刘昕，2014）

讨论题：

1. 通过此案例，华为较为典型的薪酬水平策略是什么？并试说明采取此策略的原因。
2. 试通过薪酬构成的角度来分析华为薪酬水平的哪些方面确保了其外部竞争性。

 **参考文献**

[1] AMBLER T，BARROW S．The employer brand[J]．Journal of brand management，1996，4（3）：185-206．

[2] BARD K．Work performance，affective commitment，and work motivation the roles of pay administration and pay level[J]．Journal of organizational behavior，2006，27：365-385．

[3] CHARLIE O T，BARRY G，JOHN W B．Voluntary turnover and job performance curvilinearity and the moderating influences of salary growth and promotions[J]．Journal of applied psychology，1997，82（1）：44-61．

[4] KATHERINE J K，ROSALIE J H．Correlates of employee satisfaction with stock ownership who likes an ESOP most[J]．Journal of applied psychology，1988，73（4）：630-638．

[5] SARA L R，GEORGE T M．Wage surveys：dispelling some myths about the "market wage"[J]．Personnel psychology，1986：39．

[6] SAM G，LARRY E P．Career strategies and salary progression：a study of their

relationships in a municipal bureaucracy[J]. Organizational behavior & human performance，1984，34（2）：244-265.

[7] 付维宁. 绩效与薪酬管理[M]. 北京：清华大学出版社，2016.

[8] 韩金花. 花旗银行的薪酬管理体系[J]. 人才资源开发，2008（11）：68-69.

[9] 蒋素梅. 西门子人力资源管理模式及其借鉴[J]. 企业改革与管理，2014（13）：50-51.

[10] 刘李豫. 百度公司的薪酬管理[J]. 经营与管理，2006（01）：36-37.

[11] 刘昕. 华为的发展历程及其薪酬战略[J]. 中国人力资源开发，2014（10）：76-83.

[12] 李晓峰. 如何进行有效的薪酬调查分析[J]. 中国管理信息化，2018，21（10）：115-116.

[13] 刘昕. 薪酬管理[M]. 4 版. 北京：中国人民大学出版社，2014.

[14] 刘银花. 薪酬管理[M]. 2 版. 大连：东北财经大学出版社，2011.

[15] 刘中虎. 国有上市公司独立董事薪酬水平、结构与公司绩效[D]. 广州：华南师范大学，2005.

[16] 潘琦芳，段志强. 论薪酬调查结果的合理使用[J]. 科技情报开发与经济，2007，17（10）：233-234.

[17] 彭长桂. 当联想走向世界——新联想的国际化人力资源管理[J]. 人力资源，2006（14）：12-21.

[18] 邱静. 本田罢工显现薪酬体系问题[J]. 人力资源，2010（07）：68-69.

[19] 魏涵. 西科高新学院专职教师薪酬体系优化研究[D]. 西安：西北大学，2018.

[20] 魏蜀明. 企业薪酬调查的设计与实施[J]. 企业改革与管理，2010（11）：54-55.

[21] 杨家亲. 对股票期权及其会计处理的系统认识[J]. 会计研究，2000（12）：53-57.

[22] 杨雪梅. 揭开"薪酬调查"的面纱[J]. 人力资源，2006（4）：47-51.

[23] 赵曙明. 薪酬管理——理论、方法、工具、实务[M]. 北京：人民邮电出版社，2014.

第五章

薪酬结构管理

 学习目标

- 明确薪酬结构的概念与类型
- 理解薪酬结构的作用
- 理解薪酬结构的影响因素
- 熟悉薪酬结构的设计原理与方法
- 掌握薪酬结构的设计原则与实施步骤
- 了解薪酬结构管理的横向结构维度和纵向结构维度

 引例

中国联通的薪酬结构

科学合理的薪酬结构既能够确保企业目标的最终实现，又能够满足员工自身的发展需求，激发员工的工作积极性和创造性，最终实现企业的可持续发展。中国联通，作为一家连续多年入选"世界 500 强"的电信运营企业，它的成功同样离不开其科学的薪酬结构。目前，中国联通的薪酬结构以变动的薪酬为主体，主要包括岗位工资、绩效工资、综合补贴和福利。其中，岗位工资和综合补贴为固定薪酬，占总工资的 50%；绩效工资属于变动薪酬，占 30%；福利占 20%。

1. 岗位工资

中国联通规定，岗位工资=岗位工资基数×岗位工资系数×地区系数。岗位工资基数由

集团公司确定，并根据国家相关政策和公司经营效益动态调整。岗位工资系数与职位等级相对应，划分为 15 个等级，每个等级的工资系数从低到高划分为 A~G 共 7 个薪档。同时，岗位工资按照"易岗易薪，岗变薪变"的原则随职位等级的变化而变化，自职位等级发生变动次月起，岗位工资按以下方式进行调整：员工职位晋升时，职位等级按新聘岗位对应调整。职级每晋升一级，薪档相应下降两档，薪档最低为 A 档。员工职位调降时，职位等级按新聘岗位对应调整。职级每下降一级，薪档相应增加两档，薪档最高为 G 档。

2. 绩效工资

中国联通规定，各市分公司自行制定本分公司绩效工资的分配办法，并根据员工绩效考核结果、贡献大小和公司业务重点变化等因素，动态调整员工绩效分配数额，并适当向生产一线员工倾斜。绩效工资在薪酬总额占比较小的分公司，可以提取一定比例的固定薪酬等同于绩效工资，并按绩效考核结果进行二次分配，不影响员工的职级。区公司本部所辖员工的绩效工资分配办法由区公司另文制定。

3. 综合补贴

中国联通根据员工的职位等级给予相应的综合补贴，且职位等级越高，综合补贴越高。针对职位等级在 1~3 级的员工，综合补贴为 50 元；4~6 级的员工的综合补贴为 100元；7~9 级的员工为 200 元；10~12 级的员工为 300 元；职位等级在 13 级以上的员工，综合补贴为 400 元。

4. 福利

中国联通的福利主要包括社会保险、带薪休假、补贴以及其他福利四个部分。社会保险是指五险一金。带薪休假的天数按照岗位等级及工作年限来进行设定。补贴是除基本工资、奖金以外，公司为员工提供的出差补贴、用餐补贴以及交通补贴等。其他福利则是指公司为员工提供的额外福利，包括过节礼品、公司组织的旅游等。

（尹海涛，2016）

上述引例表明，建立科学的薪酬结构对企业的管理与发展十分重要。那么，企业如何才能建立起科学的薪酬结构？本章在界定薪酬结构的基本概念、作用和影响因素后，将着重介绍薪酬结构的设计原理、设计方法、具体实施步骤以及薪酬结构的管理维度等内容，使读者全面了解企业的薪酬结构管理。

第一节　薪酬结构概述

我们在第一章已经提及，完整的企业薪酬管理应当包括五个部分：薪酬目标管理、薪酬水平管理、薪酬体系管理、薪酬结构管理和薪酬制度管理。由此可见，薪酬结构管理作为企业薪酬管理的一部分，在薪酬管理中发挥着不可替代的作用，其主要内容包括如何正确划分合理的薪级和薪酬区间，如何正确确定合理的级差等。

一、薪酬结构的概念

薪酬结构的概念有广义和狭义之分。广义上的薪酬结构是指不同薪酬形式之间的比例关系，如基本薪酬、可变薪酬和福利薪酬之间的比例关系等，这种关系也被称为薪酬组合（云鹏，2016）。狭义上的薪酬结构是指企业中各个职位的相对价值与其对应的实付薪酬之间的关系，强调职位或技能等级的数量、不同职位和技能等级之间的薪酬差距以及用来确定这种差距的标准（张广科，2013）。本书界定的薪酬结构是广义上的薪酬结构，包括固定薪酬部分和浮动薪酬部分。其中，固定薪酬部分，包括基本工资、岗位工资、技能或能力工资、工龄工资等；浮动薪酬部分，包括效益工资、业绩工资、奖金等。

薪酬结构是职位（能力或绩效）之间的相对价值关系在任职者薪酬上的体现，它反映了企业对不同职位、不同能力的重要性的界定。科学的薪酬结构不仅能够帮助企业控制成本，而且还能有效地激励员工。这种激励方式一方面能够让工作效益好的员工得到奖励，另一方面还能够刺激表现一般的员工提高工作效益，以取得更高的薪酬。

二、薪酬结构的构成要素

一般而言，完整的薪酬结构主要包含三个要素：薪酬等级数量、薪酬区间、相邻薪酬等级的交叉与重叠。

（一）薪酬等级数量

薪酬等级是根据职位分析和职位评价的结果，将员工薪酬进行等级划分（不同等级应体现职位价值的差异），把职位价值相同或相近的职位归入同一薪酬等级的一种等级体系。在薪酬结构中，设计数量较多的薪酬等级要求明确区分每个等级员工的工作能力，因此操作难度较大，而薪酬等级数量太少又无法体现工作中有关薪酬的显著差异。因此，企业在设计薪酬等级数量时，一般会考虑以下三个因素：①需要评价的职位数量；②参与评价的职位在组织中的职位等级分布；③职位之间的相互关系。

（二）薪酬区间

1. 薪酬区间的概念

薪酬区间，又称为薪酬幅度、薪酬宽带，是指在某一薪酬等级内部薪酬水平变动的范围。

2. 薪酬变动比率

薪酬变动比率，又称为区间变动比率，是衡量薪酬区间的一个指标。其计算公式为

$$薪酬变动比率 = \frac{最高薪酬值 - 最低薪酬值}{最低薪酬值} \times 100\%$$

例如，小王的最高薪酬是 8000 元/月，最低薪酬是 6500 元/月，那么，薪酬的变动范围为 6500~8000 元，变动的绝对值是 1500 元，则小王的薪酬变动率则为 (8000-6500) / 6500×100%≈23%。

一般而言，薪酬区间的各等级薪酬变动比率不同。薪酬等级越高，对相应职位的任职要求就越高，薪酬变动比率也会越大。因为员工很难达到要求，因此企业需要通过较大的薪酬变动比率来激励员工提高工作效益。薪酬等级越低，对相应职位的任职要求就越低，此时运用相对稳定的薪酬变动比率，则更有利于企业管理和控制成本。表 5-1 列举了不同岗位的薪酬变动比率。

表 5-1　不同岗位的薪酬变动比率

主要职位类别	薪酬变动比率
生产工人、修理工、交易员	10%~30%
文员、技术员、专家助理	25%~40%
一线管理人员、行政人员、专业人员	40%~60%
中高层管理人员、专家	50%~100%

（三）相邻薪酬等级的交叉与重叠

1. 相邻薪酬等级的交叉与重叠

在薪酬结构中，相邻的两个薪酬等级之间会出现交叉与重叠，如图 5-1 所示。

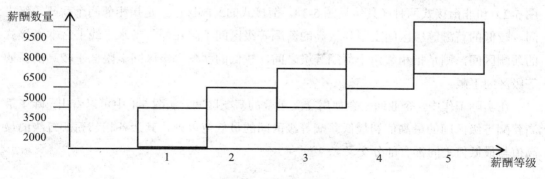

图 5-1　薪酬变动区间

2. 薪酬等级级差

薪酬等级级差，又可称为级差，意指相邻的两个薪酬等级的中值之间的差距。薪酬等级级差又包括中点级差和中值级差。

假设最高薪酬等级的中值和最低薪酬等级的中值保持恒定，各薪酬等级中值之间的级差越大，那么薪酬结构中的等级数量就越少；反之，则越多。假设薪酬等级的区间中值级差越大，同一薪酬区间的薪酬变动比率越小，则薪酬区间的重叠区域就越小；反之，则越大。级差大小与职位类型有关，如表5-2所示。

表 5-2　各类职位的薪酬等级级差设置

职 位 类 型	薪酬中间值级差
普通职员	5%~10%
专业人员及经理层	8%~15%
主管及下属之间	15%~25%
高级管理层	30%~35%

级差对薪酬结构有较大的影响，也反映了组织特有的文化与价值观。级差越大，整个薪酬结构越陡峭，薪酬等级之间的薪酬差距也就越大，这类薪酬结构往往适用于效率导向性的组织，如私营企业、外资企业等。级差越小，薪酬结构也就越平缓，薪酬等级间的薪酬差距越小，此类薪酬结构更适用于国有企业、公共事业单位等非民营性企业或组织。

在实际运用中，企业可以根据自身需要设定交叉重叠的薪酬区间（具体见图5-1）或无交叉重叠的薪酬区间。其中，无交叉重叠的薪酬区间可进一步划分为衔接式（具体见图5-2）和非衔接式两种（具体见图5-3）。衔接式的薪酬区间，是指相邻两个薪酬等级之间，较低的薪酬等级区间上限与较高的薪酬等级区间下限在同一条水平线上。非衔接式的薪酬区间，则是指相邻两个薪酬等级之间，较低的薪酬等级区间上限低于较高的薪酬等级区间下限。

在实际工作中，企业通常会使用交叉重叠的薪酬区间。从图5-1中可以看出，除了最高薪酬等级区间的最高值和最低薪酬等级区间的最低值以外，其余各相邻薪酬等级的最高值与最低值之间都有部分交叉。

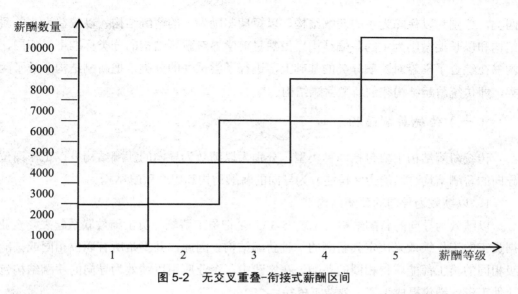

图 5-2　无交叉重叠-衔接式薪酬区间

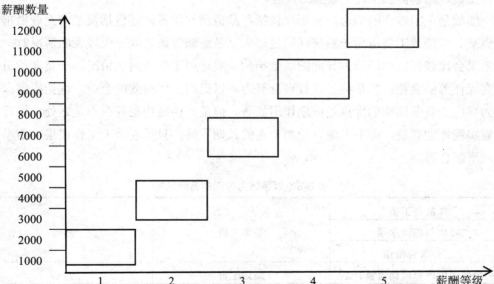

图 5-3　无交叉重叠-非衔接式薪酬区间

三、薪酬结构的分类

薪酬制度不同，薪酬结构也会有所不同。王少东（2016）将企业的薪酬结构分成了四类，分别为以保障为主的薪酬结构、以短期奖励为主的薪酬结构、以效益为主的薪酬结构和以长期激励为主的薪酬结构。虽然目前学界对薪酬结构的分类标准不尽相同，但本书在综合了学界对薪酬分类的基础上，进行了尝试性的分类，把薪酬结构分成了两大类，即传统薪酬结构和创新型薪酬结构。

（一）传统薪酬结构

传统薪酬结构主要包括四种类型，分别为以绩效为导向的薪酬结构、以工作岗位为导向的薪酬结构、以能力（技能）为导向的薪酬结构和组合薪酬结构。

1. 以绩效为导向的薪酬结构

以绩效为导向的薪酬结构（见表 5-3），是把员工薪酬与员工绩效联系起来，企业根据员工的工作绩效来决定其薪酬的一种薪酬结构。因此，并不是所有职位相同或技能等级相同的员工都能获得相同的薪酬。在实践中，企业应用以绩效为导向的薪酬结构包括计件工资、销售提成工资、效益工资等。

绩效是一个综合的概念，它不仅包括产品数量和质量，还包括员工对企业做出的其他贡献。当绩效工资应用于薪酬区间足够大、各薪酬等级之间差距较大的情况时，其使用效果会比较好。以绩效为导向的薪酬结构一般适用于以下两类情况：一是期待员工超额完成任务的企业；二是员工通过自身努力可以提高工作绩效的企业。毫无疑问，以绩效为导向的薪酬结构的优点是激励作用显著。但是，该结构也存在不足之处，如员工只顾着实现短期利益，而不考虑企业和个人的长期发展；只重视个人工作成果，而不愿意与同事配合等。

表 5-3　以绩效为导向的薪酬结构

年龄与工资	基本工资	25%
技术与培训水平		
工作岗位价值		
绩效（生产量或销售量）	绩效工资	75%

2. 以工作岗位为导向的薪酬结构

以工作岗位为导向的薪酬结构，是把员工薪酬与其工作岗位联系起来，企业根据员工所在岗位的价值、技术高低、责任大小以及工作环境对员工的影响等因素来决定其薪酬的一种薪酬结构。因此，在以工作岗位为导向的薪酬结构下，员工的薪酬会随着工作岗位的变化而变化，员工薪酬的变动主要依靠职位的升迁。在实践中，岗位工资制（岗位薪点工资、岗位等级工资）、职务工资制等内含的薪酬结构都属于这种薪酬结构。

以工作岗位为导向的薪酬结构的优点在于：一是以岗位价值定薪酬，对岗不对人，更具有客观性和稳定性；二是职位晋升，薪酬水平上升，有助于激发员工的工作热情，使他们更加努力工作，谋求职位晋升；三是同岗同酬，易于实现企业薪酬管理的内部公正性目标。但是，以工作岗位为导向的薪酬结构的缺点在于：一是薪酬水平无法反映在同一工作岗位上的职员因技术、能力和责任心不同而引起的贡献差别，影响员工的工作积极性；二是员工工资缺乏激励性和竞争性，一旦员工的工作岗位确定，其工资标准和工资水平也随之固定下来，尤其是对那些具有创造力的员工而言，难以激发他们的潜能；三是该结构容易滋生官僚主义，强化自上而下的决策机制、信息传递机制，妨碍组织中信息的传递与交流。以工作岗位为导向的薪酬结构一般适用于以下企业：一是各岗位之间的责任与权利明确；二是专业化程度较高、分工较细、工种技术较为单一、工作物对象和工作物等级较为固定。表 5-4 所示的就是一个以工作岗位为导向的薪酬结构。

表 5-4　以工作岗位为导向的薪酬结构

年龄与工资	工龄工资	12%
技术与培训水平	职务津贴	80%
工作岗位价值		
绩效（生产量或销售量）	能力工资	8%

3. 以能力（技能）为导向的薪酬结构

以能力（技能）为导向的薪酬结构，是指员工的薪酬是以员工所具备的工作技能、能力与发展潜力作为标准来确定。其中，以能力（技能）为导向的薪酬结构可以分为两种形式：以知识深度为基础的薪酬结构和以技能广度为基础的薪酬结构（陶莉，张力，2007）。在实践中，职能工资、技术等级工资等内含的薪酬结构都属于这类薪酬结构。

以能力（技能）为导向的薪酬结构在实施过程中具有灵活性。该结构既可以在整个企业中实施，也可以在企业内部的某些员工中实施。例如，在大中型制造企业中，通常都有技术中心或研究院等研发机构，它们培养了大批技术人员。一些企业就专门为从事技术和产品开发的部门设立了相应的技能工资制度，以使技术人员可以得到公正客观的评价。

以能力（技能）为导向的薪酬结构的优点是能够激励员工不断提升自身工作技能。然而，它的不足之处在于：一是容易忽视员工绩效和能力的实际运用情况等因素。二是企业的薪酬成本比较高。三是适用范围比较狭窄，一般适用于规模小、技术人才比较集中的企业，如高科技企业；或技术密集型、知识密集型的企业；或处在艰难期，亟须提高核心竞争力的企业。表 5-5 所示的就是一个以能力（技能）为导向的薪酬结构。

表 5-5　以能力（技能）为导向的薪酬结构

年龄与工资	技术等级工资	84%
技术与培训水平		9%
工作岗位价值	职务津贴	
绩效（生产量或销售量等）	生产津贴	7%

4. 组合薪酬结构

组合薪酬结构，是指企业将薪酬分解成几个部分，分别依据工作绩效、技能水平、工作岗位、年龄和工龄等因素确定员工薪酬的一种薪酬结构。组合薪酬结构的优点是全面考虑了员工对企业的付出，使员工全部的投入都有其对应的报酬。换言之，员工在某方面胜于其他员工的事实会通过员工间的薪酬差别具体体现出来。在实践中，岗位技能工资、薪点工资制、岗位效益工资等内含的薪酬结构都属于这种薪酬结构。

在实际的企业薪酬管理中，单一采用以绩效为导向的薪酬结构、以工作岗位为导向的薪酬结构，或者以能力（技能）为导向的薪酬结构的情况并不多见。大多数情况下，企业是把这几种薪酬结构结合使用，且有所侧重，扬长避短。组合薪酬结构适用于所有企业。表 5-6 所示的就是一个典型的组合薪酬结构。

表 5-6　组合薪酬结构

年龄与工资	工资年龄	13%
技术与培训水平	基础工资	35%
工作岗位价值	岗位工资	27%
绩效（生产量或销售量）	奖金	25%

（二）创新型薪酬结构

目前，创新型薪酬结构主要分为两大类：一是长期激励薪酬结构，二是宽带型薪酬结构。

1. 长期激励薪酬结构

不同于传统的薪酬结构，长期激励薪酬结构除了包括固定薪酬部分和效益工资、业绩工资、奖金等短期激励薪酬部分以外，还有股票期权、股票增值权、虚拟股票等长期激励薪酬部分。股票期权、长期福利计划及经营者年薪制等是该薪酬结构类型的主要构成要素。为了更好地激励员工，尤其是那些高级管理人员和企业骨干人员，越来越多的企业建立了将短期激励与长期激励相结合的薪酬结构。在高级管理人员的薪酬结构中，长期激励薪酬部分所占比重较大；而在中级管理人员的薪酬结构中，长期激励薪酬部分所占比重较小。

海康威视的股权激励政策

市场份额五年蝉联全球第一，作为国内最大的综合监控产品供应商海康威视（HIKVISION）公司于 2018 年 12 月发布了限制性股票公告及其激励对象名单。

海康威视此次的股权激励形式为限制性股票，以定向发行新股的方式向激励对象授予 126 534 881 股限制性股票，授予数量占公司总股本的 1.37%。激励对象为公司的高级管理人员，对于实现公司战略目标所需要的关键领域的高级管理人员、中层管理人员、基层管理人员、核心技术和骨干员工，共计 6 342 人，约占 2018 年公司总人数的 21.27%。

2018 年，海康威视在环境复杂的背景下，对公司的经营策略和风险进行了调整与控制。此次股权激励涵盖范围广、力度大，充分体现股东利益、公司利益和员工利益三者一致的理念，并着眼于公司的长久发展，进一步完善价值分配体系，充分调动了员工的工作积极性，确保公司的长期发展优势并持续给股东带来回报。同时，此举也能够帮助公司增强内部凝聚力，达成股东、公司与员工三方利益的共享与约束机制，形成可持续的发展动力。

（姜明容，2018）

2. 宽带型薪酬结构

宽带型薪酬结构，是指企业将原来相对较多的薪酬等级数量减少至几个等级，同时拉大每个薪酬等级内部的薪酬浮动范围的一种薪酬结构。在宽带型薪酬结构中，员工不一定沿着企业唯一的薪酬等级制度垂直晋升，而是可能一直处于同一薪酬宽带之中。随着能力提高和贡献增多，员工可以进行横向流动或晋升。员工只要在工作岗位上不断提升自己的工作技能，从而提高工作效益，就能够获得更高的薪酬。即使员工被安排到较低等级的职位上工作，也同样有机会获得较高的薪酬。有关宽带型薪酬结构的详细内容，请参看第六章宽带薪酬管理的相关内容。

第二节　薪酬结构的作用与影响因素

21世纪企业的竞争本质上是人才的竞争，企业应通过建立科学合理的薪酬结构，增强企业吸引力，从而促使员工积极、主动、有创造性地为企业创造更多价值。那么，在现代企业发展中，科学合理的薪酬结构对企业的发展和管理具体有哪些作用？企业的薪酬结构又受到哪些因素的影响？本节将进行详细介绍。

一、薪酬结构的作用

科学的薪酬结构既是企业薪酬管理的基础，又是企业人力资源管理的重要组成部分。薪酬结构不仅涉及内部公平，更关系到企业对员工的激励程度和激励效果。科学有效的薪酬结构不仅能够实现薪酬水平的内部公平性和外部竞争性，还可以充分体现职位的价值，对员工起到良好的激励作用，最终推动企业战略目标的实现。

（一）对管理者有显著的激励效果

对于企业管理者而言，薪酬结构比薪酬水平的激励效果更加显著。Jensen和Murphy（1990）认为，支付管理者多少报酬并不重要，重要的是如何给他们支付报酬，即管理者的薪酬是如何构成的。Mehran（1995）也认为，激励管理者提高企业社会经济效益的不是薪酬水平，而是薪酬结构的形式。由此可见，薪酬结构的形式相对于薪酬水平而言，对企业管理者具有更显著的激励效果。

（二）薪酬支付和调整的基本依据

无论是以工作岗位为导向的薪酬结构，还是以能力（技能）为导向的薪酬结构，员工薪酬确定与支付都应基于客观依据，否则，就会因随意性而导致员工公平感大大降低，也会大大降低员工的心理预期，导致薪酬管理成本过大。而薪酬结构的确定，则为员工提供了薪酬确定与支付的基本依据，使员工明白确定薪酬的依据是什么，并形成较为稳定的心理预期。此外，企业薪酬结构的确定也能指导组织进行薪酬调整以及确定薪酬调整幅度。薪酬结构不仅反映了不同职位之间的差距，还反映了某一职位薪酬调整的空间，这都为员工薪酬调整的设计与提供了基本依据。

（三）体现组织结构与管理模式

薪酬结构的类型在一定程度上反映了企业的特定结构形式、特定的企业文化以及特定的管理模式，同时，又能够有效支撑企业文化、企业经营模式和发展战略的发展。例如，劳动密集型企业（如成熟的制造企业）比较适合采用严格的等级薪酬结构，而知识密集型企业（如高新科技企业或 IT 企业）更适合采用宽带薪酬结构。

（四）促进组织变革与发展

企业的薪酬结构在一定程度上会影响企业的激励效果和绩效（Su，Larry，2012），而且，企业薪酬结构与企业战略等组织特征之间的契合度越高，企业绩效就会越高（Broderick，1987）。在企业中，合理的薪酬结构通过对员工、小组或团队的激励来创造出与企业改革相适应的内外部氛围，从而有效地推动企业发展，使企业变得更加灵活，对市场和客户的反应更为迅速有效。

（五）增值作用

薪酬是组织购买劳动力、原材料和进行各种投资的成本，它能够给组织带来大于成本的预期收益。当薪酬结构与公司战略相一致时，它可以作为在组织文化中发展共同愿景的一种激励（Russo，Tomei，2013）。同时，合理的薪酬结构可以激发员工的工作积极性、创造性，促使员工能够积极主动地参加培训学习以提升自身的综合素质与工作能力，从而提高组织的绩效，实现"增值效应"。例如，在销售行业中，薪酬结构对销售人员的知识共享行为有正向影响，而佣金薪酬结构对销售人员的知识共享行为有负向影响。此外，销售人员的知识共享行为会显著提高团队绩效，降低团队成员的离职意愿（Lai，Ren，2016）。

二、薪酬结构的影响因素

影响企业薪酬结构的因素主要分为外部因素与内部因素，如图 5-4 所示。其中，外部因素包括经济政策、法律法规、经济社会环境、外部利益相关者和文化习俗。内部因素包括组织战略、企业的生命周期、内部工作设计、企业人力资本、企业人力资源政策以及员工的认可程度。

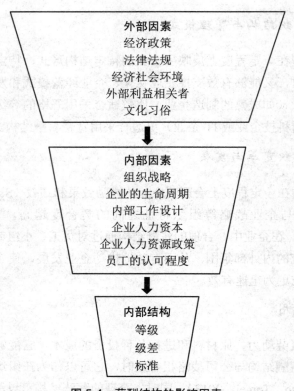

图 5-4　薪酬结构的影响因素

（Milkovich，Newman，Gerhard，2014）

（一）外部因素

1．经济政策

（1）劳动力供求。亚当·斯密是第一位同时把交换价值和使用价值应用于人力资源管理的学者。他指出，工业革命带来的技术创新只增加了劳动力的使用价值，而没有相应地提高劳动力的交换价值，即没有为工人支付更高的工资。卡尔·马克思在此基础上进行了深入研究，他认为雇主榨取了使用价值与交换价值之间的差额，即剩余价值。因此，他鼓励工人们推翻资本主义制度，成为自己的主人，并完全收回自己劳动力的使用价值。19 世纪产生了与此完全相对立的理论——边际生产率（Marginal Productivity）理论。该理论认为，雇主事实上支付了使用价值，除非员工能够生产与其所获工资的价值相等的价值，否则雇主不会雇用这个员工。工作之间薪酬差异产生的原因在于工作相对生产率的差异和（或）消费者对产品价值量评价的差异。因此，生产率差异是确立内部薪酬结构的基础（刘银花，2011）。

（2）产品和服务。除了劳动力供求之外，产品和服务的供求也会影响内部薪酬结构。不论是竞争对手产品或服务的变革（比如网购的迅猛发展），还是客户偏好的变化（比如运动型或新能源汽车的流行），这些快速变化的外部环境迫使组织重新设计自己的工作流程，也促使员工不断学习新的技能。同时，企业也亟须设计灵活性较高的组织结构和弹性化的薪酬结构，以适应无法预期的外部条件变化。

2．法律法规

我国新修订的《个人所得税法》已于 2018 年 8 月 31 日经第十三届全国人大常委会第五次会议审议通过，于 2019 年 1 月 1 日正式施行。《个人所得税法》的出台，对企业的薪酬结构也有一定的影响，具体表现在以下几个方面。

（1）均衡的绩效工资薪酬结构和新个税法不相适应。不少企业在设立绩效工资制度时，将年终绩效考核的一次性奖金较为均衡地分摊至每月，为员工筹划较优的个税后所得。国税发〔2005〕9 号文件的个税计算逻辑基础在于工资薪金个税是按月计算；而新个税法中个税不再是按月缴纳，而是按月预扣按年缴纳。由于新个税的交税逻辑发生变化，因此一些企业原来合理避税的薪酬结构就不再适应新个税法。

（2）职工薪酬福利不完善。薪酬福利包括两大类：货币性福利和非货币性福利。一般而言，企业的薪酬福利主要有五险一金、交通费、餐费补贴、通信费、住房补助、节日礼物等。在我国，员工所在企业的性质和规模的不同，使得不同企业员工间的薪酬差距会很大，这种差距突出表现在薪酬福利方面。多数企业以社会平均工资六折的最低标准为员工购买五险一金，有的企业则只购买五险而不购买住房公积金，有的企业甚至连五险都不购买。这种不为员工提供完善的薪酬福利的情况在民营企业中较为常见，企业员工因为所享受到的福利少，因此税前工资相对偏高，缴纳的个人所得税就会偏多，从而导致税后工资偏低。

（3）员工个税税收优惠政策享受不充分。我国的个人所得税税制正处于改革之中，国家出台了多项个人所得税的税收优惠政策。然而，由于个人所得税是由员工个人承担的，因此不少企业并未将个人所得税作为企业税收筹划的重点。而且，企业的薪酬结构由人力资源管理部门负责，企业的税务工作由财务部门负责。在这种分工模式下，可能会出现企业财务人员未能及时了解各项税收优惠政策，或财务人员虽了解了相关优惠政策但未能及时告知企业人力资源管理人员等情况，最终导致一些企业员工未能充分享受个税税收优惠政策（王芳，2018）。

对此，根据新个税法，本书对企业的薪酬结构的建议如下：①建立合理的绩效工资薪酬制度；②完善薪酬福利制度；③充分利用国家的税收优惠政策。

3. 经济社会环境

在不同的经济社会环境中，企业的薪酬结构可能会出现不同的形式。根据国家有关政策，可以将经济社会环境分为两大类：保障倾向型环境和激励倾向型环境。

（1）保障倾向型环境。一方面，随着经济的快速发展，社会中的少数人占有社会中的多数财富，并由此控制了经济和劳动的过程，继而获得了更多的财富。另一方面，社会中的大多数人成为劳动者，但他们仅获得了少数的劳动报酬，并且被动接受了劳动中的管理。在此背景下，为了维持社会和谐、保障大部分人的基本需求，政府开始加大宏观调控力度，缩小国民收入差距，追求收入平等。同时，政府强调企业要履行社会责任，尊重员工生存发展权。此时，企业就会倾向于采取弹性比例较小、薪酬差距较小的薪酬结构，以顺应经济社会环境的要求。

（2）激励倾向型环境。政府参与度较小，由市场自主调节国民收入分配，不关注公民的收入差距或收入平等，主张公民依靠个人努力来实现其基本生存与发展权利。此时，企业将忽略社会责任，倾向于推行弹性比例较大、薪酬差距较大的薪酬结构以加强激励作用。在此环境下，员工只有依靠个人能力才能获取较高的薪酬满意度。

4. 外部利益相关者

在如何确定薪酬结构方面，工会、股东，乃至政治团体都是利益相关者。工会就是一个最为明显的例子。大多数工会都把谋求工作之间更小的薪酬差异和基于资历的晋升，作为使会员更加团结的一种方式。股东也同样关注组织内部管理层与其他员工之间的薪酬差异，对这种薪酬差异的估计会基于所使用数据的不同而有所不同。

5. 文化习俗

在当代，文化习俗因素仍然影响着薪酬结构。比如，许多传统的日本雇主在其内部薪酬结构中非常注重资历，而在中国也有同样的情况，比如在公有事业单位、国有企业内以往也很注重资历，但这种趋势正随着时代的发展而逐渐弱化，强化绩效、弱化资历正成为一种潮流。

（二）内部因素

1. 组织战略

组织战略是薪酬结构设计、市场薪酬水平和薪酬管理政策的重要影响因素；薪酬制度的有效性在一定程度上取决于薪酬结构与组织战略之间的契合度（Balkin，Luis，1990）。组织战略通常包括成本领先战略、差异化战略和创新战略；组织战略的转变会直接影响企业的薪酬结构（雷鸣，2012）。采用成本领先战略的企业，一般会重视提高生产经营效率，将薪酬战略目标定位于薪酬成本控制；同时为了不影响员工的工作积极性，往往会强调薪酬的内部一致性，希望用基本薪酬来稳住员工。此时，企业倾向于推行弹性比例较小，薪酬差距较小的薪酬结构，薪酬目标更偏向于保障功能。采用差异化战略的企业，一般会注重提高服务质量以赢得竞争优势，积极引导员工改善行为、提高绩效；企业的薪酬目标在于激励员工以提升服务的质量与效率。此时，企业倾向于弹性较大、薪酬差距较大的薪酬结构，薪酬目标更偏向于激励功能。采用创新战略的企业，一般会将薪酬策略定位于维护和吸纳创新型人才，强调员工参与、信息公开，而不注重强化内部的职位等级结构和工作评价等管理行为。此时，企业倾向于推行弹性比例较大、薪酬差距小的薪酬结构，薪酬目标是在实行保障的同时发挥部分激励作用。

2．企业的生命周期

企业的生命周期一般可分为四个阶段：创立期、成长期、发展期和衰退期。进入成长期和发展期的企业正处于上升阶段，企业需要激励员工，促使他们持续为企业提供服务。因此，可以将成长期和发展期合并成发展期。故本书认为，企业的生命周期应划分为创立期、发展期和衰退期三个阶段。

处于创立期的企业，流动资金短缺，一般会采取成本领先战略，薪酬上重视控制人工成本，主张用基本薪酬稳住员工，同时激励员工积极开拓市场和专注于产品开发。此时，企业倾向于推行弹性比例较大、薪酬差距较小的薪酬结构。当企业处于发展期时，企业重视创新，强调推出具有个性化差异的产品以增加市场占有率。此时，企业的薪酬结构重在激励员工创新与提高服务，其薪酬结构呈现出明显的激励性。最后，当企业处于衰退期时，企业会注重控制成本、回收资金，此时企业的薪酬结构也倾向于基本保障功能，维持稳定。表5-7为企业生命周期相对应的薪酬弹性比例及薪酬差距。

表 5-7　企业生命周期相对应的薪酬弹性比例及薪酬差距

企业生命周期	薪酬弹性比例	薪 酬 差 距
创立期	大	小
发展期	大	大
衰退期	小	小

3．内部工作设计

从管理层层面来说，最优的管理层薪酬结构不仅取决于股东与管理层之间的代理关系，还取决于企业内部结构的合理性。最优管理薪酬结构在薪酬之于业绩方面具有较高的敏感性，薪酬绩效的敏感性与杠杆率之间呈负相关关系（John，1993）。

4．企业人力资本

企业人力资本，即人们从事某种工作必须具备的教育、经验、知识、能力和技能，它也是影响薪酬结构的一个主要内部因素。员工的技能和经验为组织带来的价值越大，其所要求的工资就越高。此外，管理者的管理理念也在发生转变，从把薪酬支付当成企业的人工成本转变为把发放员工薪酬视为企业的一种人力投资，并通过激励员工，充分调动员工的工作积极性（陆新颖，2014）。

5. 企业人力资源政策

组织内的人力资源政策也会影响薪酬结构的构成。大多数组织为了激励员工申请更高等级的职位，通常会将薪酬与岗位晋升联系在一起。如果一个组织内设置有较多的职位等级，相对应地，员工也有较多的晋升机会，但不同职位等级之间的薪酬差异可能会很小。通过更加频繁地晋升，即使并没有伴随大幅度的工资上涨，也会给员工一种"职业成长"的感觉。

6. 员工的认可程度

员工通常会把自己的薪酬与社会其他类似工作的薪酬进行比较，来判断自己所获得的薪酬是否公平。员工对薪酬的满足在一定程度上表明其能力发挥得到了补偿，人力资本价值得到实现，这有利于调动员工的工作积极性。由此可见，影响薪酬结构的一个重要因素就是相关员工（对薪酬结构）的认可程度。员工通过进行多重的薪酬比较来评价组织内部薪酬结构的公平性。他们既与组织内部其他职位的薪酬待遇进行比较，又与组织外部的相同或相似职位的薪酬待遇相比。因此，在制定薪酬结构时要充分考虑员工特性，使其能力得到最大限度的开发，增强员工对组织的认可程度。

第三节　薪酬结构的设计与管理

前面介绍了薪酬结构的基本内涵、作用及影响因素。本节我们将探讨薪酬结构的设计原理与方法、应遵循的原则以及薪酬结构的具体实施步骤。在实际工作中，企业需要对薪酬结构进行科学合理的设计，以达到简化管理工作、提高管理有效性的目的。

一、薪酬结构的设计

企业薪酬结构的设计除了要考虑企业内部的因素以外，还要考虑外部薪酬市场上的各种情况，遵循内部一致性和外部竞争性相结合的原则。一般来说，职位等级越高，对外部市场的关注越多。通过对薪酬结构的设计，可将企业内所有职位的评价分数按统一的原则转换为组织中各个职位的职位工资。分析和设计薪酬结构的参考流程，使得企业管理者和人力资源工作者能够根据流程，正确合理地选择和设计本企业的薪酬结构，并根据企业内外部环境的变化及时合理地调整薪酬结构，以便企业充分发挥自身优势，保持和增强企业的竞争性。

（一）薪酬结构的设计原理与方法

1. 薪酬结构的设计原理

企业薪酬结构的设计要遵循内部一致性与外部竞争性相结合的原则。首先要解决薪酬的内部一致性问题。内部一致性，又称为内部公平性，是指单个组织内部不同职位、技能之间的相对价值的比较（付维宁，2016）。这种相对价值的比较可以是横向的，也可以是纵向的；可以是同一职位族内部的比较，也可以是同一部门内部的比较。保持薪酬的内部一致性有利于支持组织战略，激发员工的工作积极性。

例证　5-2

肥西农商行的薪酬结构优化

肥西农商行是安徽省首家县级农村商业银行，是由企业法人和自然人投资股份制组成的本地金融机构。肥西农商行实行绩效工资制，对象为本行在岗合同制职工，其工资结构分为三个部分，分别为基本工资、岗位责任工资和效益工资。

肥西农商行根据行政级别，设置了不同的岗位责任系数和效益分配系数。但是，在岗位责任系数设置上，没有依据各岗位对单位贡献的价值大小和重要程度进行设置，使得不同岗位上的员工所得的基本薪酬之间无法形成合理的差距，在薪酬分配上存在不同程度的"平均主义"现象。另外，效益工资系数与岗位责任工资系数雷同，效益工资的分配未与各岗位职工的贡献大小相结合。以上使得"按劳分配"和"按贡献分配"的原则无法体现，薪酬体系缺乏内部一致性，挫伤了员工积极性，降低了员工的薪酬满意度，导致优秀人才流失。为解决薪酬体系缺乏内部一致性的问题，肥西农商行基于公司的发展战略，设计了员工薪酬满意度调查问卷，在对薪酬水平进行充分调查，了解员工意愿后，改变以行政级别为指标的岗位工资制度和效益分配制度，建立以责任、能力和业绩为基础的岗位级别制度。同时，在薪酬结构设计上，肥西农商行建立四级岗位制度，每级岗位设置 A 到 D 四个层次，建立多级别和多层次的岗位级别制度，有效避免了薪酬分配的"平均主义"，提高了员工的薪酬满意度，增强了员工的工作积极性。

（张彦，2015）

企业薪酬的外部竞争性，是指一家企业的薪酬水平高低以及由此产生的企业在劳动力市场上的竞争能力大小。虽然企业薪酬结构的设计强调同一组织内部的一致性问题，但它不是一个脱离企业外部环境而独立的决策过程。事实上，企业的薪酬结构是权衡了内部一致性和外部竞争性之后确定的结果，如图5-5所示。

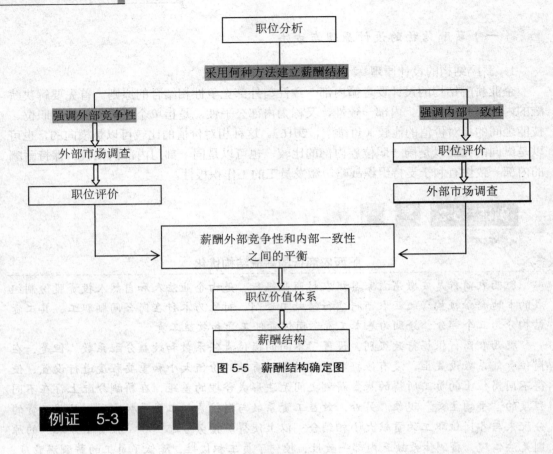

图 5-5   薪酬结构确定图

例证 5-3 ■ ■ ■

万科的薪酬结构体系

　　万科是我国房地产行业中的佼佼者。尽管如此，万科的薪酬结构体系也存在一些问题，比如公司现有的薪酬结构体系与企业内部的战略动态不相符，没有体现内部一致性和外部竞争性相结合的设计原则。

　　一方面，万科的薪酬结构体系缺乏内部公平性。在薪酬制定方面，万科的员工的工作岗位一旦确定，工资层面就很难有较大的增幅。另外，关于年终奖的评定，万科也缺少一套完整的、客观的评价标准和体系，公司员工内部评价缺乏有效的指标，部分指标难以量化，考核评价结果的真实性缺乏信服力，致使员工的工作成绩和所对应的奖金薪酬实际情况偏差很大，引起了员工内部的抱怨。另一方面，万科的薪酬结构体系缺乏市场竞争性。万科现行的薪酬结构体系的制定没有重视市场调研的作用，在获取企业各职务薪酬水平信息方面，信息的统计和分析过程中缺乏科学的市场调查，对同行业的薪酬结构数据分析不充分，因而导致万科当前的薪酬水平与同行业其他企业相比竞争力明显不足。

为此，万科要创新薪酬理念，密切关注环境变化，通过薪酬策略的调整向员工传递企业信息，并根据新的环境状况和薪资水平调整企业决策部署，实现薪酬的动态平衡，提高员工的满意度和企业的管理水平。通过薪酬结构的及时调整，使其薪资水平在市场结构中拥有竞争优势，从而更好地激励员工。

（李鹏程，2018）

2. 薪酬结构的设计方法

关于薪酬结构的设计方法的探讨，当前学界大多认为可以分成两大类，分别是工作评价法和非工作评价法，接下来我们会对这两种设计方法进行详细阐述。

（1）工作评价法。它包括基准职位定价法和设定工资调整法。基准职位定价法，是指通过市场薪酬调查来获得基准职位的市场薪酬水平的相关信息，并且根据基准职位的工作评价结果建立薪酬政策线，进而确定薪酬结构。该方法能够很好地兼顾薪酬的外部竞争性和内部一致性，在比较规范的、与市场相关性强的企业中应用得比较广泛。设定工资调整法，是指企业可以根据经营状况自行设定基准职位的薪酬标准，然后根据工作评价结果设计薪酬结构。通常，企业设定薪酬水平的典型做法是，首先设定最高与最低的薪酬水平，然后以此为标杆，酌情设定其他职位的薪酬水平。这种薪酬结构的设计方法比较重视内部一致性，但忽略了外部竞争性，一般适用于与劳动力市场接轨程度低的企业。

（2）非工作评价法。它包括直接定价法和当前工资调整法。直接定价法，是指企业内部所有职位的薪酬完全由外部市场决定，根据外部市场各职位的薪酬水平直接建立企业内部的薪酬结构。这种完全以市场为导向的薪酬结构设计方法，体现出了外部竞争性，但忽略了内部一致性，一般适用于市场驱动型的企业，因为其员工招聘及薪酬水平的确定直接与市场挂钩。当前工资调整法，是在当前工资的基础上对原企业的薪酬结构进行调整或再设计。企业薪酬结构的调整本质上是对员工利益的再分配，因而这种调整要服从于企业内部管理的需要。

（二）薪酬结构的设计原则

1. 企业战略适应性原则

企业战略适应性原则，是指将企业的薪酬结构设计与企业的发展战略进行有机结合，使企业的薪酬结构能够成为实现企业发展战略的一个重要杠杆。因此，企业在进行薪酬结构设计的时候，一方面，要时刻关注企业的战略需求变化，通过薪酬结构的设计反映企业的战略；另一方面，需要把企业的战略转化成对员工的期望与要求，然后把对员工的期望与要求转化成对员工的薪酬激励，并通过企业的薪酬结构设计充分体现出来。

2．内部公平性原则

内部公平性原则，是指企业薪酬等级的确立应当符合企业的实际情况，薪酬等级数量应当与企业内部的职位相符，所有员工都能获得与其对企业贡献成相应比例的报酬。企业若想实现薪酬公平，则薪酬结构设计的过程与结果都必须公正。一方面，企业在进行薪酬结构设计的过程中，要强调薪酬结构设计与管理的民主和科学，让员工参与到设计薪酬结构的过程中，同时制定对薪酬不满的申诉程序。另一方面，为了确保薪酬结构设计的结果公正，企业还需要注重维持员工薪酬实际差异的合理性。因此，薪酬结构的设计应当以员工从事职位所需的技能为基础。当企业的薪酬结构设计做到了过程公正和结果公正时，便可认为该设计具有公平性，符合内部公平性原则。

3．外部竞争性原则

高薪对于优秀人才来说具有极大的吸引力，因此企业为了吸纳人才，就会提供较高的薪酬待遇。但是，企业的薪酬水平在市场上应处于什么样的位置，要视企业的财力、人力等具体情况而定。比如，高级管理人员与专业技术骨干，这种人才相对较少，反映在薪酬方面，他们就会有较高的货币性需求以及非货币性需求。因此，企业在进行薪酬结构设计的时候，要充分考虑各种人才的属性。

4．动态调整性原则

企业薪酬结构的设计以及调整，应该使处于每一等级的员工因为等级内的薪酬调整而产生更多动力，促使他们更加努力地工作。因此，每一薪酬等级的中位值和相邻等级的中位值之间要有适当的差距，以此来体现出不同等级的员工对公司做出的不同贡献。此外，薪酬变动范围和薪酬变动比率的设计以及调整，应该反映同一等级内员工的努力程度以及工作实际的变化，同时兼顾到相邻等级之间的薪酬差别。

5．薪酬方案有效性原则

薪酬方案有效性原则就是在薪酬决定因素中应包含减少绩效测度误差的指标，并且要赋予这些指标恰当的权数，同时增加排除绩效测度误差的指标。此外，要充分考虑员工工作努力的边际回报率、行为绩效评价的准确性、员工行为对激励薪酬因素反应的敏感度和员工风险承担程度四个变量。工作努力的边际回报率提高，员工只要努力就可以得到更多的薪酬；行为绩效评价的准确程度提高，薪酬就能准确地"补偿"员工的付出；员工行为对激励薪酬因素的反应敏感度提高，激励性薪酬因素影响员工行为的效果就会增强；而员工的风险承担程度影响的是激励性薪酬的作用效果，若要增强薪酬的激励强度就要使方案能够减少员工的风险厌恶程度。

6．可操作性原则

薪酬结构的可操作性原则包括两个方面：一方面，由于国家有关薪酬的法律法规、政策对企业的薪酬结构设计具有引导与制约的作用，因此企业的薪酬结构设计要遵循国家法律、法规及政策的规定；另一方面，企业的薪酬结构设计应当尽量简明、准确、可量化，便于实施、考核和调整。若企业的薪酬结构设计过于复杂，则会导致员工难以理解和认同，会对企业薪酬结构的公平性以及可靠性产生怀疑。若企业的薪酬结构设计不便于量化，则将会增加薪酬给付的主观因素，很可能对公平性造成一定的破坏。

（三）薪酬结构设计的实施

在对薪酬结构的原则及相关概念进行分析之后，接下来我们要解决的问题就是如何有效地利用薪酬调查和职位评价的数据，合理设计薪酬结构，以满足内部公平性和外部竞争性相结合的要求。前文提到，薪酬结构有很多种类型，但在进行薪酬结构设计时，大多数企业都会选择以工作岗位为导向的薪酬结构。因此，本书讨论的薪酬结构的设计方法与步骤，是以工作岗位为导向的薪酬结构为例来讨论的。

1. 根据薪酬结构设计的目的，进行薪酬调查

薪酬调查是指通过搜集信息来了解企业薪酬现状和相关企业薪酬状况及薪酬管理的发展变化过程。薪酬调查的内容在前面第三章已详细介绍，本章将简单介绍薪酬调查的流程，具体包括以下几个步骤。

（1）确定薪酬调查的目的及实施方式。薪酬调查的目的主要包括：帮助企业调整薪酬水平和薪酬结构、了解劳动力市场供求状况、了解薪酬管理的发展趋势等。实施方式主要有商业性薪酬调查、专业性薪酬调查和企业组织内部人员调查；另外，企业也可以利用政府的调查数据进行分析。组织往往将薪酬调查的结果作为确定薪酬区间中值的依据之一。

（2）确定调查的对象及范围。一般而言，需要明确被调查的企业和职位、劳动力市场供需情况等。

（3）选择所要搜集的信息内容。薪酬调查的内容包括：基本薪酬情况、薪酬结构、可变薪酬的种类及其比例、间接薪酬的设置、薪酬的政策及其发展变化趋势等。

（4）实施薪酬调查。一般来说，薪酬调查的方法有问卷调查法、访谈法等。问卷调查法是最常用的一种方法，其关键在于问卷题目设计的科学性与合理性。为保证调查结果的质量，问卷设计好后，可以在薪酬结构设计较为合理的局部进行测试，发现问题，及时改进。同时，还应注意与被调查者保持联系，以保证问卷能被正确理解并提高问卷的收回率。

（5）回收调查问卷，进行数据的核查和分析。对调查数据逐项分析，根据本企业职位特点对数据进行相应调整后，使用统计方法对调查数据进行分析，并绘制薪酬政策线。

2．进行岗位价值评估

首先，结合企业经营目标，在确定员工类别、完成工作分析和人员分析的基础上，明确部门职能和岗位关系。其次，进行岗位职责调查分析。最后，由岗位员工和人力资源管理部门共同完成职位说明书的编写。

结合薪酬调查与工作分析的结果，确定企业内部职位的相对重要性，得出职位等级序列。一般来说，企业会先对每一薪酬类别内员工进行纵向分析，再对不同类别的员工进行横向比较，从而得到企业的职位等级序列。例如，技术人员和营销人员分别属于不同的员工类别，当对技术人员和营销人员分别进行了职位评价后再进行横向比较，即技术人员的某一级别与营销人员的某一级别对应。假设利用要素比较法，确定技术人员 X级与营销人员的 Y 级相对，那么 X 级的技术人员应该与 Y 级的营销人员位于同一薪酬等级中。

3．基于企业战略目标，确定薪酬等级序列

根据企业文化的特点、企业所属行业、企业规模、企业发展阶段以及企业组织结构并结合薪酬调查的数据，确定薪酬等级序列。薪酬等级序列包括薪酬等级数量和薪酬区间、薪酬区间中值线等具体内容。

（1）确定薪酬等级数量和薪酬区间。薪酬等级数量的确定取决于最高与最低职位等级之间的薪酬差，确定最高与最低薪酬之间的差值需参考外部劳动力市场、相关劳动法、工资标准以及组织未来薪酬发展趋势等因素。明确最高与最低薪酬之间的差值为薪酬等级数量的确定奠定了基础。在最高薪酬与最低薪酬之间，综合薪酬等级数量的影响因素，最终确定薪酬等级数量。一般来说，级差越大，薪酬等级数量越少；级差越小，薪酬等级数量越多。如果一个企业鼓励员工创新、团队合作，那么其在人力资源管理上的政策应当是：鼓励员工掌握更多技能、推动员工勇于承担责任，促进员工之间的跨部门、跨职能合作，使整个企业充满灵活性、富有创造性，因此，该企业会结合薪酬调查的结果，选择较少的等级，以适应其灵活性的要求；反之，当企业强调平稳发展、员工之间良性竞争时，其在人力资源管理上的政策倾向于要求员工干好本职工作，因而此类企业会结合薪酬调查的结果，选择较多的等级，以维护等级秩序，适应其稳定性的要求。

（2）确定薪酬区间中值线。根据企业的薪酬政策和薪酬调查的结果，利用百分位法，确定企业每一薪酬等级的区间中值。薪酬等级的区间中值代表了该区间的薪酬平均水平。将各区间的中值相连，可以得到组织的薪酬区间中值线。一般来说，企业中大多数员工的薪酬应该是在这条中值线的附近，因而，中值线的确定关系到企业众多员工的利益，是薪酬结构设计中很重要的环节。

4．设计薪酬结构模型

薪酬结构是对企业内部的不同职位或技能之间的薪酬安排，反映了企业所强调的职位或技能等级的数量、不同职位或技能等级的差距以及确定这种差距的标准。企业在考虑薪酬结构时，应在薪酬调查的基础上，既要考虑同一职位族薪酬的内部一致性，又要注意同一薪酬等级上不同职位族之间的一致性。此外，还应结合企业战略、企业的价值观和企业的支付能力进行人工成本分析；在确定了薪酬区间中值线的基础上，设计每一薪酬区间的变动比率。

需要注意的是：由于薪酬涉及每一位员工的切身利益，因而当企业完成薪酬结构设计后，应先在小范围内试行，考察员工的认可程度并进行相应调整，力图使薪酬结构可以为大多数员工所接受。虽然，在薪酬结构的设计方法与步骤中，我们是从企业整体的角度进行分析，但是，在企业具体设计时，同一企业也可以根据各个部门工作性质的不同、与劳动力市场的密切程度而采取多种薪酬结构。薪酬结构设计合理与否的标准就是薪酬结构是否符合企业发展的需要，是否有利于企业人力资源政策的执行。

二、薪酬结构的管理

通常来说，企业薪酬结构的管理包含两个维度，即横向结构维度和纵向结构维度。横向结构是员工的个人因素在不同薪酬要素上的表现，而纵向结构则是职位本身的价值差异在员工薪酬上的一种反映。

（一）薪酬结构的横向结构维度

横向结构维度，又称为要素结构维度，是指在某位员工的薪酬总额中不同薪酬形式的组合以及组合中各要素所占的比例关系，是员工个人因素在不同薪酬要素上的体现。薪酬形式的组合包括：薪酬类别间的组合，如基本薪酬、可变薪酬以及间接薪酬的组合；各类别薪酬内部要素的组合以及比例，如基本薪酬内部的职务薪酬、能力薪酬与技能薪酬的组合以及比例，可变薪酬中的短期可变薪酬与长期可变薪酬的组合及比例等。

企业薪酬应当满足内部一致性和外部竞争性相结合的原则。事实上，薪酬的内部一致性是对职位评价结果的一种反映，而外部竞争性与外部劳动力市场的联系更为紧密。因此，薪酬等级结构是内部一致性和外部竞争性这两种有效薪酬标准间的一种平衡结构。但是，薪酬内部一致性和外部竞争性各自不同的要求也时常会引发矛盾。比如，根据企业内部的职位评价，财务经理和人力资源经理的重要性基本无差别，因此二者相应的薪酬水平也应该接近。但是，由于外部劳动力市场上人力资源经理人才的缺乏，所以人力资源经理的劳动市场价位要略高于财务经理的价位。考虑到这种情况，企业就应该做出判断，是将企业内部岗位评价结果作为工资主要的衡量标准，还是由外部劳动力市场的情形决定。

（二）薪酬结构的纵向结构维度

纵向结构维度，又称为等级结构维度，是指与企业的职位等级序列相对应的工资等级结构，即企业中不同职位之间或不同技能等级之间薪酬水平的比例关系，包括不同层次的工作之间报酬差异的相对比值与不同层次的工作之间报酬差异的绝对水平。

完整的薪酬纵向结构维度包括：薪酬的等级数量、同一个薪酬等级内薪酬变动的范围（最高值、中间值以及最低值）、相邻薪酬等级间的交叉与重叠关系（云鹏，2016）。与横向结构维度不同的是，纵向结构维度将职位之间的相对价值关系反映在任职者的工资上。

 **本章小结**

1．广义上的薪酬结构是指不同薪酬形式之间的比例关系，如基本薪酬、可变薪酬和福利薪酬间的比例关系等，这种关系也被称为薪酬组合。狭义上的薪酬结构是指企业中各个职位的相对价值与其对应的实付薪酬之间的关系，强调职位或技能等级的数量、不同职位和技能等级之间的薪酬差距以及用来确定这种差距的标准。

2．完整的薪酬结构主要由三个要素构成：薪酬等级数量、薪酬区间、相邻薪酬等级之间的交叉与重叠。

3．薪酬结构分为传统薪酬结构和创新型薪酬结构。传统薪酬结构类型包括以绩效为导向的薪酬结构、以工作岗位为导向的薪酬结构、以能力（技能）为导向的薪酬结构和组合薪酬结构。创新型薪酬结构包括长期激励薪酬结构和宽带型薪酬结构。

4．薪酬结构具有五大作用：对管理者有显著的激励效果、薪酬支付和调整的基本依据、体现组织结构与管理模式、促进组织变革与发展、增值作用。

5．影响企业薪酬结构的因素分为外部因素和内部因素。其中，外部因素包括经济政策、法律法规、经济社会环境、外部利益相关者和文化习俗；内部因素包括组织战略、企业的生命周期、内部工作设计、企业人力资本、企业的人力资源政策以及员工的认可程度。

6．企业薪酬结构的设计要遵循内部一致性与外部竞争性相结合的原则。其中，内部一致性是指单个组织内部不同职位、技能之间的相对价值的比较；外部竞争性是指一家企业的薪酬水平高低以及由此产生的企业在劳动力市场上的竞争能力大小。

7．薪酬结构的设计方法有工作评价法和非工作评价法。工作评价法又可以进一步被划分为基准职位定价法和设定工资调整法；非工作评价法又可以被细分为直接定价法和当前工资调整法。

8. 薪酬结构的设计应遵循六个原则：企业战略适应性原则、内部公平性原则、外部竞争性原则、动态调整性原则、薪酬方案有效性原则以及可操作性原则。

9. 薪酬结构设计的具体实施步骤：一是根据薪酬结构设计的目的，进行薪酬调查；二是进行岗位价值评估；三是基于企业的战略目标，确定薪酬等级序列；四是设计薪酬结构模型。

10. 薪酬结构的管理分为横向结构维度和纵向结构维度。横向结构维度中，要注意不同薪酬形式的组合以及组合中各要素所占的比例关系；纵向结构维度中，要注意薪酬等级数量、同一薪酬等级内薪酬变动的范围、相邻薪酬等级间的交叉与重叠关系。

@ 网站推荐

1. 人才热线：www.cjol.com
2. 蚂蚁 HR：www.mayihr.com
3. 一览 HR 研究院：research.job1001.com/index.php

思考题

1. 简述薪酬结构的概念。
2. 影响薪酬结构的因素有哪些？
3. 简述制定薪酬结构的实施步骤。
4. 薪酬结构的管理维度有哪些？

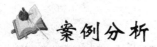

案例分析

中国恒天的薪酬结构

中国恒天集团有限公司（以下简称"中国恒天"）成立于 1998 年，是国内唯一以纺织装备为核心主业的企业。中国恒天的员工薪酬结构的构成原则是：首先在满足员工基本的生活需要前提下，进行按劳分配、按贡献分配，将员工的贡献与为企业所创造的价值连接起来；其次，在薪酬分配上，要充分考虑公平性和员工的内部价值。然后，在遵守国家相关法律规定的大前提下，由中国恒天集团对员工的工资进行分配。中国恒天的薪酬结构为：员工月工资总额=基本工资+岗位工资+绩效工资+工龄工资+津贴补贴。

1. 基本工资

中国恒天根据相关规定依据员工所具备的国家承认的学历、技术职称及工作年限等因素确定该员工的职级和薪资档次，以确定其基本工资。基本工资占工资总额的30%。

2. 岗位工资

中国恒天按照员工所在的工作岗位，依据该岗位的岗位价值确定岗位等级，依据《薪酬职级表》确定岗位工资。岗位工资占工资总额的20%。

3. 绩效工资

中国恒天根据员工工作表现、工作绩效及公司经营业绩确定的、不固定的薪资报酬，并依据《绩效考核办法》对员工进行考核后发放绩效工资。绩效工资占工资总额的30%。

4. 工龄工资

中国恒天依据员工在本企业的服务年限经年度考核合格后给予相应工龄工资。

5. 津贴补贴

中国恒天将按职级和岗位的不同给予相关补贴，包括电话津贴、交通津贴。对于公司涉密岗位，公司将支付保密津贴。津贴补贴占工资总额的20%，其中，电话及交通津贴各占5%。

（Jenna，2017）

讨论题：

1. 中国恒天集团有限公司的薪酬结构体现了什么原则？

2. 在以后设计薪酬结构的过程中，中国恒天集团有限公司的薪酬结构构成给我们带来了哪些启发？

 参考文献

[1] BALKIN D B，LUIS R，GOMEZ - MEJIA. Matching compensation and organizational strategies[J]. Strategic management journal，1990，11（2）：17.

[2] BELFIELD C R，HEYWOOD J S. Performance pay for teachers：determinants and consequences[J]. Economics of education review，2008，27（3）：249-252.

[3] BRODERICK R F. Organization strategy and structure：a question of "fit" [J]. Strategic human resource planning applications，1987（11）：256-258.

[4] GEORGE MILKOVICH，JERRY NEWMAN，BARRY GERHARD. Pay management[M]. Beijing：Renmin University Press，2014.

[5] HENDERSON R L. Compensation management in a knowledge based world[M]. NewYork: Prentice Hall，2016（9）：342.

[6] JOHN T A，JOHN K. Top-management compensation and capital structure[J]. The journal of finance，1993，48（3）：26.

[7] JUGENBAYEVA JENNA. A comparative study of salary incentives for employees of state-owned enterprises between china and kazakhstan[D]. Lanzhou: Lanzhou University of Technology，2017.

[8] LAI Y，REN J. The impact of compensation structure of salespeople on team performance and turnover rate：the moderated-mediating effect of knowledge sharing behavior[J]. Industrial engineering management，2016（5）：12-13.

[9] MEHRAN H. Executive-compensation structure，ownership and firm performance[J]. Journal of financial economics，1995，38（2）：163-184.

[10] RUSSO G M，TOMEI P A，ANTONIO JOSÉ BRAGA LINHARES. Correlation between organizational culture and compensation strategies using charles hand's typology[J]. Performance improvement，2013，52（7）：13-21.

[11] SU LARRY. Managerial compensation structure and firm performance in Chinese PLCs[J]. Asian business&management，2012，11（2）：171-193.

[12] 陈洪权. 人力资源管理[M]. 北京：清华大学出版社，2013.

[13] 董福荣等. 薪酬管理[M]. 北京：机械工业出版社，2009.

[14] 付维宁. 绩效与薪酬管理[M]. 北京：清华大学出版社，2016.

[15] 姜明容. 高科技企业股权激励对企业绩效的影响——以海康威视和大华股份为例[D]. 青岛：山东大学，2018.

[16] 雷鸣. 企业薪酬结构的影响因素研究[J]. 中国电力教育，2012（15）：32-35.

[17] 李鹏程. 万科公司薪酬管理策略研究[J]. 经济研究导刊，2018（26）：79-80+100.

[18] 陆新颖. 企业薪酬结构设计的影响因素研究[J]. 中外企业家，2014（34）：163+167.

[19] 刘银花. 薪酬管理[M]. 2版. 大连：东北财经大学出版社，2011.

[20] 陶莉，张力. 薪酬管理[M]. 北京：清华大学出版社，2007.

[21] 王芳. 关于新个人所得税法下工资薪酬结构的思考[J]. 湖南工业职业技术学院学报，2018，18（05）：69-72.

[22] 王少东. 企业薪酬管理[M]. 2版. 北京：清华大学出版社，2016.

[23] 尹海涛. 中国联通陕西分公司薪酬体系优化研究[D]. 兰州：兰州理工大学，2016.

[24] 云鹏. 薪酬福利管理[M]. 北京：中国商业出版社，2016.

[25] 朱飞. 绩效激励与薪酬激励[M]. 北京：企业管理出版社，2013.

[26] 张广科，黄瑞芹. 薪酬管理[M]. 武汉：华中科技大学出版社，2013.

[27] 张彦. 肥西农商行薪酬管理问题与对策研究[D]. 合肥：安徽大学，2015.

第六章

宽带薪酬管理

 **学习目标**

- 了解宽带薪酬的兴起背景
- 掌握宽带薪酬的概念与特点
- 熟悉宽带薪酬的作用、适用性与局限性
- 熟悉宽带薪酬的设计目标与原则
- 掌握宽带薪酬的设计要素与流程
- 了解宽带薪酬在我国的实施与管理

 引例

宁夏邮政公司的宽带薪酬

中国邮政集团公司宁夏分公司（以下简称"宁夏邮政"）是在原宁夏邮政局的组织架构基础上，按照国务院邮政体制改革方案的要求成立的，隶属于中国邮政集团公司，由中国邮政集团公司授权运营。中国邮政集团公司宁夏分公司下辖 5 个市分公司、23 个县（区）分公司，在全区 200 余个乡镇设有 333 处服务网点，其中，代理金融网点 160 处，服务人口达 600 余万人。宁夏邮政在发展中形成了金融类、寄递类、邮务类等业务板块，为社会公众提供金融、快递包裹、报刊发行等服务。2015—2017 年，全区邮政业务收入年均增幅 7.86%，全员劳动生产率年均增长 17.82%，员工收入年均增长 10.88%。

宁夏邮政原先统一的岗位工资标准体系，只能反映不同岗位之间的工资差别，反映不出岗位内部的工资差别，且对于同样职务、岗位或工种内部缺乏激励。这种薪酬模式无法充分地调动员工的工作热情，极大地制约了宁夏邮政公司的发展。于是，宁夏邮政变革原有的岗薪制管理体系，在跟随公司战略的基础、以市场工资水平为依据、将员工薪酬与集团发展紧密相结合的指导思想下，设计了宽带薪酬管理模式并实施。在实施中，通过建设良好的沟通机制、加强对薪酬总额的管理控制、健全相关机制，如人力资源体系、绩效考核机制等，对宽带薪酬管理体系进行不断地调整和控制，以避免其局限性，最终实现了公司的宽带薪酬管理模式。在这种薪酬体系下，薪酬水平不仅在劳动力市场上具有竞争性，还维持了公司内部薪酬水平的公平性。同时，员工既可以凭借培养自身的工作技能以提高工作绩效，也可以获得较高的工资水平。这样不仅促进了员工的自身发展，激发了员工的积极性和创造性，又有利于实现组织的战略目标，真正做到了薪酬体系为企业的发展战略服务。

（张惠军，2009）

从宁夏邮政公司宽带薪酬的实施管理引例中我们可以看出，传统的岗薪制薪酬管理模式已经适应不了现代企业组织结构发展的扁平化趋势，亟须改革。而宽带薪酬管理模式的实施，调动了员工的积极性，实现了薪酬为企业的发展战略服务，较好地适应了企业扁平化组织结构的发展。那么，如何设计宽带薪酬体系来满足企业的发展需要？本章在阐述了宽带薪酬的兴起背景、宽带薪酬的概念与特点、作用与局限性后，将着重阐述宽带薪酬的设计及其在我国的实施与管理等方面的内容。

第一节　宽带薪酬概述

我们在上一章把薪酬结构分成了两大类型，即传统薪酬结构和创新型薪酬结构，同时也讲到宽带薪酬结构属于创新型薪酬结构的一种，并对宽带薪酬相关内容进行了简单介绍。本章将详细探讨宽带薪酬的兴起背景、宽带薪酬的概念与特点、宽带薪酬的作用与局限性等相关内容。

一、宽带薪酬的兴起背景

（一）扁平化组织结构成为主导模式

在 20 世纪初，多层级结构化组织非常盛行，是各企业普遍采用的一种组织模式。随着现代社会经济的发展和企业竞争环境的逐渐激烈，企业界开始优化调整或变革自身组织结构，扁平化组织结构逐渐被广大企业所认可和接受，代替了多层级官僚型组织结构，成为多数企业组织结构的主导模式。扁平化组织结构相比多层级官僚型组织结构，其显著特征是管理幅度大、管理层级少，削弱了直接上级和下级之间的距离感，增强了上级和下级之间的工作联系，确保政令畅通，指令能够迅速被接收到，减少了不必要的内部损耗，降低了管理成本，同时，增大了管理幅度和授权力度，可以大大提升员工工作的热情和主观能动性。

（二）传统的薪酬结构不支持组织扁平化

企业传统的薪酬结构无法充分调动员工的积极性，更不能满足扁平化组织结构的变革，使很多企业在扁平化组织变革中并未取得理想效果。薪酬管理体系的构建是任何企业都必须要经历的重要事项，薪酬结构是影响企业留人的重要因素之一，也是激励员工提升业务能力和绩效的核心经济杠杆。各大企业现在都需要一种薪酬结构来支撑扁平化组织的推进实施，要通过薪酬的杠杆平衡员工与企业之间的供给关系。自此，宽带薪酬开始在各大企业中被广泛应用。继通用公司成功实践扁平化组织结构后，扁平化组织结构成为企业适应信息技术发展、进行组织结构再造的主导方向。宽带薪酬的减少等级层次、扩大等级幅度等特点，完全与扁平化组织结构相吻合。因此，有人将宽带薪酬称为是配合扁平化组织结构的量身打造版薪酬结构。

二、宽带薪酬的概念与特点

（一）宽带薪酬的概念

战略性薪酬理论是薪酬设计专家爱德华·罗勒等美国学者在 20 世纪 90 年代提出的一种全新的薪酬理论。该理论包括宽带工资体系、非货币自助餐式的福利体系以及与企业团队和个人业绩紧密结合的奖励体系三个部分的内容。其中，宽带工资体系即宽带薪酬。后来，美国薪酬管理学会将其定义为：重整多个薪酬等级及其薪酬变动范围后形成的薪酬等级相对较少而薪酬变动范围相对较宽的一种新型的薪酬结构。典型的宽带薪酬结构可能只有不超过 4 个等级的薪酬级别（即宽带数量小于或等于 4 个），每个薪酬等级的最高与最低薪酬间的变动比率则可能达到 200%~300%，而传统薪酬结构通常有 20 个甚至更多的薪酬等级，每个等级的区间变动比率通常只有 40%~50%，具体如图 6-1 所示。

总之，宽带薪酬主要是相对于传统的职位等级工资结构提出来的，将传统的职位等级结构中的几个相邻等级合并，减少职位等级，使得每等级的工资变动范围变得宽的一种工资体系设计理论。此外，宽带薪酬的指标主要包括：薪酬中位数，即处于各薪级中位区域的数值；等级差为各中位数之间的差值；等级最小值，即处在宽带薪酬体系某一层级员工可能得到的是企业里面最低的工资；等级最大值，即处在宽带薪酬体系某一层级员工可能获得的是一个企业里面最高工资；宽带，指宽带薪酬体系中各薪资等级的级别宽度；重叠度，形容的是两个相邻的薪酬等级之间重复交叉的部分占整个薪酬体系的百分比。一般来说，重叠度在低等级间相对较高，在高等级间相对较低。

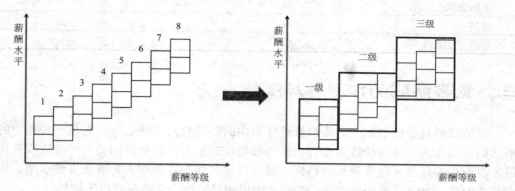

图 6-1　从传统薪酬结构到宽带薪酬结构示意图

（刘昕，2014）

（二）宽带薪酬的特点

与传统薪酬结构相比，宽带薪酬结构的特点是结合企业内部岗位进行设置，将原薪酬体系中的多个薪酬等级根据岗位性质分类、整合为相对较少的薪酬区间，同时加大每个岗位在对应薪酬区间内薪酬等级的变动范围。其中，宽带薪酬最大的特点是压缩级别，将原来十几甚至二三十个级别压缩成几个级别，并将每个级别对应的薪酬范围拉大，从而形成一个新的薪酬管理系统及操作流程，以便适应当下新的竞争环境和业务的发展需要。宽带薪酬结构的实质是从原来的关注通过岗位等级调整带来薪酬变化，转变为更多地关注通过绩效提升带来薪酬变化，从而引导员工从原来较多地关注岗位晋升转变为更多地关注自身绩效的提高，使企业更加适应日益变化的业务发展需要和外部竞争环境。传统薪酬结构和宽带薪酬结构的具体比较如表 6-1 所示。

表 6-1　传统薪酬结构和宽带薪酬结构的对比

比 较 对 象	传　统	宽　带
薪酬战略与企业发展战略	难配套	易配套
与劳动力市场关系	市场是第二位的	以市场为导向
直线经理的参与	几乎没有参与	更多地参与
薪酬调整的方向	纵向	横向及纵向

续表

比 较 对 象	传　　统	宽　　带
组织结构的特点	层级多	扁平
与员工工作表现的联系	松散	紧密
薪酬等级	多	少
级差	少	大
薪酬变动范围	窄	宽

三、宽带薪酬的作用与局限性

宽带薪酬是企业整体人力资源管理体系中薪酬管理的方法之一。它是一种新型的薪酬结构设计方式，是对传统的带有大量等级层次的垂直型薪酬结构的一种改进或替代。很多企业认为只要采用宽带薪酬结构，就可以提升薪酬管理和人力资源管理水平。但事实并非如此，每一种薪酬管理模式都有其作用和局限性，宽带薪酬也不例外。

（一）宽带薪酬的作用

相比传统的等级薪酬，宽带薪酬具有以下几个作用（阎妍，2016）。

1. 打破严格的薪酬等级制、支持扁平化组织

目前，我国多数企业实行的都是垂直型的，以职位等级为特征的薪酬管理体系，这种体系往往等级过多，容易使企业内部出现汇报层级过多，互相推诿的现象，结果造成企业内部运行效率低下，最终阻碍企业经营目标的实现。而宽带薪酬中较少的薪酬等级对应企业中较少的行政和职位级别，反映了企业比较扁平的组织结构特征，支持扁平型组织结构。这有利于打破传统薪酬结构所维护和强化的严格的等级制度，有利于企业提高效率和创造参与型、学习型的企业文化。同时，还可保持企业自身组织结构的灵活性以迎接外部竞争。

2. 引导员工关注个人能力的提升

在传统薪酬结构下，员工薪酬的增长往往取决于自身在企业地位的变化而不是能力的提高，即使员工的个人能力已经达到一定的水平，但由于企业中还未出现高级职位的空缺，员工职位得不到晋升，则薪酬水平得不到提高。但在宽带薪酬结构下，企业为处在同一个薪酬宽带内的员工所提供的薪酬变动范围可能会比员工在传统薪酬结构中的五个甚至更多的薪酬等级中获得的薪酬范围还要大。此时，即使员工职位得不到提升，但薪酬水平仍有上升的空间，这样就会引导员工将注意力转移到个人发展和能力提高方面，以及公司着重强调的某些有价值的事情上，激励员工不断学习企业所需要的技术和能力，提高自身水平。

3. 促进企业内部岗位的轮换

传统薪酬结构实行的是以岗定薪，员工的薪酬水平和岗位紧密挂钩，岗位调整是薪酬调整的前提。而宽带薪酬结构将处于不同薪酬等级的多个职位统一到一个薪酬区间中，甚至上下级也有可能被归到一类宽带中。因此，在统一的宽带中，员工的绩效表现可以影响薪酬等级的变化，可能出现表现突出的下级薪酬水平高于表现一般的上级的薪酬水平的情况。由于员工的业绩和个人能力直接影响员工薪酬的提升，大多数员工不仅不会拒绝岗位轮换，反而会结合自身的特长，积极争取机会选择适合自己的岗位。因此，在这种体制下，员工岗位轮换的可操作性更强了。

4. 促进企业内部管理公平的实现

由前文内容可知，传统薪酬结构适用"以岗定薪"，即员工处于某岗位就拿该岗位对应的薪酬，薪酬变化的弹性空间较小，职位晋升是其薪酬调整的主要依据。各职能部门的经理基本没有根据员工表现参与管理员工薪酬的机会，即使有参与绩效奖金分配的机会，也会因受传统的平均分配的思想影响，无法真正体现员工绩效与收入的实际关系。而宽带薪酬结构内，同一岗位的薪酬有较大的调整幅度，界定各档薪酬水平的评价要素也相对较多，如工作任务的重要程度、业务复杂性、工作环境等，部门经理需要参与评价下属的薪酬标准，提供指导意见，部门经理的参与更有利于实现企业内部薪酬管理的公平性。

5. 提高企业薪酬的外部市场竞争力

在宽带薪酬体系设计时，需要通过现阶段企业的发展定位、财务承受能力及同业市场调研数据来确定各薪酬区间内各档的薪酬水平。同时，还要定期结合以上因素的发展变化情况对薪酬水平进行动态调整。而定期调整薪酬水平不仅有利于企业有效地控制成本，还可以使企业薪酬水平具有一定的同业市场竞争优势。宽带薪酬结构建立后，也使员工更多地关注在同业薪酬市场定位中个人的表现与同业薪酬的比较，而不像以往只关注企业内部各薪酬等级及员工之间收入的公平性。

例证 6-1

湖南国信建设集团的宽带薪酬

湖南国信建设集团股份有限公司（以下简称"湖南国信"）由株洲市政建设有限公司整体更名而来，公司注册资本 3.08 亿元，主要经营范围为：市政公用工程施工总承包；公路、房建、桥梁、隧道、水利水电工程等。公司具有市政公用工程施工总承包一级、公路工程二级等四项施工总承包资质；桥梁工程专业承包三级等六项专业承包资质，是中南地区市政行业的领先者和优秀的上市公司。湖南国信下辖 7 个项目部、2 个专业分公司、1个全资子公司、4家控股子公司、1家参股公司、内设14个职能部门。

2012年5月，湖南国信初步完成了宽带薪酬的设计和实施。新的薪酬方案实施后，对公司的薪酬管理效果起到了明显的改善作用，主要表现在：一是提高了外部公平性。在宽带薪酬设计过程中，企业的薪酬水平尽量做到了与市场薪酬水平接轨，薪酬体系中各职级上限薪酬的设计根据当地市场同类职位的最高价格并且以略高的水平制定。二是实现了对内的公平性。在对新员工进行评估时，对将拟任职位的价值作为一项重要的评估因素，充分考虑了岗位价值对员工薪酬的影响，做到了程序公平。同时，综合考虑员工的技能、资历以及学历等方面的因素，将员工的收入和员工自身工作情况挂钩。三是引导员工不断提升自身能力。新的薪酬体系提倡员工去获得企业需要的技术和能力，并对能力的提升予以薪酬方面的奖励，这样的导向促使员工自主地学习，不断提高自身素质。

（王洪平，2013）

（二）宽带薪酬的适用性

宽带薪酬主要适用于技术型和创新型企业。企业引进宽带薪酬的基础和前提是自身要有良好的绩效管理体系和成熟的管理队伍。从薪酬体系的角度来说，宽带薪酬结构既可以应用于职位薪酬体系，又可以应用于技能薪酬体系。事实上，宽带薪酬结构是技能薪酬体系赖以建立的一个重要平台。在职位薪酬体系下，企业可以将传统的多等级薪酬结构加以适当合并形成宽带薪酬，具体如图6-2所示；而在技能薪酬体系下，企业可以将其事务类、专业技术类、职能管理类以及领导类岗位分别划入各自的单一薪酬宽带，具体如图6-3所示。在宽带薪酬结构内，虽然员工职业生涯的大部分或者所有时间都可能处在同一薪酬宽带中，即员工在组织中是横向流动的，但随着其技能和能力的提升以及绩效的改善，其薪酬水平也会相应得到提高。

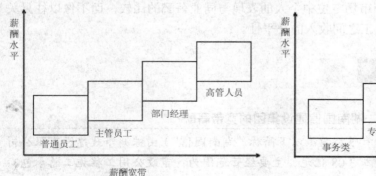

图6-2　职位薪酬体系下的宽带薪酬结构图

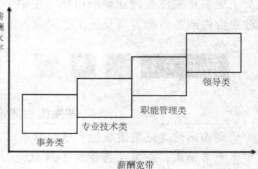

图6-3　技能薪酬体系下的宽带薪酬结构图

（晁玉方，2017）

（三）宽带薪酬的局限性

宽带薪酬由于它自身的特性导致其也存在一定的局限性，具体包括以下三点（边高飞，2014）。

1．企业员工获得职务晋升的机会较小

传统的垂直型的薪酬结构下，设置的薪酬等级较多，员工相对更容易获得晋升的机会。而宽带薪酬结构是将原有的、较多的薪酬等级压缩为较少的薪酬区间，员工较难获得职位晋升的机会，很可能出现长期始终在同一薪酬区间内，薪酬标准提高了，但是职位等级没有提升的情况。在中国社会，受传统等级文化影响，职位晋升对人的激励作用非常明显，尤其是对收入水平已经处于一定高度的员工，薪酬标准的提高对其激励作用将逐步弱化，缺少晋升机会可能导致士气低落，最终影响绩效。

2．企业成本提高

宽带薪酬体系中，不是以岗定薪，而是各个岗位的薪酬等级有较大的变动范围，员工薪酬等级和薪酬标准处于相对宽泛的动态调整状态；同时，该模式主要建立在绩效考核评价的基础上，部门领导在评价员工绩效时具有较大的权限，导致实施宽带薪酬后，企业对薪酬的变动频度及幅度的预测难度加大，给企业的费用预算及支付带来较大压力。宽带薪酬结构下的薪酬增长速度要远高于传统薪酬结构下的薪酬增长速度。

3．宽带薪酬结构实施的门槛较高

企业若要实施宽带薪酬结构并充分发挥其导向作用，必须同时具备以下条件：一是必须具有企业发展战略及人力资源管理战略，并能够根据人力资源管理战略明确薪酬导向，引导员工绩效行为，从而推动企业战略目标的顺利实现；二是必须具备扁平化组织结构形式，包括管理层级少、信息沟通快、组织运作效率高等；三是必须具有健全的人力资源管理体系、扎实的人力资源管理基础以及成熟的管理队伍。因此，宽带薪酬实施的门槛相对较高。

第二节　宽带薪酬的设计

在上一节中，我们已经介绍了与宽带薪酬相关的基本知识，了解了宽带薪酬兴起的背景和宽带薪酬的概念、特点、作用、适用性等内容。接下来，我们将对宽带薪酬的设计目标与原则、设计要素与流程等内容展开具体阐述。

一、宽带薪酬的设计目标与原则

（一）宽带薪酬的设计目标

一般情况下，宽带薪酬的设计目标包括以下三点（程伟娜，2014）。

1. 支撑企业发展战略目标

薪酬不仅是当前企业管理的工具，也是企业未来发展理念的导向器。薪酬管理作为人力资源管理战略的核心内容之一，通过设计科学合理的薪酬激励机制，实现对企业员工的有效管理，从而有效推动企业发展战略目标的实现。宽带薪酬体系在企业的实际运用过程中，需要根据企业的中长期发展战略，通过对企业经营目标的科学分解，利用企业薪酬体系有效地引导员工向企业发展所期望的方向努力，最终实现员工与企业组织发展的双赢局面。

2. 建立高效的人才激励与约束机制

科学公平的薪酬体系是企业建立高效人才激励与约束机制的重要前提与保障。宽带薪酬体系的设计以科学的岗位分析与岗位评价为基础，同时参照劳动力市场的薪酬水平，确保了企业薪酬体系的内部一致性与外部竞争性，体现了员工对企业公平管理的要求。宽带薪酬的实施以员工能力和绩效管理为基础，体现了企业薪酬的激励性原则。它能够有效地激励员工提升岗位胜任力和业务水平，通过职能内的直线晋升和职能间的横向发展实现职业生涯的双通道发展。

3. 营造人本管理的企业文化

企业文化是企业在长久的发展进程中形成的，被企业成员所共同认可的独有价值观、信仰和行为方式等。而企业薪酬的分配方式恰恰反映了根植于员工待遇中的指导员工行为的企业价值观，企业薪酬管理制度有助于传递和强化企业的文化和核心价值观。宽带薪酬的设计通过提高岗位胜任力和绩效水平等要素在薪酬分配中所占比重，鼓励企业员工之间开展有关岗位技能和业务水平的竞争，加强员工之间的互助合作与有效沟通，重视员工参与管理并及时做出反馈，为企业营造一种以绩效为导向、鼓励团队协作和知识共享的人本管理文化。

（二）宽带薪酬的设计原则

1. 战略导向原则

薪酬制度对于企业的发展具有重要作用，对员工工作的开展和员工的各项行为有一定的导向作用。企业管理者想要引入宽带薪酬，首先必须很清楚地知道自身企业的战略目标、战略规划及人力资源的战略目标，薪酬体系只有跟企业的目标相匹配后，才能促进人力资源效率的提高并在此基础上构建人力资源战略。因此，现代企业在建立宽带薪酬体系的时候，要注重将企业的战略思想融入薪酬体系构建当中，促进企业效益的提升。

2．合法性原则

宽带薪酬设计首先要做到程序和内容合法。在薪酬设计和实施的过程中，首先需要符合政府和行业的法律法规，其次还要符合地方法规和企业以往的一些习惯做法。一般情况下，与薪酬有关的法律法规主要包括法定最低工资、同工同酬和反歧视法等。

3．公平性原则

公平性原则是薪酬设计中最基本和最重要的原则。宽带薪酬需要遵循外部竞争性原则、内部一致性原则和员工的个人公平性原则。前两个原则在前面章节中已做详细介绍，这里不再说明。员工的个人公平性原则是指企业中每个员工所得的薪酬回报，与他们各自对企业的贡献相匹配。

4．经济性原则

薪酬是企业用来吸引人才、留住人才的最简单、最直接的方式。但是企业还受到公司财力、发展状态、战略目标以及成本控制等多方面的制约，一味使用高薪留人不切合实际。薪酬的本质是员工与企业进行交易或是交换，通过让渡自己的劳动或劳务使用权来获得经济报酬。在这个交换过程中，企业在获得同样优质劳动服务的前提下，如何支付最少的薪酬成本，就反映了薪酬成本的经济性。这就需要企业把薪酬的外部竞争性和自身的财务承受能力结合起来考虑，找到适合自身的经济性宽带薪酬体系。

5．激励性原则

激励性是薪酬的主要作用和目的，也是薪酬设计的基本要求。薪酬激励实施的前提是必须对所有的员工实现全面的激励，因此，企业应该做到激励手段与企业目标相结合、物质激励与精神激励相结合、外部激励与内在激励相结合、正激励与负激励相结合，从而实现薪酬激励效果的最大化。

6．动态性原则

宽带薪酬体系是一个以企业战略为中心、以外部薪酬市场为导向的动态且开放的系统。当内外部环境发生变化时，为确保其激励效果，企业必须及时对宽带薪酬体系进行调整。因此，宽带薪酬体系同样需要动态性。这主要表现在以下三个方面：一是企业薪酬水平、薪酬结构和薪酬形式的动态性；二是员工的薪酬根据其岗位、职务和绩效的变动而变动；三是企业的各个等级薪酬标准的动态性。

例证　6-2

山东中烟工业公司的宽带薪酬

山东中烟工业有限责任公司成立于 2004 年 2 月，是中国烟草总公司的全资子公司，正厅级中央驻鲁国有大型企业。公司主要生产"泰山"品牌卷烟，是全国烟草行业重点品牌、我国高档品牌卷烟中的典范。公司年内销卷烟生产计划 285.4 万箱，居全国第五位。公司下辖济南、青岛、青州、滕州等四个直属非法人卷烟生产厂，拥有从事多元化生产经营的将军、颐中集团公司两个全资子公司。公司技术研发实力雄厚，拥有 1 个国家级技术中心和 1 个博士后科研工作站；公司多次荣获"全国五一劳动奖状""全国设备管理先进企业""全国优秀政工企业"等荣誉称号，连续多年名列"中国纳税百强""国有企业500 强"行列。

该公司在进行宽带薪酬体系的设计时，着重强调以下三个原则：一是薪酬水平接近或略高于市场平均水平。调整后的新薪酬总体水平接近或略高于市场平均水平，使新的薪酬体系更具有竞争性。二是强调薪酬体系的激励作用。新的薪酬体系打破了过去对所有员工采取统一的薪酬制度的方式，对不同的人员采取了不同的薪酬结构及分配方式，尤其对与公司业务有着密切联系、公司一直认定为关键岗位的营销人员和技术人员的薪酬制度进行了专门的设计。这样既反映了激励的共性，又反映了各类岗位的特殊性。三是强调了内部公平性。公司此次薪酬设计将员工薪酬与员工的知识、能力、工作业绩以及企业整体效益挂钩，拉开了员工的收入差距，使不同能力、不同岗位、不同业绩分别对应不同薪酬。

（黄丛显，2008）

二、宽带薪酬的设计要素与流程

宽带薪酬设计是以企业内部的职位分类为基础，设置几个不同的薪酬区间，将原来的多个薪酬等级整合后统一纳入已设置的薪酬区间内，同时加大每个岗位对应薪酬等级的浮动范围，最终建立起来的一种新的薪酬管理体系。在进行宽带薪酬设计时要注意一些要素的确定并遵循相应的流程。

（一）宽带薪酬的设计要素

1. 宽带数量与宽带内薪酬浮动范围

（1）宽带数量。宽带数量是划分企业有多少岗位价值等级层次的特征量，一般由以下因素决定：一是企业职位特征分类情况；二是企业职位价值结构中存在的上下级的层级数量；三是企业对职工的职业生涯发展的关注程度；四是企业的人力资源管理及资源配置情况。大多数企业设计 4~8 个薪酬宽带，有的企业设计 10~15 个薪酬宽带。事实上，宽带的数量并无统一的标准，企业在决策时应考虑的是能够带来附加价值的不同员工的贡献等级到底应该有多少比较合适。在实践中，企业一般根据岗位评估结果形成的自然级别作为设计企业确定宽带级别的基础。

（2）宽带内薪酬浮动范围。企业应根据薪酬调查的数据及职位评价结果来确定每一个宽带内的薪酬浮动范围以及级差。同时，在每一个工资宽带中每个职能部门根据市场薪酬情况和职位评价结果确定不同的薪酬等级和水平。一种可行的做法是，企业将宽带内最低工资等级的最低薪资水平作为薪资浮动的下限，将宽带内最高等级的最高薪资水平作为薪资浮动的上限，每级的工资差别一般超过 100%。

2．宽带的定价与宽带薪酬中的员工定位

（1）宽带的定价。与传统等级薪酬结构不同的是，宽带薪酬在同一宽带中不仅存在技能或能力之间薪酬水平的差异，还存在职能工作之间薪酬水平的差异。因此，宽带薪酬设计的难点就是如何向处于同一宽带但职能各异的员工支付薪酬。由于不同职能部门的人员承担的职责和任职资格等重要薪酬要素不同，他们虽处于同一薪酬宽带内，但不可能获得完全相同的工资。比如，同样是专员级别，财务部门专员的薪酬水平可能高于行政部门专员，但是到底高多少，在确定时可以依据两个标准：一是不同职能部门对企业战略的贡献度，贡献度越大，薪酬水平就越高；二是不同职能人员的市场价值高低，市场价值越高，则薪酬水平越高。这样才能够对员工产生激励作用，减少员工的不满，从而提高员工的工作效率。

（2）宽带薪酬中的员工定位。当宽带薪酬结构建立起来以后，接下来需要解决的问题就是确定不同的员工在宽带薪酬结构中的位置。在薪酬宽带结构中，不同岗位、不同级别的位置有很多，将员工放在适合他们的薪酬宽带的位置上，会对企业工作的顺利进行产生有利的影响。但是由于不同的企业所注重的因素不同，则在确定员工在薪酬宽带中的位置所时采用的方法也就不同。例如，对于那些着重强调员工绩效的企业，可以采用绩效曲线法，即根据员工个人的绩效来确定其在薪酬宽带中的位置；对于重视员工技能的企业，则可以严格按照员工的新技能获得情况来确定他们在薪酬宽带中的位置。

3．员工任职资格及薪酬评级

在宽带薪酬结构下，薪酬成本上升的速度要比传统的薪酬结构快（刘宁，2008）。因此，为了严格控制人工成本总水平上涨的幅度，从而有效地控制人力成本，抑制宽带薪酬的缺点，在建立宽带薪酬体结构的同时，企业必须构建相应的员工任职资格体系，明确员工的工资评级标准和办法，营造一个以绩效和能力为导向的企业文化氛围。

4．跨级别的薪酬调整以及宽带内部的薪酬调整

在宽带薪酬结构内，员工职业生涯的大部分或者所有时间都可能处在同一薪酬宽带中，即在同一级别的宽带内部流动，而不是在不同的薪酬宽带之间流动，这时的情况就比较简单，因为在薪酬宽带内部的薪酬变动与同一薪酬区间内的薪酬变动的原理基本上是相同的。但是，也会出现员工在不同等级的薪酬宽带之间流动的现象。这时，如何确定这种员工的薪酬变动标准就变得特别重要。宽带薪酬作为一种强调员工技能（或能力）和绩效的薪酬结构，特别注重员工自身能力的提高和绩效的改善，这就要求企业在设计宽带薪酬结构时，必须建立、健全对员工的技能或能力的评价体系和员工绩效管理系统，并将此作为跨级别员工的薪酬变动标准。只有这样，才能确保这种跨级别员工薪酬变动的依据是客观公平的，这也是企业实施宽带薪酬的一个前提条件。

（二）宽带薪酬的设计流程

宽带薪酬的设计流程可分为以下六个步骤（梁超，2017）。

1．明确公司的薪酬管理战略

公司在进行员工宽带薪酬设计时，首先要明确自身的薪酬管理战略，但是薪酬管理战略必须以公司的经营战略为基础，服务于公司的经营战略，因此，公司薪酬管理战略的制定一定要与公司的经营战略保持一致。

2．岗位分析

岗位分析是人力资源管理最基础的一项工作。通过岗位分析，能够明确每一岗位的职责和工作内容以及所要达到的工作目标，岗位说明书就是对各岗位进行分析后的结果。岗位说明书对岗位权限、职责、胜任条件、工作量等都做了定性和定量的规定与要求，不仅为员工招聘和员工培训提供了标准，还有助于选拔和任用合格人员，设计员工开发计划，为岗位评估、绩效管理、薪酬激励和其他人力资源管理工作提供了科学的依据。

3．岗位评价

岗位分析仅仅反映了企业对各个岗位和各项工作的期望与要求，无法揭示各项工作间、各岗位间的相对价值大小，因此，需要对各岗位进行全面分析和比较，对岗位价值进行评价，确定各工作岗位对企业的相对价值。岗位价值评价有很多方法，常用的有因素比较法、岗位参照法、市场定位法、分类法、配对比较法等。其中，因素比较法又称为要素计点法，是目前大多数国家最常用的岗位评价方法。

岗位评价的一般流程是：首先，成立岗位价值评价小组。小组成员要选择那些对公司业务和内部管理了解较多、对评估岗位较熟悉、处理事情客观公正并在员工中具有一定影响力的人员。其次，设计和选择岗位价值评价模型。在岗位分析的基础上确定岗位

评价的要素，并赋予每个要素合理的权重，再进一步确定每个要素的子要素和相应的分值，然后对各子要素进行评价打分，由此得到每个岗位的相对价值。

例证 6-3

新疆金戈壁公司的岗位分析与评价

金戈壁公司，全称为新疆金戈壁油砂矿开发有限公司，位于新中国成立后勘探开发的大油田克拉玛依，2013 年 4 月在克拉玛依市工商局注册成立，主要经营油砂矿等非常规油气资源勘探、开采及销售（筹建）。

在实践中，金戈壁公司已具有较完整、客观的岗位职责说明、工作描述及岗位说明书。在此基础上，公司将现有的 87 个工作岗位归为三类：经营管理、专业技术和生产操作，然后进行分析，具体如表 6-2 所示。

表 6-2　金戈壁公司岗位分类图

岗 位 类 别	岗　　　　位
经营管理岗位	经理助理、经理办公室主任、计划科科长、财务科科长、人力资源部主任、生产技术科科长、生产运行科科长、质量安全环保科科长、文书岗、文秘岗、组织员岗、劳动组织岗、信息岗、薪酬管理岗、会计岗、出纳岗、核算员岗、合同岗、招标岗、安全环保管理岗等
专业技术岗位	技术员、地质员、助理工程师、工程师、设备管理员、调度、实习生等
生产操作岗位	维修工、仪表工、采气工、加气工、汽车驾驶员等

金戈壁公司对岗位进行具体分析后，开始进行岗位评价。此次岗位评价采用要素计点法来对评价因素进行量化打分，对不同的评价因素规定不一样的分值。其中，岗位责任（20%）、技能要求（35%），岗位性质（35%）、劳动环境（10%）。基于岗位评估量表，对每个岗位进行了相对客观的打分，具体如表 6-3 所示。

表 6-3　金戈壁公司岗位评估情况表

职　　　位	岗位评价值
经营管理岗位	360~855
专业技术岗位	405~550
生产操作岗位	320~550

（李燕，2015）

4．薪酬调查

薪酬调查旨在提高企业的市场竞争力和吸引力，满足外部竞争性。因此，在进行宽带薪酬设计时，实施薪酬调查是极其重要的一步。薪酬调查应重点围绕行业内本地区其他企业的薪酬水平以及内部薪酬体系的梳理等内容展开，具体调查内容和方法见第五章薪酬结构管理的相关内容，此处不再详细讲述。

5．确立宽带薪酬结构

（1）设计薪酬层级。薪酬层级设计是根据职位价值评价结果、职位工作性质以及任职资格要求等因素，确定有几个薪酬层级、每个层级包括几个梯级的过程。薪酬层级设计的首要问题就是要确立宽带的数量。每个层级对应不同的薪酬职位带，即把不同的职位划分到相同的级别中，而在同级别中又进行几个等次的划分。

（2）确定薪点系数。薪点系数即岗位价值系数，是表示企业中各岗位薪酬价值大小的系数。前几个步骤的完成，仅仅确定了各职位在薪酬体系中的具体位置，而要确定每一档的员工具体能够获得多少薪酬，就需要确立各岗位的薪点系数。其中，判断薪点系数设置是否合理的方法是将各职位层级中薪点系数的最大值、中值与最小值放入坐标图中，若随着职位层级的提升，薪酬的级差也越来越大，且各职位层级的薪点系数随着职位的提升而更加陡峭，则说明合理。

（3）科学合理地设计固浮比。不同薪酬区间内的固浮比各不相同，同时也要考虑现阶段运行的绩效体系，若绩效考评力度相对较大，则建议固定部分应大于浮动部分，若绩效考评力度相对较小，则建议浮动部分大于固定部分，从而通过绩效考评的手段提高员工的积极性和主动性。

（4）确立薪酬幅度及薪点区间。在宽带薪酬中，相邻薪酬层级的区间之间具有一定比例的重叠，因而重叠度也成为宽带薪酬的重要特征。企业在设定不同层级间的重叠度时，应当注意以下三点：一是考虑到员工对传统薪酬体系的观念根深蒂固，不能过快地拉开企业中层高管和基层员工的薪酬差距；二是若基层员工数量远远高于其他岗位的员工，考虑到晋升的机会有限，应在中低薪酬等级间适当的设计出较大的重叠度，以转移员工们对"晋升加薪"的关注；三是在设计重叠度时，应当避免出现重叠度过大甚至重合的现象，否则，就会失去晋升带来的激励性。

根据岗位评价的结果及内外部调研数据确定薪酬中位数和等级差；根据起点薪、顶点薪的计算公式，计算每个薪酬等级的起点薪和顶点薪，就得到了薪酬区间。其中，起点薪＝中位数/(1＋薪幅百分率/2)；顶点薪＝起点薪×(1＋薪幅百分率)，得出岗位工资各薪级薪点，以此确定宽带薪酬结构。

例证 6-4

长德集团宽带薪酬结构的设计

长德集团于 2009 年成立，是依据政府相关的要求，以国内其他城市成功经验为依托建立的依照市场化模式运行的国有独资企业。企业注册资本金 23 亿元，经过多年发展，现已成为拥有资产近 200 亿元，员工 500 余人的大型集团化公司。集团经营业务涉及投融资、城市建设、房地产开发、工程管理、建筑材料制造、资产经营与管理等多个领域。

长德集团在进行工作分析与评价、市场薪酬调查后，开始设计宽带薪酬结构。首先，根据自身现有的组织结构和组织层级，分为部门经理层、部门主管层、基础层 3 个层级，分别用 A、B、C 表示。其中，A 层级分为 3 个梯级，B 层级分为 3 个梯级，C 层级分为 4 个梯级，根据各层级职位价值评价结果，得出各个层级平均梯级差分，具体如表 6-4 所示。

表 6-4　长德集团各层级职位价值评估最高分、最低分及各梯级差分

职　层	岗　位	最　高　分	最　低　分	梯　级	差　分
A	部门经理层	860	620	3	120
B	部门主管层	580	420	3	80
C	基础层	410	200	4	70

其次，确定薪点系数。在薪点系数的确定中，以职位价值评价中得分最低的分值（200）为基数，并设定其薪点系数为 1.0。然后将各个岗位的评价分值除以基数，得出各个岗位的薪点系数，具体如表 6-5 所示。

表 6-5　长德集团各薪酬等级标准分值与薪点系数

职位层级	薪酬等级	标准分值	薪点系数
A	A1	860	4.3
	A2	740	3.7
	A3	620	3.1
B	B1	580	2.9
	B2	510	2.55
	B3	420	2.1
C	C1	410	2.05
	C2	340	1.7
	C3	270	1.35
	C4	200	1

再次，确定各薪级职位平均薪点。长德集团根据工作性质与职位层级的不同，设定了不同的固定工资与可变工资比例，具体如表 6-6 所示。

表 6-6　长德集团各职类绩效工资与可变工资比例表

职　　层	固定工资所占比例	绩效工资所占比例
基础层	80%	20%
部门主管层	70%	30%
部门经理层	60%	40%

在确定各职层固定工资与可变工资比例后，选取上两年度数据，取整试算，从而确定各薪级平均薪点。初步试算中，采取 1 薪点等于 5 元进行计算，则得出各薪级与职位价值评价结果，具体如表 6-7 所示。

表 6-7　长德集团薪级与职位价值评价结果

薪层	薪　级	上两年度历史数据（取整）	取固定工资比例		取岗位工资比例		薪　　点	取　　整
A	A1	10 250		6 150		4 305	861	860
	A2	8 900	0.6	5 340		3 738	747.6	750
	A3	8 250		4 950		3 465	693	695
B	B1	6 700		4 690		3 283	656.6	655
	B2	6 050	0.7	4 235	0.7	2 964.5	592.9	595
	B3	5 100		3 570		2 499	499.8	500
C	C1	4 200		3 360		2 352	470.4	470
	C2	3 800		3 040		2 128	425.6	425
	C3	3 000	0.8	2 400		1 680	336	340
	C4	2 400		1 920		1 344	268.8	270

然后，确立薪酬幅度及薪点区间。长德集团在宽带薪酬设计中，根据项目组与集团高层管理者沟通的结果，确定薪酬幅度为 50%。在薪点表的编制过程中，取表 6-6 中取整后的职位平均薪点作为薪点表中的薪级的第三等，即岗位薪酬中值，以此计算出各个薪级的薪点排列，得到薪酬区间。将每个薪级划分为五个薪等，根据等差原则，得出岗位工资薪点表，具体如表 6-8 所示。

表6-8　长德集团岗位工资薪点表

薪层	薪级	一等（起薪）	二等	三等（中值）	四等	五等（顶薪）
A	A1	688	774	860	946	1 032
	A2	600	675	750	825	900
	A3	556	625.5	695	764.5	834
B	B1	524	589.5	655	720.5	786
	B2	476	535.5	595	654.5	714
	B3	400	450	500	550	600
C	C1	376	423	470	517	564
	C2	340	382.5	425	467.5	510
	C3	272	306	340	374	408
	C4	216	243	270	297	324

最后，确立薪酬结构。长德集团新的薪酬模式设置为：

薪酬=基本工资+岗位工资+辅助工资+绩效工资+奖金。

其中，基本工资、岗位工资、辅助工资为固定工资，岗位工资占固定工资的70%。绩效工资与奖金统称为可变工资。

（郭长征，2017）

6. 宽带薪酬实施后的控制和调整

灵活性的宽带薪酬同时隐藏着一些随意性，一旦出现问题会给企业带来严重的打击，因此，做好细节管理问题并重视有关反馈信息是在实施宽带薪酬时不可忽视的一项重要工作。做好细小环节管理具体是指注重全方位收集、分析各类信息，包括行业方面、市场方面、员工方面等，从信息的变化中分析潜在的问题并及时采取有效措施进行控制和调整，实现化解危机的可能。

例证　6-5

天津国安盟固利宽带薪酬的设计

天津国安盟固利新材料科技股份有限公司（简称"盟固利"）成立于2009年11月，注册资本2.7亿元人民币，主要从事锂离子二次电池正极材料的研发、生产与销售。迄今为止，公司已先后被认定为"国家级高新技术企业""天津市科技型中小企业""天津市科技小巨人企业"，获得数十项国内和国际专利授权，形成了具有自主知识产权的核心技术体系，并主导完成钴酸锂和镍酸锂国家标准、镍钴锰酸锂和钛酸锂行业标准等系列标准的制定工作。

　　由于盟固利现行的薪酬体系存在薪酬等级数量过多、薪酬确定缺乏科学性、薪酬结构缺乏弹性、薪酬市场化程度低、薪酬构成不合理等问题，使得员工对薪酬的满意度较低，积极性不高。为了改变这一现状，调动员工积极性，发挥薪酬体系的激励作用，盟固利进行了宽带薪酬体系的设计，具体步骤为：首先，根据公司发展战略和阶段性目标任务，确定各部门工作任务。根据因事设岗的原则重新梳理公司所有岗位，通过新增、合并或撤销等方式优化岗位设置和人力资源配置，然后在统一标准的基础上，对岗位进行岗位分析，明确各岗位的岗位职责、工作内容、工作强度和难度、工作价值、任职资格要求等信息。其次，依据岗位分析的结果，结合岗位特征对各岗位的相对价值进行评价，并根据评价结果对所有岗位进行价值分类和调整，确定薪酬等级，对每一薪酬等级进行进一步的档级划分。再次，确定各个档级的价值系数和年度薪酬，通过调整薪酬区间重叠度，确定薪酬结构。最后，依据岗位性质和特点，确定各岗位的薪酬构成，明确员工的调薪依据。

　　（何占旺，2017）

第三节　宽带薪酬在我国的实施与管理

　　由于宽带薪酬的自身特性和我国企业的现实情况等因素，宽带薪酬在我国的实施受到了制约。那么，究竟宽带薪酬在我国实施中出现了哪些问题？出现这些问题的原因是什么？只有找出了这些问题和原因，我们才能采取有力的措施尽量避免其局限性，让宽带薪酬真正成为企业激励员工的利器。接下来，本节将围绕宽带薪酬在我国的实施现状、实施遇挫的原因与管理对策展开具体阐述。

一、宽带薪酬的实施现状

　　20世纪初，随着中国网通、西门子传输系统等跨国公司引进宽带薪酬，取得了良好的成效。企业的内部效益明显提升之后，众多企业纷纷效仿，尤其是高科技企业、软件企业和通信企业对宽带薪酬的应用最为广泛。宽带薪酬成为20世纪初中国企业中最为盛行的一种薪酬管理模式。宽带薪酬引进之初，大家对其期望很高，事实证明有不少公司确实取得了良好的成效。例如，中国网通引入美国HAY公司的职位族群方法，将原来53级的岗位压缩成6级，打破了原先职位层级决定薪酬的局面，改为以员工的能力和对公司的贡献大小来决定薪酬水平，而且加大薪酬浮动的幅度，极大地激励了员工的积极性（安林，2006）；西门子传输系统公司在实施宽带薪酬后，也认为这种体系能够使薪酬和管理相结合，更具灵活性。

但是，随着时间的推移和实施宽带薪酬企业数量的增多，关于宽带薪酬的负面消息也不断增加。有越来越多的企业在实行宽带薪酬之后并没有达到预期的效果。宽带薪酬实施后出现了管理压力增大、薪酬成本压力增大、员工关系紧张、员工薪酬满意度降低等情况（朱歆玥，2014）。当初引进宽带薪酬的企业在改革薪酬制度，新的企业也不敢再轻易尝试引进，宽带薪酬在我国的实施遇挫，遇挫的具体表现形式主要有如下几种。

（一）对宽带薪酬体系了解不够，实施效果欠佳

1. 员工方面

宽带薪酬相对而言是一种较新的薪酬管理体系。以往，大多数公司实行的是岗位技能工资制，即在确定员工的工资和企业内部的工资等级序列时，主要考虑的是员工的劳动技能，包括工龄、学历、职称和行政级别，没有充分考虑每个员工的劳动对企业实现自身战略目标的贡献。原有的薪酬体系虽然有很大的不足，但实行了多年以后，大部分员工已经比较习惯。对于宽带薪酬，绝大多数员工都不太了解，尤其是传统薪酬体系下的那些既得利益者，更是担心薪酬体系的改变可能会使自己的利益受损，他们的某些思想、言论和顾虑都可能阻碍宽带薪酬体系的实施。

2. 管理层方面

公司管理层对宽带薪酬体系的理解仍有待加强，很多部门领导仍不了解该薪酬体系的内容和方法。产生这一问题的主要原因是新建立的宽带薪酬体系较为复杂及专业，各部门负责人还没有完全熟悉新的内容和方法，这在一定程度上阻碍了宽带薪酬结构的实施。

（二）企业组织架构的扁平化程度不够，影响了实施

众所周知，宽带薪酬是伴随着组织结构扁平化而产生的，被称为扁平化组织结构的量身打造版薪酬体系，宽带薪酬成功实施的一个重要条件就是组织架构扁平化。对于我国大多数公司而言，管理体制改革以后，公司机构设置较为合理，管理环节大为减少，基本上已经扁平化，也具备了实行宽带薪酬的条件，但是有些公司因为各下属单位层面的管理流程重组尚未实行，有些因为公司各职能部门与各下属单位在管理流程方面的接口尚未完全理顺，管理环节还比较多等原因，使得公司组织架构的扁平化程度还未达到宽带薪酬成功实施的要求。

（三）企业人力资源体系不完善，阻碍了实施进程

随着宽带薪酬体系建设的不断推进，对公司人力资源体系的完善和公司管理层的人力资源管理水平都提出了更高的要求。但目前，我国大多数公司人力资源体系的建设还

处在逐步完善的过程，管理层的人力资源管理意识和管理水平也只能逐步提高。这在一定程度上阻碍了宽带薪酬体系的实施进程，影响了宽带薪酬的实施效果。

（四）企业文化和绩效考核未完全起到支撑作用，实施难度大

1. 企业文化方面

我国是一个官本位文化比较厚重的国家，尤其对于国企，主要表现在机构设置及职务称呼方面，基本都是按照政府部门的行政机构来执行。在这种大背景下，对于表现优秀的员工，职务晋升具有无可替代的激励作用。而实施宽带薪酬后，等级变得很少，员工的晋升变得越来越困难，这对于想晋升的员工来说是很难接受的，因此，实施宽带薪酬的难度较大。

2. 绩效考核方面

在传统的薪酬管理体系下，大多数公司绩效考核的手段比较老化，很多时候都是凭领导印象，还要照顾各种错综复杂的关系，绩效考核不公平的可能性很大。虽然大多数公司每年都会进行绩效考评，但是因为大多数公司的绩效考评只与评优评先挂钩，不与奖金直接挂钩，因此，员工对考评结果并不太注重。而实行宽带薪酬以后，等级与等级之间的差距拉开了，绩效考评结果的运用力度加大了，且与员工工资、奖金直接挂钩。从这个方面来说，员工很难接受宽带薪酬体系，实施难度较大。

二、宽带薪酬实施遇挫的原因与管理对策

宽带薪酬在欧美国家被运用多年，取得了不错的成效，为何在我国实施之后却没有获得预期的效果？是本身制度的不完善、实施环境的不适合，还是实施不当？原因有多个方面，最主要的原因还是实施环境不适合。我国企业有其自身的特点，文化因素，企业的发展水平、管理水平等均有着特殊性，这些特点限制了宽带薪酬在我国的实施效果。

（一）宽带薪酬实施遇挫的原因

宽带薪酬在我国实施遇挫的原因主要有以下两点（林凌敏，2011）。

1. 文化因素相冲突

（1）人情文化。宽带薪酬从传统的关注职位转变为关注绩效，这在我国这种人情文化浓厚的环境中是很难实施的。因为在平时的工作中，企业上下级之间由于日常接触，或多或少都会产生一定的私人感情，形成特定的关系网。当部门主管有权对下属调薪时，由于人情的牵绊，使其很难严格按照公司的制度执行。若制度存在灵活性，则其受人情

文化的影响更大，甚至起决定作用。因此，在人情文化影响下，员工的绩效考核成绩很难如实反映其能力或对公司的贡献，调薪的依据也很可能不是该员工绩效的提升情况，而是取决于他跟主管关系的好坏，这将会动摇宽带薪酬实施的基础，使其很难有效实施。

（2）等级观念。我国是个等级观念比较重的国家，表现在职场中就是按职位排辈，职位高者在企业拥有较高的地位和较高的薪酬水平，上下级观念比较明显，这种氛围不利于宽带薪酬体系的运行。在宽带薪酬体系中，很可能会出现一个资深技术员工的薪酬水平高于刚入职的经理、下属员工的薪酬水平高于上级的现象。这种情况一方面很容易引起高职位但薪酬水平低的管理人员的不满意自己的薪酬水平的情况；另一方面，很容易出现低职位但薪酬水平高的员工不服从主管安排的现象。

（3）官本位文化。我国是一个官本位文化很厚重的国家，官本位和级别紧密相连，级别是体现官本位的最基本方式。因此，职位晋升是很多员工的职业目标，对员工有着很大的吸引力，是一种相当重要的激励手段。但是在宽带薪酬体系中，员工在企业间的流动是横向而不是纵向的，即员工很可能始终在一个职级里面移动，而不会晋升到另外一个职级。这样就会出现即使员工的薪酬已经达到了较高的水平，但由于职位晋升的需求得不到满足，很多员工因得不到有效的激励而失去工作热情，甚至跳槽的现象。

2. 企业管理基础相对薄弱

（1）企业管理人员整体素质偏低。目前，我国企业中的绝大多数是中小企业，这些中小企业的管理水平良莠不一。中小企业尤其是小企业，缺乏专业的管理人才是普遍现象，很多管理人员是由于在本职岗位上表现优秀而被提拔到管理岗位上的；还有不少的家族企业，由亲戚担任管理人员，这类管理人员并不具备专业的管理知识，管理经验和方法比较欠缺。宽带薪酬的实施需要管理人员尤其是中层管理者更多地参与到管理中，要参与岗位评价、绩效考核、薪资调整等各方面的工作，这些工作需要参与人员具备相关的知识，否则，一个环节出错，接下来的工作就会很难开展或效果不佳。因此，在管理人员整体素质不高的情况下，宽带薪酬很难取得良好的效果。

（2）企业管理体系不完善。宽带薪酬不仅仅只是一个薪酬制度，它包含了人力资源的各个模块，涉及公司管理的各个方面，需要完整的管理体系来支撑。宽带薪酬在实施前需要对岗位进行分析、评价，然后确定职位的价值和职位任职体系；在实施中通过科学的绩效考评，根据考评分值对员工进行调薪。同时，还需要建立持续的员工开发计划和培训计划来引导员工的能力发展。此外，宽带薪酬作为公司发展战略的组成部分，需要有清晰的战略规划。如果没有以上各个方面的管理手段作为支撑，宽带薪酬是很难顺利实施的。在我国的大部分企业中，很少有企业能具备完善的管理体系，不少企业甚至连职位说明书都没有，绩效管理也是流于形式，所谓的员工考核只是领导说了算。在这样的环境中实施宽带薪酬，效果可想而知。

（二）管理对策

我国企业若采用宽带薪酬，就要采取相应的措施以避免其局限性。首先，在引入宽带薪酬体系前，即准备阶段，应当明确企业战略目标、优化人力资源管理体系及组织层级结构、营造以能力和绩效为导向的企业文化（杨亚楠，2015）；其次，在引入过程中，即实施阶段，应逐步建立科学健全的绩效评价体系、营造积极参与型的管理风格来改革企业环境，创造宽带薪酬的运行环境（姚婷婷，2018）；在引入后，即后续阶段，应采取一些管理手段保障宽带薪酬体系的持续运行，如建立畅通的沟通机制、完善员工培训与开发计划（李孟雨，2017）。只有将宽带薪酬与我国企业所处的环境及自身特点结合起来，才能做到"量体裁衣""对症下药"，让宽带薪酬真正成为激励员工的利器。

1. 准备阶段

（1）明确企业战略目标。宽带薪酬体系实施的宗旨是提升企业的整体绩效，企业的薪酬体系与企业整体战略的匹配性在很大程度上影响着企业的整体绩效，这就使得企业在决定采用哪种薪酬管理制度时，首先必须明确企业的战略目标。同时，宽带薪酬体系的灵活性，决定了其更适合处于成长阶段的技术型和创新型企业，而不太适用于劳动密集型企业（朱歆玥，2014）。因此，宽带薪酬体系的设计应该随着企业的战略目标和发展阶段的变化对薪酬的宽带进行适当地拓展或紧缩，以适应企业整体发展的需要。

（2）优化人力资源管理体系及组织层级结构。首先，企业要进一步健全人力资源管理体系，确保人力资源管理基础工作能够为宽带薪酬的推行提供强有力的支撑，这就要求人力资源部门人员要从传统的人事管理观念转变为人力管理观念；建立规范、灵活的用工制度和市场化程度较高的薪酬制度；做好工作分析与岗位说明、任职资格及工资评级等相关工作，为宽带薪酬薪资评定提供基础。其次，企业要优化组织层级结构，积极采用扁平化组织结构，弱化等级制度，淡化职位观念，突出员工个人角色，强调绩效第一和能力拓展，为采用宽带薪酬创造有利条件。

（3）营造以能力和绩效为导向的企业文化。企业文化不同于企业的规章制度，可以作为一种道德理念使员工们自觉遵守，是企业的一种无形但宝贵的资源。宽带薪酬模式与企业组织扁平化结构相匹配，强调与组织文化相吻合，合适的企业文化是企业有效实施宽带薪酬的必要条件之一。同时，宽带薪酬体系认为企业员工之间的薪酬水平是有差异的，这种差异应该以员工个人的专业能力和对公司的贡献程度大小来体现，而不是按照员工的工龄或职务高低分配薪酬水平。因此，企业要反对官本位文化，营造绩效和能力导向型的文化，积极转变员工与管理者的等级观念，引导员工把注意力从岗位晋升转移到提升工作绩效上来；引导管理者以关键员工为核心，首先考虑员工的绩效。为此，企业要强化尊重知识、尊重人才的观念，弱化等级观念，向员工灌输"绩效第一"的理念。

2．实施阶段

（1）建立科学健全的绩效评价体系。在宽带薪酬体系下，员工工作绩效的高低直接决定了其薪酬所处的宽带范围，这就使得建立公平、透明的绩效考评程序，科学健全的绩效评价体系尤为重要，这是实行宽带薪酬的必要前提。首先，建立一支具有高水平和高公信力的绩效评价团队，保证各项评价工作有序进行。企业可根据自身情况在企业内部培养相应的人才，也可以通过外部的咨询培训机构来进行培养。其次，选择科学的绩效评价要素。这些评价要素的选择应从企业自身实际情况出发，结合企业所处行业特点，要重点突出企业发展战略的各项目标，做到员工目标与企业目标相融合。同时，公开这些评价要素，尽量让每一位员工都清楚地知道。最后，挑选合适的能力等级，即绩效等级，要与设计的薪酬等级相适应。只有建立了一套科学健全的绩效评价体系，并得到了员工的认可，才能真正发挥薪酬体系对员工的激励作用，实现企业的持续性发展。

（2）营造积极参与型的管理风格。在宽带薪酬实施中，薪酬策略是公司整体战略的组成部分，其推行工作必须由公司各级管理人员共同来承担。由初期的职位信息收集、职位评估、职位定级，到薪酬带宽的确定，再到绩效评估的实施等，均需要人力资源部门积极与各部门的主管进行配合、共同完成。管理人员的参与性直接决定着宽带薪酬实施的效果，各级管理人员积极参与公司的管理，共同实施薪酬战略，才能使宽带薪酬有效运行。

首先，针对部门主管人员。一方面，要求部门主管人员拥有人力资源管理的观念，具备一定的人力资源管理知识和足够的专业管理水平，积极参与到人力资源部门对下属进行的薪酬决策中，包括职位的评估、定级、绩效评估及薪酬的调整等。另一方面，部门主管要拥有全局管理的观念，不仅要考虑自己的部门，还要从公司的整体利益来考虑问题。这主要是由于部门主管有权对下属员工的薪酬进行调整，若部门主管不具有全局管理的观念，很容易产生通过调整较高额度的薪酬达到激励员工的想法，这样会造成企业整体薪酬成本的上升。

其次，针对人力资源管理人员。对于人力资源管理人员来说，应该转变观念，由传统意义的管理人员转变为顾问人员，由管理部门转变为咨询、顾问部门。人力资源管理人员要具备服务的观念，具备为各级管理者提供人力资源政策、技术等服务的意识。

3．后续阶段

（1）建立畅通的沟通机制。宽带薪酬能在企业上下有效实施的重要条件之一就是建立畅通的沟通机制，实现企业内部成员的有效沟通。只有当管理层和员工进行了及时、全面的沟通后，才能将宽带薪酬体系透明化，让全体员工都能够明确宽带薪酬体系的核心所在，让员工清晰地了解企业的薪酬改革给员工带来的好处和薪酬设计过程、决定因素以及企业未来的发展战略，从而引导员工重视个人与企业发展的一致性，对企业充满信心。

首先，重视中层管理层在整个沟通体系中的枢纽作用。中层管理者在企业管理中具有承上启下的作用，他们的言行很容易对下属产生影响。因此，在上下沟通中，中层管理者是最为重要的一个角色。企业宽带薪酬体系的实施首先要跟中层管理者沟通清楚，由他们具体传达给员工，这样，能够让员工更加清晰明了。

其次，与员工的沟通方式需多样化。企业可以通过大会宣讲、一对一谈话、员工满意度调查、企业局域网、座谈会、内部刊物宣传等方式，还可以通过高管热线、意见箱等形式跟员工进行交流。沟通的形式多种多样，效果也不尽相同，不同性格的员工会通过不同的方式与企业沟通。但在沟通过程中必须遵循一个基本原则，即企业必须重视员工的反应和意见，及时进行互动反馈，这样，才能达到双方相互了解的目的。只有员工了解了企业的政策和方向，才能调整自己的方向与企业保持一致；只有企业了解了员工的需求，才能制定出更加合理的政策，引导员工进步，实现企业的持续性发展。

（2）完善员工培训与开发计划。宽带薪酬与传统薪酬体系相比具有更大的灵活性，主要体现在员工的个人能力提升和职业生涯规划上。宽带薪酬着重强调提高员工的自我业务能力和素养，掌握专业技能和知识，积极参与企业创新活动，既促进了员工的发展，又增强了企业适应动荡环境的弹性。因此，企业在设计宽带薪酬体系时，必须配有相关的培训开发活动，通过这些活动的实施，提高各个岗位上员工需要具备的各项能力。同时，培养员工的新技能也是企业有效挖掘宽带薪酬带来的利润空间的必要条件和提升员工竞争力的有效途径。

例证　6-6　■　■　■

河南联通公司宽带薪酬结构的实施管理

2008 年 10 月，中国联合网络通信有限公司河南省分公司（简称"河南联通"）筹备组成立，主要负责中国联通在河南省的建设、发展和运营工作。河南联通现拥有固定资产 300 多亿元，建成光缆总长度近 23 万皮长公里，GSM 移动通信基站 11 200 多座，通信网络覆盖河南全省区域。现拥有本地电话用户近 1 600 万户（其中，固话 1 200 多万户，小灵通 340 多万户），宽带用户近 300 万户，GSM 移动通信客户 800 多万户。

河南联通有限公司目前的薪酬制度覆盖范围不完整，薪酬无叠幅，缺乏弹性，不利于非管理岗位员工的发展，起不到应有的激励作用。同时，薪酬管理体系的建立缺乏科学的依据，使得河南联通的整个薪酬制度失去了权威性和公平性。因此，河南联通决定引入和实施宽带薪酬体系。在实施前后，为确保成功，中国联通采取了以下措施：首先，在实施发动阶段，从自身的组织结构、人力资源专业性、企业经营战略目标、员工支持和企业精神文化等方面进行分析和优化，为宽带薪酬营造良好的实施环境；其次，在实施的运作、控制和评估过程，建立科学健全的绩效评价体系、激励制度和不断营造积极参与型的管理风格，以更好地配合宽带薪酬的实施；最后，在宽带薪酬体系建立的后续阶段，采取各种措施为宽带薪酬提供人员保障、资金保障和制度保障等。

（袁利兵，2010）

 **本章小结**

1. 宽带薪酬的兴起背景是：扁平化组织结构成为主导模式；传统的薪酬结构不支持组织扁平化。美国薪酬管理学会将宽带薪酬定义为：重整多个薪酬等级及其薪酬变动范围后形成的薪酬等级相对较少而薪酬变动范围相对较宽的一种新型的薪酬结构。

2. 宽带薪酬结构的特点是结合企业内部岗位进行设置，将原薪酬体系中的多个薪酬等级根据岗位性质分类、整合为相对较少的薪酬区间，同时加大每个岗位在对应薪酬区间内薪酬等级的变动范围。其中，宽带薪酬最大的特点是压缩级别，将原来十几甚至二三十个级别压缩成几个级别，并将每个级别对应的薪酬范围拉大。

3. 宽带薪酬的作用是：打破严格的薪酬等级制、支持扁平化组织；引导员工关注个人能力的提升；促进企业内部岗位的轮换；促进企业内部管理公平的实现；提高企业薪酬的外部市场竞争力。

4. 宽带薪酬的适用性：主要适用于技术型和创新型企业，要求企业有良好的绩效管理体系和成熟的管理队伍。从薪酬体系来说，宽带型薪酬结构既可以应用于职位薪酬体系，又可以应用于技能薪酬体系。

5. 宽带薪酬的局限性是：企业员工获得职务晋升的机会较小，企业成本提高，宽带薪酬结构实施的门槛较高。

6. 宽带薪酬的设计目标是：支撑企业发展战略目标，建立高效的人才激励与约束机制，营造人本管理的企业文化。宽带薪酬的设计原则是：战略导向原则，合法性原则，公平性原则，经济性原则，激励性原则和动态性原则。

7. 宽带薪酬的设计要素是：宽带数量与宽带内薪酬浮动范围，宽带的定价与宽带薪酬中的员工定位，员工任职资格及薪酬评级，跨级别的薪酬调整以及宽带内部的薪酬调整。

8. 宽带薪酬的设计流程是：明确公司的薪酬管理战略，岗位分析，岗位评价，薪酬调查，确立宽带薪酬结构和宽带薪酬实施后的控制和调整。

9. 我国越来越多的企业在实行宽带薪酬后并没有达到预期的效果，实施宽带薪酬后出现管理压力增大、薪酬成本压力增大、员工关系紧张、员工薪酬满意度降低等情况。

10. 宽带薪酬在我国实施遇挫的原因：①文化因素相冲突，具体包括人情文化、等级观念和官本位文化；②企业管理基础相对薄弱，具体包括企业管理人员整体素质偏低、企业管理体系不完善。

11. 宽带薪酬的管理对策：①准备阶段，包括明确企业战略目标、优化人力资源管理体系及组织层级结构、营造以能力和绩效为导向的企业文化；②实施阶段，包括建立科学健全的绩效评价体系和营造积极参与型的管理风格；③后续阶段，包括建立畅通的沟通机制和完善员工培训与开发计划。

@ 网站推荐

1. 薪酬调研网：www.xcdyw.com
2. 薪酬设计网：www.xinchousheji.com
3. 中国薪酬报告网：www.cnxinchou.com

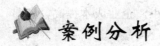

? 思考题

1. 简述宽带薪酬的概念与特点。
2. 相比传统薪酬结构，宽带薪酬具有哪些优势与局限性？
3. 简述宽带薪酬的设计目标、设计原则与设计要素。

案例分析

ATKINS 中国公司的宽带薪酬

ATKINS 是国际上领先的大型顾问公司，总部设在英国，已成长为英国最大的工程顾问公司。同时，也是欧洲最大的多专业咨询公司及世界排名第五的设计公司。ATKINS 中国公司在中国有 4 个主要的办公室，分布在北京、上海、深圳和香港，有 900 多名建筑、景观设计师，城市规划师及顾问，在中国地区主要提供项目规划、设计和实施方面的服务。ATKINS 中国公司从 2006 年 7 月正式启动薪酬改革计划，将原先 35 个岗位归纳到 10 个等级和 4 个宽带中，具体包括以下几方面工作。

1. ATKINS 中国公司委托 Mercer 人力资源咨询公司进行薪酬调查

了解同行业其他 9 家直接竞争企业的薪酬水平和结构；调查上海、北京地区的薪酬水平；对工资结构进行调查，包括发放薪水的形式、时间、范围及其他非货币报酬，并将此数据作为此次薪酬调整计划的数据基础，保持 ATKINS 足够的外部竞争力。

2. 对公司内部职位进行职位评估，保持内部公平性

在职位评估过程中，根据评价要素和对某个特定职位任职资格中等级标准的各个方面（如岗位所需的知识、技能、工作经验、行为标准等）进行评价，分别得出各个子要素的分数，然后求和得出该职位任职资格等级的分数。之后把不同的职位归类并确定宽带数量及薪酬浮动范围。在确定职位相对价值后，人力资源部门根据各职位任职资格等级分数，按一定原则划分成区段，每个分数区段对应一个工资等级，并根据薪酬调查和职位相对价值决定薪酬水平。然后把若干个工资等级进一步合并，使它们成为薪酬宽带。

3. 重新确定员工薪酬结构宽带薪酬体系中的薪酬结构

固定工资依然是员工年收入的主要组成部分，差异主要通过职位的等级高低来表现。同时，增加绩效工资部分，约为 8%~10%。对事业部和部门的利润有重大责任的员工，设置利润目标奖金，使工资的浮动范围加大，更为灵活。

4. 在薪酬调整的同时，鼓励员工宽带内横向职位轮换

同一工资带中薪酬的增加与不同等级薪酬增加相似。在同一工资带中，鼓励不同职能部门的员工跨部门流动以增强组织适应性，提高多角度思考问题的能力。在新的薪酬体系中，每个等级和宽带内都有 3 个岗位序列，同一等级间 3 个岗位序列之间的工作调动可以由员工主动申请。

5. 在薪酬调整的同时，重新界定事业部和部门的经理层在薪酬体系中的权利和义务

人力资源部门重新定位为顾问部门。为了避免经理在决定员工工资时由于更大的自由所带来的人力成本可能大幅度上升的风险，在部门预算的控制下进行重新的流程设置。

6. 在宽带薪酬方案确定后公布前，启动为期一个月的员工沟通

首先，公司印制了宽带薪酬的说明手册并召开员工大会，详细说明宽带薪酬的原则和方案；其次，对于部门经理进行为期 1 天的培训，让他们更好地理解方案和市场状况；公布员工本人在宽带薪酬中的位置，然后上级经理和下级进行单独沟通，了解员工的想法和接受程度。

7. 薪酬方案的动态控制与调整过程

根据行业和企业内部条件的变化，及时收集相关数据。HR 部门每半年回顾一次薪酬水平，控制和合理调整薪酬水平和结构，定期收集和反馈宽带薪酬实施过程中的细微环节。

　　从 2006 年 7 月至 2007 年 2 月，经过 5 个月的运作，ATKINS 中国公司于 2007 年 2 月开始切换到新的宽带薪酬体系。该项目以人力资源部为主要推动部门，同时将所有部门经理任命为项目组成员。在项目实施中，在公司董事会的全力支持下，最终形成了目前的宽带薪酬结构和体系。

　　（资料来源：李斌，2008）

讨论题：

　　1. ATKINS 中国公司的宽带薪酬管理模式主要体现了宽带薪酬的哪些设计原则？

　　2. ATKINS 中国公司的宽带薪酬实施过程提示我们在设计宽带薪酬时要注意哪些问题？

参考文献

　　[1] Edwin W AMOLD，CLYDE J SCOTT. Does broad banding improve pay effectiveness[J]. Southern business review，2002（18）：18-25.

　　[2] SHAO LONGHONG，CHICH JENSHIEH. Effect of broadbanding compensation on management of corporate[J]. Journal of information & optimization sciences，2009，30（1）：1-20.

　　[3] 安林，陈庆. 中国企业宽带薪酬实务[M]. 北京：机械工业出版社，2006.

　　[4] 边高飞. LY 公司宽带薪酬设计研究[D]. 杭州：浙江工业大学，2014.

　　[5] 陈亚薇. QY 企业宽带薪酬体系设计[D]. 南昌：江西财经大学，2010.

　　[6] 程伟娜. 国有科技型企业宽带薪酬的建立与应用研究[D]. 北京：首都经济贸易大学，2014.

　　[7] 党雁. 浅析宽带薪酬设计的一般过程[J]. 中外企业家，2014（22）：238-241.

　　[8] 付维宁. 绩效与薪酬管理[M]. 北京：清华大学出版社，2014.

　　[9] 郭丽芳. 宽带薪酬设计中如何实现公平性——以 IT 企业为例[J]. 华东经济管理，2006（06）：101-104.

　　[10] 何占旺. 天津国安盟固利股份有限公司宽带薪酬体系研究[D]. 秦皇岛：燕山大学，2017.

　　[11] 黄丛显. 山东中烟工业公司宽带薪酬设计方案研究[D]. 北京：首都经济贸易大学，2008.

　　[12] 李斌. ATKINS 中国公司宽带薪酬体系的应用实践研究[D]. 上海：上海交通大

学，2008．

[13] 梁超．H 公司员工宽带薪酬方案设计[D]．长春：吉林大学，2017．

[14] 李孟雨．基于宽带薪酬理论的 Z 公司薪酬体系优化研究[D]．南京：南京师范大学，2017．

[15] 刘宁，施春燕．宽带薪酬体系的设计要素[J]．企业改革与管理，2008（1）：66-67．

[16] 林陵敏．提高宽带薪酬在中国企业适用性的研究——TBB 公司宽带薪酬应用的实证分析[D]．福州：福州大学，2011．

[17] 李端娜．H 科技有限公司宽带薪酬体系设计研究[D]．衡阳：南华大学，2017．

[18] 刘昕．薪酬管理[M]．4 版．北京：中国人民大学出版社，2014．

[19] 李燕．新疆金戈壁油砂矿开发有限责任公司宽带薪酬方案研究[D]．北京：中国石油大学，2015．

[20] 王洪平．株洲市政建设有限公司宽带薪酬体系设计研究[D]．长沙：湖南大学，2012．

[21] 姚婷婷．基于宽带薪酬的 A 培训公司薪酬管理研究[D]．南昌：南昌大学，2018．

[22] 晁玉方．现代薪酬管理——理论、工具方法、实践[M]．北京：清华大学出版社，2017．

[23] 于雅楠，史桦鑫．基于宽带思想的薪酬体系应用[J]．中国劳动，2003（7）：38-41．

[24] 杨亚楠．A 公司薪酬管理方案研究与设计——基于宽带薪酬的理论视角[D]．昆明：云南大学，2015．

[25] 袁利兵．河南联通有限公司宽带薪酬体系研究[D]．郑州：郑州大学，2010．

[26] 阎妍．CH 银行宽带薪酬体系研究[D]．长春：吉林大学，2016．

[27] 张惠军．宁夏邮政公司宽带薪酬体系的设计与实现[D]．沈阳：东北大学，2009．

[28] 朱歆玥．宽带薪酬的适用性分析[J]．管理观察，2014（32）：83-85．

第七章

奖励性薪酬管理

 学习目标

- 了解奖励性薪酬的概念与功能
- 掌握奖励性薪酬的种类
- 掌握个人激励计划的概念与类型
- 掌握团队激励计划的概念与类型
- 熟悉企业激励计划的类型

 引例

康宁公司：重点奖励好员工

　　和许多公司一样，光缆制造商康宁公司（Corning Inc.）也难逃恶劣财务状况的纠缠。公司的销售额一路下滑，管理层在两年内裁减了一万六千多个工作岗位，冻结了所有留下人员的工资。尽管从 2001 年初到现在都没有盈利，康宁公司还是决定给那些完成预定目标的员工发放奖金。

　　为什么在这样恶劣的条件下还要奖励员工？康宁的答案是：奖励优秀员工是提高生产力和在潜在市场中保持优势地位的最好办法。今年的奖金数量可能会很少，但是公司最终必须履行诺言，工作表现出色的员工会获得比别人多的报酬。

　　事实上，薪酬专家们认为当销售状况不理想时，奖励业绩突出者尤为重要。因为企业处在发展停滞时期，可以用来分配的薪酬数量有限。因此，有的公司不是给每个员工都涨一点基本工资，而是将大部分钱用来奖励杰出员工或最必不可少的员工，给他们发

奖金或涨工资，或者两者都有。有时，表现不好的员工得到的只是基本工资，或只比基本工资多一点点。

　　"公司必须对工作表现不同的员工区别对待，并且要让这种差别非常明显。"全球人力资源顾问公司华信惠悦（Watson Wyatt Worldwide）负责薪酬管理方面的专家约翰·布雷门（John M. Bremen）这样说道。Schuster-Zingheim and Associates 公司的杰伊·舒斯特（Jay Schuster）表示，很多公司已不再是简单地"为人才付钱"，而是"论功行赏"，只将最高的薪酬付给公司里表现最好的员工。"目前，企业更加关注是谁获得激励工资的问题。我们发现，在有些企业中，获得绩效工资的人数在减少，但他们得到的奖励却比过去任何时候都要多。"

　　一些专家认为，绩效工资的普遍应用标志着员工薪酬权利时代的结束。那个时代的基石是以"工龄"为基础的薪酬体系，随着工龄增长，工资稳步增加，同一级别或同一工种的所有工人的工资是相同的。从制造业时代到知识经济时代的转变和劳动力市场流动性的增加，已经改变了人们对薪酬的看法。

　　薪酬管理专家敦促企业应利用这个机会，从吃"大锅饭""利益均沾"的体系进一步转化为比行业内任何企业更充分地奖励杰出员工的体系。企业需要的薪酬体系应不仅能吸引杰出员工，而且能激励那些表现不佳的员工。为了达到这个目的，这套体系的设计必须对表现不同的员工区别对待。

　　（资料来源：重点奖励好员工[EB/OL].（2004-04-08）. http://www.ceconline.com/hr/ma/8800035004/01/.）

　　通过上面的引例，我们可以看出，即使是在企业财务状况不理想的情况下，也要给予员工薪酬奖励，特别是要奖励那些表现优秀的员工。那么，为了更好地激励员工努力实现企业的目标，企业通常会采取各具特色的奖励性薪酬管理措施。本章在介绍奖励性薪酬的基本概念和种类后，着重介绍奖励性薪酬的个人激励计划、团队激励计划以及企业激励计划的主要内容，以使读者对企业的奖励性薪酬管理有基本的认识和了解。

第一节　奖励性薪酬概述

本节首先为读者介绍奖励性薪酬的概念，然后阐述奖励性薪酬的种类和功能。

一、奖励性薪酬的概念与种类

（一）奖励性薪酬的概念

对具有奖励性质和可变性质的薪酬（不含福利）有各种不同的名称，如奖励性薪酬、激励薪酬、绩效薪酬等。虽名称不同，但内涵相近。奖励性薪酬，即按照员工个人、团队或企业预先制订的激励薪酬计划，将明确的激励方案提前告知员工，对达到特定目标与要求的员工或团队给予具有奖励性质的各种薪酬（货币或非货币）的总和。奖励性薪酬是对员工过去工作成绩的认可，并通过一定方式的激励来影响员工未来的行为。

（二）奖励性薪酬的种类

传统的奖励性薪酬只包括奖金、分红等。但是，随着经济的发展，企业内部进一步改革，奖励性薪酬不再局限于传统的类型，而是创新并发展出了多种激励方式。根据不同的标准，奖励性薪酬可以划分为不同的类型。按照奖励方式的区别，奖励性薪酬可划分为货币奖励性薪酬与非货币奖励性薪酬；按照奖励周期的区别，奖励性薪酬可划分为短期激励计划与长期激励计划；按照奖励对象的区别，奖励性薪酬可划分为个人激励计划、团队激励计划与企业激励计划。

1. 货币奖励性薪酬与非货币奖励性薪酬

货币奖励性薪酬，即指用奖金、绩效工资等形势发给员工的奖励性薪酬。非货币奖励性薪酬，即除了金钱以外，用其他形式给员工的奖励性薪酬，如实物奖励、旅行奖励、授权、员工参与决策、荣誉奖励、带薪休假等。

2. 短期激励计划与长期激励计划

短期激励计划，即以奖金、绩效加薪等为主要方式的奖励性薪酬。长期激励计划，则是以股票期权、员工持股等为主要方式的奖励性薪酬。

3. 个人激励计划、团队激励计划与企业激励计划

个人激励计划，即激励员工个人提高工作绩效的一种奖励方案，如计件制、绩效加薪、一次性奖金等；团队激励计划，即激励员工提高集体工作绩效的一种奖励方案，如小组奖励计划、收益分享计划、利润分享计划等；企业激励计划，即激励员工努力提高企业工作绩效的一种奖励方案。需要注意的是，这种划分不是绝对的，如一次性奖励模式也可用于团队激励当中。关于这一划分的各项激励计划的具体内容，本章将在后面进行着重介绍。

二、奖励性薪酬的功能

实施奖励性薪酬是降低企业成本的有效途径。企业进行奖励性薪酬管理，主要是为了通过各种奖励机制，激励员工提高工作效率和效能，从而增加企业利润，促进企业发展。具体而言，奖励性薪酬的功能主要表现在：目标明确，促使员工提高工作绩效；节约成本，提高企业生产率；留住人才，提高员工忠诚度。

（一）目标明确，促使员工提高工作绩效

目标是最好的指路明灯，能带领个体朝着正确的方向一往无前。一般而言，企业的各种奖励性薪酬计划都有明确的目标，这个目标能够引导所有员工向着同一个方向努力工作。这里所指的目标，有两重含义：一是企业的目标，即企业为了生存发展，在各项活动中想要达到的效果；二是员工的目标，即员工努力工作，以期获得更高的奖励性报酬。在目标清晰的情况下，奖励性薪酬对员工的激励作用就十分显著，且激励程度要远远高于基本工资。由于奖励性薪酬并不是企业内部所有员工都可获得的等额薪酬奖励，而是需要员工不断努力，提升自身能力，改善工作质量，实现预定目标后，才有机会获得的薪酬。因此，奖励性薪酬的设置，在很大程度上激励着员工不断提升绩效水平。

例证 7-1

北汽集团：因岗而异的奖励性薪酬管理制度

北京汽车集团有限公司（简称"北汽集团"）是中国汽车产品门类最为齐全的汽车集团。北汽集团总部在北京，主要从事整车制造、零部件制造、汽车服务贸易、研发、教育和投融资等业务，是北京汽车工业的发展规划中心、资本运营中心、产品开发中心和人才中心，位列 2018 年《财富》世界 500 强排行榜第 124 名。对北汽来说，员工是一个企业持久发展、保持长盛不衰的宝贵财富。北汽集团的人力资源特色是其因岗而异的奖励性薪酬管理制度。

针对研发人员，北汽有专门的激励制度。这个激励制度是和研发产品的进度、质量、成本以及效益挂钩的。具体情况为：在全面完成项目的情况下，如果成本低于预期，研发项目组会有提成；质量达到了标准，就会有奖励。相反，如果进度有所拖后，项目组就会被扣钱。产品研发出来之后若是取得很好的效益，超过预期的部分会给研发人员分红。这一激励手段将研发工程师的薪酬与业绩紧紧捆绑在一起，实现了个人利益与公司利益的极大重叠，并打破了以往分配中的"大锅饭"和"平均主义"，充分发挥了各类人才的积极性和创造性。

针对生产岗位技术人员，北汽也有着一整套的项目激励机制。工程师或高级工程师可以根据工作中遇到的生产、技术难点或是能够提高产品质量和生产效率的新方法与所在分厂协商并提出项目。经过评审委员会审核之后立项，聘请技师或高级技师来操作项目，项目期间的薪资按照技师或高级技师的水平支付。一个项目完成之后，奖励的 70%归个人，30%归工厂。整个完整机制的目的是：支持员工不断提高技能和水平、激发员工的工作热情，同时帮助企业在培养高技能人才、创新和提高产能之间形成良性循环。

事实证明，北汽集团的奖励性薪酬管理制度不仅能够促使员工不断提升自身能力，改善工作质量，实现获得更多奖励性报酬的个人目标，同时也帮助企业在各项活动中达到想要的效果，从而达成"双赢"的结果。

（资料来源：北汽：员工通过业绩体现个人价值[EB/OL].（2018-11-02）. https://www.hbrchina.org/2018-1102/6880.html.）

（二）节约成本，提高企业生产率

奖励性薪酬可以节约企业成本。一方面，由于奖励性薪酬是一种可变的薪酬，是随着个人、团队或整个企业的绩效改变而改变的变动成本，企业可以根据自身的经营状况灵活调整奖励性薪酬的水平，能在一定程度上缓解薪酬固定成本（如基本工资）的支付压力，从而提高企业在困难或经济萧条时期的生存能力。另一方面，由于奖励性薪酬的目标明确，实现了企业利益与个人利益的统一，员工为了获得更多的奖励性薪酬，会自觉提高自身的工作绩效，从而在一定程度上能够提高企业的生产率；同时，企业也相应降低了监督员工工作的必要性，因而在一定程度上节约了管理成本。

（三）留住人才，提高员工忠诚度

设计合理且富有激励性的奖励性薪酬方案，一方面，在企业正常运营时期能够吸引人才进入企业，也能够使工作绩效优异的员工得到应有的奖励，从而能够在获取外部优秀人才和保留内部绩效突出的员工方面发挥优势。另一方面，在企业陷入经营困境的时候，由于固定薪酬成本较低，企业基本能够做到不裁员或少裁员，从而增强员工的安全感，提高员工的忠诚度；在企业回到正常运营轨道之后，企业还能够具备充足的人才，迎接新一轮机遇与挑战。

第二节　个人激励计划

本节为读者介绍奖励性薪酬管理中的个人激励计划，主要内容包括个人激励计划的概述、类型、设计三个部分。

一、个人激励计划概述

（一）个人激励计划的概念

个人激励计划，又称为个人奖励计划，即针对达到工作绩效标准的员工的一种奖励性薪酬计划。在个人激励计划中，绩效标准主要包括产品质量、生产数量、顾客满意度、安全或出勤率等。企业在构建员工个人绩效标准的时候，应该考虑选择员工个人可以控制的因素；设计和实施个人激励计划时，应当根据员工直接负责工作的结果来进行。个人激励计划具有个人性、绩效性、短期性等特点。

（二）个人激励计划的条件

实施个人激励计划需要具备以下三个前提条件。

第一，能够通过客观的绩效标准来考核员工。客观绩效标准包括产品生产数量、商品销售额、出错率、出勤率等。

第二，员工个人有能力控制工作绩效。

第三，实施个人激励计划需要避免员工之间出现不良竞争。

（三）个人激励计划的优缺点

1. 个人激励计划的优点

（1）有助于加强劳动薪酬与劳动绩效之间的联系。

（2）有助于促使企业公平合理地分配薪酬，最终帮助企业吸引和留住优秀人才。

（3）比较适用于崇尚个人主义文化的企业。

2. 个人激励计划的缺点

（1）可能导致员工在工作到达某一程度后就不思进取。员工可能会过分依赖既定的工作目标，因此，当员工拿到最高的奖励性薪酬时，就可能不愿意再提高绩效。

（2）当个人激励计划只奖励员工的某方面工作时，可能会导致员工在其他方面工作中出现不良行为，顾此失彼。例如，企业若只以商品销售额作为绩效标准，那么可能会导致员工的工作都偏向于关注商品的销售额，而忽视了顾客满意度、产品质量等其他方面。

（3）员工可能会抵制企业引进新技术或者进行制度的变革。因为员工会担心因企业的发展而导致绩效标准发生变化，从而损害员工预期可得的利益。

二、个人激励计划的类型

个人激励计划的类型主要有针对生产工人的个人激励计划、绩效加薪、一次性奖金和特殊绩效认可计划等。

（一）针对生产工人的个人激励计划

针对生产工人的个人激励计划是以生产工人能否在指定时间内完成工作任务为基础确立的。相对其他员工而言，生产工人的工作时间和工作结果（即产量）比较容易量化，因此，针对生产工人的个人激励计划具有特殊性，可以从以下两个维度加以区分。

第一个维度是确定工资率的方法，即以单位时间的产量为基础，或以单位产品的时耗为基础来确定工资率。前者适用于周期较短的工作任务，后者适用于周期较长的工作任务。第二个维度是产出水平与工资率的关系。一般有如下两种方式：一是无论产量多少，工资率是一个常数，保持不变；二是将工资率作为产出函数的变量，如产出超过绩效目标的员工能够获得（相较于产出达不到或刚刚达到绩效目标的员工）更高的工资率。根据这两个维度，针对生产工人的个人激励计划的分类如表 7-1 所示。

表 7-1　针对生产工人的个人激励计划的分类

产量与工资率的关系	工资率的确定方法	
	单位时间的产量	单位产量的时耗
工资率为常量的产量水平函数	直接计件工资制	标准工时制
工资率为变量的产量水平函数	泰勒差别计件工资制 梅里克多重计件工资制	哈尔西 50/50 计划 罗恩计划 甘特计划

1．直接计件工资制

直接计件工资制，即以单位时间的产量来确定工资率，通过确定产品的计件工资率，将生产工人的薪酬和产量直接挂钩，薪酬是随着产量的变动而变动的函数。大多数计件工资计划都设定一个产量基数，即劳动定额，作为计件工资标准，而且规定了最低工资保障线。同时，设定激励工资率，即当员工的产出数量超过计件工资标准要求的产量时，超过的部分就可以按照激励工资率计算。直接计件工资计划的示例如表 7-2 所示。

表 7-2　直接计件工资制示例

制度：
计件工资产量标准（由时间研究确定）：50 单位/小时
工资最低保障线：20 元/小时
激励工资率：2 元/单位

工人产量	支付单位时间激励量	支付单位时间工资总量
≤50 单位/小时	0 元/小时	0+20=20 元/小时
60 单位/小时	(60-50)×2=20 元/小时	20+20=40 元/小时
70 单位/小时	(70-50)×2=40 元/小时	40+20=60 元/小时

直接计件工资制是最古老的，也是应用最广泛的激励方法。直接计件工资制将薪酬与工作成果联系起来，能够反映员工实际付出的劳动量，使不同员工之间以及同一员工在不同时间上的工作绩效差异在薪酬上得到合理反映。它简单易行，员工容易理解和接受，激励效果明显。但是，如何设定一个合理的标准是实施直接计件工资制的难点，有

些企业让管理层和劳动者共同讨论决定这个标准；在有工会的企业中，该标准往往通过谈判，以合同文本的形式得到确认。需要注意的是，直接计件工资制主要是从数量上反映工作绩效，但难以衡量产品质量、节约原材料和安全生产等指标。

2．标准工时制

标准工时制是由立法确定一昼夜中的工作时间长度，一周中工作日天数，并要求各用人单位和一般职工普遍实行的基本工时制度。在标准工时制下，企业以员工在标准时间内完成工作的情况给予奖励薪酬。如果员工能够在少于预期的标准时间内完成工作，员工的工资仍然按标准时间乘以其小时工资率计算。比如，企业制定了完成某项工作的标准时间为 4 小时，而一位工人在 3 小时内完成了工作，那么这位工人的工资便是工人的小时工资率乘以 4 小时。标准工时制具有直接计件工资制的各种特征，它的优点在于计件报酬不必随着每一次产出率变化而重新计算，特别适用于重复动作少、技巧要求很高的长周期工作和任务。采用标准工时制的目的在于鼓励员工及时完成工作，而非鼓励多生产。

3．泰勒差别计件工资制和梅里克多重计件工资制

泰勒差别计件工资制，即对同一工作设置两个工资率。对于那些在规定时间内完成的产量高于标准产量的工人，就按照较高的工资率计算工资水平，且这个工资率要高于规定的工资率标准；对于那些在规定时间内完成的产量低于标准产量的工人，那就按较低的工资率计算工资水平。实行泰勒差别计件工资制，要求企业每日及时计算并公布每个工人当日的工作成果，以便激励工人第二日尽更大的努力去工作。虽然这种方式在一定程度上会增加企业给工人的平均日工资，但却能调动工人的工作积极性，有利于提高劳动生产率，使企业获得更高的经济效益。与此同时，对于工人而言，实行泰勒差别计件工资制却意味着资本家对他们的剥削更加严重。

梅里克多重计件工资制在原理、操作方面和泰勒差别计件工资制基本相同，二者的不同之处在于计件工资率的划分层次上。梅里克多重计件工资制将计件工资率划分为三种（见表 7-3）。

表 7-3　梅里克多重计件工资制计件工资率划分层次

类　别	判 定 标 准	获得额定工资的比率
表现优秀的员工	＞标准产量的 100%	$1.1 \times m$
表现中等的员工	标准产量的 83%~100%	$1.0 \times m$
表现劣等的员工	＜标准产量的 83%	$0.9 \times m$

泰勒差别计件工资制和梅里克多重计件工资制都是以标准产量为依据，根据实际产量水平的不同确定不同的工资率。两者的对比示例如表 7-4 所示。显然，两种制度的目的都是激励工人提高工作效率。

表 7-4　泰勒差别计件工资制和梅里克多重计件工资制对比示例

制度：
计件产量标准：10 单位/小时
单位产品标准工资率：5 元/小时

工 人 产 量	单位产量的泰勒差别计件工资制		泰勒计件工资	单位产量的梅里克多重计件工资制		梅里克计件工资
7 单位/小时	0.5 元/单位	第一层	3.5 元/单位	0.5 元/单位	第一层	3.5 元/单位
8 单位/小时	0.5 元/单位		4.0 元/单位	0.5 元/单位		4.0 元/单位
9 单位/小时	0.5 元/单位		4.5 元/单位	0.6 元/单位	第二层	5.4 元/单位
10 单位/小时	0.5 元/单位		5.0 元/单位	0.6 元/单位		6.0 元/单位
11 单位/小时	0.7 元/单位	第二层	7.7 元/单位	0.7 元/单位	第三层	7.7 元/单位
≥12 单位/小时	等同于 11 单位/小时标准					

4．其他针对生产工人的个人激励计划

除了上述三种针对生产工人的个人激励计划以外，还有哈尔西 50/50 计划、罗恩计划和甘特计划。

（1）哈尔西 50/50 计划。该计划指如果员工完成任务的实际时间低于限额的时间，那么就能节省人工成本。节省的人工成本通常按照"五五分账"的原则在员工和企业之间分配，从而激励员工为了获得奖励而提高自身的工作效率。

（2）罗恩计划。它与哈尔西 50/50 计划类似，即在员工和企业之间分配因工作时间少于标准时间而节省的人工成本。但是，罗恩计划的最大特点是工人获得的奖金会随着完成任务的实际时间的减少而增加。

（3）甘特计划。它又被称为"作业奖工制"，即完成任务就发奖金的制度。与哈尔西 50/50 计划、罗恩计划不同，甘特计划一般是将时间标准设置成需要工人非常努力才能达到的水平，如达不到则只能拿预先确定的保障工资。这样的结果是，只要工人完成任务的实际时间等于或少于标准时间，那么工人报酬的增长就会快于产量的增长。

（二）绩效加薪

1．绩效加薪的概念

绩效加薪，又称绩效工资，即把员工基本薪酬的增加与其工作绩效评价结果联系起来的一种奖励薪酬计划，该计划用来奖励工作表现优异的员工。绩效加薪取决于员工的工作绩效，是对员工过去的工作绩效的认可。需要注意的是，与其他奖励性薪酬相比，绩效加薪是在基本工资基础上的永久性增加，因此，一些教科书把绩效加薪划为基本工资部分。本书认同的观点是，在绩效加薪确定之前和确定之时，它属于奖励性薪酬的范畴，而确定之后则转化为基本工资的一部分，不再属于奖励性薪酬的范畴。

2．绩效加薪的主要要素

绩效加薪包含三个主要要素：加薪幅度、加薪时间和加薪方式。

（1）加薪幅度。绩效加薪的加薪幅度取决于企业的支付能力、企业对绩效加薪效果的预期、企业的薪酬水平与市场平均薪酬水平的对比关系（见表 7-5）。另外，还与员工的职位、企业内部相对收入水平等因素有关。

表 7-5　市场化绩效工资的示例

与市场平均薪酬水平相比	绩效评价等级			
	大大超出期望水平	超出期望水平	达到期望水平	低于期望水平
超过 15%左右	4%	2%	1%	0%
超过 8%左右	7%	5%	2%	0%
基本持平	8%	6%	3%	0%
低 8%左右	10%	8%	4%	0%
低 15%左右	12%	10%	6%	0%

（2）加薪时间。加薪时间通常与企业的绩效考核周期有关。一般情况下，企业的绩效考核周期为一年，企业会在每年年末根据员工的绩效考核结果确定具体的绩效工资率。当然，企业的绩效考核周期也可能是半年或一季度。另外，一些企业为了防止薪酬水平的过度增长，减轻成本压力，也会实行几年一次的绩效加薪制度。

（3）加薪方式。加薪方式主要包括基本薪酬累积增长和一次性加薪两种方式。基本薪酬累积增长方式会使企业的总体薪酬水平始终处于增长状态，给企业带来较大的成本压力。一次性加薪是年度绩效加薪的变通形式，可以减轻企业的成本压力，而企业也可以通过加大一次性加薪的力度来增强其激励作用。

3．绩效加薪的种类

按照绩效加薪决策所运用的变量多少，可以将绩效加薪划分为仅以绩效为基础的绩效加薪、以绩效和相对薪酬水平为基础的绩效加薪、引入时间变量的绩效加薪等类型。

（1）仅以绩效为基础的绩效加薪，即加薪是以员工绩效评价等级的高低为依据，这种绩效加薪方式的优点是企业容易做预算和控制成本，便于管理（见表 7-6）。

表 7-6　仅以绩效为基础的绩效加薪：以基本工资为准

员　　工	当前的薪酬	加薪百分比	绝对加薪额
员工 A	2 500 元	2.0%	50 元
员工 B	3 500 元	2.0%	70 元
员工 C	4 500 元	2.0%	90 元

注：假定 A、B、C 三名员工的绩效评价等级相同，得到相同的加薪百分比。

采用这种绩效加薪方式的结果是：在基本工资不同的情况下，即使员工的绩效水平相同，但基本工资高的员工所得到的绝对加薪额必然会高于基本工资低的员工。在企业具有完善的薪酬体系的前提下，处于不同薪酬等级上的员工对企业的贡献是有差异的，因此这种做法有其合理之处。但是，这种方式可能会导致企业内部的薪酬差距过大，不利于企业内部团结和团队建设。为了避免这种情况发生，另一种仅以绩效为基础的绩效加薪（以员工所在薪酬范围的中值为基准）方式出现了（见表7-7）。

表7-7　仅以绩效为基础的绩效加薪：以员工所在薪酬范围的中值为基准

员　　工	当前的薪酬	以薪酬范围中值为基础的绩效工资	绝对加薪额	实际加薪百分比
员工 A	2 500 元	2.0%	70 元	2.8%
员工 B	3 500 元	2.0%	70 元	2.0%
员工 C	4 500 元	2.0%	70 元	1.6%

注：假定 A、B、C 三名员工在同一个薪酬等级，并且 B 的薪酬为这个薪酬等级的中值。

这种绩效加薪方式使得在同一薪酬宽带中的绩效相同的员工的绝对加薪额相同，并且减缓了处于薪酬宽带高层人员的加薪速度。

（2）以绩效和相对薪酬水平为基础的绩效加薪，即加薪是以四分位或百分位（四分位或百分位是指员工个人薪酬在企业内部薪酬体系的位置）方法为依据，或者以市场比较比率（即员工个人薪酬与市场平均薪酬水平之间的比较）为依据。这种方式通常以绩效和内部或外部相对薪酬水平为基础，大多用于传统型组织和薪酬结构比较复杂的组织（见表7-8）。

表7-8　以绩效和相对薪酬水平为基础的绩效加薪

绩 效 水 平	薪 酬 水 平			
	一　分　位	二　分　位	三　分　位	四　分　位
优异	8%	6%	4%	3%
胜任	7%	5%	3%	2%
合格	5%	4%	2%	1%
不满意	0%	0%	0%	0%

注："一分位"是指该员工薪酬水平在企业当中处于倒数的 1/4 位置，以此类推。

如表7-8所示，采用这种绩效加薪方式的结果是，如果员工薪酬水平较高，则企业会在同等条件下酌情考虑降低员工的加薪幅度；反之亦然。对于不同薪酬水平的员工，在绩效水平相同的情况下，加薪幅度也不同。这种绩效加薪方式可以有效控制报酬成本，维持薪酬结构的完整性，并有助于减少以资历为基础的薪酬计划所带来的不公平现象。

同时，还可以适当控制给本身在企业中已拥有较高薪酬水平（与内部平均薪酬水平以及外部市场平均水平相比较）的员工支付越来越高的薪酬。

（3）引入时间变量的绩效加薪。它是在绩效和相对薪酬水平的基础上再引入时间变量，是更科学、更复杂的一种方式（见表7-9）。

表7-9 以绩效、相对薪酬水平和时间变量为基础的绩效加薪

绩 效 水 平	薪 酬 水 平			
	一 分 位	二 分 位	三 分 位	四 分 位
优异	8%~9% 6~9 个月	6%~7% 9~11 个月	4%~5% 10~12 个月	3%~4% 12~15 个月
胜任	6%~7% 8~10 个月	4%~5% 10~12 个月	3%~4% 12~15 个月	2%~3% 15~18 个月
合格	4%~5% 9~12 个月	3%~4% 12~15 个月	2%~3% 15~18 个月	0
不满意	0%~2% 12~15 个月	0	0	0

从表7-9可知，实行这种绩效加薪方式的结果是：工作绩效较高的员工所对应的加薪幅度较大，且加薪周期较短；反之亦然。这种方式最大的优点是十分灵活，企业可以根据经营状况和员工的绩效水平确定加薪幅度和加薪周期。另外，由于这种方式能够为工作表现卓越的员工提供大量且频繁的加薪机会，因此与前两种绩效加薪方式相比，其激励强度较大。但是，这种方式实行起来难度不低，如果管理不当，也有可能为企业带来额外的成本负担。

（三）一次性奖金

一次性奖金，即没有累加性质的绩效加薪方式，是对传统绩效加薪的改进。一次性奖金能够有效地控制企业工资成本，并告知员工：企业不是每年都会增加基本工资的。这使得基本工资具有一定的稳定性（见表7-10）。

表7-10 一次性奖金与绩效加薪的相对成本比较示例

	一次性奖金	绩 效 加 薪
第一年基本工资	50 000 元	50 000 元
第一年奖金/加薪幅度 5%	50 000×5%=2 500 元	50 000×5%=2 500 元
第二年的基本工资	50 000 元	50 000+2 500=52 500 元
第二年奖金/加薪幅度 5%	50 000×5%=2 500 元	52 500×5%=2 625 元
第三年的基本工资	50 000 元	52 500+2 625=55 125 元

	一次性奖金	绩 效 加 薪
第三年奖金/加薪幅度 5%	50 000×5%=2 500 元	55 125×5%=2 756 元
第四年的基本工资	50 000 元	55 125+2 756=57 881 元
第四年奖金/加薪幅度 5%	50 000×5%=2 500 元	57 881×5%=2 894 元
第五年的基本工资	50 000 元	57 881+2 894=60 775 元
第五年奖金/加薪幅度 5%	50 000×5%=2 500 元	60 775×5%=3 039 元
第六年的基本工资	50 000 元	60 775+3 039=63 814 元

注：一次性奖金不计入基本工资。

从表 7-10 可知，绩效加薪的成本远高于一次性奖金的成本，因此，为了避免固定薪酬成本的不断增加，很多企业都采用一次性奖金取代绩效加薪。然而，对于员工而言，一次性奖金没有太大的吸引力。因为连续几年实施一次性奖金的激励方式，实际上就相当于冻结了员工的基本工资水平，因此，员工更偏爱绩效加薪。

例证　7-2

三星奖励半年薪水

2017 年对于三星来说是收获颇丰的一年，旗下 DRAM、AMOLED 显示屏等业务皆有起色。得益于三星 S8 系列、Note8 系列的强势来袭，三星智能手机、屏幕显示等部门可以获得不少奖金。此外，因为 2017 年芯片业务表现强劲，三星电子芯片业务的员工将获得一笔丰厚的奖金，部分员工更是可以拿到相当于年薪 50%的奖金，真的很令人羡慕。

据了解，每年三星都会拿出纳税后利润的 20%作为员工奖励基金，而那些表现亮眼的部门则更容易拿到这笔丰厚的奖励。三星 2017 年的运营利润为 53.6 万亿韩元（约合 3 168 亿元人民币），首次突破 50 亿韩元大关，其中表现最强劲的就是上述的芯片业务、屏幕显示业务以及智能手机业务部门，因此这些部门能够拿到巨额奖金，也算是情理之中。

（资料来源：三星奖励半年薪水因为去年芯片业务表现强劲[EB/OL].（2018-02-01）. http://www.sohu.com/a/220222635_379902）

（四）特殊绩效认可计划

1. 特殊绩效认可计划的概念

特殊绩效认可计划，即当员工或团队远远超出工作要求或做出对企业具有重大贡献的行为时，企业给予的表扬、表彰、物质奖励等的一项计划。

特殊绩效认可计划的激励作用不仅限于激励对象，还在一定程度上鼓励所有员工为企业做出超额贡献，使员工通过谨慎地规避风险以获得奖励认可。这种激励计划有助于吸引能够做出卓越贡献的员工加入和留在企业。

2．特殊绩效认可计划的种类

（1）超额绩效奖励。超额绩效奖励，即对员工个人或团队超额完成既定工作目标的优异结果实施的奖励。由于按照绩效加薪的方式能够给予员工的回报有限，因此此时使用超额绩效奖励，可以让企业充分感谢和鼓励优秀员工个人或团队。该奖励计划的具体奖励内容包括显著增加产量或销售量、新产品研发、新市场开拓等。

（2）周边绩效奖励。周边绩效奖励，即对因其他行为表现突出而被企业高度赞赏的员工或团队，或通过其他行为为企业做出重大贡献的员工或团队进行的奖励。该奖励计划的具体形式包括员工卓越奖、见义勇为奖等。

三、个人激励计划的设计

企业的个人激励计划的设计有三项重要内容，即评估企业情况、建立绩效标准、执行监控管理。

（一）评估企业情况

个人激励计划的种类丰富，但并不是所有企业都适用所有类型的个人激励计划。企业在设计个人激励计划的时候，首要步骤是评估本企业的情况。评估内容包括企业属性，企业内部的薪酬制度，企业外部的平均薪资水平，企业文化，员工群体特征等方面。根据评估结果，企业再决定选择何种个人激励计划，之后，再进行后续的个人激励计划设计工作。

（二）建立绩效标准

个人激励计划是用来激励达到或超过绩效标准的员工的奖励性薪酬计划，因此，设计个人激励计划的关键步骤就是建立一个合理的绩效标准。例如，在设计针对生产工人的激励薪酬计划时，当中的标准单位产量、在绩效加薪中的绩效评价等级、绩效工资率等都是需要预先建立的标准。合理的绩效标准对于增强员工的工作积极性，提高企业经济效益具有促进作用；反之，不仅对提高工作绩效毫无帮助，反而会影响企业内部的一致性。总之，企业建立合理的绩效标准是设计个人激励计划中最重要的环节。

例证 7-3 ■ ■ ■

海底捞考核指标的成功设计

海底捞可以说是餐饮界学习的楷模。对于餐饮行业最常使用的指标，如利润率、消费额、营业额、翻台率等，海底捞均不予考核。海底捞董事长张勇强调，不想因为考核而导致宾客吃的食物不好、餐饮器具和清洁用具是坏的还继续用等不良情况发生。不过，海底捞以前也是走过弯路的，海底捞曾经尝试把 KPI（Key Performance Indicator，关键绩效指标）细化。比如，客人水杯里的水要及时补充，给戴眼镜的宾客提供眼镜布等，如果没有做到，就要扣 0.05 分。然而这种考核方式导致了另一种极端情况的发生，如给每一位宾客送眼镜布。最可笑的是，有的客人说不用手机套，结果服务员趁客人不注意的时候，把客人的手机抓过去套上。显然，直接指标的使用效果不好，而后海底捞就换成考核间接指标，比如，考核翻台率。因为翻台率高就证明客人对服务员提供的服务满意度高。实施以后发现，考核翻台率也不行。后来，张勇发现，在餐饮行业里，柔性指标起着决定性的作用。顾客满意度可能没办法用指标去描述，但是可以感觉出来，包括人的努力程度也是，所以海底捞就把 KPI 全部去掉，改为考核柔性指标，包括客户满意度、员工积极性、干部培养等。考核方式是：一位副总组织一队"神秘人"去考察，然后得出考核结果。根据考核结果将店分成 A、B、C 三级，A 级要表扬嘉奖，B 级是既不表彰也不辅导，C 级需要辅导（但不会扣钱，给员工一段时间的辅导期，如果超过辅导期仍然没有达标，该店店长就要被淘汰了）。此外，为了避免管理者的不公以及非正式组织的负面影响，海底捞引进了计件工资制，员工干得多就挣得多，表现好的员工就让他多干，这避开了管理上的很多难点和疑点。

在张勇看来，餐饮行业的特点是劳动密集、低附加值以及"碎片化"。他认为，若要在餐饮行业中建立一套现代化的管理机制，企业需要有适当的组织和激励制度，而其中，考核至关重要。

（资料来源：海底捞内部的 KPI 考核是如何切合实际的实施的？[EB/OL]．（2017-08-02）．https：//www.sohu.com/a/161606458_463529．）

（三）执行监控管理

有效的个人激励计划除了具有合理的绩效标准，以及符合企业实际的详尽执行方案以外，还需要执行监控管理。对个人激励计划的执行监控管理，能及时发现激励计划是否按照既定的方案执行，以及是否出现预设以外的结果，并且分析偏差原因。通过监控管理，采取纠正措施，使实际执行工作符合原定的或完善后的计划，因此，企业在设计个人激励计划的时候，必须考虑到执行监控管理环节。

第三节　团队激励计划

本节将为读者介绍奖励性薪酬管理当中的团队激励计划，包括团队激励计划的概念、优缺点、适用范围与类型。

一、团队激励计划概述

（一）团队激励计划的概念

团队激励计划，是指根据团队的工作绩效来确定团队工资水平的奖励性薪酬计划。团队激励计划旨在奖励员工的集体绩效，而不是每位员工的个人绩效。

（二）团队激励计划的优缺点

1. 团队激励计划的优点
（1）对企业绩效和员工个人绩效的提高具有积极影响。
（2）与个人激励计划相比，更易于进行绩效评价。
（3）增强了员工对企业决策的参与度和支持度。
2. 团队激励计划的缺点
（1）员工难以发现他们个人的绩效最终是如何影响他们获得的奖励性薪酬的。
（2）可能会增加贡献较大的员工的流动性。因为团队中的高贡献员工必须与低贡献员工分享收益，这会挫伤高贡献员工的积极性。

（三）团队激励计划的适用范围

团队激励计划一般适用于小规模团队，且要求团队成员间具有高度依赖性。因为如果团队规模很大，员工可能就会认为个人业绩对团队的整体业绩影响不大，从而作为结果的最终奖励的作用必定也是微弱的。此外，当团队工作形式普遍、个人绩效难以衡量时，采用团队激励计划更为妥当。

二、团队激励计划的类型

团队激励计划的类型主要包括小组奖励计划、收益分享计划、利润分享计划和风险收益计划。

（一）小组奖励计划

1. 小组奖励计划的概念

小组奖励计划，即人数较少的同一小组成员在达到既定的工作目标之后共同获得奖金的奖励方案。在小组奖励计划中，企业会事先为小组预设具体的绩效标准（如顾客满意度、销售量、生产数量、产品质量等），只有达到绩效标准后才会给小组内的每位成员发放奖金。

2. 小组内的奖金分配方式

小组内的奖金分配方式有如下三种。

（1）组员平均分配奖金。这种方式可以加强组员之间的合作，激励他们尽可能多地达到甚至超过绩效标准，从而获得奖金。但是，若组员认为组内每个人的贡献或绩效不相同，此时不宜采用此种分配方式。

（2）组员根据其对小组绩效的贡献度获得相应数额的奖金。这种方式适用于组员认为每个人的贡献或绩效不同的情况，但这也可能会导致一些员工为了增加收入只考虑个人绩效而不顾集体绩效。为此，一些企业采取了折中的办法，即根据员工个人的绩效发放部分奖金，剩下的一部分奖金根据小组的绩效发放。

（3）根据组员的基本工资占小组所有成员基本工资的比例确定其奖金比例。在基本工资高的员工对企业的贡献度高的假设下，这种方式使得组员的奖金和他们的基本工资成比例。

3. 小组奖励计划的优缺点

（1）小组奖励计划的优点。小组奖励计划能够鼓励组员主动学习新的知识、掌握新的技术，承担更多的工作责任。在小组中工作的员工不再服从上级管理者的命令，组员必须为实现小组的工作目标而制订计划，组员能够有效地参与到制订计划的过程中，从而提高组员对计划的支持度。

（2）小组奖励计划的缺点。小组奖励计划强调小组的绩效目标必须依靠每个人的努力才能完成，一个员工的失误可能会影响所有员工的薪酬，员工在这种情况下的工作压力会很大。如果因为某个员工的工作失误而导致整个小组无法完成工作任务，则该员工将面临无论如何也要完成工作任务或者离开小组的两难选择。

罗辑思维：纵向激励的小组制

罗辑思维实行按任务分工的小组制。一个小组基本配置三个人，包括商务谈判、创意策划、文案撰写、物流监控、财务对账等在内的各个环节，全部由小组成员自己完成，他们既要懂商品，也要懂创意和内容，还要懂服务。小组组长的身份不是管理者，他们与其他人是"师徒关系"。只要在小组内工作超过半年的人，就可以"出师"带领一个小组。新手在小组前半年的分红，要分给"师父"10%。公司每年评选出"孵化"小组最多的师父，称为"一代宗师"。在这样名利双收的机制下，组长会主动帮助组员提高素质，也有足够的动力带领徒弟出师，源源不断地为公司培养新的人才。

公司每周、每月公布业绩排名，排销售额和上新数量。小组间形成竞赛机制，刺激各小组努力争取达到更好的业绩。小组按项目利润分红，虽然没有股权激励，但比股权激励更直接、更有效。在这样的机制下，小组非常活跃，而且他们的学习能力和进取心也超出公司的预期。

（资料来源：罗辑思维的90后管理，小组制做纵向激励、节操币做横向协调[EB/OL].（2018-01-05）. https：//www.sohu.com/a/214859909_367376. ）

（二）收益分享计划

1. 收益分享计划的概念

收益分享计划，即以一个部门或整个企业生产率的提高为基础，并将由此带来的收益的增加或成本的节约在员工与企业之间进行分配的一种制度。收益分享计划促使员工努力达到企业的绩效目标，如提高标准工作时间的产量、节约实际生产劳动时间等。

实行收益分享计划的主要目的在于通过向员工提供参与企业管理实践的机会，提高员工的参与度进而提高企业的绩效。该计划能否见效，很大程度上取决于员工的参与度。

2. 收益分享计划的优缺点

（1）收益分享计划的优点。收益分享计划不仅可以使从事间接服务的员工、个人绩效不容易被察觉的员工得到奖励，还可以让员工了解自己对企业整体所做出的贡献，提升员工自身的成就感。需要注意的是，收益分享计划促进员工提升工作技能的同时不强迫其提高生产效率。

（2）收益分享计划的缺点。首先，收益分享计划可能会引起小组间的不良竞争。另外，绩效低的员工在团队中可能会有"搭便车"的行为，这会对绩效高的员工产生消极影响。一旦团队达不到既定目标收益，就容易引起团队内部成员之间的矛盾。

3. 收益分享计划的种类

根据计算公式不同，收益分享计划分为斯坎伦计划、拉克计划和生产率分享计划。这三种计划是企业最常用的收益分享计划。现在，有些企业也会在此基础上根据自身需要进行修改，或者采取混合式计划。

（1）斯坎伦计划。该计划强调参与性的管理，即管理人员和员工应该不分彼此，让每个人都明白个人薪酬的增加是建立在彼此坦诚合作的基础上的，将公司的薪酬激励和员工的建议系统结合在一起。斯坎伦计划的目的是降低企业人工成本的同时，不影响员工的工作积极性。该计划具体的计算公式要根据企业的需要来设计。一般而言，企业都以劳动力成本与产品销售价值（即销售收入与库存商品价值之和）之比的函数作为奖励性报酬的依据。其计算公式为

斯坎伦比率=劳动力成本/产品销售价值

斯坎伦比率越低，说明劳动力成本相对于产品销售价值而言越低。企业的目标就是尽力降低斯坎伦比率。为更好地理解斯坎伦计划，请看表 7-11 的示例。

表 7-11　斯坎伦计划示例

第一年某团队的斯坎伦比率基准数据（基准斯坎伦率）
产品销售价值=10 000（其中 8 000 为销售收入，2 000 为库存商品价值）
劳动力成本（总工资额）=4 000
斯坎伦比率=4 000/10 000=40%
第二年斯坎伦奖金发放期数据
产品销售价值=9 500（其中 7 000 为销售收入，2 500 为库存商品价值）
按基准斯坎伦率计算的计划劳动力成本（计划总工资额）=9 500×40%=3 800
本年度实际劳动力成本（实际发放总工资额）=3 300
节省成本=3 800-3 300=500（节余的 500 就作为奖金发放给团队员工）
本年度的斯坎伦比率=3 300/9 500=35%（较第一年降低了）

 例证　7-5

斯坎伦计划：以合作、参与为核心理念

拉普安特公司请斯坎伦担任企业咨询顾问，于是他设计了斯坎伦计划。斯坎伦计划是以劳动成本的节约作为分享额让员工分享，使员工与企业都能从这项制度中得到好处。其核心理念是劳资双方未来的任务应当是发展一种更成熟的关系，包括双方明智的合作。如果工人被推到一边，对生意漠不关心，仅被当作棋盘上的兵卒来摆布，合作就不可能实现。为实现合作，斯坎伦引入参与原则，即在工人中培养出一种参与的感觉、一种归属的意识，令员工把企业交代的任务真正当作自己的事情来做。这种真正的参与是要找到一种方式，使员工付出的劳动能够从生产率的增长中获得奖赏。然后围绕一个公式建立起劳资之间的工作关系，以使他们成为一个团队。一旦这种团队建立起来，就会发现员工的主要劳动兴趣，就像管理者一样，转向提高生产率。因此，公式怎么设计很重要，而一旦确定了系数，它就是劳资双方之间的一种契约。业绩增长了，劳动的收入就按公式所规定的比例增长。斯坎伦特别提到，该计划成功的关键在于员工参与管理。为此，

斯坎伦专门设立了生产委员会，委员会成员一般都在工作岗位上选取，很容易接近，他们被授权推动建议的落实。在生产委员会之上是评审委员会，由来自各个部门的管理者和工人代表组成，该委员会要对涉及范围广泛的建议进行评审。在委员会的辩论过程中，几乎经营的每一个方面都会被讨论到。所有关乎企业经营、关乎工人切身利益的问题，全部被拿到委员会上公开讨论。这样的结果是，拉普安特公司的每一个人都知道企业的状况，都以自己所做的特殊贡献而感到自豪。斯坎伦计划给公司带来的积极效果是明显的，它不仅使公司的业务大幅增长，还有效地激发了员工的主动性和潜能。

（资料来源：组织与管理新趋势：参与、分享[EB/OL]．（2019-05-28）．http：//www.sohu.com/a/316925916_761946.）

（2）拉克计划。拉克计划又称为产量份额计划，即建立在团队员工的总收入与员工所创造的产品价值之间的关系基础之上的激励计划。在原理上，拉克计划与斯坎伦计划相似，但拉克计划的计算公式更为复杂，主要区别是用以衡量生产效率的公式不同。拉克计划采用增值公式衡量生产效率。

拉克计划的基本假设是员工的工资总额保持在生产总值的一个固定水平上。拉克比率是判断支付奖金与否的依据。其计算公式为

价值增值=销售额－原材料、供给以及耗用的服务价值
总雇佣成本=雇员的总雇佣成本（包括工资、薪金、所得税及附加的报酬）
拉克比率=价值增值/总雇佣成本

与斯坎伦比率相比，企业希望拉克比率越高越好。为更好地理解拉克计划，请看表 7-12 示例。

表 7-12　拉克计划示例

第一年某企业的拉克比率计算
销售额=7 500 000
原材料成本=3 200 000
各种供给成本=250 000
各种服务（如责任保险、基本维护保养费等）费用=225 000
总雇佣成本=2400000
价值增值=7 500 000-3 200 000-250 000-225 000=3 825 000
拉克比率=3 825 000/2 400 000=1.59（成为标准拉克比率）
第二年拉克奖金发放期数据
实际价值增值=670 000
总雇佣成本=625 000
实际拉克比率=670 000/625 000=1.07
计划价值增值=标准拉克比率×总雇佣成本=1.59×625 000=993 750

从表 7-12 可以看出，第二年的实际拉克比率（1.07）小于第一年的拉克比率（1.59），且第二年的实际价值增值（670000）要小于计划价值增值（993750），这说明该企业第二年的绩效与第一年相比下降了，没有获得价值增值余额。因此，在这种情况下员工得不到任何收益分享的奖金。

（3）生产率分享计划。不同于斯坎伦计划和拉克计划采用成本节约程度来衡量生产效率，生产率分享计划的目的是激励员工使用更少的劳动时间生产更多的产品。

生产率分享计划以劳动时间比率公式为基础。通过分析历史数据，确定标准单位产品的劳动时间，然后通过比较标准单位产品劳动时间与实际单位产品劳动时间来衡量生产效率。为更好地理解生产率分享计划，请看表 7-13 示例。

表 7-13　生产率分享计划示例

某企业的历史数据
100 名员工用 50 周生产出 50 000 单位的 A 产品
所有员工总劳动时间=5（天/周）×8（小时/天）×50×100=200 000 小时
单位产品劳动时间=200 000/50 000=4 小时（作为标准单位产品劳动时间）
该企业某次生产 A 产品数据
102 名员工用 4 080 小时生产出 1 300 单位的 A 产品
产出的标准价值=1 300×4=5 200 小时
收益=5 200-4 080=1120 小时
收益的一半 1 120/2=560 小时，由所有员工（包括管理人员）分享。换算成工资，每个员工将获得 560/4 080×100%=13.7%的额外奖励。

根据表 7-13 可知，该企业生产 A 产品的实际单位产品劳动时间（含生产率分享收益奖励）等于 3.57 小时（(4080+560)/1300≈3.57），实际单位产品劳动时间（3.57 小时）小于标准单位产品劳动时间（4 小时）。可见，通过将生产率分享收益奖励给员工之后，单位产品耗费的时间减少了。

（三）利润分享计划

1. 利润分享计划的概念

（1）利润分享计划的概念。利润分享计划，即把企业实际利润的变动作为衡量绩效的标准，超过目标利润的部分在企业全体员工之间进行分配的制度。利润分享计划的奖励报酬是建立在利润基础上的。利润分享计划旨在激励员工为企业的发展做贡献，并从中获得奖励报酬。

（2）利润分享计划的优缺点。与收益分享计划相似，利润分享计划促使员工将关注点从个人利益转移到企业的整体利益上，以合伙人的身份致力于企业发展的各个方面。

由于利润分享计划将员工利益与企业的发展联系在一起，使员工对企业和企业目标有更高程度的认同感，进一步促使员工努力工作，从而提高工作绩效。此外，利润分享计划是只有超过预定的利润目标才会给员工发放的一次性奖励，不会计入员工的基本工资中，因而不会增加企业的固定工资成本。

但是，利润分享计划也有一定的局限性。企业利润受外部影响较大，如果由于外部条件变化等员工无法控制的因素导致企业利润水平没有超过预定的目标，那么员工就无法得到奖励；如果这种情况持续几年，利润分享计划就会对员工的积极性产生负面影响。另外需要注意的是，一些企业实行利润分享计划的做法是将利润平均分配给每个员工，或者利润份额与每个员工的基础工资成比例，这可能会有"大锅饭"的嫌疑。

2. 利润分享计划的基本思路

利润分享计划是按照一定的比例将企业利润分配给员工，其具体思路包括以下几个方面。

（1）按照员工绩效评价的结果来分配年度总利润。

（2）每隔一定时期向员工发放固定数额的反映企业利润的奖金。

（3）在监督委托代理的情况下，按预先规定的比例把一部分利润存入员工账户，员工退休后可以领取这部分收入，并可享受较低的税率。

3. 利润分享计划的种类

利润分享计划的种类主要包括现金利润分享计划和延期利润分享计划。

（1）现金利润分享计划，即企业把当年利润的一部分直接作为红利以现金的形式在全体员工之间进行分配的制度。员工当年就可以获得这部分的奖励报酬。

现金利润分享的计算分为两个步骤：一是从企业总利润中提取利润分享基金。提取的主要方式有：按固定比例提取、按不同利润提取段提取、利润达标后才能提取。二是在员工之间分配利润分享基金。分配的主要方式有：按薪酬等级（或年收入）分配、按贡献分配。

（2）延期利润分享计划，即企业委托管理机构，将员工实得利润分配额按预设比例把一部分存入员工个人的账户，并在一定时期后支付给员工的制度。这是一种长期的激励方式，奖金延期支付，可以累积到较高的金额，为员工增添一些保障。

从短期而言，现金利润分享计划的激励性优于延期利润分享计划；反之亦然。因此，企业一般会把两种类型结合起来使用，即企业在当年以现金方式支付一部分应得奖金给员工，然后把剩余应得奖金转入员工个人的账户，留待日后支付。

（四）风险收益计划

风险收益计划，即从共同分担风险的角度来激励员工的一种制度，一般可分为成功分享计划和风险分担计划两类。

1. 成功分享计划

成功分享计划，又称为目标分享计划，即在当年超过经营目标的前提下，企业对全体员工实行的奖励计划。在成功分享计划中，员工的基本工资是几乎不变的。如果企业绩效好，员工可以得到奖励报酬；如果企业绩效差，员工则不能获得奖励报酬，但基本工资保持不变。

2. 风险分担计划

风险分担计划，即把员工一定比例的基本工资置于一定风险之中的奖励计划。其基本思想是，如果员工不对他们的工作承担一定风险，那么员工也不应该期望得到实质性的报酬。风险分担计划通过对员工的基本工资进行变化安排，使得员工可能拿比较低的工资，也可能使员工在达到或超过绩效目标后获得高于其全部基本工资的额外收入。比如，企业在实施风险分担计划后，把员工的基本工资定在计划实施前的80%，另外的20%即为风险部分。如果企业达到了所有的绩效目标，员工可以得到80%的基本工资和20%的奖金，还可能有其他的额外奖励；但在业绩不好的年份，员工却只能得到80%的基本工资。

风险收益计划将企业的风险部分转移给员工，促使员工具有企业合伙人的性质，在一定程度上能促进企业内部的合作、交流与参与。但这种方式也可能因为不被员工接受而使得激励效果不佳，甚至导致员工流失率的升高。

第四节　企业激励计划

在现实中，由于企业激励计划与团队激励计划都是针对员工群体的，所以两者的界限并不十分明晰，只是企业激励计划面向的群体规模更大。目前，不少企业采用的企业激励计划多为利润分享计划或股权激励计划。本节着重为读者介绍企业激励计划的类型，包括分红制、员工持股计划、股票期权计划、期股计划以及其他股权激励方式。

一、分红制

（一）分红制概述

分红制，又称为利润分红制，即企业每年年终时，按比例提取一部分企业税后利润作为分红基金，然后根据员工的业绩状况确定分配数额，最后以红利形式发放给员工的一种制度。分红制有利于弥补其他分配方式的不足，协调企业与员工之间的分配关系。

分红制具有以下三个特点。

（1）分红制是对企业年终税后利润的分配，属于企业内部再分配，一般不计入工资成本。

（2）分红制是对企业剩余劳动成果的分配，分红的数量和规模受企业扩大再生产投资的影响，二者是此消彼长的关系。

（3）劳动分红一般不与员工的劳动成果直接挂钩，而与个人工资收入基数有关，它对劳动者的激励作用不同于基本工资和奖金。

（二）分红比例

劳动分红总额及其比例一般由企业的最高决策层决定，分红比例一般分为首期比例和续期比例。

1. 首期比例

首期比例，即企业首次建立分红制度的年度所确定的劳动分红比例。其计算公式为

首期比例=劳动分红总额占工资总额的百分比×年度工资总额/年度可分配利润总额

2. 续期比例

续期比例，即企业在建立分红制度以后的年份中，可以按照不变、累进或浮动三种方式来确定劳动分红比例。其中，"不变"，即首期比例确定后以后年度的劳动分红占利润总额的比例不变；"累进"，即劳动分红比例逐年按一定比例上调；"浮动"，即劳动分红比例不固定，随企业利润变化而变化。

（三）分配方式

劳动分红总额确定后，在员工之间的分配方式包括以下三种。

（1）按工资的固定百分比分配。这种方式以工资为基础，把分红作为补充劳动报酬的一种形式。

（2）按工资的累进百分比分配。在这种方式中，员工的工资层次越高，所获的劳动红利百分比越高。累进分配方式主要起着拉大工资档次，刺激员工多做贡献的作用。

（3）按分红系数分配。企业根据工作岗位的性质和特点，制定不同岗位的劳动分红系数；用年度红利总额除以系数总额，求出标准红利，再乘以员工个人所承担工作的红利分配系数。这种分配方式能体现出工作岗位和员工个人对企业利润贡献度的双重差异，与其他方式相比，更具有合理性。

例证 7-6

分红方案"天壤之别"，法国家乐福员工拒不上班

法国连锁零售业头号企业家乐福的部分员工因对企业裁减员工和分红方案不满，2018年3月31日起拒不上班，迫使法国境内大约半数家乐福超级市场和特大超级市场关闭。同时，员工"缺位"，致使法国境内22家仓库关闭，这家全球连锁零售行业巨头在

法国的供货部门因而无货可供。根据家乐福员工所属工会的估算，家乐福在法国的员工中大约有80%不上班，至少300家家乐福超市或特大超市关闭，其中超市130家、特大超市170家，营业损失预计达4 000至5 000万欧元。

家乐福于2018年1月宣布裁员和转型计划，以经营状况面临挑战和需要转型为由决定在法国裁撤2 400个工作岗位。另外，家乐福拟采取出租多家特大超市店面和优化企业结构等措施，员工及其所属工会担心后续会有数千个工作岗位遭到裁撤。

此外，家乐福2018年的分红方案也令员工格外不满。家乐福2018年的分红为平均每名员工57欧元，与2017年的610欧元相去甚远。尽管企业随后追加350欧元，把分红额度提高至407欧元，仍无法消除员工遭到"蔑视"的感觉，缘由是员工的分红金额与股东所分享的3.56亿欧元的红利之间的差距是"天壤之别"。工会方面说，这是一次前所未有的特殊抗议行动，显现家乐福内部劳资对话严重退步。

（资料来源：分红方案"天壤之别"法国家乐福员工拒上班[EB/OL].（2018-04-02）. http://www.sohu.com/a/226982961_267106.）

二、员工持股计划

（一）员工持股计划的概念

员工持股计划，即企业员工出资认购本企业的部分股票或股权，并委托员工持股管理委员会管理运作，管理委员会代表持股员工进入董事会参与表决和分红的一种制度。实施员工持股计划的目的是通过使员工参与企业利润分配和获得资本收益，在企业中形成约束与激励机制，把员工利益和企业效益联系起来，从而进一步改善企业的经营绩效。员工持股计划所涉及的持股对象更广，面向普通员工；而股权激励计划则更多面向少数核心员工、骨干员工。

（二）员工持股计划的要素

员工持股计划的要素主要包括股票来源、资金来源、持股范围与规模、持股期限这四项内容。

1. 股票来源

员工持股计划的股票来源主要包括上市公司回购、二级市场购买、认购非公开发行的股票、企业股东自愿赠予等渠道。

（1）上市公司回购，即上市公司利用现金购买等方式，从股票市场上购回本公司发行在外的一定数额的股票，用于员工持股计划。

（2）二级市场购买，即通过委托外部管理人认购资产管理计划，包括直接购买和杠杆购买两种类型，是一种比较简单且员工认同度较高的办法。

（3）认购非公开发行的股票，即企业采用非公开方式面向特定对象发行股票。这种方式既满足了企业的资金需求，又实现了员工持股自由。但是由于非公开发行股票的价格优势不明显且锁定期较长，因此在短期内的激励效果不佳。

（4）企业股东自愿赠予，即企业股东通过赠予的方式向员工持股计划提供所需股票。但是，企业股东自愿赠予是极少数情况，因此该方法难以成为主要方式。

2. 资金来源

员工持股计划的资金来源主要包括员工自筹、企业提取的激励基金、控股股东自助等。

（1）员工自筹，即员工自愿筹集的资金，主要包括员工的合法薪酬和自筹资金，这是员工持股计划资金的主要来源之一。

（2）企业提取的激励基金，即企业按照一定的条件全额提取激励基金以供员工购买股票，或者企业提取一部分的激励基金，员工以一定比例的合法资金参与其中。这种方式将员工个人和企业结合起来，一方面体现了员工持股计划的激励力度，另一方面也对员工具有一定的约束作用。

（3）控股股东自助。控股股东为员工自筹资金提供贷款担保，向银行或资产管理机构借款；或者由股东和员工共同设立资产管理计划，借助资产管理计划购买企业的股票。

（4）在由员工劳动积累形成的公益金、集体福利基金、工资基金、奖励基金等中提取一定比例，向员工个人配发股权或股份。

3. 持股范围和规模

员工持股计划面向企业全体员工，包括普通员工和管理层人员。

员工持股计划所持有的股票总数不包括员工在企业首次公布公开发行的股票上市前获得的股份、通过二级市场自行购买的股份及通过股权激励获得的股份。原则上所持股票总数累计不得超过公司股本总额的 10%，单个员工所持股票总数累计不得超过公司股本总额的 1%。各企业应根据自身的规模、经营状况和员工购买力，综合考量以确立具体的持股范围和规模。

4. 持股期限

每期员工持股计划的持股期限不少于 12 个月；以非公开发行方式实施的，持股期限不少于 36 个月，自上市公司公告标的股票过户至本期持股计划名下时起算。上市公司应当在员工持股计划届满前 6 个月公布到期计划持有的股票数量。

（三）员工持股计划的类型

员工持股计划主要包括杠杆型的员工持股计划和非杠杆型的员工持股计划这两种。

1. 杠杆型的员工持股计划

杠杆型的员工持股计划主要是利用信贷杠杆来实现的，可以向银行和其他金融机构借款来购买股票。该计划的实施包括以下几个流程。

（1）成立一个员工持股计划信托基金会。

（2）在企业担保下，基金会出面以实行员工持股计划为名向银行或金融机构贷款购买企业股东手中的部分股票。

（3）基金会控制购入的股票，并利用因此分得的利润及从企业其他福利计划（如员工养老金计划等）中转来的资金归还银行贷款的利息和本金。

（4）随着贷款的归还，按事先确定的比例将股票逐步转入员工账户。

（5）贷款全部还清后，股票即全部归员工所有。员工离开企业时，可按照一定要求取得股票或现金。

2. 非杠杆型的员工持股计划

非杠杆型的员工持股计划，即由企业每年向该计划贡献一定数额的企业股票或用于购买股票的现金，这个数额一般为参与者工资总额的25%。由于公司每年要向该计划提供股票或用于购买股票的现金，因此这个计划不需要员工有任何支出。在员工退休或离职时，可按照一定要求取得股票或现金。

无论是杠杆型的员工持股计划，还是非杠杆型的员工持股计划，企业都会建立一个员工持股计划信托基金会；该基金会的职责是管理股票，并定期通知员工其账户的价值。股权的分配可以根据员工的工资或资历进行。当员工离开企业时，可以将股票出售给企业；如果股票可公开交易，员工可以在公开市场上出售股票。

三、股票期权计划

（一）股票期权计划的概念

股票期权计划，即企业无偿授予高层管理人员或重要员工等特定对象，在一定期限内以事先约定的价格购买公司一定数量的股票的权利。购股价格一般参照股票的当前市场价格确定。如果到时企业股票价格上涨，特定对象可以行使期权，以约定的执行价格购买股票并售出获利；若企业股票价格下跌，特定对象可以放弃期权。特定对象购买的股票在满足一定条件下可以在市场上出售，但期权不可转让。目前，股票期权计划已经成为一种相当重要的激励方式。

（二）股票期权计划的要素

股票期权计划的要素主要包括授予对象、授予数量、行权价格和有效期限这四项内容。

1. 授予对象

股票期权计划的授予对象，即企业计划要激励的对象，也是股票期权的受益人，一般是企业的高级管理人员、骨干员工、有着突出贡献或有潜力的员工等。在这种情况下，股票期权计划在吸引和保留优秀人才方面具有重要的激励作用。

2. 授予数量

股票期权计划的授予数量，即该计划中的受益人能够购买的全部股票数量，反映了股票期权计划的规模。在确定股票期权计划的授予数量前，需要考虑两点：一是授予数量在企业总股本中所占的比例；二是全部股票期权在不同类型的员工之间的配比。

3. 行权价格

股票期权计划的行权价格，即该计划的受益人购买股票的价格。一般情况下，行权价格是推出股票期权计划时企业股票的市场价格。但考虑到市场价格不一定能够准确反映企业的经营状况，因此行权价格可以稍高于或稍低于市场价格（如可以确定行权价格为市场价格的某个百分比）。行权价格高于市场价格则称为溢价股票期权；反之，则为折价股票期权。显然，折价股票期权的激励力度更强。

4. 有效期限

股票期权计划的有效期限，又称为行权期，即计划中的受益人可以行使股票期权的规定期限，超过这一期限则不再享有股票期权。一般而言，有效期限定在 4~10 年比较合适。此外，如果对有效期限没有任何特殊规定，那么在有效期限内，受益人可以随时用既定价格和数量购买本企业的股票。但是，一些企业会在股票期权计划中对有效期限附加限制条件。例如，规定了"等待期"，在这种情况下，受益人只有经过了等待期后，才可以行使股票期权。等待期的规定实质上缩短了股票期权的实际有效期限；再如，规定了有效期限的"分期"，在这种情况下，受益人必须分期行使股票期权所赋予的权利。

例证 7-7

星巴克的"咖啡豆股票"期权计划

在星巴克公司，员工不叫员工，而叫"合伙人"。这就是说，受雇于星巴克公司的员工有可能成为星巴克的股东。1991 年，星巴克开始实施"咖啡豆股票（Bean Stock）"计划。这是面向全体员工（包括兼职职工）的股票期权方案，其思路是：让每个员工都持股，成为公司的"合伙人"，这样就把每个员工与公司的总体业绩联系起来。要获得股票派发的资格，一个"合伙人"在从 4 月 1 日起的财政年度内必须至少工作 500 个小时，平均为每周 20 小时，并且在下一个一月份，即派发股票时，仍为公司雇佣。第一次股票赠予是在 1991 年 10 月 1 日，大约有一半的员工参与了其中的至少一项计划。员工按年薪的一定比例获得期权，通常这一比例是 10%，但由于公司盈利能力的增强，所以实际比例一直高于 10%，每个"合伙人"大约都可以获得相当于其个人基本年收入的 12% 的股票期权，如果局面利好，比例则为 14%。每个会计年度首日的股票价格即为期权的授予价格。星巴克公司的股票期权待权期为 5 年，任何"合伙人"在工作 90 天以后（90 天内每周需工作至少 20 小时）都可按照股票购买计划购买股票，"合伙人"购买股票时可以通过薪水折扣获得 15% 的优惠，只要股票价格上涨，股票期权就越来越值钱。主管及以上职位的人员不参加"咖啡豆股票"期权计划，但可以参加专门针对"关键员工"的股票期权计划。

通过这种多层次的股票期权计划，星巴克为每个员工提供成为公司"合伙人"的机会，这是面对全体员工的福利，上到总经理，下到基层员工，哪怕是兼职员工，也同样可以持股，并拥有成为公司"合伙人"的权利。这既是对员工基础薪酬的有益补充，也是对长期为公司服务并做出相应成绩的员工的奖励，更巧妙地将员工的利益和企业的利益结合在了一起。

（资料来源：星巴克的员工如何挖不动？背后秘诀就是"全员合伙"制[EB/OL].（2019-05-20）. http://www.sohu.com/a/315315072_699376.）

四、期股计划

期权计划和期股计划是目前我国推行的两种重要的企业激励方式，它们之间有着相当密切的联系，但是区别也很明显。然而大多数人都无法对二者进行精确的区分甚至错误地认为期权和期股是同一个概念。因此，我们有必要对二者分别进行阐述，上文已经就什么是股票期权计划做了相关解释，接下来将介绍期股计划的概念及相关知识。

（一）期股计划的概念

期股计划，即企业的所有者向高级管理人员或重要员工等特定对象提供的一种报酬激励方式。期股计划实质上是一种有义务的权利，因为特定对象在接受了期股计划后就必须要购买本企业相应的股票。

在现实中，企业向特定对象提供贷款，而这笔贷款作为特定对象取得期股的资金，此时，特定对象对所获得的股份只具有表决权和分红权，只有当特定对象通过所得分红偿还全部购买期股的贷款后，方可拥有期股的所有权。在这种情况下，特定对象必须努力把企业经营好，方可得到更多的分红，从而还清贷款；否则，不仅不能兑现期股，还将面临债务偿还压力。

在期股计划中，特定对象每年所得分红必须首先用于偿还期股贷款，也可以留一部分用以兑现。行权期满而没有还清贷款的，必须通过现金方式偿还。特定对象任期届满且工作考核达标的，若不再续聘，那么可以按照约定将期股以每股资产净值变现，也可以保留适当比例在企业中按年度分红。

（二）期股计划的要素

与股票期权计划相似，期股计划的要素主要包括受益人、有效期、购买价格、购买数量等内容。

1. 受益人

期股计划的受益人，即期股计划的激励对象，也是期股的购买者与拥有者，一般是董事、高级管理者、核心员工或有潜力的员工等。

2. 有效期

期股计划的有效期，即行权的有效时间。在有效期内，受益人可以行使期股计划赋予的权利，超过期限则失去此项权利。

3. 购买价格

期股计划的购买价格，即行权价格，是期股计划的受益人购买股票的价格。一般而言，行权价格就是授予期股时企业股票的市场价格。

4. 购买数量

期股计划的购买数量，即期股计划的受益人所能够购买的全部股票数量。此数量因企业状况、受益人的工作表现等方面而异。企业确定期股计划的购买数量前，需要考虑期股计划的激励作用，同时又不能损害企业所有者的权益。

五、其他股权激励方式

多种激励计划的交叉使用是企业比较常见的做法。但除了分红制、员工持股计划、股票期权和期股计划这几种主要的企业激励计划外，很多企业还会根据自身的实际需要，选择使用其他的激励方式，如合伙人制度、虚拟股权计划和限制性股权等。接下来将简要介绍关于合伙人制度、虚拟股权计划以及限制性股权的相关知识。

（一）合伙人制度

此处的合伙人制度不同于一般的合伙人制度，这是一种股权激励和企业治理方式。这种合伙人制度源于阿里巴巴的上市风波。当年，无法在港交所上市的阿里巴巴（因为其采用的"合伙人制度"违反"同股同权"的规定），最后选择在美国纽约证券交易所首次公开募股，其合伙人制度也因此出名。阿里巴巴的合伙人制度包括合伙人、董事提名权、奖金分配权三大核心内容。此外，阿里巴巴还列出了一系列限制条款，以确保其合伙人制度实施的稳定性。

传统的合伙人制度要求合伙人共同为企业经营的盈亏负责，而阿里合伙人则不必承担这样的责任。根据相关规定，想要成为阿里合伙人至少需要满足以下三个条件：一是在阿里供职超过五年；二是具备优秀的领导能力，高度认同公司文化；三是获得至少四分之三合伙人的表决同意。由此可以看出，阿里合伙人的人选基本只能在公司内部的高管中产生。不过阿里也表示，将适时扩大合伙人的人选范围。未来，公司以外，如客户、商业伙伴，以及阿里生态系统中的其他参与者，都可能成为阿里的合伙人。此外，阿里还规定，合伙人在任期间必须持有一定的公司股权。

阿里巴巴通过合伙人制度将企业的控制权掌握在管理层，避免了在其飞速发展过程中因股权稀释而造成的管理混乱，使企业能够按照创始人的意志稳定发展，确保企业使命和愿景的持续推进，有效地保留了优质人才。当然该制度也存在一些缺陷，比如可能由于合伙人拥有高于股东的控制权和决策权，会有管理者滥用权力的风险，损害中小股东甚至其他大股东的权益，因此也需要建立有效的约束机制。

（二）虚拟股权计划

虚拟股权计划，即企业无偿授予激励对象虚拟股票的一项制度。激励对象可以据此享受股价升值收益，但没有所有权、表决权，且权利在激励对象离开企业时自动失效。在实践中，虚拟股权的具体表现形式为股票增值权，即企业授予激励对象规定数量的股票，被授予对象在一定时期内、一定条件下，享受因股票价格上升所带来的收益的权利。激励对象无须实际购买股票，但他们没有表决权、配股权和分红权，也不能转让和用于担保、偿还债务等。在行权期内，如果公司股价上升，激励对象可以通过行权获得股价升值的收益，行权后获得相应现金或等值的公司股票。

虚拟股权计划既不会造成企业实际股权的稀释，也不需要激励对象出资认购，减少激励对象的压力；同时，还能让激励对象感觉到企业对其自身价值的充分肯定，在一定程度上能增强其激励效果。

（三）限制性股权

限制性股权，即企业为了促使激励对象努力实现企业目标，而授予他们一定数量的公司股票。其中的"限制性"有两层含义：一是指激励对象只有达到约定的绩效条件或工作期限时才能获得限制性股票；二是指限制性股票在限制期内不得转让出售。换言之，激励对象只有满足限制性条件，且超过了限制期限后，才可以通过出售限制性股票获取收益。但是，若激励对象在限制期限内离开企业，就会失去限制性股票。

本章小结

1．奖励性薪酬，即按照员工个人、团队或企业预先制订的激励薪酬计划，将明确的激励方案提前告知员工，对达到特定目标与要求的员工或团队给予具有奖励性质的各种薪酬（货币或非货币）的总和。

2．根据不同的标准，奖励性薪酬可以划分为不同的类型。按照奖励方式的区别，奖励性薪酬可划分为货币奖励性薪酬与非货币奖励性薪酬；按照奖励周期的区别，奖励性薪酬可划分为短期激励计划与长期激励计划；按照奖励对象的区别，奖励性薪酬可划分为个人激励计划、团队激励计划与企业激励计划。

3．奖励性薪酬的功能主要表现在：目标明确，促使员工提高工作绩效；节约成本，提高企业生产率；留住人才，提高员工忠诚度。

4．个人激励计划，又称为个人奖励计划，即针对达到工作绩效标准的员工的一种奖励性薪酬计划。目前，个人激励计划常见的形式主要有针对生产工人的个人激励计划、绩效加薪、一次性奖金、特殊绩效认可计划等。

5．团队激励计划，是指根据团队的工作绩效来确定团队工资水平的奖励性薪酬计划。团队激励计划旨在奖励员工的集体绩效，而不是每位员工的个人绩效。团队激励计划主要包括小组奖励计划、收益分享计划、利润分享计划和风险收益计划。

6．目前，不少企业采用的企业激励计划多为利润分享计划或股权激励计划。企业激励计划的类型包括分红制、员工持股计划、股票期权计划、期股计划以及其他股权激励方式等。

网站推荐

1．薪太软：www.51xtr.com

2．12Reads 管理资讯：news.12reads.cn

3．心声社区：xinsheng.huawei.com/cn/index/guest.html

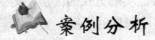

思考题

1. 简述奖励性薪酬的概念及其作用。
2. 奖励性薪酬的分类有哪些？
3. 阐述个人激励计划与团队激励计划的异同。

案例分析

华为的成功源自多种分享计划

华为的成功实际上是源自一种或多种分享计划的成功。华为的分享计划包括员工持股制度、股票增值权和 TUP 计划等。

（一）员工持股制度

美国许多企业采用雇员持股制度，员工持有的是公司的流通股权，但是当年不分红，而是存在个人信托基金的股票账户上，员工退休的时候才能提出来，享受税收优惠，过程中是不分红的。而华为的员工持股与此不同，它是虚拟受限股。一方面，所谓"虚拟"，就是没有所有权；所谓"受限"，就是员工在职期间，股票不能转让，没有流动性，只有离开公司的时候才能以公司回购的方式兑现。另一方面，则是员工出钱购股。不流动和出钱购股，使得员工要承担风险。那么当公司出现严重经营困难的时候，员工的股票就可能脱不了手。但是因为高回报，员工也会愿意承担这种风险。这种高回报以两种方式来体现：一种是分红；另一种是未分配利润转增权以后，按每股净资产定价的股价的增值。另外，为了防止某些员工购买过多股票，华为还设计了饱和配股制度，即为各个级别的员工规定了配股的上限。员工持股达到上限就不能再买，只能享受现金分红；想要多购股，除非你晋升一级。这种饱和配股制度带来的结果是：老员工的股票不断被稀释。最典型的也是稀释得最厉害的，就是任正非本人的股票。2012 年华为财报公布的数据显示，任正非的持股比例是 1.42%。全世界再找不出第二家公司，其创始人虽只持股 1.42%，却还能够对公司保有控制权。这已经是在挑战西方的基于股权比例来决定控制权、投票权的大小的规则。华为员工持股，准确来说其实就是一种利润分享。

（二）股票增值权

华为曾经实行过股票增值权。它是一种类似期权的操作，但不是所有权。股票增值权只是授予员工有享受增值部分的权利，即享有股票授予日到行权日之间的增值部分的权益。那么增值部分从哪里来？来源于这家企业的清算的价值，是指这家企业因为卖给第三方，或上市，或有其他的资本运作而需要估值交易的价格。交易的价值超过最初企业投资的价值，以这个增值的部分来计算和确定股票增值权的股价。如果企业没有进行资本运作，没有发生清算事件，那就按西方的标准，即 EBITDA（Earnings Before Interest, Taxes, Depreciation and Amortization，税息折旧及摊销前利润）的比例来确定它的增值权的价格。这也是一个很好的机制，本来作为奖金需当年发给员工的，现在视同期权按四年的期限发给员工，员工中途离开则视为放弃。期权累积起来以后，员工会比当年能够得到的多很多，所以这是个很明显的留人机制。

（三）TUP 计划

华为现在的做法是对股票增值权进行了改造，将之用于海外当地员工的长期激励，叫 TUP（Time Unit Plan，时间单位计划），即基于时间单位的一种支付方式。类似股票增值权的操作，以五年为锁定期，五年内每年分红 20%。定价也很简单，华为员工的股市如何定价，TUP 就如何定价。华为实行 TUP 计划以后，华为海外员工的流失率就降低了，员工团队也稳定了。

华为这些制度的背后，隐藏了一个重要的基本理念——分享，这种理念影响了作为华为创始人的企业家的行为。在外人看来，华为是在研发方面和战略市场上持续高投入的企业。华为没有上市，因此在长期利益和短期利益发生冲突的时候，华为宁肯牺牲短期利益，也要确保长期利益。其内在的动机是什么？这可以从股权中得到解释。以任正非为例，任正非的持股比例只有 1.42%，无论华为的利润有多大，任正非在其中只占 1.42%。与其如此，不如把利润全投在长期发展上，把事业做大。因此分享计划不仅改变了员工的行为，也改变了企业家的行为。

（资料来源：互联分享时代的员工激励制度[EB/OL]．（2018-01-23）．http://www.sohu.com/a/218383674_488305．）

讨论题：

1. 根据本章的相关理论知识，阐述华为成功的原因。
2. 华为的分享计划对企业管理者有何启示？

参考文献

[1] 卜盐芳. 领导团队薪酬差异及其激励效应探究——基于管理层权力理论[J]. 领导科学，2018（05）：47-49.

[2] 陈涛，李廉水．科技人员奖励性薪酬满意度差异性分析——基于江苏 12 000 份问卷的研究[J]．科学学与科学技术管理，2008（05）：195-198.

[3] 程远，于新亮，胡秋阳．年金如何提升企业劳动生产率？——"甄别效应"和"激励效应"双重机制的实证分析[J]．世界经济文汇，2017（06）：106-120.

[4] 高娟．绩效激励对企业全要素生产率的影响效应——基于"中国企业—劳动力匹配调查"数据的实证研究[J]．中国软科学，2018（10）：175-183.

[5] 李鹏，刘丽贤，李悦．绩效导向薪酬制度对员工创造性影响评述——基于自我决定理论视角[J]．科技管理研究，2015，35（02）：145-151.

[6] 李瑶，汪伟．股权激励、薪酬激励与技术创新投入——基于创业板的经验数据[J]．财会月刊，2015（35）：107-110.

[7] 刘昕．薪酬管理[M]．4 版．北京：中国人民大学出版社，2014：209-267.

[8] 卢轶遐．股权激励对企业绩效的影响——基于管理层机会主义视角的考察[J]．商业经济研究，2017（22）：108-111.

[9] 马庆仁，曾德明，甘露．国有控股集团企业知识型员工激励组合实证研究[J]．财经理论与实践，2012，33（02）：94-98.

[10] 乔治·米尔科维奇，杰里·纽曼，巴里·格哈特．薪酬管理[M]．成得礼，译．11 版．北京：中国人民大学出版社，2014：243-267.

[11] 孙田江，肖璐．医药研发团队"分步式"激励方案设计——以扬子江药业集团为例[J]．中国人力资源开发，2015（10）：74-79.

[12] 王少东，张国霞，梁小清．企业薪酬管理[M]．2 版．北京：清华大学出版社，2016.

[13] 岳文赫．薪酬与福利[M]．北京：北京邮电大学出版社，2012.

[14] 张宏亮，王靖宇，缪森林．晋升激励、薪酬激励与国企过度投资——基于国有上市公司 2008—2014 年数据的分析[J]．商业研究，2017（06）：131-136.

[15] 张如凯，程德俊，任桐．团队薪酬差距和激励强度：测量、影响因素及作用机制[J]．中国人力资源开发，2017（12）：6-18.

[16] 张艳，倪金祥．房地产企业项目团队激励机制设计——以 F 集团为例[J]．中国人力资源开发，2015（06）：41-47.

[17] 张正堂，刘宁．薪酬管理[M]．2 版．北京：北京大学出版社，2016.

[18] 赵素君，李妍．高新企业股权激励与研发投入的关联性[J]．重庆大学学报（社会科学版），2019（2）：1-17.

[19] 朱琪，陈香辉，侯亚．高管股权激励影响公司风险承担行为：上市公司微观数据的证据[J]．管理工程学报，2019（2）：1-11.

第八章

员工福利管理

学习目标

- 掌握员工福利的概念、构成与功能
- 了解员工福利的发展历史
- 掌握员工福利的类别
- 掌握员工福利管理的必要性与内容
- 熟悉员工福利规划的影响因素、原则和流程

引例

让员工带着孩子来上班，其实是公司赚翻了

Sabrina Parsons 是 Palo Alto 软件公司的 CEO，同时也是三个孩子的母亲，在过去十年中，她不得不兼顾家庭和事业。她表示：我不能把工作和家庭生活分开，因为我发现那样反而会带来更多压力，反而，我把两者融为一体：在需要时，带着孩子去上班，或者把工作带回家。这对我和 Palo Alto 软件公司都非常奏效，而且已经成为公司文化的一部分。

我们并不是每天都把孩子带到办公室，我们也绝不是把这种自由当作幼儿园的替代品。但是，当保姆请半天假时，学校临时放假，或者某个员工的孩子不舒服时，我们都很欢迎并且鼓励员工带着孩子在办公室待上一整天。我们甚至还专门设计了一个房间，让需要待在办公室的孩子看电视、玩游戏、做手工、读书或者写作业。

员工们也不用受到严格工作时间的约束。不管是什么原因，只要父母在"正常"工作时间需要和孩子待在一起，我们就理解并且支持。我们看重的是工作结果和目标达成情况，而非在办公室待的时间长短。我们对员工完成工作的地点与方式给予自由。

目前各家公司都想吸引顶尖人才，因此福利与文化至关重要。我们都听说过硅谷公司一些荒谬的福利，例如理发店、咖啡车、游戏室、免费干洗服务等，新员工还会收到最新科技小玩意作为入职奖品。硅谷一家高科技公司的COO（首席运营官）告诉我，他从未想过自己工作的很大一部分是给公司的自助餐厅找到最好吃的墨西哥卷饼，以免员工跳槽到下一个互联网新宠公司。

但是，这些福利其实都很肤浅。每个人都知道这些福利的目的都是尽可能让你在办公室待得更久一些，而不是让你真正快乐。为员工提供一个保持忠诚、努力工作、因创新而获得奖赏的环境，才能为公司带来更好业绩，同时吸引更优秀的人才。最优秀的人才不会被一台新的iPad或者免费拿铁诱惑，他们更看重的是：能够管理自己的时间、专注于结果、公司尊重他们的家庭生活和家人。

研究显示：一个人每天只有在固定的几小时内保持高效率，之后，员工只是在浪费时间、带来极小的成果。有时工作时间太长，反而会对工作效率和结果产生负面影响。因此，为什么要鼓励员工每周在办公室待上60、70甚至80小时呢，实际上员工效率反而更低，甚至导致跳槽？我赞成的企业文化是：允许员工努力工作，同时每晚5：30或6点回家去消除压力、恢复精力。

员工因此少干活了吗？Palo Alto软件公司是否因为灵活的工作方式和提供特别福利而在财务上受到了损失？恰恰相反。Palo Alto公司的发展速度从来没有这么迅速，并在财务上获得成功，员工快乐并且热爱工作。除此之外，还迎来了一次办公室婴儿潮——去年就有十个宝宝出生。如果这还不是员工快乐、有安全感、报酬优厚的标志，我不知道这代表什么。

我们相信，无论是招募还是留住顶尖人才，我们需要提供让员工有发挥空间、展现创造力、主动积极的文化。正因如此，我们才会这么重视员工的个人生活，给予他们工作时间的弹性，以及必要时允许带着孩子来上班。因此，让我们忘掉桌上足球和免费墨西哥卷这类"廉价"福利，提供真正尊重员工的文化，理解员工是人，他们需要的不只是一份工作。

（资料来源：让员工带着孩子来上班，其实是公司赚翻了[EB/OL].（2017-04-24）. http://www.hbrchina.org/2017-04-24/5167.html.）

从上述引例中，我们能够看出：企业除了给员工发放薪酬以外，给予员工一定的福利已经成为目前市场中的一种共识，甚至成为企业人力资源管理中的一项重要战略规划。本章我们会介绍在薪酬管理中员工福利的概念、特点、功能和发展历史以及员工福利的类别和员工福利的规划和管理。

第一节　员工福利概述

本节阐述了员工福利的概念与特点、功能与发展历史。

一、员工福利的概念与特点

（一）员工福利的概念

员工福利起源于最早的小额优惠（Fringe Benefits）概念，它是当今整体报酬中除现金报酬以外的重要组成部分，此部分非现金报酬由多种内容、项目组成，对企业、员工与社会的发展起到了不同的作用，并因企业所在国家所给予的政策、法律法规的不同要求而有所不同。员工福利既是政府社会保障的有力支撑，又是现代企业吸引人才、留住人才的一种重要激励手段，更是员工在选择企业和实现自我发展方面的一种重要途径。

员工福利在中西方国家各有不同的含义，在西方国家最具有代表性的是由美国商会（The Chamber of United States）和美国社会保障署（The Social Security Administration）关于员工福利的含义。其中，美国商会从广义的角度定义员工福利，认为员工福利是相对于直接津贴以外的任何形态的津贴而言的，可以分为五大类：①保障员工经济安全所需的法定给付；②养老金和其他承诺的给付；③上班中非生产时间的给付；④非工作时间的给付；⑤其他福利，即除了薪金以外而未包括于上述四类之中的所有员工福利。

美国社会保障署则从狭义的角度定义员工福利，认为员工福利是由雇主和员工单方面或共同赞助创立的任何形态的给付措施，向员工提供因死亡、意外伤残、疾病、退休或失业等没有正常收入时的安全保障和费用补偿。

近年来，我国的专家学者也开始重视对员工福利的研究，在参考国外研究成果的基础上对员工福利做出了不同的界定。本书采用如下的员工福利概念：企业基于雇佣关系，依据国家的强制性法令及相关规定，以企业自身的支付能力为依托，向员工所提供的用以改善其本人和家庭生活质量的各种以非货币工资和延期支付形式为主的补充性报酬与服务（仇雨临，2010），包括退休福利、健康福利、带薪休假、实物发放、员工服务等。

（二）员工福利的特点

通常情况下，员工福利主要具有以下几个特点（裴蕾，2010）。

1．补充性

员工福利同薪酬一样，也是企业对员工提供劳动的一种物质或服务补偿，但不是最主要的补偿形式，它是薪酬收入的补充形式。它的支付形式更加灵活多样，既可以以货币形式和非货币形式支付，也可以个人名义支付或以集体名义支付，并有长期或短期的延期支付性质。

2．均等性

员工福利不同于薪酬。一般情况下，员工福利的支付不与员工的工作绩效直接挂钩，甚至与工作绩效根本无关，因此，有类似固定成本的特点，具有均等性。只要员工付出了劳动，就可以享受到企业提供的员工福利。

3．集体性

员工福利的另一重要特点是集体性。企业可以通过建立集体服务设施、采取集体共同消费或使用物品、举办集体活动（如团队建设、集体旅游和健康保健项目）等员工福利项目，进一步强化员工的团队意识，培养员工对企业的认同感和归属感。

4．差别性

对于一般性的员工福利而言，要求具有均等性，而对于一些特殊福利，企业往往会采取不同的处理方式，实行差别对待。例如，提供高层次的福利给企业高层管理人员或是有突出贡献的核心员工；根据员工薪酬级别和职务级别确定每个人的福利水平和福利待遇等。此外，不同企业间的员工福利项目也不一样，企业往往通过实施具有自身特色的福利项目来吸引和留住人才，同时也将其作为对员工的一种承诺。

二、员工福利的功能

在现代企业中，为了增加企业对人才的吸引力，除了增加员工的薪酬以外，员工福利也渐渐地成为企业吸引人才的一项重要手段。福利由于其自身特点，具有与薪酬不同的功能和作用，为了更好地发挥员工福利对于人力资本的激励作用，我们应该了解和学习员工福利的基本功能，并充分应用于人力资源管理活动中。

（一）福利对企业的功能

从企业层面来看，福利已经成为企业的一项最基本的成本投入。在职场中，除了关注薪资以外，福利越来越受到劳动者们的关注，这些福利包括为员工创造良好的工作环境、营造良好的工作氛围、增加工作的趣味性、法定节假日带薪以及各种类型的补贴等。具体来说，员工福利具有以下几点功能。

（1）增强企业吸引力，吸引和保留人才。在如今的劳动力市场中，由于互联网的快速发展和融合，使得大多数行业中的工资水平基本呈现透明的状态。因此，在工资基本公开的情况下，为了吸引人才和节约成本，企业往往会在平均工资水平的基础上，给予劳动者们各式各样的福利，这样就能够以较少的费用，分散企业风险，稳定企业经营，为企业创造更大的利润。例如，全球第一大互联网公司谷歌的福利包括上班时间任意享用美食，各种经济补贴，弹性工作制度等。

（2）作为企业文化的载体，培养员工忠诚度。在现代企业中，员工福利可以作为企业文化的载体之一而存在，企业福利通过各种形式来构建员工与企业之间的情感桥梁，而不再仅仅只是由一份工资和一份合同维系的简单关系。好的福利项目可以增加员工满意度和向心力，增强员工对企业的归属感，使企业内部的人际关系处于良好的状态，而这将有助于企业的长远发展。例如，有的企业会专门设置幼儿园，帮助有需要的员工解决孩子的上学问题，或是在公司内部提供医疗服务、教育进修服务等，而这些远比一份冰冷的工资产生的激励效果要好。

例证　8-1

你们公司给员工办幼儿园吗？——企业办学 2.0 时代到来

广东芬尼科技公司有一千多名员工，许多员工子女也到了上幼儿园的阶段，但是公司所在的广州南沙大岗镇优质幼儿园学位不足，员工为子女上下学接送等事情感到苦恼，耽误了工作时间，又影响了效率。芬尼创始人宗毅先生深知其中的痛点，在一次偶然的机会，他接触到某企业办的亲子园项目，大感兴趣。

本是专心办高新企业的宗毅，于 2016 年在公司内开办了一个亲子中心——"酷猴亲子乐园"，并亲自为孩子们挑选老师和设计课程。目前幼儿园的孩子人数稳定在四五十人，该园采用意大利蒙特梭利教学法，开办游泳课、武术课、儿童财商课等课程，培养孩子认知、体能、艺术方面的能力。目前，每个小孩每个月交的费用为一千元，公司每年额外投入两百多万元用于幼儿园的日常运营。

蒙先生、曾女士和陈女士都是芬尼的老员工，在芬尼工作了九年多时间。三人都是从外省来到广州，也都把自己的孩子送进了芬尼自办的幼儿园。蒙先生说，家里长辈曾到广州帮自己带女儿，但不是长久之计。等女儿到了上幼儿园的适龄年龄，他曾物色过幼儿园。公办的太远，民办的学费虽比公司的低数百元，但不少课程要另外收费，算起来也跟公司的幼儿园差不多。此外，他也很欣赏公司幼儿园采用的蒙特梭利教学方法，所以选择了这里。

如果不把孩子送进幼儿园，曾女士和陈女士的孩子就会成为老家的留守儿童，这是两位妈妈都不希望看到的事情。将孩子送进芬尼幼儿园之前，陈女士询问过身边的同事。一个同事将孩子从别的幼儿园转回了公司幼儿园，认为孩子在公司幼儿园会被照顾得更好。由于没有带孩子的人手，曾女士的女儿一岁半就开始上幼儿园了。但孩子太小，别的幼儿园基本不收。曾女士回忆，女儿刚上芬尼幼儿园时显得很焦虑，她也不敢在上班期间去看孩子，否则就走不了了。适应一段时间后，女儿反倒喜欢上幼儿园，园里的玩伴和玩具比女儿在老家的多。"我下班之后也会带她逛我工作的地方，她知道我就在附近。"按照曾女士的计划，女儿很大概率会在公司幼儿园一直待到上小学。

宗毅曾如此解释芬尼办幼儿园的原因和价值。诚然，企业为员工办幼儿园甚至办民办学校颇显人情味，"虽每年花两三百万元，增加了企业的支出和管理风险，但是解决了不少员工子女入园难的问题，赢得了员工的专心和专注，得到的是社会的赞誉，值得。"在他看来，两三百万元的电视广告转瞬即逝，还不如口口相传的真实福利给公司带来的美誉度。

（李华清. 你们公司给员工办幼儿园吗？企业办学 2.0 时代到来[EB/OL].（2018-10-27）. http://www.sohu.com/a/271625143_118622.）

（3）享受优惠税收政策，提高企业成本支出的有效性。在现行的税收政策中，相对于薪酬待遇的税收，福利计划的税收往往更为优惠。对企业来说，尽管用于现金报酬和大多数员工福利的开支都可以列为成本开支而不必纳税，但是增加员工的现金报酬会导致企业必须交纳的社会保险费用上升，而用来购买大多数员工福利的成本却是可以享受免税待遇（王少东，2016）。这也就意味着，福利是既可以给到员工实实在在的优惠，又可以减轻企业成本支出的一种项目。

（二）福利对员工的功能

企业在总工资不变的情况下，会选择给予员工更多的福利项目，从而达到少交税和节约成本的目的。同样地，员工在总工资不变的情况下，则会选择拿到更多的既得利益，对于员工而言，员工福利项目对他们有以下四点好处。

1. 更多的税收优惠

对个人而言，福利收入无须缴纳个人所得税，或者是对于福利的税收收缴工作往往会在员工退休之后再进行，而到了那个阶段，由于税收收缴的时间节点较为久远，员工的抵触情绪较小，且退休后的工资水平一般比在职时候低。因此，与薪酬相比，员工的福利收入可以缴纳更少的税收，而这就相当于增加了个人的实际收入。

2. 集体购买服务或产品可以产生集体经济效益

对于一个企业而言，福利的配置和购买往往是规模巨大、数量众多的，通常会由组织的采购部门出面，与供应商进行价格谈判，以较为优惠的团购价格购买到与市场上相同的服务或产品。因此，在企业薪酬成本一定的情况下，员工直接从企业获得的福利，比自己用拿到手的薪酬收入再去购买福利，其成本要低很多。

3. 增强员工生活的稳定性

就很多福利项目而言，即使是员工未达成任何绩效标准或产出任何效益也能够享受，即具有稳定性。而从经济学的角度来看，追求稳定和规避风险是人之常情，因此，人们会更加倾向于稳定的既得利益。从激励理论的角度来看，企业提供福利的时间一旦过长，就会让员工觉得福利是他们本就应得的利益，而非公司额外提供的关怀，最终福利演变成了一种保健因素，而这些保健因素会使得员工更加具有安全感。

4. 满足员工平等和归属感的需要

根据马斯洛需求层次理论和梅奥的霍桑实验，员工工作不仅仅只是为了满足经济方面的需求，他们还会产生更高层次的需求，如追求心理方面的满足，受到尊重、公平待遇以及有归属感的需要等。而员工们的薪酬待遇往往会因身份、制度、工作内容等因素的影响存在显著的差异，这会使得员工产生心理落差感，而福利可以用来满足员工在平等和归属等其他方面的一些需要。

三、我国员工福利的发展历史

我国的员工福利制度是在政府的直接规划、指导与参与下建立起来的。截至目前，已经历了五十多年的发展，其发展历程具体可分为三个时期：计划经济体制到改革开放初期、计划经济向市场经济体制的转变时期和社会主义经济体制的深化时期。

（一）计划经济体制到改革开放初期

1951 年颁布的《中华人民共和国劳动保险条例》标志着我国在社会主义经济发展过程中建立了企业职工社会保障制度。在这个时期，我国的员工福利涵盖了员工生活的各个方面，一个企业就相当于一个小型社会。企业为满足员工的日常生活需要，建立了如托儿所、学校、食堂和医院等公共配套设施，职工福利补贴形式主要是以实物发放和现金发放为主。国家规定的职工福利主要包括职工住房、生活困难的补助费、探亲假、交通费、夏季高温补贴、冬季取暖补贴等。这一时期的员工福利制度的发展模式与当时的计划经济体制密不可分。在改革开放以后，国家对企业体制进行了全面的改革，也是因为此次改革使得我国在计划经济时代实行的员工福利制度一去不复返。

（二）计划经济向市场经济体制的转变时期

计划经济向市场经济体制的转变给我国社会带来了很大的变化。此时，企业的员工福利方式发展进入了第二个阶段，员工福利变革从取消公有住房实物分配制度开始，又相继取消了住房商品化、提高企业产权住房租金、住房分配货币化等一整套制度。由于企业员工对固有的传统员工福利体制的观念早已根深蒂固，因此企业员工福利的全面社会化一时难以被接受，使得我国在全面推进市场经济发展的背景下尚未建立起完善的福利体系。这一时期，我国企业把货币作为员工福利的主要形式。但是，仅仅以货币为单一手段的福利体系是远远不够的，这只是一种简单的短期行为。

（三）社会主义经济体制的深化时期

随着我国社会主义经济体制的深入发展和国家对于社会福利制度以及补充福利制度的深层次完善，员工福利开始逐渐发展成一种综合服务和人性化并存的管理模式。与此同时，随着我国现代人力资源管理理论的逐步建立和完善，人们意识到当自己的社会收入水平提高到一定程度后，会更加关注经济因素以外的，能提高自身的生活质量、为自己的日常生活提供基本保障的其他因素，如社会医疗保障、安全感、情感交流等。同时，在市场经济发展的背景下，员工对福利的需求也呈现了多样化的趋势。针对这一趋势，企业也逐渐开始增加各种类型的自主福利，如企业为了留住人才，为员工提供教育培训、旅游以及带薪休假等福利制度。现在很多企业把培训作为给予员工的最好福利，使员工做好新知识、新技能的迭代，及时修补知识漏洞，从而提高自身综合素质和业务技能，更好地适应社会发展的需要。此外，随着一些先进的人力资源管理办法和理念的引进，我国企业福利水平也在此阶段呈现出突破性的变革，企业福利制度得到了全方位的不断完善和发展。

例证 8-2 ■ ■ ■

达闼科技：办员工热爱的公司

在创建达闼之前，黄晓庆曾是中国移动通信研究院院长，也曾是 UT 斯达康高级副总裁兼首席技术官。多年的管理经验让他得出结论：要做员工热爱的公司。他说："一个公司有两个使命：一是改变世界；二是为自己的员工提供一个非常好的工作和生活环境，让员工热爱这家公司。"黄晓庆认为，人力资源部门最重要的使命就是让员工热爱公司，企业首先是员工热爱的企业。只有员工真心热爱企业，企业才能够持续发展。

达闼员工表示，达闼给员工的家人们全都上了百分百的商业保险。"Bill（黄晓庆的英文名）有一个愿望，就是希望员工在这里工作的时候，如果家人生病了，不需要因为钱的事去操心。"这一点对于初创企业来说非常难得，即使在那些福利制度完善的企业也很难做到。尽管这方面的投入会加大企业的开支，但黄晓庆却坚持这样做。在黄晓庆眼中，给员工提供更多的福利并不会拖垮企业，"一个公司不是被吃穷的"；"一个企业必须要把员工当成有价值的人才，才能够有办法保住人才"。在达闼，人力资源部称为人力资本部，他们第一年会对每名入职的员工根据技能、能力、创造力等各方面所具备的水平进行估值；第二年再根据这些因素，加上员工的影响、工作成果、创造的利润等内容再次估值，以此类推。这就将员工转换成公司的资本，员工感受到自身价值的不断提高，也能够获得成就感。据透露，达闼会根据员工的个人价值及贡献给予股权激励。

另外，达闼也在不遗余力地去做关于员工技能及其他方面的能力培训，"给他们不可替换的最优秀培训"。黄晓庆认为，做好培训，不仅能够提高员工的能力，还能够吸引更多的人才加入。他举例："我在中国移动研究院任职的时候，曾给每一位员工做最好的、面对面的英语口语教学，结果过了几年，那些国外的公司到中国移动考察，说中国移动研究院是英文讲得最好的中国企业。我们只要再努力几年，达闼也会名声在外，能够吸引更多人加盟。"与此同时，达闼营造的充分自由的环境也是其吸引力所在。"在达闼，我经常鼓励员工随意提出自己的想法，我要求他们不要叫老板，要叫'Bill'"。在黄晓庆看来，这种自由的氛围非常重要，"因为一旦叫老板，可能意味着员工放弃一些独立自主性"，也就带来了"不平等"。

创业公司的常态就是人员职责不明晰，活多、事多，这也是创业公司人员流动性特别大的原因之一，但达闼的主动离职率却很低，几乎很少有主动离职的员工。不久前，达闼被评为"2017年度最具商业价值人工智能公司TOP 50"。荣誉来自实力，实力则来自于人。在黄晓庆看来，这一切的取得关键在于抓住人，只有如此，公司才能不断往前推进，不断推陈出新。

（王婷，2018）

第二节　员工福利的类别

传统的员工福利主要分为两种类型：法定福利和非法定福利。近年来，员工福利需求越来越多样化，福利形式也向多元化和社会化发展。其中，弹性福利管理模式将成为以后员工福利体系的主流趋势。同时，新型的福利项目趋于利用网络平台，向兼顾公平和效益的方向发展（宁继勇，2014）。

一、法定福利

法定福利，也称强制性福利或非自愿性福利。法定福利是政府通过立法的形式强制要求用人单位必须提供给员工的福利和待遇，是为了保障员工的合法权利，而由政府统一管理的福利项目，具体包括社会保险制度，俗称"五险一金"，指用人单位给予劳动者的几种保障性待遇的合称，包括养老保险、医疗保险、失业保险、工伤保险和生育保险，及住房公积金；各类休假制度，如公休假、产假、病假、事假、丧假、婚假、节假日、探亲假及年休假等其他福利计划。

（一）法定社会保险

法定社会保险包括"五险一金"，即养老保险、失业保险、医疗保险、工伤保险、生育保险、住房公积金。

1. 养老保险

养老保险，全称为社会养老保险金，又称为社会老年保障，由社会统筹基金支付的基础养老金和个人账户养老金组成，是社会保障制度的重要组成部分和社会保险五大险种中最重要的险种之一。养老保险是国家和社会根据一定的法律和法规，为解决劳动者在达到国家规定的解除劳动义务的劳动年龄界限，或因年老丧失劳动能力退出劳动岗位后的基本生活而建立的一种社会保险制度。

养老保险的主要模式分为三种：普遍养老金保障计划、收入关联养老金计划以及强制储蓄养老计划。

（1）普遍养老金保障计划：养老费主要来源于国家的税收；在员工达到退休年龄后可以开始领取养老金；普遍养老金保障计划覆盖面广泛。

（2）收入关联养老金计划：养老费主要由雇主和雇员共同承担。

（3）强制储蓄养老计划：养老费主要来源于雇主和雇员或者完全由雇员来承担，强调个人的保障，注重养老金的效率和激励机制。

养老保险的领取需具备以下条件：

（1）本人办理了退休手续，并达到了法定退休年龄；

（2）所在单位和个人参加基本养老保险并依法缴纳养老保险费；

（3）累计缴纳养老保险费满 15 年（注：养老保险若出现缴费中断现象，可延续缴费或者一次性缴费至 15 年，之后可享受养老保险的相关待遇）。

养老保险的享受的待遇水平是：

（1）按照其工作年限或连续工龄领取相当于原标准工资一定比例的退休费，直至死亡；

（2）享受基本养老金的正常调整待遇；

（3）对企业退休人员实行社会化管理服务；

（4）死亡待遇，丧葬补助费和供养直系亲属费：按上年度全省社会职工的平均工资的 3 个月计发（此为退休人员，离休人员为 5 000 元），一次性抚恤费：按上年度全省社会职工的平均工资的 10 个月计发（此为退休人员，离休人员为本人工资的 20 个月），符合供养条件的直系亲属生活困难补助费，按月发放，直至供养直系亲属死亡（注：死亡待遇各省规定各不相同，详细待遇情况以当地社保局为准）。

2．失业保险

失业保险是社会保障体系的重要组成部分，是社会保险的主要项目之一。失业保险是指国家通过立法强制实施的，由用人单位、职工个人缴费及国家财政补贴等渠道筹集资金建立失业保险基金，对因失业而暂时中断生活来源的劳动者提供物质帮助以保障其基本生活。失业保险的覆盖范围是社会经济活动中的所有劳动者，而依法参加保险的失业者会得到由失业保险机构提供的物资帮助和再就业服务，其目的是为了保障失业者及其家属一段时间内的基本生活，提高劳动者抵御失业风险的能力。

我国目前执行失业保险的法律依据是于 1999 年由国务院颁布的《失业保险条例》。该条例明确规定，失业保险的对象覆盖范围是所有城镇企业、事业单位的失业职工，包括国有企业、城镇集体企业、外商投资企业、城镇私营企业以及其他城镇企业职工。失业保险的资金源自以下四个部分。

（1）购买失业保险缴纳的费用，这是基金的主要来源，其中包括了两个部分：单位缴纳和个人缴纳。

（2）财政补贴，这部分主要是由政府承担的。

（3）基金利息，这部分来源于购买国债的收益或存入银行的利息。

（4）其他资金，这部分是指对不按期缴纳失业保险费的单位征收的滞纳金等。无论是雇主企业还是员工个人都是按照一定的比例来缴纳失业保险的，其中，雇主企业是按照本企业工资总额的 2%缴纳，而员工是按照本人工资的 1%缴纳。

3．医疗保险

医疗保险是指通过强制性的政策法规或自愿缔结的契约，由特定的组织或机构在一定区域的一定参保人群中筹集保险基金，在参保人因病而导致健康和经济损失时实施经济补偿的一系列政策、制度和办法。简单来说，医疗保险一般指基本医疗保险，是为了补偿劳动者因疾病风险造成的经济损失而建立的一项社会保险制度。

在我国，新的医疗保险制度模式的特征是社会统筹与个人账户相结合，以基本医疗保险、公务员医疗补助、企业补助医疗保险、大额医疗补助、职工互助医疗保险以及商业医疗保险为主要内容，保障人群覆盖广、保障水平层次多、保障方式多元化的医疗保障制度。

国务院于 1998 年颁发《关于建立城镇职工基本医疗保险制度的决定》。新的医疗保险制度的内容主要包括：基本医疗保险费实行职工和企业共同负担的原则；基本医疗保险基金实行社会统筹与个人账户相结合；用人单位缴费率为职工工资总额的 6%左右，职工缴费率为本人工资收入的 2%。职工个人缴纳的保险费全部计入个人账户；用人单位缴纳的保险费一部分用于建立统筹基金，一部分划入个人账户；划定统筹基金和个人账户各自的支付范围，确定统筹基金的起付标准和最高支付限额，起付标准原则上控制在当地职工年平均工资的10%左右，最高支付限额原则上控制在当地职工年平均工资的4倍左右。

4. 工伤保险

工伤保险，也称职业伤害保险，是指劳动者在工作中或在规定的特殊情况下，因遭受意外伤害或患职业病导致暂时或永久丧失劳动能力以及死亡时，劳动者或其遗属从国家和社会获得补偿或服务的一种社会保险制度。工伤保险遵循以下五个原则。

（1）"无过错赔偿原则"又称"无责任赔偿原则"，即在工作过程中，一旦发生工伤事故，无论员工是否存在过失，企业都应该按照当地工伤保险制度的内容对员工进行补偿。

（2）补偿直接经济损失原则。由于员工可能具有多重身份，拥有多份收入，一旦发生工伤事故，则可能影响到多份工作。但是，依据工伤保险的规定，它只补偿受伤害的员工第一职业的工资收入，即直接经济损失。

（3）待遇从优原则。工伤保险的待遇相对优厚，标准较高，它往往比疾病、非工伤致残或死亡的待遇优厚得多，但待遇也会因工伤事故的不同而有所差别。

（4）工伤保险的经济赔偿与事故预防、职业康复相结合的原则。

（5）个人不缴费原则。工伤保险费由企业或雇主缴纳，而劳动者个人不缴纳。

工伤保险的最突出特点是无过失补偿原则，以及经济补偿与事故预防、职业康复相结合的原则。降低企业经营成本和损失的重要措施是建立健全的工伤保险制度。工伤保险制度是国家通过立法建立并由社会集中筹集基金，对从事有损健康的工作而导致患职业病或丧失劳动能力的劳动者，或在经济活动中因工负伤致残的劳动能力者，以及对职工因工死亡后无生活来源的遗属提供物质帮助的一种制度。工伤保险制度主要分为三种：基金运行制度、待遇给付制度和工伤认定制度。在所有的社会保险制度当中，工伤保险制度是一种设立时间较早并在很长一段时期内设立国家保险项目最多的社会保险，它对社会和企业生产都具有极大的积极意义。

5. 生育保险

生育保险是国家通过立法，筹集保险基金，对因怀孕和分娩而暂时中断劳动的职业妇女给予必要的经济补偿、医疗服务和生育休假福利的社会保险制度。生育保险包括产假、生育津贴、生育医疗服务。生育保险对社会的进步发展具有如下两个重大意义：一是保证女员工的身体健康，切实保护和尊重女性的权利；二是有利于促进人口增长，增加未来社会的劳动力数量。一般而言，生育保险的基本内容应包括以下三个方面。

（1）产假。它是指在职妇女产期前后的休假待遇，一般从分娩前半个月至产后两个半月，晚婚晚育者可延长至前后一共四个月，女职工生育享受不少于九十八天的产假。职业女性在休产假期间，用人单位不得降低其工资、辞退或者以其他形式解除劳动合同。

（2）生育津贴。它是指国家法律、法规规定对职业妇女因生育而离开工作岗位期间给予的经济补偿，有的国家又称之为生育现金补助。生育津贴可以使妇女安心养育下一代，因为生育津贴可以保障职业女性在休产假期间的基本生活水平。我国生育津贴的支付方式和支付标准分两种情况：一是在实行生育保险社会统筹的地区，支付标准按本企业上年度职工月平均工资的标准支付，期限不少于98天；二是在没有开展生育保险社会统筹的地区，生育津贴由本企业或单位支付，标准为女职工生育之前的基本工资和物价补贴，期限一般为98天。部分地区对晚婚、晚育的职业妇女实行适当延长生育津贴支付期限的鼓励政策。

（3）生育医疗服务。它是指产前检查、产后婴儿保健等其他与生育有关的医疗服务费用，即职业妇女从怀孕到产后的一系列医疗保健服务的费用，都由生育保险来承担。

6. 住房公积金

我国住房公积金起源于上海，当时叫公积金。公积金是一种义务性的长期储金。

2002年国务院颁布的《住房公积金管理条例》修改释义为：住房公积金是指国家机关、国有企业、城镇集体企业、外商投资企业、城镇私营企业及其他城镇企业、事业单位、民办非企业单位、社会团体及其在职职工缴存的长期住房储金。

在我国，职工住房公积金主要包括了两个部分，分别为职工个人缴存和职工所在单位为职工缴存，全部属于职工个人所有，住房公积金制度实际上是一种住房保障制度，是住房分配货币化的一种形式。住房公积金分为两个部分：一部分是单位按月按设定比例为职工缴存的，是住房实物性福利制度向工资货币制度转变的部分，属于实际薪酬，所有权归属职工本人；第二部分是缴存职工个人按月根据设定比例从工资中直接扣除的部分，视作实际薪酬，属于职工本人所有。我国住房公积金必须专款专用，并且住房公积金制度具有普遍性、长期性、福利性以及保障性。

（二）法定休假制度

休假是劳动者的基本权利。我国《宪法》规定，中华人民共和国劳动者有休息权，国家发展劳动者休息和休养的设施，规定职工的工作时间和休假制度。休息权是指："劳动者在劳动中经过一定的体力和脑力消耗后，依法享有的获得恢复体力、脑力以及用于娱乐和自己支配的必要时间的权利"（黎建飞，2004）。休假既可以使员工在劳动后得到充分的休息，也可以使员工有及时调整工作状态的机会，企业严格执行休假制度既是对劳动者权利的尊重，也是提高员工生产效率的重要方式之一。在我国，主要有以下三种休假类型。

1．公休假

公休假，又称"公休日"或"公共假日"，是指国家法律明文规定的带薪休假制度。公休假还指法律规定或者依法订立的协议规定职工在工作一定时间后，职工必须休息的时间。因为我国规定职工一个星期之内的工作时间不能超过 40 个小时，因此我国企业一般实行的是工作五天休息两天的公休制。

国家劳动法规定，若出现了下列一种情况，用人单位应当按照下列标准支付高于劳动者正常工作时间工资的工资报酬：①用人单位要求劳动者延长工作时长的，需支付不低于工资的百分之一百五十的工资报酬；②用人单位要求劳动者在休息日工作，但不安排补休的情况，用人单位需支付不低于工资的百分之二百的工资报酬；③用人单位在法定休假日安排劳动者工作的情况，需支付不低于工资的百分之三百的工资报酬。

随着社会的文明程度越来越高，公休假也越来越受到人们的重视，这是尊重和保障人权的表现，更是社会文明进步的重要标志。公休假有助于员工调整状态，从忙碌的工作中得到休整，从而更好地投入工作。因此，企业对公休假期的执行，既可以帮助员工放松身心，又可以增加员工的效率。

2．法定节假日

法定节日休假制度是指各国根据其传统文化或重要纪念需求，通过法律形式整体规定的供人们进行庆祝或度假等活动的休假制度。该制度不仅可以促使人们深刻理解节假日的意义，也满足了其休假需要（马晓园，2012）。《劳动法》规定，法定休假日安排劳动者工作的，支付不低于工资的 300% 的劳动报酬。除劳动法规定以外的节假日，企业可以根据实际情况和员工协商，决定放假与否以及加班工资的数额。

例证　8-3

2019 年度法定节假日统一放假时间一览表

节　　日	放　假　时　间	放假天数
元旦	2018 年 12 月 30 日—1 月 1 日	3 天
春节	2019 年 2 月 4 日—2 月 10 日	7 天
清明节	2019 年 4 月 5 日—4 月 7 日	3 天
劳动节	2019 年 5 月 1 日—5 月 4 日	4 天
端午节	2019 年 6 月 7 日—6 月 9 日	3 天
中秋节	2019 年 9 月 13 日—9 月 15 日	3 天
国庆节	2019 年 10 月 1 日—10 月 7 日	7 天

（资料来源：中华人民共和国中央人民政府网站，www.gov.cn/index.htm）

3．带薪年休假

带薪年休假，也称带薪休假，是指具备一定工作年限的员工每年可以享受保留工作和工资的假期（林嘉，2009）。我国劳动法规定，国家实行带薪年休假制度。带薪年休假制度是指规定什么样的人在什么样的情况下可以享受保留工资和工作的假期的法律、法规或制度（黄平，2012）。《职工带薪年休假条例》第三条指出：职工累计工作已满 1 年不满 10 年的，年休假 5 天；已满 10 年不满 20 年的，年休假 10 天；已满 20 年的，年休假 15 天。

二、非法定福利

非法定福利具有多种形式，是指组织根据自身的发展需要和员工的需要选择提供的福利项目，其中包含弹性福利、企业年金、带薪休假、交通补贴、住房补贴、非经济性家庭援助以及员工咨询服务等。非法定福利在改善企业和员工之间的关系、增加员工满意度和安全感、吸引和留住人才资源等方面，可以起到直接增加工资难以起到的作用。在如今开放的市场体系中，企业必须对劳动力具有充足的吸引力，特别是对企业所需的关键劳动力，这样企业才能在竞争激烈的劳动力市场上赢得一定的竞争优势。非法定福利包括弹性福利计划、企业年金和员工援助计划（EAP）等多种形式。

（一）弹性福利计划

弹性福利计划（FlexibleBenefit Plan），也叫作自助食堂计划（Cafeteria Plan）或自助餐计划，是指在一定的额度限制内或福利项目范围内，企业提供的包含多元化员工福利项目的平台，是员工福利运营管理模式的一种。为了达到企业福利的最大化，允许员工根据自己的喜好、需求来选择保障水平和福利项目（郑宇，2016）。

随着社会经济的不断发展，员工的需求也日益多样化。若企业仍沿用传统的固定式福利制度，很难满足企业员工的多样化福利需求，因此，弹性福利制度的出现顺应了时代的潮流。在弹性福利制度下，员工福利管理的模式拥有人性化的特点，因此，大多数企业可以根据企业自身的情况来灵活运用弹性福利制度。在具体的实践发展中，弹性福利逐渐演变为五种具有代表性的模式，分别为附加型弹性福利计划、核心加弹性选择型福利计划、弹性支用账户型、福利套餐型以及选高择低型。

1．附加型弹性福利计划

附加型弹性福利计划是现有弹性福利制度中最普遍的一种弹性福利制，其本质是在已有福利的基础上额外增加福利项目，并给予员工多种选择项目，有的公司还让员工参与福利项目的制定，使其能够选择到自己需要的福利内容。例如，企业原本的员工福利包括弹性考勤、用餐补贴、交通补贴、通信补贴、带薪假、年假等，当企业要增加额外附加型弹性福利时，以上福利可以全部保留作为基础福利。在调研完员工的福利需求后，再补充提供一些福利内容，如住房补贴、人寿险、补充医疗险等，这些会核算一个"价格"作为"成本"。员工可以根据自身情况，如在公司的工龄、职务级别、绩效成绩等，去选择自己需要的额外附加型福利。

附加型弹性福利计划的优点在于：能够在保持员工原有薪酬福利的基础上，提供额外的福利供员工选择，既保证了员工的既有利益，又扩大了员工的选择范畴，满足员工的个性化和真实性需求，使员工能够享受到心仪的福利。但其缺点也比较明显，每位员工的需求和境遇都有所不同，而为了满足员工的个性化需求将会给组织带来许多繁杂的负担，导致企业成本增加。

2. 核心加弹性选择型福利计划

这种福利计划由核心基础福利和弹性可选择福利组合而成。核心基础福利是组织中所有员工都可以均等享有的基本福利，具有一定的强制性，不可自由选择福利项目，而可选择的福利项目则全部归入弹性可选择福利之中。弹性可选择福利是员工在既定的某种福利额度内根据自己的需求或偏好可以选择的福利内容，每一个可选择项目都附有成本费用，供员工自主选择。

核心加弹性选择型福利计划与附加型福利弹性计划相似程度较高，对每一个企业员工来说，核心基础福利是固定的、强制性的、不可变动的福利，在核心基础福利之外再满足自己的福利需求。而核心加弹性选择型福利计划和附加型福利弹性计划的最大的不同点是核心福利部分。附加型弹性福利的核心基础福利是企业原来就有的福利内容，其完全取自原有的福利项目，附加的可选择福利项目则是新增的，着重强调额外附加的特性。而核心弹性选择型福利，实际是重新规划的福利解决方案，等于是重新设计一套福利制度。如果公司原本就有正在执行的员工福利制度的话，那么在新的福利制度中原有的福利项目将全部被复盘，进行检讨调整，决定存废、增减及被放在核心基础福利或弹性选择福利的范围之内。

3. 弹性支用账户型

这种福利制度的本质是员工每一年可从其税前总收入中选择一定数额的资金（国内一般为总收入的14%~18%）作为自己的"福利支用账户"，并以此账户去选择购买雇主所提供的各种福利措施。根据国家税法，被划入到福利支用账户的金额不需要扣缴所得税，但要求账户中的金额必须在本年度周期内使用完。如果福利支用账户中的金额在本年度没有使用完，则账户内资金余额就要归公司所有，账户余额清零，既不能在下一年中使用，也不能提现或者用作其他用途。弹性支用账户式福利的优点是避免缴纳个人所得税，在一定范围内增加个人的净收入，这一方式对员工具有很强的吸引力。同时，这项计划的缺点是非常明显的，如行政管理手续会变得十分烦琐，企业必须为每个员工的支用账户随时开通系统并录入基本资料，实时更新账户的数据情况，操作的手续和流程较为繁杂，在一定程度上增加了管理成本。

4. 福利套餐型

这是一种由企业同时推出不同的"福利组合套餐"的福利模式，在规划此种弹性福利制时，由公司的人力资源部门展开员工福利调研，企业可依据员工群体的背景，如婚姻状况、年龄、有无眷属、住宅需求等来设计，推出若干种不同的套餐，每一个套餐组合所包含的福利项目或优惠水准都不一样，员工只能选择其中一个固定内容的"套餐组合"的弹性福利制。例如，餐厅提供的优惠套餐，推出 A、B、C 三款，每款搭配不同的主食和饮品，消费者只可以选择这三款中的其中一款，并且不可以更换套餐中的内容。

此款福利套餐的优点在于行政作业比较简单，可以降低人力资源部门行政类工作量，进而降低企业的管理成本。而其缺点在于灵活性较差，员工不能对套餐里面的福利项目灵活变更，而福利项目又不可能适合所有员工的需求，选择弹性空间相对较小。

5. 选高择低型

选高择低型与福利套餐型也十分相似，都是通过人力资源部门对福利项目进行组合，提供给员工各种福利套餐供选择。但不同在于，福利套餐型各类套餐总额基本相同，选高择低型则更倾向于提供给员工有差价的套餐组合，即套餐中的福利有些比原有固定福利价值高一些，有的则低一些。如果员工选择较高价值的福利组合，那么较高价值福利套餐与固定福利之间的差额，需从员工薪资中扣除一定的金额来补足；如果员工选择价值较低的福利组合，那么差额部分可以在当月工资中以其他补助的形式发放，但是必须缴纳个人所得税。

与福利套餐型相比，选高择低型弹性福利选择的弹性空间相对较大，至少有三种项目可供选择，分别是高于固定福利的套餐、固定福利套餐和低于固定福利的套餐。对于薪资较高、有较多福利需求的员工，可以适当考虑选高择低型福利，其优点是高于固定福利的部分可以从税前工资中扣减，对员工较为有利；其缺点是因为弹性空间相对较大，行政作业程序将大大增加，人力资源部门的行政工作量有所增加。

企业在实施弹性福利制度还应注意以下四个问题。

（1）弹性福利项目的推广，会使得员工福利需求不够统一，企业有可能无法享受到团购优惠，从而降低规模经济效应。

（2）弹性福利计划在实施过程中，有可能会加大成本控制的难度。企业一方面难以轻易掌握员工多样化、变化多端的福利需求；另一方面，不断更新福利计划和重新组合福利项目会大幅度提高管理成本。

（3）如果员工对某个弹性福利项目认识不够，会导致非理性选择和逆向选择的出现。比如员工不以解决自身福利需求为出发点，盲目地选择福利项目，在一定程度上会造成资源的浪费，从而增加福利成本。

（4）福利与工作绩效脱钩，无法成功起到激励员工的作用。

（二）企业年金

"年金"一词来源于英文"Pension"，即"养老金"。企业年金的英文原词是"Employer's pension"或"Occupational pension"即由企业退休金计划提供的养老金。其实质是以延期支付方式存在的员工劳动报酬的一部分，或者是职工分享企业利润的一部分，总之是职工权益的一部分（Qussie，1998）。年金制度中的一个特殊种类是企业年金制度，它源于西方社会早期的企业退休金制度或退休给付制度，又称退休计划（Retirement Plan）或年金计划（Pension Plan），始于 19 世纪中叶（McGill，1996）。

2004 年，我国劳动与社会保障部颁布《企业年金实行办法》，将企业年金界定为：企业及其职工在依法参加基本养老保险的基础上，自愿建立的补充养老保险制度。由此可知，企业年金的本质是根据国家政策，在基本养老保险的基础上，由企业自主实行、员工自愿参加的一种补充养老计划。企业年金最早在国外较为流行，目前在我国属于补充养老保险范畴。企业年金制度在德国有着悠长的历史，亦称企业退休给付制度。19 世纪中叶，远在法定年金保险出现前，德国的固特霍夫努斯裕特（Guteho ffnungs huette，1832年）、克鲁普（Krupp，1858 年）、汉歇尔（Henschel，1858 年）、西门子与哈尔斯克（Siemens und Halske）等企业已开始陆续设立企业照护机构，救助本企业内部老年、丧失工作能力劳工或劳工遗属（张培刚，1999）。近年来，这一制度在中国发展迅速。企业年金一般分为两种实施形式：一是企业承担所有的资金，企业员工在退休后可直接享有养老保险金；二是由企业和员工共同承担资金，企业根据自身经济实力和员工年龄结构支付年金，员工缴费比例则依自身工龄和薪酬水平而定。

需要注意的是，企业年金在我国是指企业及其职工在依法参加基本养老保险的基础上，自愿建立的补充养老保险制度。这一点与基本养老保险制度不同，因此企业自主性较强。同时，企业年金更注重效率原则，在企业内部人力资源战略中是具有激励机制的福利手段；而基本养老保险注重公平原则，收入再分配的色彩突出；企业年金则大多采用积累制，实行个人保障，而基本养老保险筹资模式一般采取现收现付制，通过代际赡养来提供养老保障。

（三）员工援助计划（EAP）

EAP 是英文 Employee Assistance Programs 的缩写，中文意思为员工援助计划，是由组织（如企业、政府部门、军队等）为其成员设置的一项系统的、长期的援助和福利计划。它通过专业人员对组织的诊断、建议和对组织成员及其家属的专业指导、培训和咨询，帮助解决组织成员及其家属的心理和行为问题，以此来维护组织成员的心理健康，提高组织成员的工作绩效，改善组织的管理和形象，从而建立良好的组织人文环境（张西超，2006）。

员工援助计划于 20 世纪 20 年代起源于美国，最初是为了解决员工酗酒的问题。但经过一段时间的发展，随着社会的变动加剧，20 世纪 60 年代世界各国经济开始出现下行趋势，失业、工作压力、法律问题等纠纷不断出现，为了确保员工保持良好的工作状态，EAP 项目的内容也在不断增多。20 世纪 80 年代，发达国家的多年实践证明了 EAP 是解决企业员工心理健康问题的最好方法。从此员工援助计划逐渐演变为一种长期的、系统性的福利项目，用以减轻员工压力。员工援助计划内容丰富，包括心理咨询治疗、健康帮助、员工培训、酒精滥用控制、员工家属关怀以及法律咨询服务等，可分为以管理为基础的内部模式、以契约为基础的外部模式、以资源共享为基础的联合模式和专业化与灵活性相结合的混合模式（肖锋，2004）。

1. 内部模式

这是一种在企业内部使用专业人才实施 EAP 计划的模式，以管理为基础的内部模式是指组织内部设置专门机构，由组织内部的专职人员负责项目的策划、组织和实施。

这种模式的优点明显，由于内部模式的运作人员是组织内部的成员，他们对组织的内部文化、潜在问题、发展优势和员工特征等都有着较为清晰的了解和把握，组织内部对于资源的调动、人员的配置以及程序的执行都更加具有便利性和相对优势。因此，在内部制订 EAP 计划的时候，相对于其他模式，内部模式的 EAP 服务更有助于借助企业内部资源去执行和实施项目计划。但是这种模式也存在一定的缺点，具体包括如下三个方面。

（1）EAP 服务的专职人员本身是企业内部员工，与受助对象长期处于同一企业环境之中，因此在设计 EAP 计划时，思维容易带有主观性和局限性，不利于帮助员工解决实际问题。

（2）EAP 服务并非由第三方机构实施，施助者和受助者未来很长一段时间都要处于同一工作环境中，容易使受助员工产生一定的隐私担忧，在这种情况下会使受助人员对 EAP 的信任度降低，从而影响 EAP 服务质量。

（3）EAP 服务需要长期配置专门的责任人员，这样会使得企业消耗一定的人力成本、时间和精力，分散企业的管理和生产效益。

2. 外部模式

与内部模式相反，外部模式是指组织将员工援助计划项目外包，由外部具有社会工作、心理咨询辅导等知识经验的专业人员或机构提供员工援助计划服务。

外部模式的优点表现为以下两个方面。

（1）由于该模式是以契约为基础将此服务内容外包，组织自身不需要专门配置专业的人力去规划和管理，只需要支付一笔服务费即可获得 EAP 服务，这有助于节约企业人力成本。

（2）由于服务属于外包项目，提供 EAP 服务的人员都是组织以外的第三方服务机构的人员，员工在接受服务的时候更容易敞开心扉，这会提升员工对 EAP 服务的信任度，使得 EAP 服务的质量更好。

外部模式的缺点表现为以下三个方面。

（1）外部服务一般属于短期或一次性的服务，而员工存在的困扰和问题可能是需要长期修复和辅导的。因此，外包服务可能在服务长期效果维护上，不能达到很好的质量。

（2）该模式完全由外部组织的人员来进行，这些外部组织对于组织的内部运行、文化和成员状况等方面的了解有限，在制订 EAP 计划时容易出现和现实状况存在偏差的问题，从而脱离员工的实际需要，难以有针对性地解决组织困境。

（3）此类外包服务项目往往一次性收取的费用较高，在短期内容易增加企业的资金流水负担，不利于多次使用此类服务。

3．联合模式

联合模式是指若干组织联合成立一个专门为其员工提供援助的服务机构，该中心专门配备了专职人员。

联合模式的优点表现为以下几个方面。

（1）通过整合若干个组织的资源，建立起专门的 EAP 服务机构，能够使得成本降低，并使得资源利用率最大化，以较好的收支比例实现 EAP 服务的资源共享。

（2）该模式通过联合资源的形式使得参与的组织之间加强了沟通，拓宽了交流的渠道，为组织之间的友好合作奠定有利的基础，有利于组织的长远发展。

联合模式的缺点表现为以下几个方面。

（1）国内充分明确 EAP 需求的企业较少，也缺乏一个资源整合的渠道和平台，企业之间的沟通闭塞、信息缺失，使得企业难以达成 EAP 项目合作，在数量上难以形成规模。

（2）由于涉及跨组织、跨区域的 EAP 联合机构，在管理运行程序、人员配置、人员权限、薪酬待遇、成本构成和企业及人员隐私方面都存在着众多需要解决的问题，若不加强管理，反而容易引起企业间的隔阂。

4．混合模式

混合模式是内部模式和外部模式相结合，即将组织内部服务实施部门与外部的专业机构联合，共同为员工提供服务的模式。这种模式既具备专业性，又具有灵活性。

混合模式的优点表现为如下三个方面。

（1）由于有专业机构的参与，保证了该模式中服务人员的专业性，提升了员工对项目的信任度。

（2）由于该模式有组织内部的人员参加，组织内部的联系人对企业的内部文化、运行情况、员工状态等都有较为深入的了解，可以协助推进整体服务项目的实施，同时，内部成员可以对实施质量进行监督检查，随时纠偏，保证了 EAP 服务的质量。

（3）采用混合模式的支出费用比外部模式低，对一般的中小型企业而言不会形成财务负担。

混合模式的缺点在于，与联合模式一样，在混合模式的集体内部同样也存在着人员权限不易界定、人员调配不顺畅、福利待遇分配不均等情况。

EAP 服务能够帮助员工获得健康的心理、建立良好的人际关系、获得职业生涯的发展，帮助员工在遭遇重大变故时渡过难关等。EAP 服务项目的有效实施，有助于企业的长远发展。但是，企业若想成功推行员工援助计划，必须要严格遵守以下三大重要原则。

（1）保密性。保密是 EAP 得以有效实施的基础，也是 EAP 取得成功的关键。所有员工都有权利为自己的问题寻求帮助并获得保密的承诺。在员工被公司的管理者推介给 EAP 专业服务机构后，他（她）有权获知，在任何情况下，自己的相关信息都不会记入档案，而且，转介者也不会知道他（她）的实质问题，在各个环节上做到严格的保密。

（2）明确的政策与程序说明。每一个向员工提供 EAP 的企业，都必须公开声明 EAP 的政策与程序，要让员工了解并相信公司推动 EAP 的诚意与决心。

（3）管理层、工会等组织或职能部门的支持。企业管理层最大限度的认可与积极支持对 EAP 的顺利实施来说非常必要。特别在 EAP 项目的初期导入阶段，中层管理者的参与，可以为项目的执行提供基本的支持和协助，但如果不能得到最高层管理者的认同，EAP 项目也很难达到预期的成效并且持续进行下去。

例证　8-4

深圳巴士集团首创公交企业 EAP 模式

深圳巴士集团（以下简称深巴集团）首创的城市公交企业 EAP 模式获得全国公交同行的广泛关注和高度肯定。深巴集团是一家中外合资、国有控股的公共服务型城市公交企业，2009 年开始推行 EAP 服务。多年来，深巴集团通过与企业文化建设相结合，构建了预防、识别、干预"三位一体"的运行体系，逐渐摸索出适合国企基因的 EAP 服务模式，取得了阶段性成果。

1. 积极探索，立足于公交企业属性和特征

深巴集团员工所面临的安全服务工作压力、交通法规企业规章的纪律压力、素质提高自我增值压力、城市生活成本的财务压力均越来越大。这四大压力若长期得不到有效排解，极易诱发心理问题。心理调节能力较弱的驾驶员有可能成为"路怒族"，给城市公共安全带来严重威胁。如何构建和谐劳动关系，促进企业科学稳定发展，实现企业与员工的双赢，考验着企业管理者的智慧与水平。

2009年起，深巴集团从疏导员工情绪、促进员工心理健康入手，开始了公交员工情绪管理项目尝试，逐步探索具有深巴集团特色的EAP服务。所谓EAP，就是"员工关怀计划"。深巴集团 EAP 总体思路为：提升全体员工的幸福感。在实施模式上，外部引入专业EAP服务机构，内部建立管理体系并培育服务团队，将EAP与党办、工会、团委、妇联、文联、人事等板块的业务有机融合，于是深巴EAP模式浮出水面：根植于国有企业的文化基因，继承和发扬企业长期形成的思想政治工作优势和关爱员工的传统，以幸福为导向，借力外部专业机构和专家智慧，培训一支既懂管理学又懂心理学的内部 EAP专员队伍，通过EAP核心功能的导入和再造，建立"三位一体"的运行体系和三级服务网络，开展具有本土化特点的EAP活动，帮助员工实现从物质、精神到心灵的提升。

2. 勇于实践，深巴EAP模式走向系统和成熟

深巴集团从战略规划、人力资源、安全服务、企业文化四个维度着手，以车队情感互动室为依托，构建了预防、识别、干预"三位一体"的EAP运行体系，逐渐摸索出适合国企基因的EAP服务模式。"三位一体"就是将EAP融入企业管理全过程：一是在战略规划和重大决策时，把"以人为本"的理念具体化为关注员工心理健康；二是将关注员工的要求纳入全方位的考核指标体系中；三是聘请心理专家，建立服务团队，对员工进行心理体检和干预。同时，建立起三级网络：第一级，集团EAP顾问委员会制定政策、统筹规划；第二级，分公司EAP管理中心制定方案并协调督导；第三级，车队EAP推广服务室落实措施，服务员工，开展活动。EAP 运行体系中重点引导四类活动：一是预防类活动。员工入职时有心理体检和岗前培训，并建立心理档案。员工入职后有心理辅导、情感互动、情绪管理、压力释放"五态"（心态、状态、语态、仪态、体态）管理，提高自我调节能力。二是关爱类活动。基层管理人员每天早晨向首班车驾乘人员行注目礼，机关管理人员每周到基层的走动服务，高层管理人员开展接访、约访、巡访、家访活动。三是跟踪类活动。管理人员采取"一对一"的方式，主动向每位员工"送关爱，递问候"，通过"员工心情管理表"及时掌握员工心理状态，重点跟踪情绪不佳的员工。四是干预类活动。对于员工诉求，管理人员以最快速度处理回复，做到"链条式"跟踪、"闭环式"反馈。目前，深巴集团已建成1个EAP推广服务中心、4个服务站、67个服务室，建立了由308名不同技术级别的EAP咨询师、一批情感护理师及志愿者组成的EAP专员队伍，将宣传教育、心理咨询、内心倾诉、情感护理、情绪管理、负面情绪疏导、压力释放、亲子教育、法律援助、生活资讯、家政服务、休闲娱乐、减肥健身等功能集为一体，为员工提供"一站式"综合服务。

3. 寻求突破，谋划深巴EAP模式长远发展

深巴集团实施EAP以来，营造了"快乐工作，幸福生活"的氛围，员工爱岗敬业，团队和谐稳定，企业绩效提升，社会效益显著。经过多年的探索与实践，深巴集团发现EAP在企业中至少有以下五个方面的价值：它是思想政治工作的新手段、企业文化建设的新载体、信访维稳工作的新措施、管理人员减压的新途径、人力资本提升的新举措。同时，深巴集团EAP工作形成了四点共识：高层管理人员的认同、参与、推动是关键点；企业文化建设是切入点；幸福企业建设是兴奋点；结合企业现有的管理要素是契合点。深巴集团认为，国内推广EAP还有亟待解决的问题。比如：中国化的EAP标准、企业成本效益的评估、业务板块的整合与作用发挥等。EAP的理念和技术值得中国企业学习借鉴，但是EAP在中国企业中能解决哪些问题？发挥什么作用？还需要在长期实践中研究、思考和探索。唯有如此，深巴EAP模式才能获得长远发展。

（程锐，2015）

第三节 员工福利的管理与规划

本节将对员工福利管理和规划进行介绍。首先，介绍员工福利管理的含义和具体原则，强调员工福利管理的必要性和员工福利管理的基本内容。其次，介绍员工福利的规划，分析了员工福利规划的影响因素，阐述了员工福利规划应遵循的相关原则和流程。

一、员工福利管理

（一）员工福利管理的含义

员工福利管理是指为了保证员工福利按照预期的轨迹合理有序地运转，综合各种管理举措和管理手段对员工的福利发展状况和路径进行控制或调整，使其达到预期效果的活动。

员工福利管理有广义和狭义之分。从广义上看，员工福利管理是企业对内部员工福利的整个过程进行全方位地管理，包括福利的产生、福利的发展、福利的应用等各个阶段。从狭义上来看，员工福利管理是指对内部员工进行实际福利管理的具体措施和方法，是为了保证员工的生活质量，增强对企业的忠诚度，在为员工提供相对稳定的工资报酬之外，也为其本人及家庭提供辅助性的实物、货币、服务等间接报酬。它是现代企业员工总体薪酬的三大支柱之一。

（二）员工福利管理的原则

1. 公平性原则

员工福利管理的公平性原则主要有两个方面的含义：一是强调所有内部员工都应享有员工福利；二是福利管理工作应遵循公平性原则，确保在标准、程序、结果等方面都能做到公平，以提高员工的公平感和满意度，从而调动员工的积极性。

2. 激励性原则

根据人际关系学中的"社会人"假设，员工不仅有物质需要，还有社会需要。物质需要可以通过提高工资水平、奖金等途径实现，而社会需要则通过关心员工的生活、重视员工之间关系的调节，使他们从社会关系中寻找乐趣，以满足他们在工作中安全、尊重和归属感的需要。因此，在员工福利管理的过程中，要设置符合员工需要的福利项目，不断改进福利管理的方法，增强福利管理的效果，充分发挥员工福利管理的激励性功能。

3. 经济性原则

企业作为以赢利为主要目的的组织，随着社会的发展，福利越来越成为全面薪酬的一部分，面对福利成本的不断上涨，要将企业成本和员工的需要充分结合起来，在直接薪酬和间接薪酬的福利之间取得平衡。在强调员工福利激励性的同时，也应该重视经济性，不断降低员工福利管理中的成本，提高员工福利管理效率。

4. 动态性原则

福利领域的变化紧跟时代趋势，企业必须要根据组织内外部环境的变化，不断地对员工福利进行动态管理。首先，有关福利管理的法律会不断进行调整，企业应该密切关注法律的变化，不断检查其福利管理是否符合法律的规定；其次，员工的需求和偏好也会随着其自身职业生涯发展阶段的不同以及外部经济环境的改变而不断变化。因此，员工福利管理是一项持续性、动态性的工作，应不断地调整福利政策来满足企业发展对福利管理的需要。

（三）员工福利管理的必要性

1. 员工福利目标的实现需要有效的管理

要想充分实现员工福利的理想效果，就必须借助有效的管理来实现，制定相应的规章制度，对员工福利进行管理，使其按照预定的轨道运行，以充分实现员工福利的各项目标。

2. 企业的发展需要专业化的福利管理

专业化的福利管理能够调动员工的积极性，并且能充分发挥福利的激励作用，同时也是提高企业管理效率的关键，有助于企业战略目标的实现。由于员工福利是一个复杂的系统，涉及全体员工、福利项目众多、各项福利项目的设计水平均不相同。因此，需要专业化的福利管理来维持企业中员工福利系统的正常运转。

3. 福利管理的经济性需要有效的管理

长期以来，作为一个以赢利为主要目标的组织，企业运营所追求的是利润和经济效益最大化。福利作为企业全面薪酬的重要组成部分，其成本日益呈现上升的趋势，如果不加以控制，成本的增加必然会给企业带来巨大的支付压力。因此，企业在满足员工合理的福利需求时，也应将经济性原则纳入考虑范围。首先需要理清员工福利项目之间的关系；其次需对其实行奏效的管理，只有这样才能更好地提高员工福利管理的有效性。

（四）员工福利管理的内容

员工福利管理虽然不能直接生产出转化为企业盈利的产品，但对其管理也和一般的管理工作一样，具有共同的一些特性。所有的福利项目都需要人、财、物的支持，因此员工福利管理的要关注以下三个内容。

1. 人力资源配置

无论企业选择的是哪种福利模式，无论管理的具体内容是什么，人都是最为基本的管理要素之一。员工福利项目应该由企业内部的人力资源部门的负责人领导，并对下属与项目有关的所有人达成良好的沟通和协调，各部门的人力资源在得到充分调动之后，需要对项目的设计、规划、实施、控制和评估进行一系列管理。

2. 物资和资金支持

物资和资金支持是员工福利项目顺利进行的基本保障，也是企业最为看重的成本投入和产出的关键部分。在项目设计和管理时，应该充分调查清楚企业自身内部可以动用的资源以及需要达到的福利目标，考虑长期的战略规划，避免资源的浪费。

3. 项目进度安排

任何福利项目制度都不是一蹴而就的。针对员工福利项目，必须制作时间进度表，并配备一个专门的负责人，设立阶段性目标，形成绩效考核，来控制整个项目实施过程，以确保项目的顺利进行。由于有的项目不可以在同一时间开始和设立，要有阶段性地配合出台；有的项目的出台则要以旧的项目的实施作为铺垫。因此，只有规划好项目时间，才能使福利项目产出的效益最大化。

在了解了员工福利需要关注的三个大方向以后，我们还需要进一步理清楚员工福利管理具体细节方面的管理内容是什么。总的来说，员工福利管理的具体内容包括以下六个方面。

（1）方案制定。方案制定是一项计划开始的根基，它结合了计划职能和组织职能，使得所有参与项目的人都能有一个清晰的认识，明确计划的目标，清楚自己在项目中所处的岗位、责任和权利。

（2）财务预算。财务预算是事前控制的一种体现，实行财务预算有利于公司提前对福利项目有所了解，权衡组织的支付能力和收获，以此确定是否需要产生此项目。在做财务预算的时候应该考虑未来市场的变化、劳动力成本等因素。

（3）管理机构。组织可以视自身情况而定，是建立起专职的管理机构还者是由人力资源部门牵头组成非专职的管理机构，它由组织所选择的福利提供模式来确定的。一旦定下了组织管理机构，则意味着确认了该机构的工作职责、分工和权利等因素。

（4）人员配备和运用。人员的配备和运用是员工福利项目管理的必要环节。它包括了计划的制订、物资的准备、程序的确定、福利内容的规划等，这些过程都需要有专门的人员来进行管理。即使是选择将福利提供项目部分外包出去，最核心的项目牵头人员也必须是熟悉公司内部情况的内部人员。

（5）调整控制。调整控制存在于整个项目计划的全过程之中，从产生福利计划的念头开始，直到福利计划项目的终结，调整控制都贯穿于其中。由于市场环境在不断地变化，员工的需求也在不断地变化，如果组织的计划一直按照一开始设定的来执行，一段时间后若不加以调整，就会与员工的需求产生偏差，从而出现花钱又不讨好的现象。因此，员工福利的管理应该是一个动态的系统，根据环境和人的变化而变化，不断调整和控制。

（6）效果评估。效果评估是对福利计划项目进行调整和改进的基础和依据，可以采用员工满意度调查表或座谈会等方式去调查员工对福利项目的满意程度。即使企业投入再多的资本，若员工不满意，那么打造得再好的福利项目也将是一场失败的投资。

例证　8-5

中国一汽集团公司的员工福利

中国第一汽车制造集团（以下简称一汽集团）创办于 1953 年，属于我国的大型汽车生产集团，由国家控股。作为一家国有企业，一汽集团在员工福利方面不仅严格按照国家的法定福利标准执行，还增加了非法定福利项目，企业福利制度也体现出了一些新的特征。

1. 五险一金和法定假期

只要签订劳动合同的基层员工，从试用期开始便享受"五险一金"以及补充养老保险、补充医疗保险（工资总额 35%）等福利制度。根据企业内部有关制度的规定，员工不但可享受到一些固定的假期，同时，如果员工的工龄能够达到一年以上，还可得到一定的带薪休假。带薪休假的时间根据员工在企业内部工作的时间确定，不同的工龄，带薪休假的时间也不相同。除此之外，员工如果生病等，也可享受带薪休假制度。

2. 员工享有保险单待遇和提高职业素质的福利待遇

企业为员工缴纳除国家规定之外的保险，待保单达到一定标准时，保单便可兑换成现金，作为工资的一种补充，保单份额的多少与员工薪资水平正相关。同时，为提高员工的素质及技能，一汽成立了员工发展基金，由公司承担员工培训过程中的一切费用。

3. 在基本生活方面为基层员工提供福利

在饮食上，通过提升饭菜质量、降低饭菜价格及额外供应水果、饮料等方式，进行福利发放。住宿上，公司特别建立了职工公寓，免费为员工提供家电设施及被褥，并且员工所用水电费也都由公司承担。交通上，员工上下班有班车接送、员工所属单位会在假日为员工提供出行往返车票报销。在生活方面，为基层员工提供购车补贴（根据购买车型不同提供不同的折扣）、采暖补贴、旅游补贴、每年免费体检1次等，公司不定期发放生活用品，如定期向部分员工发放服装、锅具等福利。

（王和平，2015）

二、员工福利规划

企业对员工福利进行科学的规划，既能够避免泛福利带来的资源浪费，又可以使企业有的放矢，有针对性地设置福利项目，提高资源配置效率。同时，也能够帮助企业形成具有自身特色的福利文化，提高企业吸引和留住优秀人才的能力。

（一）员工福利规划的影响因素

企业作为员工福利最重要的决策者和直接供给者，对员工福利的制定起着决定性作用。

企业在进行员工福利规划时不仅要遵守国家法律法规等硬性规定，还要了解企业的自身情况，根据不同情况和阶段下的员工福利需求，为员工制定福利规划，这样，员工福利规划才能达到最佳效果。具体来说，影响员工福利规划的因素有以下几种。

1. 外部因素

（1）国家政策法规。国家关于法定福利的政策法规，直接影响着企业为员工提供的法定福利的支付水平、项目及采用的模式，如相关的社会保险制度、劳动保护制度、工时制度、住房公积金制度、特殊劳动保护制度等，规定了企业相应类型法定福利必须采用全员普惠式，以及相应福利应该提供的水平。因此，国家关于职工法定福利方面的政策法规是影响企业员工福利规划和实施的重要外部力量。

（2）行业特点。任何一个企业均是所处行业的一员，该行业的员工福利水平、员工福利项目结构的变化都会直接影响到企业薪酬方案、福利方案的设计。企业要保持整体薪酬在行业内具有外部竞争力，就要根据行业的整体变动，或是根据该行业内处于领导型地位的企业员工福利进行及时的调整，以吸引人才和留住核心员工。

2. 企业因素

（1）企业战略。首先，员工福利项目设置的最终目的是为企业经营发展战略服务。因此，企业在进行员工福利规划时，必须根据企业的经营发展战略来考虑福利内容。其次，由于员工福利项目的设置本身属于企业人力资源战略的重要组成部分，因此，企业在进行员工福利规划时也必须考虑到企业自身的人力资源战略。

（2）企业的薪酬策略。由于员工福利属于企业薪酬的范畴，因此企业的薪酬策略必然会影响到员工福利水平。而企业的薪酬策略又由薪酬水平策略和薪酬横向结构策略两部分组成，它们共同决定了企业愿意为员工支付福利水平的高低。其中，前者主要决定了企业愿意提供薪酬的总支出，同时，也部分影响了薪酬内部板块的结构以及不同人员的薪酬水平；后者则主要决定了福利开支在总体薪酬中所占的比例。

（3）企业的文化价值和管理理念。企业的文化价值和管理理念往往决定了员工福利计划的定位和制定原则，进而影响员工福利的水平和福利项目设计等。现代企业管理理念的重要特征是"以人为本"，即企业在人力资源管理实践中不仅重视员工生产率的提升和员工离职率的降低，还注重员工满意度的提高。同时，大多数企业将员工看作是企业的财富和未来，甚至是企业的生命线。因此，感情留人、事业留人、待遇留人，理解员工、善待员工、共创辉煌，成为很多企业人力资源管理的主导思想。上述理念在具体实践中就表现为企业的员工福利计划完善周到。在常规福利项目之外，一些特色福利项目更是直接传达了企业对员工的关爱，让员工在真切感受到企业的尊重和爱护的同时，企业也获得了员工的忠诚。

（4）工会的态度和力量。在西方国家，某一地区或某一行业员工的福利待遇，往往是工会与资方谈判的结果。工会代表会员与企业雇主集体谈判决定工资，是西方国家通行的工资决定制度。集体谈判涉及的内容相当广泛，包括员工福利计划、就业保障等。可以说，工会是员工福利发展的重要推动因素。在我国，尤其是在国有企业，工会是员工福利发展的重要实施力量和法定福利的具体监督者。工会与人力资源部门和企业决策者一起，举办各类文娱活动，如运动会、文艺表演等，购买和发放节日礼品等丰富员工的业余文化和物质生活，因而，工会的态度和力量也影响着员工福利规划。

3. 员工个人因素

（1）员工对公平的感受。在员工福利需要的产生过程中，对比效应往往会发挥作用。员工对于福利的需求有一部分来自于通过将自身与外部企业或者企业内部其他员工所享受到的福利对比后所感受到的公平或者不公平。因此，企业在进行员工福利规划的时候，福利的对比效应和员工的公平感是必须要考虑的因素。

（2）员工的工作压力。员工的工作压力越大就越紧张，相应地就越需要福利来缓解压力，而压力缓解的有效性与工作压力的大小呈正比趋势。由于工作生活的节奏越来越快，员工为了能够快速释放压力，会更加关注生活质量的提高，想要得到更好的生活服务，自然地对完善周到的福利项目的需求也会随之增加。

（3）员工的工作绩效。企业为了提高员工福利实施的效果，在一定程度上会把员工福利与员工个人的工作绩效挂钩。目前，越来越多的企业采取了这种做法。一般情况下，员工个人的工作绩效对所能享受到的福利计划的影响主要表现在两个方面：一是当期福利水平的高低或项目的多少；二是福利计划层次的晋升。

（4）员工的工作年限。员工的工作年限是指员工为企业服务的时间。根据组织社会化理论，提高员工的福利水平，有助于促进老员工提高工作积极性，更好地服务于企业，从而创造更高的个人效益和企业效益。因此，一般企业为留住员工，会依据工作年限逐步提高相应的个人福利水平。

（二）员工福利规划的原则

员工福利规划是对员工福利未来的发展进行的规范和计划，用来指导员工具体福利项目的开展。科学合理的员工福利规划是员工福利管理活动成功的"一半"。为制定全面、规范且系统的员工福利规划，应遵循以下六大原则。

1. 公平性原则

员工福利制度制定的首要原则是公平性原则，既要确保外部公平性，即企业提供的福利水平不能落后于处于竞争关系的同行业或整个社会的福利水平，又要保证内部公平性，即在企业内部，同一级别、不同岗位和相同贡献度的员工享受的福利待遇应该一致。同时，员工能够公平地选择各种福利项目。只有这样，才能提高企业的凝聚力，统一员工战线，有利于企业以强有力的竞争实力吸引和保留核心人才。

2. 激励性原则

在坚持公平性原则下，企业应以增强福利的激励性为导向，通过多样性的福利项目激发员工的工作积极性。同时，以提高企业员工福利的市场竞争力和对人才的吸引力为导向，让员工所能享受的福利水平和福利内容与个人能力和业绩挂钩，鼓励员工积极努力工作，从而获得享受更加优厚福利内容和更高福利水平的机会。

3. 经济性原则

随着经济的发展，员工越来越喜欢对各行各业的福利优势进行比较。为了满足员工多元化的福利需求，企业在预算范围内不仅要合理控制好福利成本，也要尽可能地提供经济价值高的福利项目。

4. 灵活性原则

一方面，员工福利在初始设计时要能够满足不同员工的个性化需求；另一方面，员工福利项目要能够根据企业的财务承受能力及员工的需求变化进行及时调整，从而保证员工能够在不同时期、不同条件下，选择能够满足自己需要的福利项目，充分发挥员工福利的作用。

5. 企业战略导向原则

员工福利规划应与企业的业务发展战略目标相一致，要符合企业的战略、规模、经济实力与需求，要能够发挥福利对实现企业发展战略目标的支持保障作用。企业业务发展战略目标有所调整，员工福利规划也应做相应的调整。

6. 以人为本原则

员工福利体系从设计到实施都要以人为本，让员工参与到设计过程中，认真对待员工的意见，从而确保员工福利体系能够真正满足员工实际需求。

（三）员工福利规划的流程

在现代企业的人力资源管理中，不论是从政府法律政策的角度出发，还是从企业内部的人文关怀，或是企业为了增加自身吸引力的角度出发，员工福利都已经成为一个企业发展不可忽视的组成部分。员工福利虽然不能为公司直接带来效益和产出，但近年来，大多数企业对这部分内容的投入都日益增加，为了节省成本，使福利效益最大化，员工福利规划也逐渐被重视起来。

企业在制定员工福利流程的规划策略时，应该考虑以下三个因素。

（1）制定员工福利策略必须考虑长远性、持久性和可持续性。现代企业组织的战略规划一般以五年为一个周期，员工福利规划也可以按照这个周期进行规划。在制定策略时，人力资源部门的专员必须根据公司的战略目标和具体情况来制定。在长期计划制订好以后，还要相应地制订中期和短期计划，把员工福利规划细分为小的计划来配合和支撑长期计划。

（2）企业需要制定政策保障来优化福利的制度性。由于员工福利项目并不会直接为公司产生可视化的经济效益，也不会直接在公司的账面上反映出来，在传统的观念中，员工福利依然是一项企业不想做却不得不做的"花钱不讨好"的项目。因此，在制定策略的时候，就要将优化福利作为一个基本要求，在企业职能部门中加以明确，并对需要的资源及流程进行确认和设计，形成完善的制度流程，并落实到各相关部门及人员，在各相关部门通力合作的基础上，要保持与管理层的顺畅沟通，保证员工福利项目能够顺利制定和执行。

（3）规划福利必须以效益为导向，优化投入产出比。虽然福利作为类似公益性质的项目，是为了使得员工获得更好的生活而存在的，但是实际上福利作为一项企业的战略投资而言，企业必须考虑支出资本的效益最大化。因此，在设计福利时，要让员工实实在在地感受到福利的存在，以及给他们生活带来的好处，同时也要加强福利的宣传力度，增加员工的获得感。

员工福利规划的流程主要包括以下五个步骤。

第一步，确定福利对象的范围。根据组织的发展现状、未来发展需要、组织战略目标等因素，综合考虑并确定哪些对象可以享受员工福利。只有确认了对象，才能做到有的放矢，将员工福利项目内容进行精准定位，实现效益最大化。

第二步，调查员工需求，设计福利项目。员工福利的调查可以分为三个阶段：①福利项目的预调查，即主要了解现有福利的执行情况、水平和成本支出，并收集员工对现有福利项目的态度、看法、需求以及是否满意等；②调查外部现有福利的内容与水平，员工容易将自己的收获与自己的过去和同行的现在进行对比，以此来确定满意度，因此需要调查同行业福利水平，来保证员工对福利的心理满意度；③调查员工对未来福利的预期，不是价值高的福利才是好福利，好的福利应该是符合员工现实需求的，如果员工不需要某项福利，即使该项福利的内容再好，价值再高，也没有任何意义。

第三步，预测员工福利水平，确定员工福利预算。员工福利的成本预算可以通过调查外部市场的平均福利标准进行比较来确定，也需要调查企业内部的员工需求以及组织的利润计算出公司的福利预算。需要注意的是，在制定员工福利预算时，应先做出主要福利项目预算，并确定每一个员工福利项目的成本，提前制订相应的系列成本计划。

第四步，预先做好福利沟通。无论是在职者还是求职者，对于企业员工福利都是知之甚少，尤其是在企业目前提供哪些福利和这些福利的市场价值到底有多高这两个方面。由于企业不重视对员工福利的宣传或者对员工福利的宣传途径和频次都太少，很容易使得多数员工低估组织为他们投入的福利成本总额。因此，组织需要与员工进行有效的沟通，了解员工福利的目标和意图，让员工对福利方案有一定的认知，提升员工的满意度，进而提升福利管理的投资回报率，否则，就会使得福利项目的投资回报率大打折扣。

第五步，福利项目实施与控制。福利项目在实施的时候必须紧紧围绕企业的福利目标展开，对每项成本和效益落实到位，在实施福利计划的过程中一定要预留一定的弹性空间，以便在前期规划出现漏洞时，能够及时修正偏差。

本章小结

1. 员工福利是指企业基于雇佣关系，依据国家的强制性法令及相关规定，以企业自身的支付能力为依托，向员工所提供的用以改善其本人和家庭生活质量的各种以非货币工资和延期支付形式为主的补充性报酬与服务，包括退休福利、健康福利、带薪休假、实物发放、员工服务等。

2. 员工福利具有补充性、均等性、集体性和差别性的特点。

3. 员工福利对企业来说，具有增强企业吸引力，吸引和保留人才；作为企业文化的载体，培养员工忠诚度；享受优惠税收政策，提高企业成本支出的有效性的功能。员工福利对员工来说，具有更多的税收优惠，集体购买服务或产品可以产生集体经济效益，增强员工生活的稳定性，满足员工平等和归属感的需要的功能。

4. 员工福利包括法定福利（法定社会保险和法定休假制度）和非法定福利（弹性福利计划、企业年金和员工援助计划）。

5. 员工福利管理是指为保证员工福利按照预期的轨迹合理有序地运转，综合各种管理举措和管理手段对员工的福利发展状况和路径进行控制或调整，使其达到预期效果的活动。

6. 员工的福利管理必须遵循公平性、激励性、经济性、动态性等原则。企业进行员工福利管理的必要性包括：①员工福利目标的实现需要有效的管理；②企业的发展需要专业化的福利管理；③福利管理的经济性需要有效的管理。

7. 员工福利管理的内容包括人力资源配置、物资和资金支持、项目进度安排；具体细节方面包括方案制定、财务预算、管理机构、人员配备和运用、调整控制以及效果评估。

8. 员工福利规划的影响因素包括：①外部因素（国家政策法规、行业特点）；②企业因素（企业战略、企业的薪酬战略、企业的文化价值和管理理念、工会的态度和力量）；③员工个人因素（员工对公平的感受、员工的工作压力、员工的工作绩效和员工的工作年限）。

9. 员工福利规划的原则有公平性原则、激励性原则、经济性原则、灵活性原则、企业战略导向原则和以人为本原则。

10. 企业在制定员工福利流程的规划策略时要考虑三个因素：①制定员工福利策略必须考虑长远性、持久性和可持续性；②企业需要制定政策保障来优化福利的制度性；③规划福利必须以效益为导向，优化投入产出比。

11. 员工福利规划的流程是：①确定福利对象的范围；②调查员工需求，设计福利项目；③预测员工福利水平，确定员工福利预算；④预先做好福利沟通；⑤福利项目实施与控制。

网站推荐

1. 福利情报站：www.yuanfuwang.com/NewsList/
2. 中华全国总工会网站：www.acftu.org
3. 劳动法宝网：www.51labour.com

思考题

1. 简述员工福利的基本特点与功能。
2. 员工福利的本质是什么？它有着怎样的发展趋势？
3. 员工福利的基本类别有哪些？内容分别是什么？
4. 在设计员工福利政策的时候需要注意哪些影响因素和原则？
5. 员工福利规划的流程是什么？

案例分析

做关心员工健康的老板

以前只要给员工足够的酬劳、有趣的任务，或给予一定表扬似乎就已经足够了。但工作的本质一直在变化。

过去 10 年里，虽然科技的发展让我们可以全天候工作，但我们不得不牺牲自己的睡眠时间。身边各种设备，让我们觉得任何事都很紧迫，注意力不断被这些小事分散，压力也源源不断。我们更习惯久坐的生活，以往要求走动的工作似乎突然间悄然消失了。

越来越多的公司已经开始意识到，需要建立起一个有活力的职场环境，以确保员工的健康。

1. 让你身体健康

多个领域的调查都发现，体能运动和思维敏捷度之间有直接关联。定期运动可以提高注意力、记忆力和创造力，当然也能改善员工的情绪。

许多公司开始给员工配置站立式办公桌、内部健身房，甚至还有公司自行车。这种流行趋势也受到大众热捧。但除了提供健身器材外，还要保证员工在健身时不用担心个人形象和卫生问题。

给员工配备工作洗澡间、洗衣机、烘干机和置物柜等做法，在不久前听上去还很奢侈，甚至还有些可笑。但考虑到体能锻炼对提升员工投入度、压力管理能力和效率都有帮助，我们现在更该关注这一问题：不久会有更多公司像户外品牌 Patagonia 和社交媒体工具 Hootsuite 等公司一样，充分认识到投资员工身体健康的价值。

有些公司一直试图在可承受范围内鼓励员工健身，比如共同基金公司 Calvert 集团的做法就可供借鉴。这家位于华盛顿的公司坚持为步行上班的员工提供 120 美元的购鞋补贴。这种方法成本相对较低，还能向员工表明：锻炼不仅重要，还有奖励。

2. 让你饮食健康

很明显，富含营养的食物能够让人保持体力、精力充沛。但大部分公司都不重视员工的饮食，提供的食物也都不太健康，比如比萨和甜甜圈。

显然，对多数公司来说，提供健康的午餐并不太可能。这样做成本太高，而且也需要周详的计划和较大的空间。但如果公司能给员工提供各种健康小吃，如坚果、水果和蔬菜，这应是项不错的投资。

调查还表明，健康饮食不仅让我们保持体力，还能提高工作质量。例如，水果中的营养经身体吸收后会产生多巴胺。多巴胺是影响人类求知欲和积极性的重要神经递质，可以改善我们的情绪，并提高创造力。

明智的公司已经在提供这种福利，比如达能集团在公司自助餐厅里为员工提供免费水果、沙拉和酸奶，同时抬高不太健康的食品的价格。欧莱雅则只提供健康食物，拒绝供应任何不健康的点心。

没有餐厅的公司也能采用同样的措施。这些公司可以利用内部自动售货机售卖健康食物，并提供折扣优惠。或者，可以参考位于弗吉尼亚的金融理财公司 Cassaday and Company 的做法，每天送些水果盘到办公室。

3. 让你心智成长

任何人都有对于提高自身能力的心理需求，在生活中如此，工作中更是如此。当我们遇到挑战、存在学习技能需求时，这种心理会更强烈，相反，当发展受限时，我们就开始厌倦，甚至最终选择离开岗位。

一个好的工作环境如何帮助员工持续成长？

金融服务公司 Motley Fool 以公司买单的方式鼓励员工购买自己想读的书（小说或非小说类图书），并支持员工探索新想法。位于圣巴巴拉市的软件开发公司 Ontraport 制订了一项学徒计划，让员工参与不同部门的工作，学习同事的专业知识，并琢磨清楚自己在公司未来可能胜任的职位。位于德克萨斯州的软件公司 Square Root，为每位员工提供 3 000 美元的个人发展预算，员工可以将这些钱用于任何他们认为有用的事项上。

以上措施都能满足员工对学习的内在需求，让他们自主追求新爱好，培养独立性的同时，还发展了个性。

4. 不愿让你加班

近年来一种叫"无限假期"的新职场趋势成为新闻焦点。这个做法用心良苦：为鼓励员工在必要时停下来为自己充充电，Netflix、Evernote 和 Virgin 等公司取消了每年对假期天数的限制，不管员工在此前已经请了多少天假期。

但对于这种做法依然不乏批评的声音。批评者指出，如果没有具体的休假天数，很可能会产生一些负面影响，如员工可能会减少自己的休息时间，而且很难判断放多长的假期才算是适合的。如果每年假期的天数没有明确限制的话，员工很容易延长他们的假期。

明智的公司认识到休假并不是种奢侈，而是员工保持高效率、乐观情绪和专注度必不可少的举措。对那些想要防止员工超负荷工作、促进效率的领导来说，有一个不同于"无限假期"但却同样有效的方法：设定假期时间，并激励员工使用这些假期。

RAND Corporation 是最早采取这一措施的公司。它给选择放假的员工发放小额奖金：只要员工休息一天，就能赚到一半的工资。

美国旅游协会采取了另一种有效方法（而且相对成本较低）：协会开展了 500 美元的年度抽奖活动，而要得到抽奖资格，只有一个条件：员工必须用完上一年的所有假期。

工作的本质一直在变迁，而我们也应该相应改良公司的做法，创造更好的工作环境。优秀组织都清楚，员工在朝九晚五的工作中所做的一切，都不如全身心投入的意义重要。也就是说，公司应让员工的思想、身体和精神都得到同样的滋养，保持一种可持续的健康生活。

（资料来源：做关心员工健康的老板[EB/OL].（2016-01-28）. https://www.hbrchina.org/2016-01-28/3788.html.）

讨论题：

1. 案例中的公司为什么要花额外的成本去投入在员工健康这个不产出产品的领域？
2. 案例中的公司采取的都是哪种福利？分别是怎么操作的？

参考文献

[1] ADAMS J S. Inequity in social exchange[J]. Advances in experimental social psychology，1965，2（4）：267-299．

[2] D M MCGILL，K N BROWN，J J HALEY，S J SCHIEBER. A theory of the consumption function[J]. Economics，1996：156-159．

[3] QUSSIE. Pension reform and private pension funds in Peru and Columbia policy research working paper[M]. Washington D C: World Bank，1998：17-25．

[4] 晁玉方. 现代薪酬管理——理论、工具方法、实践[M]. 北京：清华大学出版社，2017．

[5] 程锐. 具有深巴集团特色的 EAP 之路——深圳巴士集团首创公交企业 EAP 模式亮相全国[J]. 人民公交，2015（11）：34-35．

[6] 仇雨临. 员工福利管理[M]. 上海：复旦大学出版社，2010．

[7] 郭小花. 弹性福利在我国企业的应用研究[D]. 兰州：兰州理工大学，2008．

[8] 黄平. 带薪年休假制度及实施现状研究——以上海市调研为例[D]. 上海：华东政法大学，2012．

[9] 姜奕慧，徐亮. 建立企业年金是养老保险制度改革的需要[J]. 中国国情国力，2008，（11）：18-19．

[10] 李斌. 中国社会保障制度模式及运行问题研究[D]. 长春：吉林大学，2004．

[11] 林嘉. 劳动法和社会保障法[M]. 北京：中国人民大学出版社，2009．

[12] 黎建飞. 劳动法的理论与实践[M]. 北京：中国人民公安大学出版社，2004．

[13] 刘清华. 中国住房公积金制度研究[D]. 南京：河海大学，2003．

[14] 刘昕. 薪酬管理[M]. 北京：中国人民大学出版社，2014．

[15] 刘艳红，张艳萍. 薪酬管理理论与实务[M]. 北京：电子工业出版社，2016．

[16] 卢悦. 互联网公司员工福利体系研究——以 SH 公司为例[D]. 北京：对外经济贸易大学，2017．

[17] 刘银花. 薪酬管理[M]. 2 版. 大连：东北财经大学出版社，2011．

[18] 马晓园. 我国现行休假制度研究——基于法定节假日和带薪年休假的视角[D]. 太原：山西大学，2015．

[19] 宁继勇. X 银行员工福利的优化研究[D]. 湘潭：湘潭大学，2014．

[20] 裴蕾. 我国转型期国有企业的薪酬制度研究——基于企业员工福利计划的管理

激励效应视角[D]. 成都：西南财经大学，2010.

[21] 王和平. 国有企业基层员工福利问题研究——以中国第一汽车集团公司为例[D]. 长春：长春工业大学，2015.

[22] 王少东. 薪酬管理[M]. 2 版. 北京：清华大学出版社，2016.

[23] 王婷. 达闼科技：做员工热爱的公司[EB/OL]. （2018-11-01）. https://www.hbrchina.org/2018-1101/ /6870.html.

[24] 肖锋. 浅谈企业的绩效沟通[J]. 中国企业家，2004（6）.

[25] 薛亭. 弹性福利计划在建设银行的应用研究[D]. 青岛：山东大学，2011.

[26] 徐旭磊. ABC（中国）公司员工福利诊断及优化设计[D]. 上海：上海外国语大学，2013.

[27] 约瑟夫·J. 马尔托奇奥. 战略薪酬[M]. 2 版. 周眉，译. 北京：社会科学文献出版社，2002.

[28] 曾湘泉. 薪酬管理[M]. 3 版. 北京：人民大学出版社，2014.

[29] 张西超. 员工帮助计划——中国 EAP 的理论与实践[M]. 北京：中国社会科学出版社，2006.

[30] 张培刚. 新发展经济学（增订版）[M]. 郑州：河南人民出版社，1999.

[31] 张晓云. Z 市住房公积金投资策略优化研究[D]. 长沙：湖南工业大学，2018.

[32] 战戈. 弹性福利应用研究——以 CMC 公司为例[D]. 北京：首都经济贸易大学，2017.

[33] 郑宇. Z 集团弹性福利计划的运行研究[D]. 北京：首都经济贸易大学，2016.

第九章

特殊群体薪酬管理

学习目标

- 掌握特殊群体的界定
- 了解特殊群体薪酬管理的意义
- 掌握几种不同特殊群体的薪酬管理办法

引例

中国银行重庆分行客户经理薪酬管理

　　中国银行重庆分行员工的薪酬主要由以下四个部分组成：①基本工资，主要与员工的工作年限和岗位职务相挂钩，银行根据员工工作年限的不同确定相应级别的工龄工资和等级工资，通常情况下，员工的工作年限越长，等级工资和工龄工资就越高，即员工的基本工资随着员工个人工龄和职位的增长而增长。②绩效工资，主要与员工的工作表现和目标完成情况相挂钩，员工为银行带来的收益和利润越大，或者说为银行做出的贡献越大，则员工的绩效工资越高，这充分调动了员工的工作积极性。③年终奖金，主要根据员工当年度的工作表现和银行当年度的业绩情况来确定。④其他员工福利，包括货币性福利和非货币性福利，如六险两金、带薪休假、员工培训和职位晋升等。

　　中国银行重庆分行客户经理的薪酬结构与其他员工相同，但在具体内容上却有所不同。客户经理的基本工资是根据职位来定的，属于保健因素，无法起到激励效果。绩效工资与客户经理的业绩有很大关系，既是奖励客户经理所取得的经营业绩与贡献，又是对客户经理未来工作的有效激励。从某种意义上来说，客户经理的收入不仅是商业银行对其劳动付出的回报，而且还可以看作是商业银行经营的一项重要成本，客户经理与商业银行之间存在着至关重要的利益输送关系，是商业银行最为宝贵的人才资源。

中国银行重庆分行根据客户经理各项业务指标的完成情况进行业绩考核，包括存贷款利润指标、中间业务利润指标、贴现业务利润指标等。通常情况下银行会根据实际情况每年定期调整一次客户经理业绩考核标准，如果遇到突发事件或特殊情况，也可以按季度来调整业绩考核标准。为了充分激发客户经理的工作积极性，保证银行经营业绩的快速稳定增长，中国银行重庆分行将客户经理绩效工资的20%拿来进行考核，根据客户经理业绩目标的完成情况确定绩效工资返还比例，具体操作包括以下几个步骤。

第一步：考核客户经理的个人工作表现，将其绩效工资的5%纳入考核范围，然后由公司和部门经理分别对其工作表现进行打分，按照得分情况确定个人工作表现绩效工资。

第二步：考核部门存款业绩的完成情况，将其绩效工资的5%纳入考核范围，根据部门对公存款和储蓄存款总额完成比例确定相应部分的绩效工资。

第三步：考核客户经理的个人任务指标完成情况，将其绩效工资的10%纳入考核范围，然后根据客户经理个人任务指标的完成比例确定相应部分的绩效工资。

最后将各个部分计算得出的绩效工资合成在一起得出员工该季度（或年度）应得的整体绩效工资。

（曾艳，2018）

从上面的引例中，我们可以发现，虽然客户经理的薪酬结构与一般员工的薪酬结构基本一致，但是在实际的薪酬管理中却存在着较大的差异。同时，由于客户经理工作业务和工作内容的特殊性，使得客户经理的薪酬管理需要特殊处理。那么，在企业人力资源管理实践中，是哪些因素使得一些群体享有特殊化的薪酬管理呢？对于这些在薪酬方面需要予以特殊对待的群体，我们又该如何设计相应的薪酬体系呢？本章在界定特殊群体的基本概念后，将介绍几种具有代表性的特殊群体及其相应的薪酬管理，以使读者对特殊群体薪酬管理的相关内容有所认识和了解。

第一节　特殊薪酬管理概述

本节首先对特殊群体进行了界定，接着阐述了为何我们要有针对性地为特殊群体设计相应的薪酬管理制度。

一、特殊群体的界定

目前，学界对于特殊群体的准确分类仍缺乏一个绝对的标准。因为不同的企业，其战略目标与发展规划也有所差异，岗位对员工能力、素质的要求也不一样，构成企业发展原动力的因素也大相径庭。因此，不同的企业对于其内部特殊群体的界定也不一样。但事物之间的联系是普遍存在的，不同的特殊群体之间也会存在共性，这为我们进一步研究奠定了基础。

通过阅读相关书籍和文献，我们发现，研究者们普遍把管理人员、专业技术人员、销售人员和外派人员归入特殊群体中，还有少部分学者将公务员、董事会成员和临时工也一同归入特殊群体中。本书中对于特殊群体的界定和类型，采用乔治·米尔科维奇（Milkovich，2014）的观点，即将特殊群体分为高层管理人员、专业技术人员、销售人员和外派人员。这些群体具有以下两个共同的特性。

（1）特殊群体对于组织而言具有战略上的重要性，即如果他们不能处理好自己在工作中遇到的问题，那么将影响到整个组织的成功。

（2）他们的岗位具有内在的冲突性，这种冲突是不同派系对群体成员不一致的要求造成的。表 9-1 对高层管理人员、专业技术人员、销售人员三类特殊群体所面临的冲突类型进行了总结。

表 9-1　各类特殊群体面临的不同冲突

特 殊 群 体	面临的冲突类型
高层管理人员	股东要求获得最大的投资回报，而政府则会监督企业是否遵守法律。作为高层管理人员，必须在两种战略之间做出取舍，即以牺牲长期利益来实现短期收益还是关注组织的长期发展
专业技术人员	可能会受到自己的职业理想、职业目标、职业道德标准（如工程师在知道公司产品存在缺陷以后，会面临是否揭发的抉择）和单纯关注利润率的雇主需求的折磨
销售人员	通常在没有监督的情况下超时工作，他们面临的挑战是即使处于销售合同减少或没有管理者监督的情况，也要积极寻找生意，达成交易

二、特殊群体薪酬管理的意义

任何组织内部都会存在着一些特殊的群体，这些群体的特殊性在于他们的工作及其对组织的贡献有别于组织内部的其他群体。如果企业采用统一的薪酬制度，则无法体现此类群体的价值，因而企业必须针对这些特殊群体设计相应的薪酬体系，做好特殊群体的薪酬管理工作，才能充分调动这类群体的工作积极性，发挥这类群体的潜在价值，更好地为组织服务。具体来说，进行特殊群体的薪酬管理具有以下几点意义。

（1）保障了特殊群体的基本生活。通过设计与特殊群体的价值相匹配的薪酬制度，可以有效地减少特殊群体的后顾之忧，促使他们全心全意地为企业服务。特殊群体的薪酬结构中包含了基本工资，而基本工资最大的作用就是满足特殊群体的基本生活需求。

（2）更好地激励员工，激发员工的工作积极性。除了基本工资之外，特殊群体还能享受到如奖金、激励计划、福利等各种优待。此处需注意，特殊群体的工作性质不同，企业采取的激励计划也不同，不可一概而论。企业给予特殊群体的这些优待能起到很好的激励作用，推动特殊群体努力工作、勇于创新、不断提高工作绩效，在为公司创造更多价值的同时也能获得高度的成就感与满足感。

（3）与一般员工相比，对特殊群体实行特殊的薪酬管理，有利于更好地将企业的长远发展与员工的个人进步联系起来。如果企业想在市场中长期保持竞争优势，那么就一定要吸引与留住优秀人才，而特殊群体在企业内部往往扮演着不可或缺的角色，因而如果企业重视特殊群体的利益诉求，并通过合理的手段将特殊群体的利益与企业的发展有机结合起来，那么特殊群体就会积极地工作，因为只有当企业的整体效益提升时，他们的个人利益才会得到满足。

第二节　特殊群体的薪酬管理

本节内容包括高层管理人员、销售人员、专业技术人员和外派人员的概述、薪酬结构和薪酬设计等相关内容。

一、高层管理人员的薪酬管理

高层管理人员往往以企业的领导者或企业先驱的身份存在，他们的决策对企业的发展起到至关重要的作用。在行业内部，一个好的高层管理人员属于极度稀缺的人才，由于工作的特殊性以及市场供求关系的不平衡，高层管理人员通常会有着较高的薪酬待遇，在人力资源管理具体实践中，面对这类特殊群体，我们该如何进行薪酬管理呢？

（一）高层管理人员概述

管理人员是企业中从事管理工作的员工。一般情况下，企业自身的发展水平和规模大小不同，企业内部的管理层级也会不同，按照其所从事的工作对公司战略发展的重要程度和职位的高低，管理人员被划分为以下三类：高层管理人员、中层管理人员和基层管理人员。

高层管理人员（简称高管）是高级管理人员，也可称为经营者、经理人、职业经理人等，是指那些掌握企业经营权并直接对公司经营效益负责的经营管理人员；是委托代理关系中处于代理地位的一方。作为企业出资者的代理人，高管是企业日常经营的决策者、管理者、控制者和责任者，即是企业日常活动的领导者，在企业中居于中枢地位，发挥着配置各种生产要素的作用（张娟，2008）。《公司法》第二百二十六条第一款对高管范围做出界定：即高级管理人员，是指公司的经理、副经理、财务负责人、上市公司董事会秘书和公司章程规定的其他人员。高层管理人员一般位于组织层级机构的较高层，此类人员数量较少，他们的主要任务是根据组织的发展阶段、自有资源和外部环境等因素，为组织的长远发展制定总体的战略目标，并通过各种管理手段推动组织朝着战略目标前进。一般情况下，组织的高管对企业拥有经营决策权，需要对企业的经营效益负责。和其他层级的管理人员相比，高层管理人员具有更强的代表性和特殊性，他们的工作特质往往具有战略性、长远性，这就意味着其产生的劳动成果具有无形性、效益滞后性和间接性的特点，而这些特点使得企业需要设计相应的薪酬结构对高层管理人员进行特殊化管理，以凸显其价值。

（二）高层管理人员的薪酬结构

总体来说，高层管理人员和一般管理人员的薪酬管理体系类似，主要由基本薪酬、短期激励、长期激励和福利四个部分组成，区别在于不同层级的管理人员薪酬结构的侧重不同，在高层管理人员的薪酬结构中，激励性的薪酬占主体。

1. 基本薪酬

基本薪酬是高管人员的基本收入，属于保健因素，只是用来保障高管的基本生活水平。近几年，我们经常会听到一些消息，如某公司高管为了帮助企业渡过难关，年薪工资只象征性拿了 1 元钱。一般情况下，出现这种现象的原因可能有几种：一是为鼓舞士气以渡过难关；二是高管的基本工资只占其薪酬的一小部分，其薪酬大部分来自于股票、期权等收入；三是将基本工资压低有利于避税。

高层管理人员的基本薪酬是由以董事会为主的薪酬委员会来决定的。一般情况下，这部分收入应根据组织规模、经营需要、个人才能、所承担的责任和风险水平来确定。由于高管人员身负企业发展重任，其工作关系到企业的兴衰荣辱，且优秀的高管往往具有丰富的工作经验和卓越的管理才能。因此，企业在决定高管的基本工资的时候，应保证制定的高管薪酬在市场上具有竞争力，至少应达到市场的平均薪酬水平，以吸引和留住高层管理人才。

2．短期激励

一般情况下，给高层管理人员的短期激励以奖金为主，其中，最主要的奖金就是年度奖。奖金是高层管理人员薪酬的重要组成部分，是奖励高层管理人员在特定的时间内（一般为一年）为组织所做的贡献。通常意义上的奖金都是以组织的总体经营绩效为基础的，相比普通员工，高管人员的工作业绩往往与企业的经营绩效好坏联系更加紧密。高层管理人员的短期激励往往以其基本薪酬为依据，其数额大小取决于管理人员对经营结果的实际贡献大小。上一年度的利润水平、组织生产率高低、成本控制、资本和资产回报率等因素也会对短期激励产生影响。在衡量高层管理人员的短期绩效时，企业既可以使用总体盈利水平等单一指标，也可以使用对于企业成功而言同等重要的多重指标。在后一种情况下，企业必须把握好指标间的权重关系。此外，奖金的多少在不同行业中差别很大。在金融行业中，短期奖励可能是基本薪酬的几倍；而在公共事业单位中，短期激励则可能只有基本薪酬的1/3。

但需要注意的是，短期激励是由高层管理人员当年的经营绩效来定的。相比基本薪酬，它能在一定程度上给予高层管理者更大的激励作用，使管理者的工作重心进一步地放在提高公司的业绩上去。但它的弊端也比较明显，奖金容易使高层管理人员行为短期化，只顾追求眼前利益而忽视组织的长远发展。另外，公司的经营业绩并不仅仅取决于高层管理人员的行为，还与其他因素（如外部市场环境、政策环境、经济发展水平、员工努力程度等）有关。且有时候，绩效并不能完全反映高层管理人员的努力水平。因此，在奖励时需要注意分析公司经营业绩上升的原因，因为如果奖励不当，反而会产生负面效应。

3．长期激励

相比短期激励，长期激励的周期更长，其激励方案也与组织的长远发展战略更加贴合。近年来，长期激励在高层管理人员的总报酬中所占的比重越来越大，其中各种股票计划是最常见的激励内容之一。长期激励计划主要包括以下类型：股票期权、股票增值权、限制性股票、虚拟股票、账面价值股票、特定目标奖金、业绩股份、股票赠予、影子股票等。这种激励计划的优点十分明显，主要包括以下几点。

（1）对于高层管理者来说，因为他们的工作成果和努力程度较难量化、不易监管，因此长期激励是对其进行有效激励的最佳途径之一。

（2）长期激励计划往往与企业的长期战略规划保持一致，可以引导高层管理人员更加关注企业的长期发展，并不断努力提高绩效水平。

（3）长期激励计划给予了高管一种合理的避税机会，可以在一定程度上节约企业成本。

然而，这种计划也有不足之处：一是股票价格的上涨受市场因素的影响很大，并不能代表高层管理人员的努力；二是股价容易被高层管理人员等内部人员操纵，从而使高层管理人员获利；三是一旦外部经济条件不佳，股价下跌，股票期权也就失去了其应有的激励效用。

4. 福利

福利在高层管理人员的薪酬体系中发挥的作用越来越受到重视。高层管理人员通常能享受到名目众多的福利和服务，且许多高层管理人员的福利都与其收入水平挂钩。因此，相对于普通员工所享受到的福利而言，高层管理人员的福利水平（人寿保险、伤残保险、养老金计划）要比多数普通员工高得多。其中，高层管理人员的福利主要包括在职福利和退休福利。

（1）在职福利。高层管理人员的在职福利主要体现在以下三个方面：①企业内部福利，包括豪华办公室、经理餐厅、专用停车场、免费体检等；②企业外部福利，包括代缴更新知识的费用、公司付费的俱乐部会员资格、报销参加与业务和专业有关活动的费用、酒店、度假、专职司机等；③个人福利，如低成本或无息贷款，由公司付费的个人财务或法律咨询等。

（2）退休福利。退休福利主要是建立高层管理人员社会保障制度，设计各种形式的"金色降落伞"。金色降落伞是指雇用合同中按照公司控制权变动条款，对失去工作中的管理人员进行补偿的分离规定。"金色"意味着补偿是丰厚的，而"降落伞"意味着高管可以在并购的变动中平稳过渡，以消除或弥补高层管理人员退休前后物质利益和心理角色方面的巨大反差。比如，有些国企废除高层管理人员硬性退休制度，使得业绩良好的高层管理人员在达到退休年龄时，可以自由选择去留；允许高层管理人员退休后在企业董事会担任董事或高级顾问等。

（三）高层管理人员的薪酬设计

由于高层管理人员地位和工作的特殊性，使得他们的行为和决策往往影响着整个组织的运行和发展。因此，为激励高层管理人员积极进行决策，努力为组织工作，同时避免高层管理人员出现如不作为、乱作为等影响组织发展，甚至给组织带来不良后果的行为，企业在确定高层管理人员的薪酬策略时应遵循以下四个原则。

1. 高层管理人员的薪酬与企业经营风险相结合

高层管理者的薪酬与其绩效表现挂钩。在世界 500 强企业中，绝大多数企业总经理的薪酬都是凭借其自身的绩效表现获得的。在现代企业中，高层管理人员作为企业运营的核心人才，对企业的经营绩效承担着不可推卸的责任。因此，我们在设计高层管理人员的薪酬制度时，一定要充分考虑经营业绩对其薪酬的影响力。为此，有些企业设计了偏向于利润分享或是短期激励的高管薪酬方案。然而，这种薪酬方案对于高层管理者的激励效果并不显著。原因如下：一是高层管理者权利与义务之间并不对等。因为若企业经营成功，高层管理者可以获得经营红利；但若企业经营失败，高层管理者反而不需要为此承担过多的责任。二是高管管理者薪酬的其他部分，如高管的基本薪酬本身数额就较大，即使企业经营不善，高层管理者也能获得较高的收入。

因此，现在越来越多的企业开始将企业经营的风险与高管的薪酬挂钩，选择实施风险较高的薪酬方案，给予管理者最大的激励效果。常见的做法是：在传统的薪酬方案中，调整与风险有关的薪酬因素比例，或是在制定薪酬制度的时候，增加条件限制。由于行业不同、企业规模不同，薪酬设计的策略也要有所不同。在具体设计时，我们应该结合企业自身的实际情况，选择最佳的薪酬方案。

2．使用正确的多维度绩效评价方法

单一的绩效评价指标（如投资收益率）往往无法全面地衡量高层管理者在当今的企业经营环境和企业管理实践中的投入与回报。为了使高层管理者的绩效衡量方法能够与组织文化、经营战略相匹配，以更好地在薪酬上体现管理者的经营绩效好坏，企业往往需要采取多种组合的绩效评价模式。薪酬机制的有效性在很大程度上取决于评价和考核高管人员业绩指标的科学性和准确性。基本工资的作用是为高管提供"保险服务"；奖金是与企业的短期业绩（尤其是年度会计利润）相挂钩的；与股票相关的其他薪酬形式是与高管人员所在企业的市场价值紧密相关的。因而与高管人员薪酬相关的企业业绩指标主要有两大类：①属于绝对指标的市场价值指标和会计指标；②相对业绩评价指标。

为了提高绩效，很多组织选择了一些更为全面和广泛的经济指标，如经济附加价值（EVA）、市场份额和市场占有率等绩效评价指标。这些指标不仅能够更为准确地衡量绩效，同时也能够更好地平衡组织、股东和高层管理者之间的利益关系，代表着企业管理领域的新趋势。

3．实现高层管理者和股东之间的平衡

高层管理者和企业所有者之间的目标可能存在差异，股东希望能够实现利润的最大化，而高层管理者则可能更加关注如何巩固自己当前的地位。为了协调二者之间的目标，使其达到一致，企业通常会要求高层管理者承担更多的风险、经历更长的决策期，并通过赋予他们一定的所有权以增强其参与意识。一直以来，这种理念都是通过相对简单的、没有严格限定的股票选择权来体现，尽管这种举措有可能赋予高层管理者以真正的所有权并将他们的薪酬和风险联系起来，但其效果仍然有限。例如，由于很少会有股票方案明确规定管理者需要持股达到多长期限，在短期利益的驱动下，有很多管理者都会尽早出手自己的股票；还有一部分管理者则会在短期绩效实现的时候选择售出股票。显然，这种激励方法对实现组织的长期发展目标没有什么好处。

运转失灵的股票期权方案在一定程度上体现了很多企业意识上的局限性，即把企业的业绩表现看成了一个年度性的问题。因此，设计的以年度为单位的薪酬方案显然会将高层管理人员引入歧途。由此可知，企业在设计薪酬制度的时候，必须在企业的年度绩效和长期收益之间实现良好的平衡。同时，在衡量组织当前使用的长期奖金方案时，不应只关注它们在市场上的受欢迎程度，更要考虑它们是否支持组织的文化和价值观，能否实现企业的长期经营战略。

4. 更好地支持企业文化

与企业中其他职位的薪酬组成部分相似，高层管理者的薪酬也包括以下几个部分：基本薪酬、奖金、福利和补贴等。为了更好地支持企业的经营目标，企业必须平衡好高层管理人员薪酬的各个组成部分。一方面，大多数企业的薪酬战略都会着眼于企业的经营业绩和管理者的所有权，并以此来激励高层管理者。但另一方面，企业的价值观、经营目标和文化也必然会对组织所采取的高层薪酬战略产生影响。事实上，当一个组织的企业文化发生变化时，改变高层管理者的薪酬战略是很有必要的。这是因为，高层管理者的薪酬战略不仅要支持组织的文化变革，在很大程度上还要能够引导这种文化变革。高层管理者不能因为迎合了现有的文化和价值观就得到薪酬，他们应该通过领导组织变革、为组织树立新的愿景和经营目标而获取回报。究其本质，高层管理者的任务之一就是要给组织里的其他职位制定新的行为方式和确立新的价值观。

二、销售人员的薪酬管理

销售人员在某些行业或企业内部同高层管理人员一样，都属于特殊群体，他们在公司中居于较为重要的位置，他们业绩的好坏会对公司的经营绩效和长远发展产生直接的影响。销售人员的薪酬主要由基本工资和销售提成两部分组成，且根据不同行业、不同企业的实际情况，可采取不同的薪酬方案，下面我们就来介绍一下销售人员的薪酬管理。

（一）销售人员概述

销售人员负责企业的销售业务，充当企业和客户之间的纽带，同时也是决定企业成长和盈利的核心要素，他们是将公司产品或服务转化为企业直接收入的人员，有别于管理群体。

销售人员的工作具有一定的特殊性，与其薪酬相关的特殊性主要表现在以下几点。

1. 工作时间和工作方式都有较大弹性，难以用一般员工的管理标准对其进行监督

对于一般的企业员工，如文员、行政人员等，主管可以对他们进行严格的考勤，而对于销售人员来说，此种方法是行不通的。原因如下：一是销售人员面临的市场环境千变万化，客户、产品、竞争对手和销售场景等每时每刻都在不断地更新。因此，销售工作的灵活度较高，管理部门很难对销售人员的行为实施直接的监督和控制。二是销售人员往往是基于个人的知识、经验、社会关系、销售技巧或个人魅力等来开展工作，因而销售人员的工作时间和工作方式具有极大的不确定性和不可量化性。三是由于所处的销售领域不同、需要销售的产品也不同，因而销售人员的工作模式之间也存在巨大的差异，有的销售任务需要团队完成，有的需要独立完成。此外，他们的工作成果还受诸多外在因素的影响，如产品销售的季节性、经济的整体情况（繁荣或萧条）、产品本身的品质与性能、替代产品的出现及竞争的激烈程度等，这些因素往往不是销售人员所能把握的。因此，对销售人员的管理要指标化、间接化。

2. 工作绩效通常借由指标来衡量，以具体成果的形式表现出来

销售人员的工作结果通常可以用销售量、销售额、市场占有率、回款率、客户保留率、销售利润率、销售费用以及售后服务等方面的工作结果来衡量。每日、每月、每季度、每年的销售量与销售额，这些都可以量化；贷款回收、售后服务、新客户开发等工作也易于被统计。这就使得对销售人员的绩效评价很自然地以结果为导向，而不是以过程为导向，尽管在某些情况下，企业也会在对销售人员的绩效评价中加入一些过程方面的评价要素。

3. 工作业绩具有不稳定性和风险性

通常情况下，销售人员工作的努力程度与他们所获得的回报之间并不具有一致性。有时，销售人员能够顺利地完成甚至超额完成任务，他们会很有成就感；但是也会出现这种情况，即在特定的目标上投入了大量的时间和精力，却得不到丝毫回报，因而销售业绩的参差不齐或者大起大落都是销售工作本身所具有的特点。企业在为销售人员设计薪酬时，应考虑到其工作的特殊性，科学合理地给予销售人员相应的回报，达到补偿和激励他们的目的。研究表明，销售人员通常会给自己制定富有挑战性的业绩目标，他们倾向于得到及时的反馈，并且往往能够享受实现销售目标的过程。成功的销售人员大多性格外向、自我驱动且物欲很强，尤其是对金钱有较高的需求。

（二）销售人员薪酬管理的原则

销售人员工作的特殊性，要求企业在设计销售人员的薪酬管理制度时应遵循以下五个原则。

1. 激励原则

根据激励理论，我们知道要想使员工产生动力，就必须充分满足员工的需求。企业发放薪酬的目的是给予员工的劳动以充分的回报，从而激励员工更加努力地工作，因而只有在设计薪酬时充分考虑其激励作用，才能实现薪酬的意义。在企业内部，职务不同、级别不同、销售业绩不同的销售人员之间的薪酬水平应该有一定的差距，并设置相应的

薪酬等级。这样销售人员为了获得更高的薪酬水平，会不断提高工作绩效和业绩水平，从而充分发挥薪酬的激励作用。

2．公平原则

根据公平理论，员工在企业内部是否感到满意不在于他得到的绝对报酬有多少，而在于他获得的相对报酬有多少。公平包括外部公平、内部公平和个体公平。公平的薪资制度就是要让员工在将自己的薪酬和同行业、内部各个岗位以及相同岗位上的不同个体的薪酬进行对比之后觉得公平。销售经理要为员工创造机会均等、公平竞争的条件，并引导员工把注意力从结果均等转移到机会均等上来。因为如果机会不均等，单纯的收入与贡献比均等不仅不能代表公平，反而会让员工觉得自己受到了不公平的对待，从而产生负面情绪，给企业的长期发展带来负面影响。

3．战略导向原则

企业的薪酬设计要和企业的战略导向相一致，体现出企业在市场中的定位，并根据企业的实际情况，选择领先型、协调型或者跟随型的薪酬策略。在设计销售人员的薪酬时，一定要与企业的长远发展目标相适应，否则过高的薪酬水平虽然会使得企业在较短的时间内获得较好的业绩，但从长远角度来看，过高的薪酬水平会加重企业的负担且极大地削弱未来的激励效果；反之，过低的薪酬水平表面上看为企业节约了成本，但对长远的业绩而言是十分不利的。

4．经济性原则

企业是一个营利性机构，企业的目的是盈利，因此，节约薪资成本是企业的本质使然。如何更有效地发挥薪资的作用，实现薪资的价值，降低薪资成本，这些都是薪资设计中需要坚持的重要原则。由于基本薪资在大部分销售人员的薪资中占比不高，且产生的激励效果较小，因此这里所指的经济性主要针对销售人员的佣金（或奖金）部分。提高销售人员的佣金水平，可以增强销售人员的竞争意识，同时却也不可避免地导致企业销售费用的上升和销售利润的下降，这一点在销售类企业中尤为明显。因此，佣金水平的高低必须受到经济性原则的制约，即要考虑销售的毛利率大小。此外，行业的性质及成本构成也影响着销售人员佣金水平的高低。

5．合法性原则

企业在进行薪资设计时必须以遵守法律法规为基础。例如，销售人员的薪酬虽然大部分是绩效薪酬，但是在设计销售人员的薪酬时也必须以劳动法法规为基础，基本工资不得低于当地的最低工资标准。

（三）销售人员的薪酬方案类型

在选择薪酬方案类型的时候，依据上述原则，根据不同行业、不同企业、不同的产品和服务的特点，销售人员的薪酬方案是多种多样的。总的来说，市场上销售人员的薪酬方案主要有以下四种类型。

1. 纯薪金制

纯薪金制（纯工资制）是指对销售人员实行固定的工资制度，它不随销售的数量或市场份额的变化而增减，不管当期销售任务完成与否，销售人员都能获得基本薪酬，这是销售人员最基本的收入保障。纯薪金制的基本模式为：个人收入—固定工资。

纯薪金制的优点表现在以下几个方面。

（1）纯薪金制能够较好地体现企业内部的公平性，员工的薪酬都一样，比较直观，易于进行薪酬管理。

（2）销售人员的收入具有保障，增强其安全感。

（3）容易使员工保持高昂的士气和忠诚度，增强其工作的稳定性。

纯薪金模式的缺点表现在以下几个方面。

（1）由于对销售人员缺少必要的激励，容易形成"大锅饭"氛围和平均主义倾向，无法形成有效的竞争机制，无法吸引和留住进取心较强的销售人员。

（2）实施固定工资制无法体现销售人员的工作绩效，使员工的工作范围局限于岗位说明书里的内容，强调员工照章办事，不利于发挥员工的创造性。

（3）不利于公司的长远发展，无法在领域内形成其自身的竞争优势。

纯薪金制适用于以下几种情形。

（1）当销售员对荣誉、地位、能力提升等非金钱因素产生强烈需求时，相比单纯采用提成刺激销售人员的薪酬方式，纯薪金制可以达到更好的激励效果。

（2）当销售目标的实现依赖于集体努力时，纯薪金制可以推动团队协作。

（3）在销售队伍中，如果知识型销售人员占较大比重，那么纯薪金制可以满足这部分人的多方面需求。

（4）实行终身雇佣制的企业。

针对纯薪金制的上述优缺点，我们在设置此类薪酬方案的时候需要特别注意，销售人员的基本工资等级不应只依据员工过去的成就来决定，而是应该采用绩效考核评定的办法。薪酬体系设计的一个重要原则就是公平原则，这包括内部公平与外部公平，销售人员由于其特殊的工作性质，常用的一些衡量薪酬的标准，如学历等，就不适用于销售人员。因此，在设计销售人员的薪酬时，我们可以采取绩效考核评定的方法，即所有的销售人员在第一个销售周期中基本工资一样；在销售周期结束后根据每个人所完成的销售总额来确定其以后的基本工资，营造一个公平竞争的氛围。

2. 纯佣金制

纯佣金制是指销售人员的薪酬全部由其工作产生的经营业绩来确定，通常是将销售额的一定比例作为销售人员的薪酬，在日常生活中这笔薪酬也被称作提成。采取纯佣金制的销售人员的薪酬中没有基本薪酬这一部分，其收入全部由佣金组成。纯佣金制的关键在于确定提成的比例，即佣金比率。佣金比率的高低取决于产品的价格、销售量以及产品销售的难易程度等。为了达到更好的激励效果以及控制企业的成本，现代企业往往采用有区分性的梯度式薪酬办法。纯佣金制的薪酬模式大致可以划分为以下三类（见表 9-2），分别为直接佣金制、累进佣金制和多轨制佣金制。

表 9-2　三种纯佣金制类型

纯佣金制类型	基 本 特 征
直接佣金制（Straight Commission）	销售人员的收入是按照产品或服务价格的百分比支付的。例如，佣金比例为 10%，则卖出 1 500 元的商品，佣金额为 150 元。这种方法的好处在于直观、简单、管理成本较低。缺点在于薪酬没有体现长远的激励效应，随着销售数量的增加，销售人员的工作投入与努力程度无法在薪酬中得以体现
累进佣金制（Graduated Commission）	销售人员提取佣金的比例随着销售量的增大而提高，如完成 1~10 个产品的佣金比例为 5%，完成 11~20 个产品的佣金比例为 10%，完成 21~30 个产品的佣金比例为 15%，以此类推，佣金比例随着销售额的增加而增加。此制度可以有效避免直接佣金制的弊端，但需要管理者根据销售状况及时进行调整
多轨制佣金制（Multiple-tiered Commission）	这种制度和累进佣金制类似，区别在于：如果销售人员在指定的时间内使得销售量超过事先设定的标准，那么销售人员销售的所有产品的佣金都会提高。例如，销售人员若在规定时间内完成低于 10 个产品的销售量，则其可以提取的佣金为 5%，但如果超过了 10 个，则所有产品都能按照 10%的比例提取佣金。这种方式有利于促进销售人员在重视销售数量的同时又关注销售速度

（刘银花，2016）

纯佣金制的优点表现在以下三个方面。

（1）激励作用明显。在原有的基础上，梯度式的激励效果更加显著。

（2）业绩好的销售人员可获得较高的薪酬，易于留住人才。

（3）易于控制销售成本，易于计算，薪酬管理的成本较低。

纯佣金制的缺点表现在以下四个方面。

（1）不利于培养销售人员对企业的归属感和忠诚度，容易形成"雇佣军"的思想。

（2）在销售出现较大波动的情况下，不利于企业的发展，销售业绩一旦变差，容易造成士气低落。

（3）销售人员的收入不稳定，压力大。

（4）销售人员容易受经济利益的驱动，过分追求销售额与利润等与佣金直接挂钩的指标，而忽视那些对企业非常重要但是与销售人员的薪酬没有直接联系的非直接性销售活动。

这一薪酬制度并不适合正式的固定销售人员，此类薪酬制度普遍应用于现有的直销行业，如各类微商、个体散户等，因为其本身不是企业的员工，仅仅只是参与销售的过程，和企业的正式销售人员相比，他们所获的提成没有掺杂其他相关方的利益。

3．混合制

上述两种方案各自都存在利弊，属于两个相对极端的方案。纯薪金制是每月支付固定的工资，即使数额再高，随着时间的推移，就成了绝对的保健因素，对销售人员的激励作用较小，无法激发员工的活力；虽然纯佣金制给销售人员带来了很高的收入，可以充分激励销售人员，但是波动性太大，缺乏一定的保障性，使得销售人员缺乏安全感。混合制实际上就是纯薪金制和纯佣金制的调和、互补。混合制主要有以下三种类型。

1）基本薪酬+佣金制

这种薪酬制度下，销售人员每月领取一定数额的基本薪酬，这可以保证员工的基本收入，增强员工的安全感，然后根据销售业绩，销售人员可获得佣金，这对员工有较好的激励效果。其计算公式为

$$个人收入=基本工资+佣金（销售额×提成率）$$

其中，佣金部分的计算又可以分为直接佣金和间接佣金两种不同形式。直接佣金是按照销售额的一定百分比来计算佣金，依据设定的各产品的目标销售量来确定目标佣金，根据产品的销售情况提取不同比例的佣金；间接佣金的计算首先需将销售业绩转换为一定的点值（如每销售一个单位产品得到一个单位的点值），再根据点值来计算佣金的总额。

2）基本薪金+奖金制

这种薪酬制度与"基本薪酬+佣金制"有相似之处，但也存在一定的区别，主要体现在：佣金的多少直接由销售人员的绩效表现决定，而奖金和业绩之间的关系却是间接的。一般情况下，销售人员最终的业绩只有超过某一目标销售额，才能获得一定数量的奖金。奖金除了与销售业绩挂钩，还会和新客户开拓、货款回收速度、客户投诉状况、企业规章制度执行等要素联系起来。也就是说，在这种薪酬制度下，奖金的计算方式并不仅仅取决于绩效，可以按照实际完成销售目标的程度来确定，可以根据季度绩效评价结果的等级来确定，还可以根据销售额指标和利润指标来确定。

3）基本薪金+佣金+奖金制

这种制度将纯薪金制和纯佣金制有机结合起来，因而它兼具了这两种制度的优点。销售人员除了获得基本的薪酬保障之外，还可以获得按销售额的一定比例提成的佣金，并且在考核期后还可以根据完成销售额的总量获得一定数额的奖金。这种模式的好处在于：拓宽了评价的渠道，避免了单一的薪酬模式，激励的效果更加明显，这使得销售人员更加有归属感，让他们不仅仅把目光聚焦于业务绩效，同时也关注与组织目标相关的其他事情。这种薪酬方式表明企业一方面鼓励销售人员完成更高的销售额，另一方面鼓励他们积极提高销售的毛利率。

4．瓜分制

所谓的瓜分制是指企业将全体销售人员视为一个整体，先确定所有销售人员的收入总和，按个人完成的销售额占总销售额的比例来确定每个员工的报酬，从而瓜分收入总额（岳文赫，2012）。其计算公式为

个人月工资=团体总工资×(个人月销售额/全体月销售额)

或

个人月工资=团体总工资×(个人月销售额/全体月销售毛利完成额)

团体总工资=单人额定工资×人数

瓜分制的好处在于：可以保证销售团队的团结性、鼓励内部竞争、提高工作效率，可以保证绩效较差的员工的收入不至于太低、带动团队一起进步。缺点在于：如果瓜分制实施不当，则容易出现恶性竞争，不利于部门之间的内部协调。需要注意的是，团队至少需要 5 人以上的成员才能实行瓜分制，且管理者需要对销售过程和分配过程进行必要的监管，否则容易出现作弊行为。

对于以上几种薪酬制度，没有绝对的孰优孰劣之分。对于企业而言，应根据自身所处行业、公司产品的特点等，因地制宜地选择适合企业自身发展的制度。比如，对于本身知名度大，市场成熟度高的产品来说，由于产品销售难度小，市场需求充足，因而可采用"高提成+低固定"的薪酬模式；而对于刚上市、技术含量要求高、市场非常狭窄且销售周期很长的产品，则可以采取"高固定+低提成/奖金"的薪酬模式。

例证　9-1

提成真的可以激励销售人员吗？

米奇·利特尔（Mitch Little）在 20 世纪 90 年代末开始质疑销售提成的合理性，不久之后，他成为 Microchip 科技公司的副总裁，主管全球销售和应用部门。Microchip 公司是一家大型的半导体公司，总部位于凤凰城。当时利特尔管理 400 名销售人员，他们的

薪资结构和业内标准一样——60%是工资，40%是提成。

"这种结构在40年前是合理的，那时Fuller Brush公司（一家美国清洁产品公司，以上门推销闻名）的销售员们还在上门推销，"利特尔说。"但企业对企业间销售已经发生了根本性的变化。"作为一名前销售员，利特尔做出了一个"离经叛道"的决定——取消所有的提成。他建立了一个新的薪酬体系，在这个体系中，销售人员90%的薪酬为较高的基本工资，而其余10%则基于企业（而非个人）的绩效表现指标，如收入增长（Topline Growth）、利润和每股收益等。

结果如何？公司的整体销售额不降反增，且在销售成本保持不变的同时，员工的流失率下降了。时至今日，作为一家价值65亿美元的上市公司，Microchip还坚持采用90/10的薪酬体系。这体系不但适用于公司的销售人员，还适用于公司其他的雇员，包括CEO和利特尔本人。与众不同的薪酬体系使Microchip在长时间内成为半导体行业内表现最好的公司之一。

是否每一家公司都应该放弃销售提成？答案是否定的。但是这种"正统观念"所经历的变化让我们认识到：今天的销售工作已变得更加成熟和复杂。因此，现在的销售人员所需要的激励已远远超越了"棍子吊着的胡萝卜"。

（资料来源：丹尼尔·平克. 提成真的可以激励销售人员吗？[EB/OL].（2016-10-06）. https://www.hbrchina.org/2016-10-06/4590.html.）

三、专业技术人员的薪酬管理

在现代市场经济环境下，企业的核心竞争力是其多元化竞争的根本。而一家公司要想形成自己的核心竞争力，除了需要高层管理人员制定正确的战略、销售人员努力推销产品之外，还需要专业技术人员创造产品。专业技术人员是企业最原始、最根本的竞争力源泉之一，他们直接从事专业技术研发工作，为企业的技术发展和产品创新提供咨询建议或者谋略支持，这对企业形成技术竞争优势有重大意义。因此，对于一家公司而言，专业技术人员在公司的发展过程中同样扮演着不可或缺的角色，发挥着不可忽视的作用，因此，本书将专业技术人员一同列入特殊群体的范围并进行探讨。

（一）专业技术人员概述

专业技术工作通常是指利用既有的知识和经验来解决组织经营过程中所遇到的各种技术或管理问题，帮助企业实现其经营目标的工作，其中的知识一般是指通过正式学习掌握的知识。因此，现代的专业技术工作大多是以脑力劳动型为主，需要特定员工在工作过程中充分发挥自己的积极性和主动性，利用已掌握的知识和工作经验做出决策或进行创新。而对于以往的专业技术人员，如技术工人等，以及经过长期重复性、机械性训练的技术人员等不在此讨论范围中。根据美国《公平劳动标准法》的界定，专业技术人员是指那些受过科研方面或智力方面的专门训练，而且工作时间分配在管理事务上的部分不超过20%的人。联合国教科文组织根据成员国，特别是对发展中国家开展科技统计工作的需要，对专业技术人员做出界定：专业技术人员是指从事专业技术工作和专业技术管理工作的人员，即企事业单位中已经聘任专业技术职务，从事专业技术工作和专业技术管理工作的人员，以及未聘任专业技术职务，现在专业技术岗位上工作的人员。总的来说，专业技术类的职位大致可以划分为三类：

（1）需要在特定领域具有一定造诣的工作职位，如律师；

（2）需要有创新精神和创造力的职位，如艺术家和设计人员；

（3）需要具备经营知识和市场洞察力的职位，如财务人员。

综上所述，我们可以把专业技术人员定义为具有专门的技术知识、经验或者持有专业技术资格证书的人员，工程师、会计师、律师、科学家、经济学家等均属于此类。

在当前的市场环境下，对专业技术人员的技术水平进行认定主要通过以下三种渠道。

（1）各种社会性的专业技术协会，如会计师协会、建筑师协会、人力资源管理学会等。这些学会或协会可以通过考试以及专业技术认定的方式来确定专业技术人员是否达到了某种专业技术等级。

（2）企业自身。事实上，越来越多的企业根据自己的需要为本企业的专业技术人员评定内部"头衔"，如华为的认证考试、Oracle Certified Professional 认证考试等。由于不同的企业对专业技术人员的技术水平要求不同，且专业技术人员在不同的企业中发挥作用的方式也存在很大差异，因此，各企业要根据自身的管理需要评定专业技术人员的技术资格等级，尤其是当企业中的专业技术人员类型比较单一，但是技术层次相差很大的时候。

（3）外部劳动力市场。专业技术人员通常会通过流动找到一份与自己的技术和能力最为匹配的工作并获得相应的收入。

（二）专业技术人员的特殊性

专业技术人员的工作具有如下四个方面的特点。

1. 智力含量高，并且知识和技术更新快

专业技术人员是掌握企业关键人力资本的群体，他们的劳动属于脑力劳动，产出的产品往往具有极高的技术含量，且对企业的发展至关重要。同时，由于市场环境变化和技术更新换代十分迅速，专业技术人员需要不断地学习新的知识和技术以适应产品不断变化的需求。

2. 工作专业化程度高或者创造性强，业绩不易衡量

一般来说，专业技术人员从事的工作都具有一定的技术壁垒，外行人员难以轻易进入其领域，他们从事的工作难度大，付出的脑力劳动多，管理者很难监督他们的工作绩效，因为其业绩往往要经过很长的一段时间才会显示出来。另外，管理者也很难确定具体、详细的评价指标。一般来说，技术人员面对的问题往往是非程序化的，需要依靠自身的丰富经验和专业技术来解决不同的问题。

3. 市场价格高，需求层次相对较高

各类专业技术人员是市场上的稀缺资源，是市场中各类企业争夺的焦点，通常具有较高的市场价格。一般而言，专业技术人员的受教育程度都较高，相对于其他群体而言，他们所追求的薪酬回报也较高，不仅仅是在物质层面的报酬，也有在精神层面的报酬，如自我价值的实现等。

4. 工作压力大，工作时间无法估算

工作项目一旦确定，专业技术人员往往会连续地、高强度地工作。除此之外，他们还面临着竞争压力，这种压力可能是来自公司外部的竞争对手的压力，也可能是来自公司内部同一项目不同小组的压力。同时，他们的工作时间并不仅限于在公司的正常工作时间，除了加班以外，为了保持思维的连贯性，需要连续利用自己的私人时间开展工作。

（三）专业技术人员的薪酬认定

专业技术人员的工作性质具有特殊性，因而在决定专业技术人员的薪酬水平时要综合多方面的要素，具体来说，在设计专业技术人员的薪酬时，应注意以下几个问题。

1. 专业技术人员的事业成熟曲线

专业技术人员的技术水平高低是决定其薪酬水平的重要因素之一，但是专业技术水平本身就没有绝对的标准能够对其进行衡量，因此我们在考察专业技术人员的技术水平时，往往会参考以下两个方面：一是技术人员接受过的正规教育和训练水平；二是技术人员的工作经验、工作年限和实际工作能力。在专业技术人员的受教育程度和训练水平都一定的情况下，从理论上来说，工作经验越多、工作年限越长的专业技术人员所具备的专业技术水平就越高，因此，工作经验的多少和工作年限的长短是衡量专业技术人员技术水平的重要因素。在实践中，根据专业技术人员的事业成熟曲线（见图9-1）来确定其薪酬水平是一种比较常见的做法（刘昕，2011）。

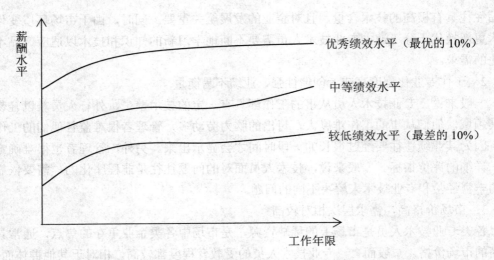

图 9-1　专业技术人员事业成熟曲线

事业成熟曲线从动态的角度说明了专业技术人员的技术水平随着工作时间的变化而发生变化的情况以及它与专业技术人员的薪酬收入变化之间的关系。事业成熟曲线的数据来源于对外部劳动力市场的薪酬调查，多数情况下是从专业技术型员工自大学毕业这一时间点开始收集的。由于某一特定劳动力市场所需要的知识和技术都具有相同或相近的性质，因此，专业技术人员的参照对象可以选定为在同一时间段毕业、进入相同或类似劳动力市场的那些同行。通常情况下，专业技术人员的事业成熟曲线起步很快，在大学毕业之后的 5~7 年中上升速度是最快的，每年增幅大约为 10%~15%；15~20 年之后，随着员工知识的逐渐过时和创造力的减弱，事业成熟曲线开始变得平缓，增幅降到 0~5%，其后便相对稳定在一定的水平上。事业成熟曲线反映出，专业技术人员所积累的专业知识和技术在刚进入劳动力市场的时候是非常有优势的，随着工作经验的不断丰富，专业技术人员的工作能力得到快速提升，因而，这一阶段的薪酬增长速度也会很快。但是，经过一段时间以后，随着原有专业知识和技术能力的过时，工作经验对于价值创造的作用也呈现递减趋势，专业技术人员的工作能力提升速度逐渐减缓，直至进入一个平台期。此时，专业技术人员的薪酬也相对稳定在一定的水平上。

2. 专业技术人员的薪酬水平

专业技术人员的工作特点决定了他们的竞争力不会因为企业的变动而出现较大的生产率损失。在市场环境下，专业技术人员的劳动力市场价格水平较为透明，他们对企业支付的薪酬水平较为敏感。因此，在确定专业技术人员的薪酬水平时，应先进行充分的市场调查以获得外部劳动力市场的普遍薪酬水平数据。但需要注意的是，同一岗位的专业技术人员在不同的企业所从事的工作内容和产生的工作效果可能差距很大，因此，行业的一般薪酬水平只能作为参考，而并不一定适用于本企业。一般情况下，企业会以外部市场的平均薪酬水平为参考，以专业技术人员的事业成熟曲线为依据，同时考虑专业技术人员的知识技能水平以及工作经验，最后综合所有因素来确定他们的薪酬水平。

3．专业技术人员的薪酬结构

（1）基本薪酬。专业技术人员具备如下特点：人力资本较高、智力含量高、知识和技术更新快、市场需求量大、需求层次较高。因此，他们的基本薪酬相对于一般岗位而言，基数往往较大。专业技术人员的基本薪酬往往取决于他们的受教育程度、工作经验、工作年限以及他们所掌握的专业知识和运用专业知识与技术的熟练程度。另外，行业的基本薪酬平均水平以及外部劳动力市场的价格变动也会影响专业技术人员的基本薪酬水平。

（2）奖金。在如今的市场环境中，奖金在专业技术人员的薪酬体系中占比越来越大。针对那些从事技术开发和产品研发的专业技术人员，以及研发出能够给企业带来较多利润的新产品的专业技术人员或团队，企业往往会给予一定金额的奖励，或者是让他们分享新产品上市后一段时期内所得的利润。尤其是互联网行业，互联网行业的专业技术人员时常会为抢占市场而长时间、全身心地投入到研发项目中去，在这一过程中他们付出了巨大的劳动量，并且产生的价值也十分可观，因此，在项目成功以后，企业会给予他们一笔额度较高的奖金作为激励。

（3）福利与服务。由于专业技术人员的工作压力较大，而且工作的时间跨度往往也较大，因此近年来，企业给专业技术人员的福利除了一般的保险金外，还有交通费、健身房消费、餐费等较高额度的报销福利，甚至是各种心理辅导、疏解活动。由于专业技术人员的工作特点，在各项福利中，他们往往更看重继续教育和接受培训的机会。因此，与其他员工相比，企业会为专业技术人员提供更多的进修学习的机会。如此一来，不仅员工的工作能力不断提升，而且又增强了员工对企业的归属感，这给员工和企业的未来发展都带来益处。

（4）专业技术人员的薪酬模式。目前专业技术人员的薪酬方案可以概括为以下五种经典的模式（陈思明，2004）。

第一，单一化高工资模式，即给予专业技术人员较高的年薪或月薪，一般不给奖金。此类模式比较适合那些从事基础性、理论性研究的专业技术人员。他们的工作成果不易量化，而且短期内较难规定准确的工作目标。

第二，较高工资+奖金模式。该模式以职能资格（职位等级和能力资格）为基础，给予专业技术人员较高的固定工资，奖金以职位等级和固定工资为依据，依照固定工资的一定比例进行发放。它的优点在于能保证专业技术人员有较高的收入，缺点是激励效果较弱。

第三，较高工资+科技成果提成模式。该模式是指除较高的固定工资外，按专业技术人员的研发成果为组织所创经济效益的一定比例提成，如按产品销售总额提成、按销售净收入提成、按产品利润提成等。该模式的激励作用很强，很适合新产品的研发人员。

第四，科研项目承包模式。科研项目承包模式即将专业技术人员的薪酬列入其从事的科研项目的经费中，以任务定薪酬，实行费用包干。该模式有利于激励专业技术人员尽快出成果，也有利于组织对专业技术人员的人工成本实施控制。如果再有配套的后续激励措施，如成果提成、科研业绩奖金等，那么此模式的使用效果会更好。

第五，工资+股权激励模式。该模式下，专业技术人员的基本工资水平一般，股权激励的力度加大，具体方式有期权制、技术入股、赠送干股、股份优先购买权等。它的优点在于长期激励性强，激励机制与约束机制并存，如果组织发展迅猛，专业技术人员也会因此受益，得到丰厚的回报。此模式尤其适用于高新技术产业组织和上市公司。

例证 9-2

富士胶片的转型神话：核心业务消失，核心技术永存

实行多元化经营的企业似乎总能在不同的行业里参与竞争，并且取得不俗的成绩。进入 21 世纪后，日本富士胶片控股株式会社（FUJIFILM，以下简称富士胶片）在印刷、数码影像、医药品、化妆品和高性能材料等多个领域都有着出色表现。

这一切还是发生在富士胶片原有的核心业务急速衰退，数码技术几乎完全取代胶卷的背景之下。过去 15 年，富士胶片取得了大多数公司梦寐以求的成就：在行业萎缩甚至消亡之际，开拓出全新的市场以及开发新兴市场，并向客户提供他们从未想到但绝对需要的产品。

富士胶片是如何做到的？原因似乎有很多，但本质上是因为富士胶片没有把公司视为不同业务单元的组合，而是把公司视为核心技术的组合。因此，富士胶片能利用自己的核心技术，创造、延展和保持竞争力，从而具备协调不同产品、整合不同技术的创新能力。很多公司在面临危机时，往往显得手足无措且毫无章法。实际上，造成这种现象的主因有两点：一是公司没能提前预判形势；二是公司缺乏核心技术与核心竞争力。

管理学家普拉哈拉德（C. K. Prahalad）说，我们可以将多元化公司想象成一棵树：树干和大树枝是核心产品，较纤细的树枝是业务单元，树叶、花与果实则是最终产品。为大树提供养分、起支撑稳定作用的根系，才是公司的核心竞争力。

也就是说，核心竞争力是企业多元化经营的根本所在，而核心竞争力的基础就源自一家公司所拥有和整合的核心技术。富士胶片的核心技术实体是胶片——胶片的主要成分是明胶（胶原蛋白提纯产物），胶片片基是 TAC 膜，胶片厚度约为 20 微米，其中包含

有 20 多层感光层、100 多种化合物和各种功能性粒子。在 20 世纪，富士胶片所做的一切，其实就是不断利用尖端材料技术来支持照片感光材料，在钻研过程中，富士胶片形成了核心技术，而这些技术最终都被整合优化到新的成长领域。

因此，2004 年富士胶片会长兼 CEO 古森重隆（Shigetaka Komori，时任社长）部署了名为"VISION75（2004）"的中期经营计划，这个计划包括"彻底推进结构改革、建立新成长战略以及强化合并经营"这三条路径，战略支撑则是"进一步激励员工提升技能"。直到 15 年前，富士胶片的一半业务都是影像事业（民用胶卷 19%、数码相机 7% 以及其他 28%），公司利润的 2/3 也来源于此事业。但是，彩色胶卷的全球需求在 2000 年达到峰值，其后每年以 20%~30% 的速度下滑，若以 2000 年为基准计算，2010 年该市场已萎缩至不到一成。

尽管经历了事业环境的快速变迁以及核心业务的急速消失，但富士胶片并没有垮掉和崩溃，相反，它通过整合核心技术不断地实现转型发展。由于推崇技术并不断地延展技术，现在的富士胶片有更加多元的业务组合，而且在新的事业领域也取得了不俗的成绩。

除了业绩表现突出，如今的富士胶片还在强化开放创新。2014 年，富士胶片在东京六本木总部建立开放创新中心，并且邀请 2 500 人次进去参观。它建立这个中心的主要目的是要将富士胶片的核心技术与社会的实际需求结合在一起，以创造出具有新价值的产品和服务。

转型之前，富士胶片的理念是——我们将不断挑战更优秀的技术，持续创造"影像和信息文化"。

转型之后，富士胶片的企业理念更新为——我们将运用先进、独特的技术，通过提供最高品质的商品和服务，为社会的文化、科学、技术、产业的发展及增进健康、维护环境做出贡献，并为进一步提高人们的生活质量而努力。

无论是转型前还是转型后，富士胶片带给我们的启示是：多元化企业真正的竞争优势在于其有能力将整个公司的技术和生产能力整合到核心竞争力中，从而令各项业务能及时应对不断变化的挑战和机遇。

（李剑. 富士胶片的转型神话：核心业务消失，核心技术永存[EB/OL]. （2016-03-21）. http://www.hbrchina.org/2016-03-21/3936.html. ）

四、外派人员的薪酬管理

随着世界经济的不断发展，全球化的进程也在不断加快，越来越多的公司为了进一步拓宽市场而选择成为跨国企业。为了确保公司对跨国子公司的控制，以及确保公司的各项政策能够被更好地执行，一部分总部的员工会被外派到子公司以帮助其发展。由于子公司所在国家的文化背景不同，经济、法律环境不同，相比在国内，外派人员所处的工作环境、工作内容也会发生较大的改变。因此，对于跨国公司而言，必须建立起一套专门适用于外派人员的薪酬体系。

（一）外派员工概述

一般来说，跨国公司在配置人力资源时有三种策略：一是人力资源国际化策略，即不考虑员工的国籍，注重企业内部员工的工作能力与职位要求的匹配度；二是人力资源本土化策略，即帮助管理当地子公司的雇佣人员的国籍需与海外子公司所在的国家一致；三是人力资源母国化策略，即在世界各地的子公司中的重要管理职位都由母国总部所派遣的人员担任。本书所要探讨的对象是上述的第三种人员，即跨国公司中的母国外派人员。

在不同的文化环境中，企业对外派员工的理解是不一样的。对于欧洲和日本的多数企业来说，由于国内市场份额在企业的总销售额中所占比例很小，因此，员工被企业派驻到国外也就被本土员工视作是职业生涯的一种常态，在多数情况下，这甚至成为一种相当有趣的挑战以及获得晋升的必备条件。而对于那些产品的国内销售份额占比较大的一些国家（例如美国、加拿大以及中国）的企业来说，国内市场才是最重要的市场，员工们会把外派理解成远离企业经营的主流，去为企业做出一些新的尝试，而尝试的结果是成功还是失败似乎并不那么重要。在这样的企业里，外派任务通常会被交付到那些具有一定冒险精神、对目标国家比较了解（比如掌握目标国家的官方语言等）或者已经有一定外派经验的个别员工手中。

一般而言，外派员工是指那些因为短期使命而被派至国外工作的员工，任期一般在1~5年。

（二）外派员工薪酬的定价方案

人力资源管理者会考察不同的薪酬方案，组合或创新出一套适合本企业外派人员的薪酬制度，目前主流的外派人员的薪酬定价方案有以下六种：母国定价法、当地定价法、谈判法、平衡定价法、一次性支付法和自助餐法。

1．母国定价法

母国定价法是指按照本国的国内（即跨国公司的母国）标准来确定外派员工的基薪，尤其是针对那些在国外工作一段时间以后就会返回母公司的员工。采用这种定价方式的好处在于能够维持外派人员在本国发展的延续性，使得员工在外派期满后能更快地适应本国母公司的薪酬制度。但这种薪酬方式的劣势也很明显：①外派员工与当地员工的薪酬差距可能会比较大，不利于保持公司内部管理的公平性；②如果外派国的薪酬水平普遍高于本国的薪酬水平，那么在这种定价方式下，企业对外派人员的激励效果较弱。

2．当地定价法

当地定价法，是指向处于类似职位的外派员工支付与东道国员工数量相同的薪酬，该方法有利于保持公司内部管理的公平性。

当地定价法适合长期的外派工作者，其优越性在以下两种情况中尤为明显：一是当员工从一个国家永久性地迁移到另外一个国家时；二是员工会在东道国度过余下的职业生涯时。当地定价法有利于增强员工对企业内部公平状况的认同感，保持企业员工的稳定性。但是，当企业把员工从生活水平较高的国家派往生活水平较低的国家时，采取此种方法会使员工产生不满；相反，若把员工从生活水平较低的国家派往生活水平较高的国家时，采取此种方法比较合适，但公司要考虑购买力的问题，虽然工资水平可能提高，但是物价水平也会随之提高。因而采取这种方式时，企业要时刻注意调整外派员工的工资水平，使之与当地的物价水平尽可能平衡，让员工能尽快适应当地的薪酬环境。

3．谈判法

此种方法主要是针对那些外派需求较小的企业，通常外派人员的数量较少，因此，多为本地的管理者通过谈判的方式与即将外派的员工确定薪酬。一般来说，采用谈判的方式来确定外派人员的薪酬，简化了操作，降低了管理成本，而且因为外派人员参与制定薪酬标准，因此从心理层面上看，谈判法更容易被外派人员接受。但此种方法的缺点在于，如果公司与处在相同环境下的两名外派员工之间的谈判结果存在很大差距，那么就会挫伤薪酬水平较低一方的工作积极性，且损害公司与员工之间的信任关系，降低员工对组织的忠诚度。

4．平衡定价法

平衡定价法的关键在于平衡，通过给员工支付一定数量的薪酬，确保员工在东道国享受到与母国相同或相近的生活水平，并使其薪酬水平、薪酬结构与母国同事始终具有一定的可比性。在此种方法下，员工的经济实力和购买力基本上不会受到什么损失，同时还可以确保员工在企业内部实现最大限度的流动性。这种方法操作起来较为复杂，管理成本高，只适用于那些工作变动性很高，不是长期在同一地点工作的外派员工。另一种情况是，子公司的员工来自世界各地，为了统一标准，这些公司通常将这些非当地员工的工资按照某一国家的制度来统一确定（通常按子公司的母国标准），从而方便管理工资制度。

5．一次性支付法

一次性支付法是指在员工的基本薪酬和各种奖金之外附加一笔额外的补贴。这笔钱通常是一次性付清的，员工可以随意地支配，员工可以利用这笔钱在派出地维持稳定的生活水平，且不管员工如何选择都不会对其既有的薪酬造成任何影响，从而保证外派人员安心在派出地工作。与平衡定价法相比，一次性支付法的优越之处就在于它可以最大限度地重现员工在母国时所享受到的薪酬水平，因此能够更好地满足外派员工对外派前后生活水平持平的要求。但是，计算一次性支付的具体额度就成为一个相当棘手的问题。

6. 自助餐法

所谓自助餐法就是指企业向员工提供各种不同的薪酬组合供员工自己选择，也即在薪酬总量一定的情况下，外派员工可以选择自己认为最理想的薪酬构成及其相应的薪酬水平。因此，自助餐法与一次性支付法在很大程度上具有共通之处，不过相比较而言，自助餐法是一种更为开放的体系，它赋予员工更多的自主权，因此也就更容易起到激励员工的作用。

几种不同的外派员工的薪酬确定方式如表 9-3 所示。

表 9-3　几种不同的外派员工的薪酬确定方式

定价方式	适用对象	优势	劣势
母国定价法	外派人员执行短期外派任务	管理简单、减少外派员工回国后的不适应	不利于子公司内部的公平性管理
当地定价法	外派人员执行长期性的外派任务；初级外派人员	管理简单、外派员工和当地员工之间的薪酬的公平程度相当	外派员工与当地员工之间的经济状况可能存在较大的差距，通常需要借助谈判来弥补
谈判法	外派人员较少或企业需要临时紧急外派人员	管理简单	外派员工数量一旦增多，管理难度和管理成本会大幅增加
平衡定价法	有经验的中高层外派管理人员	维持公司内部薪酬的平衡性，便于员工在企业内部流动	管理难度较大，在一定程度上会损害外派人员的收入
一次性支付法	仅适用于执行短期任务（少于三年）且会回国的外派员工	和平衡定价法相比，更有利于维持与国内薪酬水平之间的平衡性，不会损害外派人员的经济收入	汇率的变动使其无法适用于所有的外派员工，只能适用于外派期较短的员工
自助餐法	高层外派管理人员，薪酬收入较高的外派人员	外派人员拥有一定的自主权，更容易让员工接受	如果这一类人员的数量较多，在管理上难度较大

（张正堂，刘宁，2016）

（三）外派员工的薪酬结构

一般情况下，外派员工的薪酬体系由基本薪酬、奖金、补贴和福利这四个部分组成。

1. 基本薪酬

外派员工的基本薪酬是其在派出地生活的基本保障，必须慎重对待。首先，外派员工的基本薪酬应该在派出地具有一定的竞争力，以保证外派员工能过上较好的生活。其次，外派员工的基本薪酬应该和在国内与其所在职位相似的同事处于同一个薪酬等级上，以保证企业内部薪酬的公平性，避免挫伤员工积极性。但由于外派员工在国外工作，他们所面临的问题也会和在国内时不同，因此，在确定外派员工薪酬的时候一定要参考多方面的信息，并且经常进行调整。基本薪酬的确定一般采用母国定价法、当地定价法或平衡定价法。

2．奖金

在管理外派员工的时候，企业需要考虑到外派员工身处于全新的工作环境中，为了使他们保持与在国内时一样的工作状态，企业需要发放一些奖金以激励外派员工在国外努力工作。另外，也有一些公司将薪酬确定为一个奖金总额，称为工作变动资金，分别在外派工作开始和结束时发放。这种薪酬的激励作用在那些不停变换工作地点的员工身上体现得尤为明显。

3．补贴

发放补贴的目的是使外派员工在外派国时与在国内时的工作环境和生活环境相差不大，对他们的生活成本进行补偿，从而使他们在外派地能维持和在国内时基本相同的生活水平。一般来说，企业为外派员工提供的基本补贴通常与税收、住房、教育成本、生活费用、利率差异等有一定的关系。

4．福利

对于外派期限一定的员工，公司需为他们解决的主要福利问题是员工养老金的管理。按母国制度管理外派员工的养老金与按母国制度确定员工的基本薪酬是一致的，这种管理方法同样也适用于其他员工福利的管理，如医疗保险等。跨国公司通常会承担外派员工的多种费用，比如负责员工在子公司所在地的安置费用，负责其财物的运送和保管等。另外，母公司还提供休假和特殊假期等假期福利，如在艰苦地区工作的驻外人员通常能获得额外的休假费用和疗养假期。

本章小结

1．特殊群体包括：高层管理人员、专业技术人员、销售人员和外派人员，还有一部分学者将公务员、董事会成员和临时工也一同归入特殊群体中；特殊群体具有两大共性：一是特殊群体对于组织而言具有战略上的重要性；二是他们的岗位具有内在的冲突性。

2．特殊群体薪酬管理的意义主要有：①保障了特殊群体的基本生活；②更好地激励员工，激发员工的工作积极性。③有利于更好地将企业的长远发展与员工的个人进步联系起来。

3．高层管理人员（简称"高管"）是高级管理人员，也可称为经营者、经理人、职业经理人等，是指那些掌握企业经营权并直接对公司经营效益负责的经营管理人员，是委托代理关系中处于代理地位的一方。高层管理人员和一般管理人员的薪酬管理体系类似，主要由基本薪酬、短期激励、长期激励和福利四个部分组成。

4．确定高层管理人员的薪酬时应该遵循四个原则：①高层管理人员的薪酬与企业经营风险相结合；②使用正确的多维度绩效评价方法；③实现高层管理者和股东之间的平衡；④更好地支持企业文化。

5．销售人员工作的特殊性在于：工作时间和工作方式都有较大弹性，难以用一般员工的管理标准对其进行监督；工作绩效通常借由指标来衡量，以具体成果的形式表现出来；工作业绩具有不稳定性和风险性。销售人员的薪酬设计应遵循激励原则、公平原则、战略导向原则、经济性原则和合法性原则。销售人员薪酬方案类型主要有纯薪金制、纯佣金制、混合制和瓜分制。

6．根据美国《公平劳动标准法》的界定，专业技术人员是指那些受过科研方面或智力方面的专门训练，而且工作时间分配在管理事务上的部分不超过 20%的人。专业技术人员工作的特点：①智力含量高，并且知识和技术更新快；②工作专业化程度高或者创造性强，业绩不易衡量；③市场价格高，需求层次相对较高；④工作压力大，工作时间无法估算。

7．在对专业技术人员进行薪酬认定时，主要从三个方面来考虑：①专业技术人员的事业成熟曲线；②专业技术人员的薪酬水平；③专业技术人员的薪酬结构。

8．一般来说，跨国公司在配置人力资源时有三种策略：①人力资源国际化策略；②人力资源本土化策略；③人力资源母国化策略。

9．目前主流的外派人员的薪酬定价方案有母国定价法、当地定价法、谈判法、平衡定价法、一次性支付法和自助餐法。

10．一般情况下，外派员工的薪酬体系由基本薪酬、奖金、补贴和福利四个部分组成。

@ 网站推荐

1．HR 人力资源管理案例网：www.hrsee.com
2．薪智：www.smartsalary.cn
3．薪情：www.51salary.com

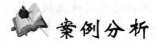

思考题

1. 在企业中，有哪些人可以被列入特殊群体的范围？特殊群体具有什么样的特点？

2. 高层管理人员的薪酬结构由什么构成？在设计高层管理人员的薪酬内容时我们应该注意哪些方面？

3. 销售人员的工作特点有哪些？销售人员的薪酬管理原则是什么？销售人员的薪酬管理方案有哪些？

4. 专业技术人员的工作特点是什么？设计这些人员的薪酬方案时应当注意哪些方面？

5. 外派人员的工作特点是什么？如何通过薪酬管理来激励外派人员的工作积极性？

案例分析

中原油田派驻海外工作员工的薪酬福利制度

中原油田隶属于中国石化集团，位于河南、山东两省交界处的黄河两岸。国内勘探开发区域包括东濮凹陷、陕北富县、新疆伊犁、内蒙古白音查干、查干凹陷等国内探区，并承担着我国特大整装气田——普光气田的开发管理任务。20 世纪 90 年代油田大力实施海外战略，开始走出国门进入国际石油工程技术服务市场，经过不懈努力，先后进入欧、亚、非、拉美四大洲多个国家，培育出了苏丹、沙特、也门、哈萨克斯坦四大规模市场，形成了中东、非洲、中亚、南亚、南美连片发展的"五大区域"市场格局。中原油田连续 9 年跻身中国对外承包工程企业 30 强，跃居国际工程承包商前 100 强。

（一）外派员工的人员结构和特点分析

油田海外市场从无到有，从最初的为企业生存开辟海外市场，到不断做优做强海外项目，实现了量变到质变的飞跃；外派员工知识层次和人员素质也由最初的中低端岗位人员为主、高端岗位人员为辅的金字塔结构，逐步向以高中端管理和技术型人才为主、低端岗位人员为辅的扁平化倒金字塔结构调整。目前，油田外部施工队伍 118 支，分布在 11 个国家。外派员工中关键岗位人员 1 493 人，占外派员工总人数的 66%。

从人员结构看，油田外派员工关键岗位人员所占比重较大，这部分人员主要为海外项目现场代表和施工班组长及以上岗位人员，到海外项目之前，都经过国内项目的磨炼，成长为管理和技术骨干。这部分人员学历层次高、业务素质高、语言交流能力强，经营管理和现场施工经验丰富，他们更加注重自身价值的实现，注重自身人力资本的保值和增值，注重个人成长和发展空间。

（二）油田海外薪酬福利制度

油田海外薪酬由基本薪酬、绩效工资、海外补贴、福利、中长期激励等多种分配补充激励形式构成。

1. 基本薪酬

基本薪酬体现不同岗位在生产经营中的劳动差别，参照劳动力市场价位，依据岗位评价结果和企业经营状况确定。基本薪酬按照岗位类别设置管理和后勤支持、施工现场两个序列。基本薪酬依据单位效益和个人业绩考核结果发放。

2. 绩效工资

根据工作目标完成情况、经济效益以及外派员工绩效考核情况来确定绩效奖金。绩效奖金总额按全年岗位补贴总额的一定比例控制。完成年度利润或经营考核指标的海外机构，绩效奖金总额控制在岗位补贴总额以内。超额完成年度利润指标并实现盈利的海外机构，可按超额利润的一定比例提取超额利润奖励。发放外派员工绩效奖金要考虑支付能力，成本费用难以承受时可适当降低标准。

3. 海外补贴

海外补贴综合考虑海外岗位工作环境、施工所在地自然环境和社会政治环境等因素，设置岗位补贴、家庭补贴、地区补贴、野外工作补贴和风险补贴。

（1）岗位补贴。岗位补贴包括岗位工作补贴和岗位生活津贴两部分。岗位补贴分为管理和后勤支持、施工现场两个序列，分别设置5~9个档次。根据工程技术设计和施工建设项目合同额和完成产值将境外公司和项目分为A、B、C三类，其中：年完成合同额（产值）超过1亿美元的为A类，0.3亿~1亿美元的为B类，0.3亿美元及以下的为C类。海外机构部门经理及以上经营管理岗位按照项目规模、重要程度分为A、B、C三类。

（2）家庭补贴。考虑外派员工海外工作时间较长，对外派员工家庭进行补偿，设置家庭补贴。海外累计工作24个月以内的800元/月，从第25个月起至60个月期间1 200元/月，从第61个月起1 600元/月。连续24个月未在海外工作的员工，再次到海外工作的，重新计算海外工作时间。

（3）地区补贴。根据海外机构所在国家（地区）生活环境、自然条件、艰苦程度等因素划分为四类，标准分别为500元/月、1 000元/月、1 600元/月和2 300元/月。按照员工出勤情况发放。

（4）野外工作补贴。野外工作补贴的执行范围为在钻井、物探、井下作业、固井、测录井、地面工程等施工现场工作的外派员工，按照不超过150元/日的标准，根据项目效益、个人贡献和出勤情况考核发放，在绩效奖金中体现。

（5）风险补贴。在风险等级为"中"（黄色等级）及以上地区工作的外派员工可执行风险补贴。风险等级"极高"（红色等级）、"高"（橙色等级）和"中"（黄色等级）的国家（地区）补贴标准分别不超过 70 元/天、50 元/天和 30 元/天，根据项目经济效益、个人贡献和出勤情况考核发放。风险等级以中石化发布公告为准。

4. 福利

中原油田的外派员工享有的福利包括：误餐费、通信费、交通费和住宿费用的报销、定期休假、按有关规定提供或支付外派人员的生活费用、外派员工直系亲属拥有海外探亲的权益以及外派员工因负伤、患病而不能坚持正常工作的，可回国治疗的福利。

5. 中长期激励

（1）建立企业年金制度和激励性年金制度。根据中石化企业年金计划，为海外员工建立企业年金制度，作为基本养老保险的有效补充；同时结合油田海外市场实际，针对海外高层次管理和技术人员个人贡献情况，建立具有油田特点的激励性年金制度，作为企业年金制度的补充。

（2）建立一次性奖励制度。根据外派员工在油田海外市场服务工作时间，给予一次性重奖。

（3）建立人才稳定基金延期支付制度，为稳定国际项目关键岗位人员（境外公司管理和后勤支持 5 岗序及以上人员、施工队伍现场 4 岗序及以上人员），按关键岗位考核兑现效益奖金的一定比例扣除，延期支付，用于约束关键核心人才。

通过构建符合油田特点的海外薪酬福利体系，实施油田海外薪酬福利制度调整工作，充分发挥和增强了薪酬福利对海外工作人员的激励作用，促进了国际化人才成长，吸引和稳定了外派员工队伍，促进中原油田海外事业的持续有效发展。

（李英庆，2013）

讨论题：

1. 中原油田是如何根据外派员工的特点设计薪酬福利制度的？
2. 中原油田的薪酬福利制度对我们今后在设计薪酬体系时有何启示？

 **参考文献**

[1] ACEMOGLU. Training in imperfect labor markets[J]. Economic journal, 1999, 109（453）：112-142.

[2] ATTAWAY M C. A study of relationship between firm performance and CEO compensation[J]. The dissertation abstract of nova southeastern university，1997.

[3] BECKER G S. Investment in human capital[J]. Journal of political economy，1996，70（5）：9-49.

[4] ERLICH MARC J. Making sense of the bicultural workplace[J]. Business Mexico，1993.

[5] J E CORE，R W HOLTHAUSEN，D F LARCKER. Corporate governance，chief executive officer compensation and firm performance[J]. Journal of financial economics，1999.

[6] KOBRIN S J. Expatriate reduction and strategic control in American multinational corporations [J]. Human resource management，1988，27：63-75.

[7] MARION，ESTIENNE. The art of cross-cultural management[J]. Journal of european industrial training，1997，1（21）：14-18.

[8] 曹礼平，李元旭. 外派人员理论研究综述及研究展望[J]. 江西社会科学，2008：208-212.

[9] 陈思明. 现代薪酬学[M]. 上海：立信会计出版社，2004.

[10] 郭和平. 论企业知识型员工的全面薪酬激励策略[J]. 中国流通经济，2007（1）：57-59.

[11] 黄勋敬，孙海法. 我国跨国企业外派人员薪酬问题研究[J]. 中国人力资源开发，2007（6）：54-58.

[12] 匡亚. 国有商业银行高管人员薪酬激励机制研究[D]. 南京：南京理工大学，2005.

[13] 刘昕. 薪酬管理[M]. 4 版. 北京：中国人民大学出版社，2014.

[14] 刘银花. 薪酬管理[M]. 3 版. 大连：东北财经大学出版社，2016.

[15] 刘宏双. BC 公司销售人员薪酬制度优化研究[D]. 北京：中国地质大学，2018.

[16] 梁东铭. 销售人员薪酬设计与人员留存关系分析——以 G 保险经纪公司为例[J]. 管理观察，2018：23-25.

[17] 鲁海帆. 高管团队内薪酬差距与公司业绩——基于中国上司公司的实证研究[D]. 广州：暨南大学，2008.

[18] 李伟. 我国跨国公司跨文化人力资源管理研究[D]. 沈阳：沈阳工业大学，2007.

[19] 林新奇. 国际人力资源管理[M]. 上海：复旦大学出版社，2004.

[20] 李英庆. 中原油田派驻海外工作员工薪酬福利制度研究[D]. 成都：西南石油大学，2013.

[21] 邱茜. 中国上市公司高管薪酬激励研究[D]. 青岛：山东大学，2011.

[22] 乔治·米尔科维奇，杰里·纽曼，巴里·格哈特. 薪酬管理[M]. 11版. 北京：中国人民大学出版社，2014.

[23] 王少东. 薪酬管理[M]. 2版. 北京：清华大学出版社，2018.

[24] 王伟强. 高新技术企业知识员工激励机制研究[D]. 咸阳：西北农林科技大学，2008.

[25] 徐庆. 我国外资企业知识型员工激励机制研究[D]. 长春：吉林大学，2008.

[26] 徐光伟. 政府管制下的国有企业高管激励机制研究[D]. 重庆：重庆大学，2012.

[27] 杨鑫. 企业核心员工薪酬激励机制研究[D]. 青岛：山东大学，2008.

[28] 岳文赫. 薪酬与福利[M]. 北京：北京邮电大学出版社，2012.

[29] 张娟. 我国上市公司高管薪酬影响因素的实证研究[D]. 青岛：山东大学，2008.

[30] 章文. 跨国公司外派人力资源管理问题研究[D]. 厦门：厦门大学，2008.

[31] 张雪岷. 基于EVA的中国上市公司高级管理人员薪酬激励研究[D]. 哈尔滨：哈尔滨工程大学，2006.

[32] 张正堂，刘宁. 薪酬管理[M]. 2版. 北京：北京大学出版社，2016.

[33] 曾艳. Z银行重庆分行客户经理薪酬激励方案研究[D]. 重庆：重庆师范大学，2018.

第十章

薪酬体系的运行与管理

 **学习目标**

- 掌握薪酬预算的定义、作用与目标
- 了解薪酬预算制定时的关键问题与薪酬预算的环境
- 理解薪酬预算的制定方法
- 掌握薪酬控制的概念、作用与难点
- 了解薪酬控制的途径
- 掌握薪酬沟通的概念与有效薪酬沟通的要求
- 理解薪酬沟通的步骤

 引例

潍柴动力公司经营者的薪酬控制

潍柴动力股份有限公司（简称潍柴动力）创建于 2002 年。2011 年末，潍柴动力公司资产总额 615 亿元，拥有职工 4 万余人，是中国最大的汽车零部件企业集团，也是国内唯一一家同时具有动力总成（发动机、变速箱、车桥）、商用车、汽车零部件三大业务板块的集团，在国内各细分市场处于绝对优势地位。2011 年，潍柴动力位居中国企业 500 强第 93 位，三年蝉联中国主板上市公司最佳董事会。

为避免不合理的薪酬现象影响部分经营者和多数员工的积极性，使薪酬体系真正对员工起到激励作用。潍柴动力对经营者薪酬采取年薪制这一形式，由基本薪酬和绩效薪酬构成。其中，基本薪酬主要是以企业的资产规模、获利能力、行业特征、经营者以往的业绩及其本身的素质能力等为依据，董事会规定经营者的基本薪酬不得低于当地最低工资标准，基本薪酬原则上不得高于职工当年平均工资的五倍以上，最高不得高于60万元人民币；经营者的年终绩效薪酬由年终绩效薪酬基数、个人考核系数、企业业绩系数和年度调整系数（根据全年人工工资占销售收入的预算比重来调节年终绩效薪酬数额，以便将全年人工工资奖金控制在合理范围）决定。薪酬委员会提取5%以下比例的年度税后利润为经营者发放绩效薪酬，绩效薪酬由薪酬委员会进行综合考核，考虑公司的经济效益、经营者完成经营计划和工作目标情况以及其工作的效率和质量。

基本薪酬以现金或公司规定的其他方式按月发放，年度绩效薪酬根据"先审计、考核，后兑现"的原则在下一年度第一季度结束后第二季度结束前发放。当经营者出现管理不到位、决策失误或被监管部门通报批评等行为时，薪酬委员会可以酌情扣减或取消经营者年度绩效薪酬，若当年绩效薪酬已经发放的，亦应当予以追回。

（李辉. 国有企业经营者薪酬控制机制研究[D]. 济南：山东财经大学，2012. ）

在上述引例中，潍柴动力公司为了充分发挥薪酬体系的激励作用，对公司经营者采取了薪酬控制的手段。而在具体实践中，为了保证企业薪酬体系的正常运行，也需要对薪酬体系进行一定的管理，如进行薪酬预算、薪酬控制和薪酬沟通。本章接下来将对这些内容进行详细阐述。

第一节　薪酬预算

薪酬预算是薪酬控制的一个重要组成部分，企业的薪酬控制应将薪酬预算作为基本的行动目标，薪酬控制过程中对薪酬预算的修改则意味着一轮新的薪酬预算的产生。薪酬预算不是一个一劳永逸的过程，也不是一年一度的例行公事，它贯穿于整个薪酬管理过程，且需要进行持续不断的改善与调整，直到取得动态平衡。

一、薪酬预算概述

（一）薪酬预算的概念与作用

对于预算的理解，宋成存（2014）认为，预算是企业管理控制过程的核心内容，它以企业战略目标为导向，管理者可以通过企业的薪酬预算了解到企业的财务状况和经营成果状况，同时，预算还可以作为激励管理者完成目标的手段以及评价管理者业绩的重要指标。本书认为，预算是一项可以对公司中的各种活动进行协调的决策制定工具，同时也是对行为实施控制的一项工具（Jerold，2000）。所谓实施控制的工具，体现在预算是企业正式制度体系的组成部分，它对决策权的划分做出规定，并进行相关的行为控制；所谓决策制定工具，体现在预算是企业计划体系的组成部分，它要对企业将来所有可能发生的经营活动进行预测，并提供定量标准。

所谓薪酬预算，主要是指管理者在薪酬管理过程中进行的一系列成本开支方面的权衡和取舍（刘昕，2014），是实施薪酬控制的有效工具。例如，在新的财务年度，管理者在编制薪酬预算时就需要进行内外部环境分析。其中，外部环境分析就需要综合考虑外部市场的薪酬水平以及生活成本的变动情况等；内部环境分析则需要对员工个人的工作绩效和企业的经营业绩等因素加以考虑。在考虑到这些因素之后，还需要对这些因素在加薪中占据的比重进行权衡；这种权衡还发生在长期奖金和短期奖金之间、绩效加薪和根据资历加薪之间以及直接货币报酬和间接福利支出之间；此外，是以薪酬作为主要激励手段，还是转而用其他人力资源管理手段来激励员工，这同样是一个值得管理者们考虑的问题。

由于企业的薪酬管理、人员配备、员工培训等方面存在着直接的联系，因此，从薪酬预算可以清晰地看出企业人力资源战略的调整状况。企业制定薪酬预算的目的在于合理控制员工流动率，降低企业的人力成本以及激励员工。通常，企业在制定薪酬预算之前，需要对企业所处的内部和外部环境进行分析，分析企业目前的处境、竞争对手的情况，以及企业未来可能面临的机遇或威胁，这些分析有利于企业预测下一个预算期需要支付的薪酬成本。

（二）薪酬预算的目标

任何企业的项目开展都需要一定的预算，企业组织员工进行生产性活动更是不例外。从某种意义上来说，薪酬体现了雇佣双方就彼此的付出和给予达成的一致性意见，是一种隐性的契约，薪酬预算是企业和员工在达成薪酬一致性意见时双方的博弈选择（赵书松，2012）。正是凭借这种契约，员工个人与企业之间的交换才能够得以实现。因此，企业在制定薪酬预算时，一般希望通过薪酬预算实现以下两方面的目标。

1. 合理控制员工流动率，降低企业劳动力成本

员工流动一般是指企业内部由于员工的各种离职与入职所发生的人力资源变动。处于不同行业的企业对员工流失率的高低有不同的理解。知识密集型产业（如生物科技、事务所、新材料开发行业等）需要依靠先进的、复杂的科学技术知识进行生产活动，这就需要处在产业中的员工具备较高的技术能力，相应地，企业需要进行较多的人力资本投资。如果进行较高人力资本投资的企业的员工流失率高，就会带来企业较高的"沉没

成本"。如果是快餐行业（如麦当劳），员工中占比很高的配餐员和前台仅需进行少量的培训就可以上岗工作，那么由于员工流失对企业的损失不大，同时可借助雇主吸引力快速补充空缺岗位，企业就可以承受更高的员工流失率。

员工的流动率受到雇佣关系中诸多因素的影响，而薪酬水平是其中非常重要的一个影响因素。企业期望与大多数员工建立起长期稳定的雇佣关系，以充分利用组织的人力资源储备，并节约招聘、筛选、培训和解雇方面的支出；而员工通常会要求得到至少等于、最好超过其自身贡献的劳动报酬，否则就有可能中止与企业维持的雇佣关系。鉴于此，企业在制定薪酬预算的时候，要充分考虑如何才能既有效地控制劳动力成本，同时也能够保持一个较为合理的员工流动率。

2．有效提高员工绩效

员工的绩效表现对于企业而言是至关重要的。企业为了提高员工的工作绩效，采取的最普遍和最常见的方法是把绩效要求直接与特定职位挂钩。这样，员工在与企业建立雇佣关系时就已清楚自己所在岗位需要达到的绩效目标。从薪酬预算的角度而言，提高在绩效薪酬和浮动薪酬方面的预算，在基本薪酬方面控制好增长幅度，那么员工就会更加注重自身的工作表现和工作职责的履行，而不是一味追求职位的晋升或者在加薪方面盲目攀比。

（三）制定薪酬预算前的关键问题

在制定企业薪酬预算的过程中，需要对以下几个直接相关的关键问题进行思考。

1．什么时候调整薪酬水平

什么时候调整薪酬水平，这个问题密切地影响着企业的劳动力成本。调薪的时间不同，同样的调薪方案给企业带来的经济压力也不一样。例如，如果一份准备将员工的整体薪酬水平提高5%的薪酬预算方案是在年初提出的，那么它意味着本年度员工薪酬整体支出会提高5%；但如果这份方案是在年中提出的，则组织只需要多支付本年度员工整体薪酬的2.5%。

2．对谁调整薪酬水平

此处涉及调薪方案的参与率问题。在企业加薪总额一定的情况下，参与加薪方案的员工越多，每个员工可得到的加薪幅度越小。通常情况下，刚进入企业的员工是不会马上被加薪的，根据企业政策的不同，加薪的等待期也会有所不同。

3．企业人员数量的变动是何时出现的

企业员工人数的多少对企业的整体薪酬支出水平影响极大。薪酬总额一定的情况下，当员工人数增加或者流动频繁的时候，组织的平均薪酬水平可能会随之降低。但是，和调薪的时间问题一样，在不同的时间对员工人数进行调整，对企业所产生的影响也是不同的。

4. 员工的流动状况怎样

对各个部门的预期流动率进行估计往往比较困难，但根据市场情况和历年经验对企业整体的流动情况进行评估会简单一些。按照预估出来的流动水平，结合流动效用进行考虑与判断，可以在很大程度上增加企业薪酬预算的准确性和时效性。

5. 企业内的职位状况发生了哪些变化

能够对企业内部的职位状况产生影响的因素很多。以技术水平为例，对于特定的岗位而言，当它的技术含量提高时，员工所得的薪酬也相应地提高。因此，在制定薪酬预算的时候，应综合考虑企业内部职位发生的整体变化。

例证　10-1

顺丰快递物流员岗位薪酬管理的智慧

随着我国现代物流业的快速发展，物流企业的物流网点不断规模化扩张，高科技含量的信息技术与设备及先进运输工具的不断引入，物流企业对物流员的要求也越来越高，但是物流员的流动也比较频繁。如何结合现阶段物流企业的薪酬模式，实现对优秀物流员的吸引和保留，使企业内各岗位员工得到激励，实现物流企业工作效率和整体绩效的提升，进而实现物流企业保持在同行中的领先地位呢？

根据顺丰物流员的现状可以了解到，物流员的薪酬虽然在同行业中处于较高水平，但仍有较多的问题存在，具体问题总结如下：①收入差异大；②无工龄工资激励；③收入不稳定；④企业的激励方式不显著。

为了通过科学合理的薪酬管理制度实现对优秀员工的吸引和保留，从而达成公司整体战略目标，设计薪酬方案时应遵循以下四个基本原则。

（1）体现员工价值原则。薪酬设计应充分协调员工的发展与企业的发展，实现员工贡献与薪酬之间的长短期平衡。

（2）保持激励原则。将员工行为结果与薪酬水平结合起来，通过设计有效的激励薪酬，使员工工作动机明确，工作积极，并以取得优秀绩效，长期为企业服务为目的。

（3）外部竞争性原则。在与公司内部员工比较的同时，也将企业自身的薪酬水平与企业外部同地区、同行业类似的岗位进行比较，以实现对关键岗位物流人才的吸引和保留。

（4）经济性原则。在激励员工努力的过程中，不可避免地要适当增加工资成本，但只要能够激发员工创造更多的企业增加值，实现对出资者的利益保障和公司的可持续发展，就是可取的。

假如顺丰公司物流员共有100名，薪点为750，则总薪点值为75 000；公司预算员工的月度工资总额为8 000元，则100名物流员的工资预算为800 000元；因此，每个薪点值为 800 000/75 000≈10.7 元/薪点；因为基本职业和基本专业同属一个级别，则 250×10.7=2 675 元；高级职业和基本专业为 450×10.7=4 815 元；精通和熟练专业为 650×10.7=6 955 元。

（杨侠，2017）

二、薪酬预算的环境

企业在制定薪酬预算时，需要对外部市场环境、企业内部环境、生活成本的变动、企业的薪酬现状以及企业技术的变革五个方面进行了解和分析，这样就可以清楚地知道企业当前的环境、竞争对手的情况以及面临的机遇和挑战，有助于企业预测下一个预算期需要支付的成本，从而对企业薪酬方面的具体标准和衡量指标具有比较清晰的认识。

（一）外部市场环境

任何一个组织都无法以一种孤立的状态存在，它或多或少都会受到外部市场环境的影响。从薪酬预算的角度来说，企业了解外部劳动力市场的一种常见方式就是进行薪酬调查（薪酬调查的具体内容在本书第四章已做过介绍）。通过薪酬调查，企业可以收集有关基准职位的劳动力市场薪酬水平方面的信息，把它们与组织中的现实状况进行比较，有助于企业判定自己在劳动力市场中所处的位置，从而为企业的预算制定提供准确的依据。不仅如此，随着市场经营环境的不断变化和企业自身现状的改变，有目的地进行市场薪酬调查，对于企业依据市场变化保持相对于竞争对手的劳动力市场竞争优势，以及确保本企业薪酬预算的时效性是十分必要的。

在进行薪酬调查时，一个很重要的问题就是调查数据的时效性。任何一次薪酬调查的结果所代表的都是调查时的市场状况，当它们最终被组织获得并应用时，不可避免地会出现时滞的问题。因此，在根据这些数据对组织的薪酬水平和薪酬结构进行调整的时候，要把劳动力市场的持续变动考虑在内，注意不断地对有关数据进行调整和更新。这对于准确把握外部市场形势，增强薪酬预算的及时性和有效性、增强企业的自身竞争力都是非常重要的。

（二）企业内部环境

企业在制定薪酬预算时，需要考虑的内部环境主要包括组织已有的薪酬方案以及企业在招募、留住员工方面的成本。企业若想清楚地了解自身的内部情况，必须能够回答出下面这些问题：哪些员工会一直留在组织里？他们会达到怎样的薪酬水平？那些离开组织的员工的薪酬水平又是怎样的？组织需要雇用什么样的新员工？他们应当得到多高的薪酬？

通常而言，企业内部环境的变动情况主要源于员工队伍本身发生的变化以及员工的流动，如员工数量的增减以及员工的流动。员工人数的增加和流动的加剧都会降低企业的平均薪酬水平。新员工大多处于薪酬等级的底层，资深员工则位于薪酬等级的上层。以新员工来代替已有员工或增加新员工时，就有可能使得整体的薪酬水平下降；而当员工人数减少或流动速度减缓时，则会产生相反的效应。

以员工流动为例，几乎所有的企业都会因为员工辞职、退休或被解雇而经历员工队伍的不断更替。由于特定职位上员工更替所导致的薪酬差额称为"流动效应"。这种流动效应的规模可以用下面的公式来表示

员工流动效应＝年度流动水平×计划中的加薪额

值得注意的是，员工流动对于组织而言也并非总是一桩便宜买卖。核心员工的流动会导致组织人力资本储备的不足。离职员工的工作可能需要雇用临时员工或依靠其他员工加班来完成，而这可能是代价高昂的。同时，雇用和培训新员工的成本也不容忽视。因此，企业在为制定薪酬预算而考虑有关员工流动的问题时，进行成本—收益分析是至关重要的一环。

（三）生活成本的变动

根据马斯洛的需求层次理论，员工通过工作获得的收入首先用于解决最底层的生理需求，即支付基本的生活开支。因此，企业在制定薪酬预算时，把生活成本的变动情况纳入考虑范围是一种很自然的做法。例如，在通货膨胀比较严重的时候，如果企业对薪酬水平的调整跟不上生活成本的剧烈波动，往往会招致员工的强烈不满，甚至导致企业经营上的危机。但在现实中，对员工的生活成本进行衡量又实在不是一件很容易的事情，这是因为它关乎员工个人的消费模式、婚姻状况、抚养人数、年龄大小甚至居住地点之间的地域差别；员工的生活成本反过来也与员工获得的薪酬高低存在一定的关联性。为了简便起见，企业普遍采取的做法是选取消费价格指数（Consumer Price Index，CPI）作为参照物，以产品和服务价格的变化来反映实际生活水平的变动情况。

实践证明，这一做法在多数情况下都可以满足需要，然而现在也有不少人对这种做法提出了不同意见，究其原因基本上可以概括为以下三个方面：第一，消费价格指数忽视了个人消费模式中的替代效应，即当一种商品的价格突然大幅上涨时，消费者可能会选择用更便宜的其他商品来代替，而不是像消费价格指数所假设的那样固定不变。第二，消费价格指数假定的消费结构可能是不合理的。例如，当房租突然上升时，对于必须租房的人来说无疑是一场灾难，但对于未租房的人来说则无任何影响。但消费价格指数通常是一概而论的，并没有细化出房租上升对不同的人所造成的不同影响。第三，消费价

格指数中所设计的消费组合并不能充分代表全体消费者，只能代表一部分人的消费习惯。

由此可见，根据消费价格指数来衡量生活成本的变动，对于企业而言只能算是一种比较粗略的做法，它在企业制定薪酬预算时可以作为一种有益的参考。对于一般的生活成本加薪来说，它足以满足企业的需要，但是如果企业需要更为精确地对生活成本的变化情况进行衡量和反映，则需要去做一些更为细致的研究。

（四）企业的薪酬现状

企业在制定未来的薪酬预算时，必然会以企业当前的薪酬现状为参考。企业的薪酬现状所涉及的范围相当广泛，涵盖了企业薪酬管理的方方面面，以下为比较重要的三个方面。

1. 上年度的加薪幅度

相对于企业本年度的薪酬预算而言，上年度的加薪幅度可以作为一种参考，目的是确保企业尽量保持不同年份之间薪酬政策的一致性和连贯性，并在年度支出方面进行平衡。无疑，这种做法对于保持组织结构的稳定性、给员工提供心理上的保障和实现稳健经营都是十分必要的。在数量上，年度加薪的幅度可以用下面的公式来计算

$$年度加薪比率 = \frac{年末平均薪酬 - 年初平均薪酬}{年初平均薪酬} \times 100\%$$

2. 企业的支付能力

在其他因素一定的情况下，企业的支付能力是其自身财务状况的函数。当企业的财务处境良好时，它往往具备保持其在劳动力市场上的优势竞争地位的实力，同时还可以通过收益分享以及利润分享等方案与员工分享企业的良好经营绩效。而当财务方面出现问题的时候，企业通常会采取裁员、降低基本薪酬上涨幅度或缩减可变薪酬的做法来确保企业渡过难关。

3. 企业现行的薪酬政策

企业的薪酬政策主要可以分为两大类，即现有的薪酬水平政策和薪酬结构政策。前者可能涉及的问题包括：企业是要做特定劳动力市场上的薪酬领袖、跟随者还是拖后者？哪些职位理应得到水平较高的薪酬？而有关薪酬结构的具体问题则包括：在企业的薪酬水平决策中，外部竞争性和内部一致性哪一个所起的作用更大？企业里究竟有多少个薪酬等级？各个薪酬等级之间的重叠范围是否足够大？员工在什么情况下会获得加薪……此外，对现有薪酬政策的考察可能涉及的其他问题包括：当前企业里员工个人所获薪酬的具体状况是怎样的？员工和管理者对当前薪酬状况的满意度如何？

正是通过对上述问题的回答和反思，企业才有机会总结经验、正视不足，从而才能在其后的薪酬预算和控制中有的放矢，提高管理活动的针对性和有效性。比如，某公司

在综合考虑了上年度的加薪幅度、企业的支付能力、生活成本的增长以及外部市场薪酬调查的结果之后得出结论：本公司生产人员的薪酬水平远远超出市场平均薪酬水平，因而下一年度只能根据生活成本的增长情况加薪2%；职能管理人员的现有薪酬水平与市场平均水平大致接近，下一年度的加薪幅度定为6%；销售人员的现有薪酬水平大大低于平均水平，因而下一年度的加薪幅度确定为12%。

（五）企业技术的变革

企业总体技术水平的提高或降低也会对薪酬水平产生影响。当科学技术的发展带来了企业技术水平的总体上升时，即使员工总数在下降，总薪酬水平也会是上升的，而这种上升无疑会给企业的薪酬预算带来种种影响。事实上，近几年来随着社会经济的发展和整体技术水平的快速上升，员工薪酬水平也在不断提高，特别是专业技术人员的薪酬水平在直线上升，很多企业中高级技术人员的薪酬水平跟高层管理人员的薪酬水平持平甚至还要更高。因此，企业在进行薪酬预算时应充分考虑这方面的因素。

例证 10-2

诺基亚的裁员危机

2008年初，公司高管还在庆祝诺基亚利润增长67%。几年后，亚洲竞争者的低成本产品迫使诺基亚产品降价35%。同时，诺基亚在德国波鸿的工厂劳动力成本增加了20%。这种情况下，管理层的决定很简单：必须关掉波鸿工厂。时任诺基亚人力资源部高级副总裁尤哈·阿克斯（JuhaÄkräs）飞到德国，通知2 300名员工公司的裁员决定。听到这一消息，大家躁动不安。尤哈回忆，"当时剑拔弩张"。

怒火在蔓延。一周后，1.5万名员工在波鸿举行抗议活动。德国政府进行了调查，要求诺基亚交回工厂获得的补贴金。工会号召大家抵制诺基亚产品。当时的新闻里都是痛哭流涕的员工和抗议人群，大家都在砸诺基亚手机。这次工厂关停最终导致诺基亚损失了2亿欧元，相当于每位员工的裁员成本超过8万欧元，这还不包括抵制活动和负面新闻给公司带来的后续不良影响。诺基亚在德国市场份额暴跌。公司管理层预计，2008—2010年，诺基亚在德国损失了7亿欧元销售额及1亿欧元利润。

2011年，诺基亚手机业务遭遇滑铁卢后，高管决定再次重组。在之后的两年时间内，公司从全球13个国家的分部裁掉1.8万人。这次，诺基亚吸取了德国裁员事件的教训，决定找到更好的解决之道。公司推出了一个项目，确保员工在裁员过程中感受到公平，并帮助裁撤员工软着陆。

很多公司的裁员过程糟糕并且理由错误。"过程糟糕"意味着裁员过程不公平，或在员工眼中不公平，负面的连锁效应会持续很长时间。诺基亚在波鸿的裁员之所以引起众怒，是因为前一年公司利润颇丰，导致员工认为这次裁员不公，诺基亚的声誉和销售额都遭到重创。"理由错误"是指裁员目的是降低短期成本，而非长期战略变革。诺基亚对于波鸿裁员其实拥有正当理由，但由于过程出了问题，而遭到沉重打击。

（资料来源：桑德拉·苏凯尔，沙利尼·古普塔. 平稳裁员[EB/OL]. （2018-06-01）. www.hbrchina.org/2018-06-01/6091.html. ）

三、薪酬预算的制定方法

薪酬预算对于任何达到一定规模的企业来说，都是一件不可掉以轻心的大事。虽然企业在这个方面可采取的方法众多，但最常见的薪酬预算制定方法无外乎两种，即宏观接近法和微观接近法（黄皓，2017）。

（一）宏观接近法

所谓宏观接近法，是指首先对公司的总体业绩指标进行预测，然后确定企业所能接受的新的薪酬总额，最后按照一定的比例把它分配给各个部门的管理者，由各部门管理者负责进一步分配到具体的员工。宏观接近法的一大特点就是这一流程所需的层级次数与组织结构的繁简程度成正比，即组织结构越复杂，流程所需的层级次数就越多。比如，在传统企业中，由于其结构比较复杂，则该过程往往非常烦琐。如果管理不力，很可能会给企业带来较高的管理成本。

接着，我们将结合企业经营过程的实践经验，分析并解释采用宏观接近法进行预算控制的三种基本方法：一是根据薪酬费用比率推算合理的薪酬费用总额；二是根据盈亏平衡点推算适当的薪酬费用比率；三是根据劳动分配率推算合适的薪酬费用总额。

1. 根据薪酬费用比率推算合理的薪酬费用总额

薪酬费用比率法是企业进行薪酬预算时所采取的最简单、最基本的分析方法之一。该方法的使用一般分为两种情况：一是在企业的经营业绩稳定且增长适度的情况下，管理者可以通过企业过去的经营业绩推导出合适的薪酬费用比率，并以此为依据对未来的薪酬费用总额（包括福利）制定预算；二是在企业的经营状况不佳的情况下，管理者会通过参考行业的一般水平来确定合理的薪酬费用比率，并由此推断合理的薪酬费用总额。薪酬费用比率的计算公式可以如下表示

$$薪酬费用比率 = \frac{薪酬费用总额}{销售额} = \frac{薪酬费用总额 / 员工人数}{销售额 / 员工人数}$$

　　由公式可知，如果要在维持一个合理的薪酬费用比率的前提下使薪酬费用总额有所上升，就必须增加销售额；换言之，薪酬水平的提高必须在员工平均销售额的上升范围之内。这里所说的薪酬费用是指企业为员工所支付的一切费用，因此薪酬费用不仅仅包括基本薪酬、可变薪酬，还包括间接薪酬。

　　2．根据盈亏平衡点推算适当的薪酬费用比率

　　在盈亏平衡分析中，销售收入等于总成本时的状态称为盈亏平衡状态，即项目盈利为零的状态。盈亏平衡点发生在企业销售产品和服务所得的收益恰好能够弥补其总成本，且企业没有其他额外的利润时。这种状态可用图 10-1 中的点 A 来理解。

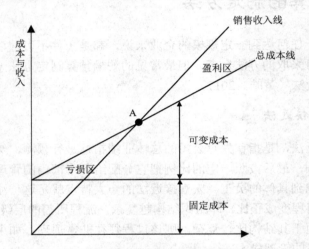

图 10-1　盈亏平衡点与企业的薪酬费用比率

　　与盈亏平衡点相关的概念还有边际盈利点和安全盈利点。边际盈利点是指产品和服务带来的收益不仅能够弥补全部支出，同时还可以付给股东适当的股息。安全盈利点则是指在确保股息之外，企业还能得到足以应付未来的风险或危机的一定盈余。由以上三个概念，我们可知，盈亏平衡点、边际盈利点和安全盈利点均与企业销售量的大小密切相关，而可能实现的销售量的多少又直接影响到薪酬费用水平的高低。

　　其中，盈亏平衡点、边际盈利点和安全盈利点所要求的销售额的计算公式分别为

$$盈亏平衡点 = \frac{固定成本}{1-变动成本比率}$$

$$边际盈利点 = \frac{固定成本+股息分配}{1-变动成本比率}$$

$$案例盈利点 = \frac{固定成本 + 股息分配 + 企业盈利保留}{1 - 变动成本比率}$$

根据上面三个公式，我们可以推断出企业支付薪酬费用的各种比率

$$薪酬支付的最高比率(最高的薪酬费用比率) = \frac{薪酬成本总额}{盈亏平衡点}$$

$$薪酬支付的可能限度(可能的薪酬费用比率) = \frac{薪酬成本总额}{边际盈利点}$$

$$薪酬支付的安全限度(安全的薪酬费用比率) = \frac{薪酬成本总额}{安全盈利点}$$

3. 根据劳动分配率推算合适的薪酬费用总额

这里所说的劳动分配率，是指在企业所获得的附加价值中，有多少被用来作为薪酬开支的费用。其计算公式是

$$劳动分配率 = \frac{薪酬费用总额}{附加价值}$$

公式中的附加价值是指企业本身创造的价值，在性质上和家庭的可支配收入一样。它是生产价值中扣除从外面购买材料或劳动力费用之后，附加在企业上的价值。它是企业进行劳动力和资本分配的基础。附加价值的计算方法有两种：一种是扣减法，即从销售额中减去原材料等外购的由其他企业创造的价值；另一种是相加法，即将形成附加价值的各项因素相加而得出。其计算公式为

附加价值 = 销售额 − 外购部分

=净销售额 − 当期进货成本 − (直接原材料 + 购入零配件 + 外包加工费 + 间接材料)

附加价值 = 利润 + 薪酬费用 + 其他形成附加价值的各项费用

=利润 + 薪酬费用 + 财务费用 + 租金 + 折旧 + 税收

随着市场环境不断趋于复杂和企业员工构成的日益多元化，现代企业一般都要求薪酬体系能够公平、公正地向员工提供高质量和个性化的服务，这就意味着企业应该向不同的部门和员工支付不一样的薪酬。针对这种需要，大多数企业都在制定薪酬预算时采用了薪酬比较比率这一有效工具。薪酬比较比率建立在这样的假设基础上，即各部门的平均薪酬水平应该和企业总体的平均薪酬水平持平，同时这一水平也应恰好是企业的薪酬区间中值。因此，对于那些薪酬比较比率低于 1 的部门就会加大加薪幅度，而对于薪

酬比较比率高于 1 的部门的加薪范围则会相对小一些，从而实现整个企业范围内的大致均衡。

（二）微观接近法

与宏观接近法相对应，微观接近法指的是先由管理者预测出每一位员工在下一年度里的薪酬水平，再把这些数据汇总起来，从而得到整个企业的薪酬预算。与宏观接近法相比较，微观接近法在企业的经营过程中更为常见。具体来说，微观接近法的整个过程应该包括以下四个步骤。

1．对管理者就薪酬政策和薪酬技术进行培训

在采用微观接近法进行薪酬预算的过程中，企业的各级管理者是决定企业的薪酬预算能否顺利进行的重要力量。因此，在实施具体的薪酬预算之前，有必要首先对这些管理者进行培训，使他们具备根据绩效表现向员工支付薪酬的意识，掌握加薪和预算等方面的常规薪酬技术。因此，培训的主要内容应该包括公司的薪酬政策、薪酬增长政策线、预算技术以及薪酬等级划分的原则等。另外，就市场上的薪酬数据及其分布情况与这些管理者进行沟通也是十分必要的。

2．为管理者提供薪酬预算工具和咨询服务

所谓工欲善其事，必先利其器，因此，在实际的薪酬管理工作中，向管理者提供一些薪酬预算工具是有必要的，而常见的薪酬预算工具包括薪酬预算说明书和工作表格。其中，薪酬预算说明书是对薪酬预算需要用到的技术以及这些技术的具体使用方法做出的简要说明。薪酬预算说明书的作用在于它能够对管理者起到引导作用，从而提高管理效率、降低管理成本。而工作表格则主要提供特定员工在薪酬方面的一般性信息，如该员工一贯的绩效表现、过去的加薪情况、过去的加薪时间。这些数据有助于确保管理者针对特定员工所采取的薪酬管理举措具有一致性和连贯性，更好地实现内部公平。另外，为了促进组织内部薪酬预算的顺利进行，持续地向管理者提供咨询建议和薪酬信息，为他们提供技术和政策上的支持也是非常重要的。

3．审核并批准薪酬预算

在管理者综合运用各种预算方法得到关于薪酬预算的初步意见后，还需要对这些意见做进一步地审核和批准。事实上，这一步骤又可以细分为若干个具体的小步骤：首先，对预算意见进行初步审核，使它们与组织已经制定出来的薪酬政策和薪酬等级相符合；其次，汇总组织内部各个部门的薪酬预算意见，并进行总体上的调节和控制，以确保内部公平性和外部一致性，保证各个部门之间的平衡；最后，管理层进行集体决议，得出最终的预算意见，并确保得到决策层的批准。

4. 监督预算方案的运行情况，并向管理者反馈

从某种意义上来说，制定出薪酬预算方案以及得到决策层的认可只是薪酬预算的开始。在预算方案下达到各个具体部门并加以执行的整个过程中，管理者必须对该方案的执行状况进行严密监控：一方面要保持与员工的畅通交流，了解他们的看法和态度，并对他们的反应做出积极、快速的反馈；另一方面要从企业全局的角度出发，做好随时随地对方案进行调整的准备。

第二节　薪酬控制

薪酬控制对于企业而言是十分必要的。如果不能够对不利于战略目标实现的薪酬方案进行有效的纠正，可能会导致企业财务和非财务层面上的损失。因此，在很多时候，企业在针对实际情况进行调查的同时，也需要对薪酬体系的实施情况进行有效的控制，这对于企业人才战略的落地是非常必要的。

一、薪酬控制的概念与难点

（一）薪酬控制的概念

国内外关于薪酬控制的定义较少，张四龙（2012）认为薪酬控制是在确保实现企业战略目标的前提下，适当控制薪酬总额，追求合理的薪酬效益。本书所引用的薪酬控制的定义为，薪酬控制是指为确保既定薪酬方案顺利落实而采取的种种相关措施（刘昕，2014）。在企业的实际经营中，正式的控制过程往往包括三个步骤：一是确定相关标准以及若干衡量指标；二是将实际结果和既定标准进行比较；三是如果二者之间存在差距，明确并落实补救措施。具体到薪酬管理方面，我们可以这样认为：企业通过薪酬预算，一般对自己在薪酬方面的具体标准和衡量指标有了比较清晰的认识，而薪酬控制的主要作用就在于确保这些预定标准的顺利实现。

但是，企业在制定薪酬预算时采用的内部信息未必准确（如年度流动率往往就是一个估计值），而且实际雇佣状况也存在随时变化的可能。因此，在这种情况下，为保证管理人员对整个薪酬体系的切实监控以及实现预定的薪酬管理目标，实施切实有效的薪酬控制对企业来说就至关重要了。

对薪酬体系的运行状况进行监控，其主要目的在于对之前的预期和之后的实际状况进行对比，但最终需要采取什么样的纠偏措施，要视具体情况而定。例如，企业在制定薪酬预算的时候，认为某种特定的薪酬设计会促使员工改进自己的工作绩效，但这种预期并没有实现，其原因可能是多方面的，可能和企业、管理者以及员工本身都有关系。

但是，如果预期落空的一个重要原因在于做预算时的假设条件没有得到满足，那么需要改变的就是薪酬预算本身了。从这个意义上来说，我们需要意识到的一点是，薪酬预算和薪酬控制是不可分割的。

（二）薪酬控制的难点

对薪酬管理活动进行有效的控制和纠偏不是一件很轻松的事情。现实中的薪酬控制会受到多种因素的制约甚至阻碍，这种现实情况主要是控制行为本身所具有的复杂性导致的。具体来说，这种复杂性主要体现在以下三个方面。

1. 控制力量的多样性

根据资源依赖理论，为了达成现有目标，员工需要一定的资源，但是当他们自身不具备这些资源而其他人拥有达成这些目标所需要的资源时，员工就会对资源拥有者产生依赖，从而资源拥有者就具备着控制员工的权力。总的来说，企业的控制力量有三种：企业现有的正式控制体系、来源于小团体或特定个人的社会控制以及员工的自我控制。为了对企业的各项事宜（包括薪酬）进行有效监控，通常要求将这三种控制力量整合在一起，对员工发挥同方向的作用。但事实上，真正实现整合的可能性非常小。在大多数时候，员工必须在各种冲突力量之间进行选择，这也是企业的控制体系总是处于次优状态的一个重要原因。

2. 人的因素的影响

企业的控制体系在不同时期、不同环境下、面对不同的个体会发挥出不同的作用。举例来说，若各项工作职责的设计和履行之间彼此独立，工作周期本身又比较短，则控制体系的作用效果就比较明显；若从事工作的是一名新员工，对控制力量本身有着较强的需求，控制的效果一般不会太差。但是，如果某项工作职责在最终结果出来前，要求在职者接受多年的培训并且在很长的一段时间里与不同职位的员工打交道。这时，对其进行监控就不会有很明显的效果了。在这种情况下，借助社会控制和自我控制的力量往往能够收到更为理想的效果。

3. 结果衡量的困难性

在企业的日常运营过程中，对一些工作行为（如管理人员的经营决策正确与否）进行观察往往很困难，甚至是不太可能的。为了实现有效控制，企业会根据预期目标制定出相应的考核衡量指标。这种做法有一定的好处，但也容易导致员工把注意力集中在衡量指标上而不是目标上。例如，一名管理者可能会把他所有下属的绩效表现都评定为优秀，之所以这样做，很可能并不是由于他们的绩效表现真的很优秀，而只是因为获得优秀评价能够加薪 10%，管理者希望他的下属得到这 10%的加薪。在这种情况下，衡量指标的制定和评价就成为控制行为的一部分。

二、薪酬控制的途径

在企业的管理过程中，薪酬控制通常是指对劳动力成本的控制，甚至在一些组织中，它们的总体薪酬中至少包含 50%的运营成本。大多数企业都拥有自身的薪酬控制体系（George，2002）。企业的劳动力成本可以用下面的公式表示

$$劳动力成本=雇佣量×(平均薪酬水平+平均福利成本)$$

从上述公式可知，劳动力成本是由三个方面共同决定的，它们分别是企业的劳动雇佣量、员工平均薪酬水平（包括基本薪酬与可变薪酬）和福利与服务。同时，企业所采用的薪酬技术，如职位分析和职位评价、技能薪酬计划、薪酬水平策略、薪酬等级和薪酬宽带、收益分享计划等，在一定意义上也能够对薪酬控制发挥不小的作用。

（一）通过雇佣量进行薪酬控制

众所周知，雇佣量取决于企业里的员工人数和他们相应的工作时数，而通过控制这两个要素来管理劳动力成本可能是最简单、最直接的一种做法。显然，在支付的薪酬水平一定的情况下，企业里的员工越少，企业的经济压力也就越小。而且，如果薪酬水平保持不变，但是每位员工的工作时间可以延长，企业就更有利可图了。

1. 控制员工人数

在股票市场上，无论是裁员还是关闭工厂都可以算得上是利好消息。因为在市场看来，这些做法有助于改善企业的现金流量，有效控制企业的成本开支。当然这种做法的负面作用也很明显：裁员不当可能会导致熟练工人的大量流失，从而直接影响到企业的人力资本储备。

考虑到这样的问题，为了更好地控制企业的劳动力成本，大多数组织会与不同的员工之间确立不同程度的关系：与核心员工建立长期关系，且彼此之间有很强的承诺；与非核心员工在某一时间段确立短期关系，这是因为虽然非核心员工的劳动力成本相对较低，但其流动性很大，不能很好地将工作所产生的知识内化于企业。采用这种方式之后，企业可以在不触及核心员工利益的前提下，通过扩大或收缩非核心员工的规模来保持灵活性并达到控制劳动力成本的目的。

2. 控制工作时数

与变动员工人数相比，控制员工的工作时数往往更加方便和快捷，因此这种做法在企业里更为常见。举例来说，在很多国家都有明文规定，员工的工作时间在超过正常周工作时数以后，额外工作时间的薪酬应该按照原有薪酬水平的 1.5 倍来计算。因此，企业就需要在调整员工人数和调整工作时数两种做法之间做出选择，选择的依据则是哪一种

调整方式的成本有效性更高。事实上，在实践中，当一个国家的劳动法管辖效力不高的时候，许多企业都会通过变相增加员工的工作时数来达到降低劳动力成本的目的。这种情况在我国经济发达地区的一些劳动密集型加工企业中也能经常看到。

（二）通过调整薪酬水平和薪酬结构进行薪酬控制

对薪酬的控制主要通过对薪酬水平和薪酬结构的调整来实现。此处的薪酬水平主要是指企业总体的平均薪酬水平，薪酬结构则主要涉及基本薪酬、可变薪酬和福利支出等薪酬的构成以及各个具体组成部分所占的比重大小。各种薪酬组成的水平高低不同，所占的比重不同，对企业薪酬成本的影响也是不同的。

1. 基本薪酬

基本薪酬对薪酬预算与控制的影响主要体现在加薪方面，而在原有薪酬水平之上进行的加薪一般是基于以下三个方面的原因：一是原有薪酬低于理应得到的水平；二是根据市场状况进行的调节；三是更好地实现内部公平及加薪所带来的员工参与率。

原有薪酬不足导致的加薪，意味着要把基本薪酬提高到其应处薪酬等级的最低水平线上。在这种情况下，成本与以下几种因素有关：基本薪酬所得偏低的员工的数量、理应加薪的次数和实际加薪的规模。举例而言，如果企业存在针对每次加薪幅度的政策规定，那么管理者就需要决定，为了弥补某员工15%的薪酬差额，究竟是进行一次加薪还是两次或更多次加薪比较好，不同的抉择显然会对企业的财务状况产生不同的影响。

根据市场状况或是企业内部的公平情况来对基本薪酬水平进行调整，更多是为了确保和加强企业的地位，不管这种地位是相对于竞争对手的地位，还是存在于员工心目当中的地位。以后者为例，员工的不公平感既可能源于同事间的同工不同酬，也可能源于上级和下属之间的紧张关系，在某些情况下还与工会和管理层之间的争端有关。因此，为了更准确地制定薪酬预算，需要管理者根据不同的情况选择合适的预算方式。

2. 可变薪酬

越来越多的企业开始在组织内部使用多样化的可变薪酬方案。这些可变薪酬方案的支付形式包括利润分享、收益分享、团队奖励、部门奖金等。它们给组织所带来的成本亦是进行薪酬预算与控制时不得不考虑的一项内容。

在提高薪酬水平对企业薪酬控制带来的影响方面，可变薪酬与基本薪酬既有相同点也存在差异。相同之处在于：可变薪酬产生的影响同样取决于加薪规模、加薪时间点以及加薪的员工参与率等因素，而不同之处在于大多数可变薪酬方案都是一年一调的，通常在每个财务年度的年底支付，因此，它们对组织的影响只是一次性的，并不会作用于随后的年份。

例如，现在需要针对某员工制订特定的薪酬支付计划。如果他原来的年薪为40 000

元，每年加薪比例为 5%，那么 10 年后他的薪酬数额应为 62 000 元，而这些年里企业总共需要向他支付 503 116 元。同时，与基本薪酬相联系的一些福利项目支出也需要相应增加。另一方面，组织也可以保持该员工 40 000 元的基本薪酬水平不变，每年支付大约 26.8% 的红利。10 年下来，总成本大约应为 503 000 元。这样一来，不仅在一定程度上节约了福利和其他方面的成本开支，还可以保持员工薪酬与其绩效之间的高度相关性，发挥更大的激励作用。

因此，从劳动力成本方面来看，可变薪酬相对于基本薪酬所占的比例越高，企业劳动力成本的变化空间也就越大，而管理者可以控制预算开支的余地也就越大。这对于今天崇尚灵活性和高效率的企业环境来说，是一种不错的选择。

3. 福利支出及其他

根据对薪酬预算与薪酬控制的影响的大小，我们可以把企业的福利支出分为两类：一类是与基本薪酬相联系的福利，另一类是与基本薪酬几乎没有联系的福利。前者多是像人寿保险和补充养老保险这样比较重要的福利内容。它们本身变动幅度一般不大，但是由于与基本薪酬相联系，因而会随着基本薪酬的变化而变化。同时，由于它们在组织整体支出中所占比重较大，因而会对薪酬预算和薪酬控制产生较大的影响。而后者则主要是一些短期福利项目，如健康保险、牙医保险以及工伤补偿计划等，比较来说，它们对于企业的薪酬状况所能发挥的作用相对小得多。

除了上面提到的基本薪酬、可变薪酬以及福利支出之外，可能对薪酬预算产生影响的因素还有很多，如带薪休假时间，这种额外休假时间的成本取决于劳动力本身的性质。当不享受加班工资的员工暂时离开职位的时候，一般不需要其他员工来代替，因此没有额外损失，而当享受加班工资的员工休假时必须把承担其工作任务的人工成本计算为额外损失。

例证 10-3

中国石油管道局：工资总额优化管理

随着我国社会主义市场经济体制改革的深化和调整，单一的"工效挂钩"制度逐渐淡出视野，从 2009 年国资委开始推行工资总额预算管理，到现在提出"一适应、两挂钩"的工资总额管理制度，与社会主义市场经济下国有企业制度相适应的国有企业工资分配制度体系正在逐步形成。但在工资总额管理实施的过程中，部分国有企业对工资总额管理还存在一定的偏差，下面以中国石油管道局工程有限公司（简称"管道局"）为例进行分析。

首先，管道局的工资管理模式实行"管、放结合"，在制度上受到的制约比较严重，加上较少进行行业工资水平调查，缺乏对最新市场工资水平的了解，无法及时接轨人才市场，因此无法对工资水平进行自主调整，造成一些主体岗位和骨干员工的工资水平低于劳动力市场水平，而后勤、服务等非主体岗位员工的工资水平高于劳动力市场水平。其次，管道局工资分配监管基本沿用传统的工资体系，主要由基本工资、绩效工资和福利费构成。构成比例虽没有明确规定，但基本工资部分是固定的，所占比例也比较大，绩效工资是变动的，但缺乏严谨的考核办法，平均主义比较严重，很难公平公正地反映员工的技能水平和工作业绩。

针对管道局工资分配中存在的问题，可以通过参考劳动力市场分配机制完善薪酬体系，建立以岗位价值、员工技能和绩效考核为基础的分配机制，实现对外竞争、对内公平且利于激发员工进取和发展的目的。此外，还需要结合《国务院关于改革国有企业工资决定机制的意见》政策，按照"以国有企业工资总额分配为重点，兼顾国有企业内部分配，坚持问题导向和目标导向，按照工资分配市场化改革方向，改革企业工资总额确定办法和管理方式，进一步落实企业工资分配自主权"要求，用好政策、用活政策，通过工资总额优化管理激发多元化下属企业发展动力、活力。

（资料来源：田杰，刘诗杰，马晨万. 石油管道工程建设企业薪酬管理体系存在的问题及应对思路——中国石油管道局工程有限公司为例[J]. 石油天然气学报，2018（04）.）

（三）通过薪酬技术进行潜在的薪酬控制

我们在前面的章节里已经对薪酬技术进行了比较详细的阐述，如职位分析和职位评价、薪酬政策线、薪酬宽带等。除了一些比较直观的目的之外，薪酬技术对于薪酬的预算控制也能起到不小的作用。

1. 最高薪酬水平和最低薪酬水平

一般来说，每一个薪酬等级都会具体规定出该级别内的最高薪酬水平和最低薪酬水平。其中，最高薪酬水平对于企业薪酬控制的意义较大，因为它规定了特定职位能够提供的产出在组织里的最高价值。一旦由于特殊情况而导致员工所得高于这一限额，就会使企业不得不去支付"赤字薪酬"。而当这种情况在组织里普遍存在时，对薪酬等级和职位说明书进行调整就很有必要。由于最低薪酬水平代表着企业中的职位能够创造的最低价值，因而一般会支付给那些尚处于培训期的员工。

例证 10-4

中国版的"限薪令"

2009 年，在世界金融危机的大环境下，我国的 GDP 增长速度日渐趋缓，大多数的企业利润急剧下滑，然而国有企业却频频爆出经营者天价薪酬事件，引起社会公众的质疑。同年2月，财政部出台了《金融类国有及国有控股企业负责人薪酬管理办法》；9月，人力资源和社会保障部等六部门联合出台《关于进一步规范中央企业负责人薪酬管理的指导意见》；2010年2月，财政部进一步以财金〔2010〕10号文下发《关于印发中央金融企业负责人薪酬审核管理办法的通知》；紧接着，银监会发布《商业银行稳健薪酬监管指引》，对银行业高管薪酬予以规范。这一系列政策的出台，在社会上霎时激起了一股谈论国企高管薪酬的风潮，于是各种舆论纷至沓来。与奥巴马颁布的"限薪令"（凡是获得政府救助的金融企业高管最高年薪不得超过50万美元）对应，这一系列限制高管薪酬的政策也被大众称为中国版的"限薪令"，大家都对此举非常的关注。这些条例明文规定，金融国企高管的薪酬由基本年薪、绩效年薪、福利性收入和中长期激励收益构成。基本年薪最高为70万元，最低为5万元。绩效年薪与企业绩效评价结果挂钩，控制在基本年薪的3倍以内。

（资料来源：张泽南，2014）

2. 薪酬比较比率

在薪酬控制过程中，一项经常会被用到的统计指标是薪酬比较比率。这一数字可以告诉管理者特定薪酬等级的薪酬水平中值，以及该等级内部职位或员工薪酬的大致分布状况。当薪酬比较比率值为1时，意味着等级内员工的平均薪酬水平和薪酬区间中值恰好相等。该比率的计算公式可以表示为

$$薪酬比较比率 = \frac{实际支付的平均薪酬水平}{某一薪酬区间中值}$$

我们在前面已经指出，薪酬区间中值是绩效表现居中的员工理应得到的薪酬水平。在理想情况下，企业支付薪酬的平均水平应该等于薪酬区间中值。因此，当薪酬比较比率大于1时，说明企业给员工支付的薪酬水平偏高，其中的原因可能是人工成本控制不当，可能是多数员工的绩效表现确实突出，也有可能是其他原因。而当该数值小于1时，薪酬支付不足的情况就显而易见了。当然，对于为什么出现这种结果，企业仍需要做进一步的分析。

3. 成本分析

数字的说服力往往是最强的，这也是成本分析为很多企业所青睐的原因。在决定进行一次新的加薪之前，企业一般会对加薪所带来的经济影响进行深入和透彻的分析，以期了解事情的全貌。同样，企业在制订像销售人员奖励计划类的薪酬方案时，可以通过对该计划的成本进行测算来达到合理控制成本的目的。

第三节　薪酬沟通

企业在制定和执行薪酬方案的时候，与员工进行有效的沟通无疑是其中相当关键的一环。这是因为，如果无法取得员工和其他管理人员的理解与配合，纵使设计再精良的薪酬体系也无法取得预期的效果。因此，企业在进行薪酬沟通时，必须采取审慎的态度，有序进行。

一、薪酬沟通的概念、作用与特点

（一）薪酬沟通的概念

齐义山（2005）认为，薪酬沟通是指管理者和员工通过各种方法和途径相互交流薪酬信息、传达思想情感并获取理解的过程。本书采用王少东（2016）的观点，薪酬沟通是指为了实现企业的战略目标，管理者与员工在互动过程中通过某种途径或方式将薪酬信息、思想情感互相传达交流，并获得理解的过程。薪酬沟通的类型主要包括书面通知和面谈交流。其中，书面通知是将薪酬设计的理念导向（如薪酬体系的价值导向、薪酬设计原则、薪酬框架、薪酬套改方案等）以书面方式公布，或者以内部通知的方式告知员工。面谈交流是指各级管理者在书面通知的基础上，通过与下属员工谈话的方式进行薪酬沟通，沟通内容可以包括与员工个人密切相关的薪酬调整以及职业发展等。针对薪酬发生变化的不同类型员工进行个性化的沟通，可以了解员工的思想动态，对有情绪的员工要做到耐心解释，做好思想安抚工作；对涨薪的员工，可以从组织认可和发展期望的角度来进行沟通，以达到激励目的。

薪酬沟通贯穿于薪酬方案的制定、实施、控制与调整的全过程，是薪酬管理过程中不可或缺的部分，事实上，企业在刚开始设计和开发薪酬方案的时候，就应该考虑好要如何与员工进行沟通。

（二）薪酬沟通的作用

随着竞争的加剧，企业对员工的依赖性越来越强，许多企业逐渐意识到有效激励员工、提高组织盈利率的关键因素，不仅在于精心设计薪酬体系，还要与员工进行良好沟通。因此越来越多的企业，开始改变以往向员工封闭薪酬信息的做法，本着诚恳、平等、双赢的态度与员工进行沟通，并在薪酬沟通方面投入更多的时间和精力，以解决员工对薪酬问题的不满，有效实现企业预期目标。具体来说，薪酬沟通的作用有以下几点。

（1）薪酬沟通能够为员工创造良好的工作"软"环境，使员工生活和工作在一种人际关系和谐、心情舒畅的工作氛围中，激发员工的工作热情，吸收并留住人才。

（2）薪酬沟通可以把企业价值理念、企业目标有效地传导给员工，把企业目标分解成员工个人成长目标，使企业和员工融为一体，保持员工行为与企业发展目标一致，从而极大地调动员工积极性与热情，提高企业效益。

（3）通过与员工进行薪酬沟通，可以及时发现和预防企业中存在的问题，便于及时调整各种关系，消除员工的不满情绪，解决企业内部存在的矛盾，促进企业平稳快速发展。

（三）薪酬沟通的特点

一般情况下，薪酬沟通具有以下几个特点。

1．强激励性

企业在设计、决策及实施薪酬体系时要收集、征求员工的意见和建议，与员工进行有效的沟通并让员工有全面参与的体验感，从而形成人性化的薪酬制度。这不仅充分体现了企业的人文关怀和人文理念，也让员工感受到被尊重，自身需求得到满足，这会让员工产生一种责任感，积极地投入到工作中。因此，薪酬沟通具有较强的激励性。

2．敏感隐秘性

在日常生活中，我们很少会与他人谈论自己的工资水平，薪资对于大多数人来说具有隐秘性。即使是在企业内部工作环境当中，员工薪酬也是一个比较敏感的话题。因此，企业管理者在与员工进行薪酬沟通时，需要选择一个相对安静、没有其他人员在场的地点与员工进行沟通。

3．互动性

薪酬沟通是一个双向沟通的过程，企业管理者不仅要把相关岗位的薪酬待遇信息告知员工，同时也要倾听员工对企业所给出的薪酬待遇是否满意，满意与不满意的程度如何，以及员工对自己所在岗位的薪酬期望水平。为了进行有效的沟通，减少双方的信息不对称情况，管理者在与员工进行薪酬沟通时需要注意沟通的互动性，掌握倾听的技巧。

4．动态性和灵活性

薪酬沟通的动态性，主要体现在随着企业薪酬方案的变动需要多次进行薪酬沟通，将变化了的薪酬方案政策信息传递给员工，同时获得员工的反馈信息。由于企业面临的内外部环境在不断变化，导致企业需要根据变化了的情况不断调整薪酬方案。因此，为了跟随企业战略变化和组织变革，使新的薪酬方案得到贯彻执行并获得员工的接受，薪酬沟通也需要保持动态性和灵活性。

二、薪酬沟通的步骤

在实际工作中，薪酬沟通大致可划分为以下六个步骤（John，1997）。

（一）确定沟通目标

薪酬沟通的最终目的是要将适度、适量的企业薪酬信息，正确地、及时地、有效地传达给员工，帮助员工消化薪酬信息、发掘薪酬的价值，从而充分发挥企业薪酬体系的激励作用，提高员工对薪酬体系的满意度，有效地实现企业的预期目标。具体来说，薪酬沟通的目标可以进一步细分为以下几个具体的子目标。

（1）营造良好的薪酬沟通氛围，把硬管理与软管理结合起来，既要注重制度管理，又要注重文化管理，努力建设高绩效的企业文化。

（2）寻求有效的薪酬沟通手段和渠道，包括薪酬沟通的方式、薪酬沟通的方法以及薪酬沟通的网络。

（3）培养专业的薪酬沟通团队。专业的薪酬沟通团队是薪酬沟通的主持人。一方面，他们要通过有效的沟通方式和方法，在良好的沟通氛围下，向员工持续不断地灌输薪酬信息，使员工感受到企业的"用薪良苦"；另一方面，他们要通过培训，向企业管理层传授薪酬沟通的技巧，以帮助员工了解薪酬的价值。只有这样，才能更好地达到提高绩效、促进员工发展、优化企业的目的。

例证 10-5

IBM 公司：双向沟通原则

众所周知，IBM 公司实施个人业务承诺计划的薪酬体系（简称"PBC"，该薪酬体系详见第一章的案例分析），而这个薪酬体系成功的一个重要原因在于遵循了双向沟通原则。

所谓双向沟通原则就是在计划、执行、评估及评估结果运用的过程中，公司都要与员工进行明确的沟通。IBM 公司强调双向沟通，不存在单向指令和无处申诉的情况。为了更好地实施双向沟通，IBM 建立了四条制度化的通道以向员工提供申诉机会：一是高层管理人员面谈（Executive Interview），即与高层管理人员进行正式谈话；二是员工意见调查（Employee Opinion Survey），可定期实施，并且不直接面对收入问题；三是直言不讳（Speak up），即一个普通员工的意见可能会出现在最高管理者的信箱中，越过中间的领导得到直接答复，除了负责此事的协调员没有任何人会知道"Speak up"员工的身份；

四是员工申述（Open door）。"门户开放"政策是 IBM 的传统民主制度，员工有问题可以与直接上级恳谈。如果解决不了，还可以通过"Open door"向各事业单位主管、公司的人事经理、总经理或任何总部代表申诉。

IBM 通过双向沟通原则让员工知道自己的定位，正确看待自己薪酬、职位变动和职业生涯的发展，并且管理者通过与员工面对面、一对一地交流，了解员工的需求，也让员工了解自己在工作上的不足和发展方向，从而让员工可以更努力地向前奋斗，这样保证了整个沟通策略的有效性，使企业用以吸引、激励和留住人才的核心竞争力得到大大提升。

（资料来源：黎群，2016）

（二）收集薪酬相关信息

在沟通目标确定后，下一步是要从决策层、管理者以及普通员工中收集他们对薪酬体系的有关看法，既包括对现有体系的评价，也包括对未来变革的设想和期望。只有把这些信息和薪酬沟通目标结合在一起，才可以确保企业和员工的需求都得到关注和满足。另外，询问员工对薪酬体系的看法及相关态度，这本身已经表明了企业对员工所思所想的重视。同时，员工也能由此获得参与感，并增强对企业的承诺。这些对企业经营成功都是十分重要的。

首先，从所要收集信息的内容来看，虽然不同企业在经营状况方面差异很大，想要达到的目标也不尽相同，但有一些共同信息值得所有企业加以重视。比如，员工对企业现有薪酬体系的了解程度、员工对企业中的薪酬沟通状况的看法、现在的沟通是否足够、管理者是否掌握了有效沟通薪酬福利信息的技能、员工对企业中出现有关薪酬改革传言的态度及对薪酬公开或保密的态度、管理者和员工所认为的最为有效的沟通手段等。鉴于特定的沟通要求，在不同的情况下需要就不同类型的信息进行收集。

其次，从信息收集的方式来看，企业可以采取若干种不同的方式来收集信息，主要包括问卷调查法、目标群体调查法、个人访谈法等。

相比较而言，问卷调查法是一种应用广泛的信息收集方式，当需要面对为数众多的对象收集大量信息的时候，这种方式往往最有效。在很多情况下，问卷由开放式问题和封闭式问题共同构成，这样既可以就调查对象对关键问题的真实看法进行衡量和比较，又不会遗漏其他的观点和意见，从而可以确保整个调查的全面性和针对性。当然，为了进一步提高调查的效果，采用其他的必要措施来保证调查的信度和效度也是不可缺少的。

目标群体调查法是指针对调查的对象整体，即企业的员工和管理者，随机抽取一个小型样本展开调查，这也是一种行之有效的信息收集方式。一般来说，每一个目标群体都要能够涵盖组织的各个部门，从而保持样本的充分代表性；同时，管理者和员工最好分属不同的目标群体，以避免出现管理者威胁员工的情况。

在所有可行的信息收集方法中，个人访谈法是最为有效的方法之一，这里的个人访谈对象主要是企业决策层以及首席执行官。它的主要功能在于通过了解企业高层对薪酬问题的看法（如薪酬体系应该是开放的还是封闭的，是正式的还是非正式的，是简单的还是复杂的），给企业的薪酬沟通事先定下基调和风格，从而大大节约需要花费的时间和精力，并减少管理过程中可能会出现的障碍。值得注意的是，在采用这种方法时，准确理解组织的管理文化，并使得薪酬沟通的基调、风格与之相匹配，是整个过程中最为关键的问题。

除了上面这些方法，其他方法也有一定的可取之处。例如，利用企业中的非正式组织收集信息；根据员工对薪酬方案提出的疑问来发现问题；通过绩效面谈了解员工和管理者的看法。在不同的情境之下，不同的信息收集方式会发挥不同的作用，满足组织不同的目的。

（三）制定沟通策略

在收集到有关员工对薪酬方案的态度和心理感受的信息后，我们可以着手在既定的目标框架之下制定薪酬沟通策略。

企业中的沟通策略大致可分为市场策略和技术策略。当企业采用市场策略进行薪酬沟通时，沟通目标在于让管理者和员工准确了解企业现有薪酬体系的全面信息（包括优势与不足），并告知他们企业最新的薪酬方案；当企业采取技术策略进行薪酬沟通时，应当侧重于向目标客户（即员工与管理者）传递一些细节方面的信息，如组织的具体薪酬等级、特定薪酬等级的上限和下限、加薪的相关政策等。通常情况下，制定薪酬沟通策略有以下几个步骤。

第一，通过薪酬沟通明确公司的价值标准。薪酬标准的背后隐含着企业的价值标准和激励导向，因此，薪酬沟通可以围绕企业的薪酬战略、薪酬目标、付薪要素等方面的问题进行，如企业的薪酬战略是领先、落后还是跟随战略？企业薪酬目标是吸引、保留还是激励？侧重于内部公平还是外部公平？企业的付薪要素是岗位、资历、能力还是业绩？企业的薪酬标准是如何制定的？如何将付薪要素设计到薪酬体系中？

第二，在明确完公司的价值标准之后，以总裁的名义向员工分发备忘录，具体解释制定新方案的目的以及将会采取的措施。其目的在于告知每一个人，企业有信心取得成功，而员工做出的卓越成绩也一定会得到丰厚的回报。

第三，与关键的管理人员进行一系列会谈，就薪酬方案进行沟通，并争取他们的支持。通常情况下，这类会谈的目的在于：强调执行薪酬方案的重要性以及得到大家支持的重要性，并确定由谁负责具体的薪酬沟通事宜。

第四，与员工保持持续的沟通，确保他们对新的薪酬方案的执行具有一定的参与意识，能够了解到具体的运作环节，并对其执行情况保持关注。

（四）选择沟通媒介

当企业着手选择沟通媒介的时候，通常都会拥有多种备选方案。在"上传下行"沟通线路上，除传统的公司备忘录、福利政策等公文之外，可以增加更人性化、更灵活的方式。例如，员工薪酬福利手册、系统互动性较强的薪酬福利政策培训、薪酬福利公告板等，通过生动形象的方式，将公文上的文字融入丰富的互动分享沟通方式中，使员工充分感受到福利的优厚。在"下传上纳"沟通线路上，可以采取定期的非正式的薪酬福利分享茶话会、薪酬福利热线邮箱、薪酬福利意见箱等多种方式搜集员工意见。对于有公司内部网站的企业，还可以利用内部网站来沟通福利信息。例如，可以将一些薪酬福利政策制作成视频等多媒体形式发布到公司内部网站上，还可以在网上建立福利分享平台，让员工感受到福利的"无微不至"。对于多元化的沟通方式，主要是贯彻灵活性、多元性的思想。

企业常用的沟通方式如表 10-1 所示。

表 10-1 常用的薪酬沟通方式

口头沟通	电话
	会议
	面对面会谈
书面沟通	各种报告（如市场调研报告、出差报告、日报、月报等）
	企划书（如活动企划书、促销企划书、广告企划书）
	签呈
	内文（各种联系事项）
	公文
	信（如公开信、问候信、迁址通知等）
	留言
	传真
	申请书
视听沟通	录像带
	幻灯片
E 沟通	企业内部网络
	E-Mail

（五）举行薪酬沟通会议

在薪酬沟通方案中，最重要的步骤是正式沟通会议的筹办和举行。这种会议一般安排在薪酬沟通流程的末期，目的在于就整个薪酬方案进行解释和推销。在一次典型的薪酬沟通会议上，企业一般会就薪酬方案的各个方面进行解释，包括职位评价、市场数据调查和分析、薪酬等级的确定、奖金方案的制定、绩效评价体系以及薪酬管理方面的问题。当然，由于企业的策略不同，不同企业提供信息的详细程度也存在很大的差异。同时，员工大多会得到自己的职位说明书和一份详细的薪酬等级分布表，以及有关组织的团队奖励方案、绩效评价系统和薪酬管理体系等的书面说明。

根据会议中所要沟通信息的性质，可以分成流程性信息和政策性信息。流程性信息可能涉及的问题包括：职位评价是由谁进行的，如何对市场信息进行分析，何时会调整薪酬等级。政策性信息则是涉及政策和制度方面的问题，比如，各薪酬等级的中值处在什么水平上，为什么要对职能管理人员和技术人员采用不同的绩效评价方法，为什么要维持现有的薪酬差额。同时，正如前面在讨论目标群体法时所提到的，有时候为了避免管理者可能会对员工产生胁迫的情况，在举行薪酬沟通会议时把这两个群体区分开来很有必要。

（六）评价薪酬沟通结果

薪酬沟通的最后一个步骤是要对整个沟通流程的结果进行评价，但是这种说法存在一定的片面性，因为管理者和员工之间的反馈和沟通贯穿于沟通流程的始终。企业对薪酬沟通结果可以从外部和发展的角度进行诠释，因此评价薪酬沟通结果不能仅局限于薪资水平、涨降幅度。首先要看其是否引导了员工站在发展的角度去长期动态地看待薪酬体系，然后看其是否站在了组织发展的角度，引导员工了解行业大环境的发展方向以及外部市场人才情况；最后看其是否站在了个人发展的角度，指引员工看到个人的发展是如何与组织的发展结合起来的。需要强调的是，薪酬不是一成不变的，如果个人能力、个人绩效提升了，薪酬也有机会得到提升。

除了从不同的角度去评价薪酬沟通结果，企业也可以参考薪酬沟通绩效评估的诊断。薪酬沟通评估有两大参考体系：一是薪酬沟通计划的项目进度安排，这是对薪酬沟通效率的评估，考察薪酬沟通活动是否按时完成任务、人员是否尽职尽责、资金使用是否符合预算标准；二是员工的反馈意见，这是对薪酬沟通结果的评估。由于薪酬沟通计划的项目进度安排是事先拟好的，而员工意见是在计划执行过程中产生的，因此对薪酬沟通结果的评估比效率的评估更复杂（刘秋月，2001）。

结果评估的难点和关键点就是搜集员工的反馈意见。在搜集时，可以同时采取正式和非正式渠道两条路径，以正式渠道为主，非正式渠道为辅。正式渠道一般是指定期的员工薪酬调查（包括企业内部调查和第三方调查），搜集的信息较为系统和全面。非正式渠道涉及的方式比较灵活多样，包括企业内部的非正式沟通、意见箱、热线投诉以及一些非正式的分享会等，基本原则就是"处处留心"，从一切可能的渠道搜集员工反馈意见。通过非正式渠道搜集的员工反馈意见一般比较零散，需要筛选和整理，因此一般只作为薪酬沟通评估的辅助工具，但对于一些重要的信息，如员工抱怨较多的薪酬条款，经核实后也应纳入薪酬沟通计划调整的重点。薪酬沟通结果的评估是控制和调整的前提和依据，而控制和调整是评估结果的具体体现。评估和控制是一个循环和持续的过程。只有根据评估结果，对原有薪酬沟通计划进行不断地调整和完善，才能确保薪酬计划的成功执行。

例证 10-6

如何与员工沟通薪酬问题

　　王经理是一家一级资质地产企业的工程部经理，该集团也是当地最大的地产企业，总资产约 30 亿元。该企业于 2000 年至 2005 年获得高速成长，目前手中有 220 万平方米的土地储备。工程部是该集团的重要业务部门，共有员工 14 人。王经理平时工作敬业努力，对员工的业务指导也能到位。新财年之初，公司终于打破涨薪的坚冰，在几年未普调薪酬之后，决定在今年给大家涨薪，但是最终结果出来之后，却令大家很失望，普调 5% 的比例和大家的心理预期相去甚远。员工普遍表现出抱怨，甚至有员工离职，投奔到给出更高薪酬的企业。在短短的两个月内有 6 名骨干离开了公司。

　　工程部经理面临巨大的压力，当人力资源总监找其谈话的时候，他说："我也与他们进行了沟通，他们因个人原因问题离开，我也没办法。"很明显，6 名骨干大多是因不满公司的薪酬而离职的，工程部经理认为薪酬政策是由公司制定的，他已无能为力了。最后，工程部经理想到用调换岗位的方法来解决面临的难题。

　　在涨薪空间已经限定的情况下，主管该如何作为？能如何作为？这其实是最能考验主管管理能力的时候，企业需要管理者把政策宣传和执行下去，下属也需要从管理者那里得到信心和希望。在这样的关键时刻，作为一个管理者，一定不能归错于外因，一定不要简单地将事情定性为公司的政策和决定，自己无能为力，或者认为自己已经尽全力对员工进行了劝说，而员工没有听取，这些表现都不是一个高绩效管理者应该有的表现。

　　实际上，薪酬沟通并不是简单随意的聊天就可以解决的问题，薪酬沟通是有技巧的，也是有章法的，当员工因为薪酬没有达到预期而准备离职的时候，简单空洞的说辞很难让员工信服，也很难给员工继续留下的信心；同样，这个时候，你和员工一起骂公司政策如何不合理，如何苛刻，也很难博得员工的同情，反而给员工一种印象："管理者都这样想，公司没有希望了。"反而会把事情搞砸，造成更大和更坏的影响。

（资料来源：赵日磊. 如何与员工沟通薪酬问题[J]. 财富，2011（04）.）

本章小结

1. 薪酬预算指的是管理者在薪酬管理过程中进行的一系列成本开支方面的权衡和取舍。薪酬预算的目标：一是合理控制员工流动率，降低企业劳动力成本；二是有效提高员工绩效。

2. 制定薪酬预算时需要考虑以下关键问题：什么时候调整薪酬水平；对谁调整薪酬水平；企业人员数量的变动是何时出现的；员工的流动状况怎样；企业内的职位状况发生了哪些变化。

3. 制定薪酬预算时需要从外部市场环境、企业内部环境、生活成本的变动、企业的薪酬现状和企业技术的变革五个方面进行考虑。薪酬预算的制定方法包括宏观接近法和微观接近法。

4. 薪酬控制是指为确保既定薪酬方案顺利落实而采取的种种相关措施。薪酬控制的难点包括：控制力量的多样性；人的因素的影响；结果衡量的困难性。

5. 薪酬控制的途径包括：①通过雇佣量进行薪酬控制；②通过调整薪酬水平和薪酬结构进行薪酬控制；③通过薪酬技术进行潜在的薪酬控制。

6. 薪酬沟通是指为了实现企业的战略目标，管理者与员工在互动过程中通过某种途径或方式将薪酬信息、思想情感互相传达交流，并获得理解的过程。

7. 薪酬沟通的特点是强激励性、敏感隐秘性、互动性、动态性和灵活性。

8. 薪酬沟通的六个步骤是：①确定沟通目标；②收集薪酬相关信息；③制定沟通策略；④选择沟通媒介；⑤举行薪酬沟通会议；⑥评价薪酬沟通结果。

网站推荐

1. 中国薪酬报告网：www.cnxinchou.com
2. 中国养老金网：www.cnpension.net
3. 金柚网：www.joyowo.com

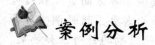
思考题

1. 简述薪酬预算与薪酬控制的联系与区别。
2. 请画出薪酬预算、薪酬控制与薪酬沟通之间的逻辑关系，并说明理由。
3. 有效的薪酬沟通需要注意哪些方面？

案例分析

德国大众公司的动态薪酬体系

　　德国大众是当今世界排名领先的跨国大型汽车工业公司，在美国《财富》（Fortune 杂志按营业额评选的世界500强中排名前30位，德国大众公司总部设在德国沃尔夫斯堡，国内下设 6 个分公司，在国外包括欧、美、亚、非以及大洋洲都设有合资公司，在我国的一汽大众和上海大众分别占有49%的股份。在德国总部沃尔夫斯堡的员工人数共有 5 万人，其中，管理人员 1.5 万人（高级管理人员 120 人），占 30%；科研开发人员 1 万人，占 20%；生产工人 2.5 万人，占 50%。全部德国大众有限公司共有员工 10.4 万人，另有 7 万退休员工。

　　大众公司监事会、董事会和人力资源部管理层都非常重视公司人力资源的开发与管理，他们着重从完善企业分配制度入手，根据企业动态的生产经营发展的各个历史阶段适时地改进、调整和完善分配制度，形成一整套措施，并贯彻到实践之中，对公司的成功具有极为重要的作用。

　　1. 明确提出建立动态薪酬体系的哲学理念

　　1994 年，大众汽车公司受经济不景气的影响，裁减 3 万个工作岗位；同时，德国社会保障系统出了问题，社会保障基金压力巨大。经过这次危机，大众公司在总结经验教训的基础上，提出建立德国大众公司人事经营哲学思想，其核心就是"两个成功"。第一个"成功"是指使每个员工获得成功，达到人与机器、人与事有机配合，开发岗位，让上岗员工符合岗位的要求；人尽其才，个人才能充分发挥；让员工提合理化建议，增强主人翁意识，参与企业管理；充分有效地发挥动态薪酬体系的激励作用，把"使用人""培养人""激励人"结合起来，将上岗培训、考核、工作实绩与待遇相结合。第二个"成功"是指企业的成功，让企业创造出一流的业绩，使企业像雪球一样越滚越大。"两个成功"互为前提，相辅相成，有机结合在一起。在员工实现自身价值的同时，最大限度地保证企业成功。大众公司认识到员工应当自由支配一生中的工作时间，对每个员工都应有灵活的安排，通过使员工与其所能适应的工作岗位相匹配，实现员工自身的价值，最大限度地激发员工的积极性和创造力；防止辞退现象，保证岗位的存在，要做到公司不景气时不发生辞退现象，不能遇到困难就用辞退职工了事。大众公司强调要建立社会市场经济，企业要承担应有的社会责任。企业要建立动态的薪酬制度，以适应经济状况的变动，使企业成为在市场经济海洋中"有呼吸的企业"。

2. 构建动态薪酬体系

所谓动态薪酬体系，有两层含义：一是根据公司生产经营和发展情况，以及其他有关因素变动情况，对薪酬制度及时更新、调整和完善；二是根据调动各方面员工积极性的需要，如调动管理人员、科研开发人员和关键岗位员工积极性的需要，随时调整各种报酬在报酬总额中的比重，适时调整激励对象和激励重点，以增强激励的针对性和效果。

大众公司现行的动态薪酬体系是经过七八年的动态调整，特别是根据"两个成功"的哲学理念和动态薪酬体系的"两层含义"逐步建立起来的，包括基本报酬、参与性退休金、奖金、时间有价证券、员工持股计划、企业补充养老保险六项内容。

基本报酬：保持相对稳定，体现劳动力基本价值，保证员工家庭基本生活。

参与性退休金：1996 年建立，员工自费缴纳费用，相当于基本报酬的 2%，滞后纳税，交由基金机构运作，确保增值，属于员工自我补充保险。

奖金：1997 年建立，一是平均奖金，每个员工都能得到，起保底奖励作用；二是绩效奖金，起进一步增强激励力度作用，使员工能分享公司的新增效益和发展成果。

时间有价证券：1998 年建立。

员工持股计划：1999 年建立，体现员工的股东价值。

企业补充养老保险：2001 年建立，设立养老基金。企业补充养老保险相当于基本报酬的 5%。

（徐振诚. 德国大众公司的动态薪酬体系[J]. 职业，2003）

讨论题：

1. 从德国大众的案例可以了解到，动态薪酬体系的含义是什么？
2. 从德国大众的案例可以看出，动态薪酬体系能为企业带来哪些益处？

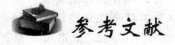 参考文献

[1] DESROCHERS M. How to develop an effective benefits communications strategy[J], Employee benefits and wellness excellence essentials，2018.

[2] JOHN A R. Communicating compensation programs[J]，ACA journal，1997，35（10）：12.

[3] GEORGE T M，JERRY M N. Compensation[M]. NewYork: McGraw Hill Higher Education, 1990.

[4] GREENBERG J. Employee theft as a reaction to underpayment inequity：the hidden cost of pay cuts[J]. Journal of applied psychology. 1990；75（5）：561-568.

[5] 杰罗尔德·L. 齐默尔曼. 决策与控制会计[M]. 邱寒，等，译. 2 版. 东北财经大学出版社，2000.

[6] 陈奕君. 基于马斯洛需求层次理论分析小米公司管理沟通案例研究[J]. 商场现代化，2018（18）：116-117.

[7] 刘秋月. 全面薪酬的沟通策略研究[D]. 成都：四川大学，2007.

[8] 刘昕. 薪酬管理[M]. 北京：中国人民大学出版社，2014.

[9] 齐义山. 一种必要且有效的激励机制：薪酬沟通[J]. 华东经济管理，2005（12）：98-101.

[10] 宋成存. A 集团公司薪酬预算管理研究[D]. 北京：首都经济贸易大学，2014.

[11] 王军，李英慧. 动态盈亏平衡分析[J]. 辽宁石油化工大学学报，2005（4）：94-97.

[12] 王少东. 企业薪酬管理[M]. 北京：清华大学出版社，2016：306-307.

[13] 杨侠. 物流企业物流员岗位薪酬管理对策研究——以顺丰快递为例[J]. 经济师，2017（3）：234-235.

[14] 喻鹏. 企业薪酬制度效能研究[D]. 成都：西南财经大学，2007.

[15] 张四龙，李明生. 企业薪酬控制问题与解决之道[J]. 管理现代化，2012（6）：91-93.

[16] 赵书松. 高级知识员工薪酬解决方案——基于薪酬目的、依据与维度的视角[J]. 科技进步与对策，2012，29（14）：138-144.

[17] 张泽南. 管理层权利、高管薪酬与上市公司盈余管理研究——兼论政府限薪令的治理效果[D]. 成都：西南财经大学，2014.

[18] 黎群. IBM 公司战略转型与文化变革的经验与启示[J]. 企业文明，2016（05）：20-23.

第十一章

薪酬管理法律法规

 学习目标

- 掌握我国薪酬立法的主要原则
- 了解我国主要的薪酬法律法规
- 熟悉我国有关工资的法律规定
- 熟悉我国有关社保的法律规定
- 熟悉我国有关住房公积金的法律规定
- 了解我国有关个人所得税与经济补偿的法律规定

 引例

宝洁中国曾遭员工抗议，你知道原因吗？

2016 年 3 月 2 日，多年来一直被评为"最佳雇主"的宝洁遭到了员工抗议：10 位 Olay（玉兰油）美容顾问在宝洁（P＆G）集团中国总部楼下拉起横幅，抗议宝洁通过人才外包制度规避劳动法，欺压劳工。据悉，宝洁中国通过和人力资源公司合作，招聘大量劳工。上述劳工均与和宝洁中国合作的第三方人力资源公司签署劳动协议，并被派遣至宝洁旗下的各品牌工作，工作岗位多为美容顾问等职位。而这家第三方劳务公司即是广州华才集团旗下的人力资源有限公司。

据了解，这些玉兰油的美容顾问之所以选择在总部大楼拉横幅抗议，主要是不满劳务关系的转移：她们被告知转移劳务关系，否则即视为待岗。根据华才的"待岗通知书"，

这些美容顾问被要求每日 8：30 在家待岗，接受公司"不定时的检查和培训"，如若未按时报道，则视为旷工，并接受处分。

对于宝洁的人才外包策略，有网友谴责同工不同酬，不过亦有反对意见，称这与宝洁本身无关，仅与宝洁合作的第三方公司有关。

这一事件也被认为是玉兰油这个品牌因在中国业绩下滑而采取的变相裁员手段。而在此次变相裁员中，签约华才并外派至 SK-II 的部分员工则需要重签协议，此次重签协议是直接在员工和宝洁集团中国总部之间进行的。事实上，这种变相裁员在联合利华和资生堂的中国市场都曾发生过，因第三方劳务公司引发的劳务纠纷问题在业内早已不是新闻，但这对连续多年被评为"最佳雇主"的宝洁而言，除了直接导致销售业绩下滑之外，其公司形象也遭到破坏。

（资料来源：宝洁劳务派遣改服务外包遭抗议被指欺压劳工[EB/OL].（2016-03-03）. http://finance.sina.com.cn/chanjing/gsnews/2016-03-03/doc-ifxpzzhk2086969.shtml.）

宝洁中国的员工抗议事件提醒我们，企业管理者除了应该掌握薪酬管理的理论、方法和技巧以外，更应该熟知企业所在国家和地方与薪酬相关的法律法规，保障员工的合法权益，以更好地激励员工为企业工作，实现双赢。那么，在我国，与薪酬管理相关的法律法规有哪些？本章将为读者介绍我国薪酬管理的主要法律法规，着重介绍我国有关工资、社保、住房公积金等的一般规定，以期令读者了解和熟悉我国与薪酬管理相关的法律法规的主要内容。

第一节　我国薪酬管理法律法规概述

本节主要为读者介绍我国薪酬立法的主要原则以及我国薪酬管理的主要法律法规。

一、我国薪酬立法的主要原则

（一）按劳分配原则

按劳分配是我国薪酬立法的基本原则，贯穿我国薪酬法律法规的始终。按劳分配，即在生产资料公有制的前提下，用人单位根据劳动者提供的劳动数量和质量（并非指劳动的优劣程度，而是指劳动的复杂程度）进行分配，劳动者获得与其劳动相匹配的劳动报酬，多劳多得，少劳少得。按劳分配原则有助于调动劳动者的工作积极性，促使劳动者努力提高自身职业技术水平，为社会创造更多的财富。

需要说明的是，按劳分配不是我国目前唯一的分配原则。在社会主义初级阶段，我国坚持以公有制为主体、多种所有制经济共同发展的基本经济制度，这决定了我国必须坚持以按劳分配为主体、多种分配方式并存的分配制度。虽然我国强调按劳分配这项基本原则，但并不排斥其他的分配方式，只是必须坚持按劳分配的主导地位。在我国的薪酬法律法规中，只要是合法的分配方式，都会受到法律的保护。

（二）同工同酬原则

同工同酬，即用人单位对于从事同种类工作，技术和劳动熟练程度相同的劳动者，不论性别、年龄、民族、种族、区域等非劳动能力因素的差别，只要劳动者提供了相同的劳动量，就能获得相同的劳动报酬。我国《劳动法》第四十六条第一款规定："工资分配应当遵循按劳分配原则，实行同工同酬"，强调在贯彻按劳分配原则的前提下，保证每一位付出相同劳动量的劳动者获得同等的劳动报酬。同工同酬原则遵循了公民在法律面前一律平等的原则，同时体现了我国司法为实现社会公平正义而做出的努力。

值得关注的是，我国《宪法》第四十八条第二款规定："国家保护妇女的权利和利益，实行男女同工同酬，培养和选拔妇女干部"，从国家根本大法的层面强调了男女同工同酬的原则性与重要性。这是对妇女合法权益的保护，并且彻底否定了过去妇女受歧视的现象。

例证 11-1

苹果等 57 家公司承诺男女同工同酬

2016 年 8 月 26 日美国妇女平等日当天，白宫宣布，苹果、脸书、微软、可口可乐、耐克、威士信用卡等 29 家美国公司签署了男女同工同酬承诺书。至此，共有 57 家被视为行业翘楚的美国公司在承诺书上签字，其中 23 家是高科技公司。这些公司在承诺书中表示，作为"举足轻重"的公司，他们将为缩小和消除男女薪酬差距而努力。具体措施包括，在公司内部对男女雇员的薪酬差距进行年度分析，审查公司在招聘及提拔员工方面是否存在不自觉的性别歧视或针对女性员工存在不公平待遇等行为。苹果公司在一份与白宫同步发表的声明中提到，"同工理应同酬，公司在美国国内已经实现同工同酬"。微软公司也发表声明称，"男女同工同酬，对公司而言，能促使其进一步了解消费者需求，吸引和留住最优秀的人才；对社会而言，是社会进步至关重要的组成部分；不论是在工作场所还是社区，女性的充分参与将激发各种思想与创新，为社会带来更多好处"。白宫在 2016 年 8 月 26 日发表的声明中还指出，"过去几年间美国的男女薪酬差距仅'略有缩小'，要真正实现同工同酬，仍有许多工作要做"。

（资料来源：苹果等 57 家美国公司承诺努力实现男女同工同酬[EB/OL].（2016-08-27）. http://www.xinhua.net.com/world/2016-08/27/c-1119464757.htm. ）

（三）工资水平在经济发展的基础上逐步提高的原则

我国《劳动法》第四十六条第二款规定："工资水平在经济发展的基础上逐步提高。国家对工资总量实行宏观调控。"工资水平，即在一定区域和一定时间内全体劳动者平均收入的高低程度。生产决定分配，一个地区工资水平的高低由该地区的经济发展水平决定。同时，分配影响消费和生产，如果劳动者收入不高，消费水平就会降低，从而影响生产发展，最终影响社会整体的经济效益。因此，坚持工资水平在经济发展的基础上逐步提高的原则，既有利于提高劳动者的收入，也有利于经济的良好运行。这是我国薪酬立法的重要原则之一。

二、我国薪酬管理的主要法律法规

目前，我国涉及薪酬管理的法律、法规和政策文件有很多，主要包括《劳动法》《劳动合同法》《工资支付暂行规定》《最低工资规定》《社会保险法》《住房公积金管理条例》《个人所得税法》等。接下来，将对我国关于薪酬管理方面的主要法律法规进行阐述。

（一）《劳动法》与《劳动合同法》

劳动法是调整劳动关系以及与劳动关系密切联系的其他社会关系的法律规范的总称，劳动法最早属于民法的范畴，19 世纪以来，随着工业革命的发展，劳动法在各国的法律体系中所占的地位越来越重要，并逐渐脱离民法成为一项独立的法律。劳动法是国家为了保护劳动者的合法权益，调整劳动关系，建立和维护适应社会主义市场经济的劳动制度，促进经济发展和社会进步而制定的法律。劳动合同法，是关于劳动合同的法律规范的总称，有广义和狭义之分。广义的劳动合同法一般是指所有关于劳动合同的法律规范的总称；狭义的劳动合同法就是指我国现行的《劳动合同法》。《劳动法》与《劳动合同法》都是由全国人民代表大会常务委员会制定的，两法在法律层级上是平行关系，在内容上是总分关系。

1.《劳动法》

我国现行的《劳动法》于 1994 年 7 月 5 日由第八届全国人民代表大会常务委员会第八次会议通过，自 1995 年 1 月 1 日起施行，并于 2009 年和 2018 年分别进行了修正。《劳动法》共有十三章，内容涵盖总则、促进就业、劳动合同和集体合同、工作时间和休息休假、工资、劳动安全卫生、女职工和未成年工特殊保护、职业培训、社会保险和福利、劳动争议、监督检查、法律责任和附则，《劳动法》的制定是为了保护劳动者的合法权益。

2.《劳动合同法》

我国现行的《劳动合同法》于 2007 年 6 月 29 日由第十届全国人民代表大会常务委员会第二十八次会议修订通过，自 2008 年 1 月 1 日起施行，并于 2012 年修正。《劳动合同法》是为了完善劳动合同制度，明确劳动合同双方当事人的权利和义务，保护劳动者的合法权益，构建和发展和谐稳定的劳动关系而制定的法律。《劳动合同法》共有八章，内容涵盖总则、劳动合同的订立、劳动合同的履行和变更、劳动合同的解除和终止、特别规定、监督检查、法律责任和附则，进一步从法律层面完善了劳动合同制度。

（二）《工资支付暂行规定》与《最低工资规定》

工资法规，是关于职工参加工作取得劳动报酬的法律规范，主要包括职工的最低工资标准、工资等级制度、工资形式、奖励工资制度、津贴制度、特殊情况下工资支付办法和工资的保障等内容。我国目前尚未制定《工资法》，只有与工资相关的法规文件，其中较为重要的是《工资支付暂行条例》和《最低工资规定》，前者是为了保护劳动者通过劳动获得劳动报酬的权利，规范用人单位的工资支付行为；后者则是为了维护劳动者取得劳动报酬的合法权益，保障劳动者个人及其家庭成员的基本生活。

1.《工资支付暂行规定》

《工资支付暂行规定》于 1994 年 12 月 6 日由劳动部发布，自 1995 年 1 月 1 日起执行。该规定共有二十条内容，内容涵盖工资的概念、工资支付范围、工资支付方式、工资支付时间、工资支付标准、法律责任、监督、救济等方面。1995 年，根据该规定的有关问题，颁布了补充规定，对按劳动合同规定的标准、加班加点的工资支付、克扣、无故拖欠和特殊人员的工资支付等问题进行了进一步解释说明。

2.《最低工资规定》

《最低工资规定》于 2003 年 12 月 30 日经劳动和社会保障部第 7 次部务会议通过，自 2004 年 3 月 1 日起施行。该规定共有十五条内容，内容涵盖适用范围、最低工资标准概念、监督检查、最低工资标准分类、最低工资标准方案的确定和调整、法律责任、救济等方面。该规定明确了用人单位应依法支付的最低劳动报酬，以确保劳动者取得劳动报酬的合法权益。

（三）《社会保险法》

社会保障制度是国家通过立法制定的社会保险、救助、补贴等一系列制度的总称，其作用在于保障社会全体成员基本生存与生活需要。社会保险制度是社会保障制度的一个重要组成部分，是由法律规定的、按照某种确定的规则实施的社会保险政策和措施体系。社会保险是为暂时或永久性丧失劳动能力、暂时失去劳动岗位或因健康原因造成损失的人口提供收入或补偿的一种社会经济制度，主要项目包括养老保险、医疗保险、失业保险、工伤保险和生育保险。我国立法部门配合制定相应的社会保险法律规范，以保证社会保险制度真正贯彻落实。

我国目前关于社会保险方面的法律法规主要是《社会保险法》。现行的《社会保险法》于2010年10月28日由第十一届全国人民代表大会常务委员会第十七次会议通过，自2011年7月1日起施行，并于2018年修正。《社会保险法》共有十二章，内容涵盖总则、基本养老保险、基本医疗保险、工伤保险、失业保险、生育保险、社会保险费征缴、社会保险基金、社会保险经办、社会保险监督、法律责任和附则。《社会保险法》为保障与改善民生，维护公民参加社会保险和享受社会保险待遇的合法权益提供了法律依据，同时，也促进了社会主义和谐社会的建设。

（四）《住房公积金管理条例》

住房公积金，是指国家机关和事业单位、国有企业、城镇集体企业、外商投资企业、城镇私营企业及其他城镇企业和事业单位、民办非企业单位、社会团体及其在职职工，对等缴存的长期住房储蓄。为了加强对住房公积金的管理，我国各级政府出台了相应的政策，包括国家政策和地方政策，以维护住房公积金所有者的合法权益，促进城镇住房建设，提高城镇居民的居住水平，其中较为重要的是《住房公积金管理条例》。

我国现行的《住房公积金管理条例》于1999年4月3日发布并施行，并于2002年修订。2019年3月24日，国务院公布《国务院关于修改部分行政法规的决定》，这一《决定》对《住房公积金管理条例》的第十三条、第十四条、第十五条中涉及办理主体需到现场办理事项或提交纸质材料等内容进行了修订。《住房公积金管理条例》共有四十七条，内容涵盖总则、机构及其职责、缴存、提取和使用、监督、罚则和附则。

第二节　我国有关工资的法律规定

本书第一章提到，在薪酬概念中，无论是广义薪酬还是狭义薪酬，工资是劳动者能够通过劳动所获得的劳动报酬中的重要部分。在我国薪酬管理的相关法律法规中，有关工资的条款比较多，包括《劳动法》《劳动合同法》《工资支付暂行规定》《最低工资规定》《职工带薪年休假条例》等。本节将介绍我国有关工资的法律法规中的主要内容。

一、工资的一般性规定

（一）工资的法定概念

我国薪酬法律法规中的工资，是指雇主或者法定用人单位依据法律规定或行业规定，或根据与员工之间的约定，以货币形式对员工的劳动所支付的报酬。根据《关于工资总额组成的规定》，用人单位工资总额的组成包括计时工资、计件工资、奖金、津贴和补贴、加班加点工资、特殊情况下支付的工资六个部分。

1. 计时工资

计时工资，即按计时工资标准（包括地区生活费补贴）和工作时间支付给个人的劳动报酬，包括：①对已做工作按计时工资标准支付的工资；②实行结构工资制的单位支付给职工的基础工资和职务（岗位）工资；③新参加工作职工的见习工资（学徒的生活费）；④运动员体育津贴。

2. 计件工资

计件工资，是指对已做工作按计件单价支付的劳动报酬，包括：①实行超额累进计件、直接无限计件、限额计件、超定额计件等工资制，按劳动部门或主管部门批准的定额和计件单价支付给个人的工资；②按工作任务包干方法支付给个人的工资；③按营业额提成或利润提成办法支付给个人的工资。

3. 奖金

奖金，即支付给职工的超额劳动报酬和增收节支的劳动报酬，包括：①生产奖；②节约奖；③劳动竞赛奖；④机关、事业单位的奖励工资；⑤其他奖金。

4. 津贴和补贴

津贴和补贴，是指为了补偿职工特殊或额外的劳动消耗和因其他特殊原因支付给职工的津贴，以及为了保证职工工资水平不受物价影响支付给职工的物价补贴。其中，津贴包括补偿职工特殊或额外劳动消耗的津贴、保健性津贴、技术性津贴、年功性津贴及其他津贴。物价补贴则包括为保证职工工资水平不受物价上涨或变动影响而支付的各种补贴。

5. 加班加点工资

加班加点工资，是指按规定支付的加班工资和加点工资。

例证　11-2

"996 工作制" 风波

最近，互联网公司的加班问题愈演愈烈，包括华为、阿里巴巴、京东、字节跳动、58 同城等公司都被指有要求员工加班的情况。而一份名为 "996ICU" 的列表出现在开源网站 GitHub 上，更是曝光了这些互联网公司的 "996" 甚至 "007" "9106" 工作制度。"996工作制" 是指员工早 9 点上班、晚 9 点下班，每周工作 6 天；"9106" 是指早 9 点到晚 10 点上班，每周工作 6 天；"007" 是指员工从 0 点到 0 点轮班工作，每周工作 7 天。而 "996ICU" 则是一种讽刺，"工作 996，生病 ICU"，意味着员工长期这样过劳工作，最终会面临患上疾病的风险。

搜狗某员工在脉脉上称，搜狗开始统计每位员工的加班时长，并据此裁人。针对这一现象搜狗 CEO 王小川表示，员工这一行为是在"嚼舌头"。事件发生后，搜狗公司紧急发布声明，称搜狗的工作时长是符合国家劳动法相关规定的；公司规定的标准工作时间为每周 5 个工作日，每日 8 小时，每周 40 小时；因工作需要且经过公司审批程序批准的延长工作时间，公司将依法支付加班补贴或安排调休。搜狗还称，作为一家人性化的公司，为更好地体现以人为本、科学管理的工作理念，搜狗推行了不定时工作制：员工的工作时间可以根据其工作岗位职责的要求灵活安排，只要整体工时满足规定即可。搜狗认为，无论是标准工作制，还是不定时工作制，搜狗在公司员工手册及劳动合同里均有明确的规定和说明，充分保障了员工的劳动权益。

我国《劳动法》第三十六条规定："国家实行劳动者每日工作时间不超过八小时、平均每周工作时间不超过四十四小时的工时制度。"第四十一条规定："用人单位由于生产经营需要，经与工会和劳动者协商后可以延长工作时间，一般每日不得超过一小时；因特殊原因需要延长工作时间的，在保障劳动者身体健康的条件下延长工作时间每日不得超过三小时，但是每月不得超过三十六小时。"根据上述规定，按照每天 8 小时的工作时间计算，早上 9 点上班，一般中午休息 1 小时，员工下班时间应为下午 6 点；若晚餐休息时间按 1 小时计算，19 点到 21 点即为当日的加班时间。这么算下来，员工在周一至周六每天均需加班 2 小时，与"平均每周工作时间不超过四十四小时""每月加班时间不得超过三十六小时"的法律规定明显不符。也就是说，公司强制实行"996 工作制"是违反法律规定的。对于违反法律规定的强制加班要求，劳动者有权拒绝。

此外，若是单位安排员工延长工作时间，则属于法律意义上的加班，单位应当根据法律规定支付加班费或予以调休；但若是员工出于自愿加班的，则不属于法律意义上的加班，单位也无须支付加班费。如果企业利用"鼓励"的模式变相强制员工加班，比如公司因员工拒绝加班而对员工降职、降薪、处罚、辞退的，员工可以向劳动保障行政部门投诉或申请劳动仲裁，从而维护自身的合法权益。

（资料来源：风波再起　40 余家互联网公司被指实行"996 工作制" [EB/OL]．（2019-04-05）．http://china.com.cn/xwwgf/20190405/t20190405-524568985.shtml．）

6. 特殊情况下支付的工资

特殊情况下支付的工资包括以下几种。

（1）根据国家法律、法规和政策规定，因病、工伤、产假、计划生育假、婚丧假、事假、探亲假、定期休假、停工学习、执行国家或社会义务等原因按计时工资标准或计件工资标准的一定比例支付的工资。

（2）附加工资、保留工资。

另外，需要注意的是，以下各项不列入工资总额的范围，按照国家规定另行统计。

（1）根据国务院颁布的有关规定颁发的发明创造奖、自然科学奖、科学技术进步奖和支付的合理化建议和技术改进奖以及支付给运动员、教练员的奖金。

（2）有关劳动保险和职工福利方面的各项费用。

（3）有关离休、退休、退职人员待遇的各项支出。

（4）劳动保护的各项支出。

（5）稿费、讲课费及其他专门工作报酬。

（6）出差伙食补助费、误餐补助、调动工作的旅费和安家费。

（7）对自带工具、牲畜来企业工作，职工所支付的工具、牲畜等的补偿费用。

（8）实行租赁经营单位的承租人的风险性补偿收入。

（9）对购买本企业股票和债券的职工所支付的股息（包括股金分红）和利息。

（10）劳动合同制职工解除劳动合同时由企业支付的医疗补助费、生活补助费等。

（11）因录用临时工而在工资以外向提供劳动力单位支付的手续费或管理费。

（12）支付给家庭工人的加工费和按加工订货办法支付给承包单位的发包费用。

（13）支付给参加企业劳动的在校学生的补贴。

（14）计划生育独生子女补贴。

（二）工资总额的管理

依照《全民所有制企业工资总额管理暂行规定》，企业工资总额管理包括企业工资总额的确定、使用、宏观调控和检查监督。企业工资总额的管理，实行国家宏观调控、分级分类管理、企业自主分配的体制，并遵循以下几个原则。

（1）坚持企业工资总额与企业经济效益相联系的原则，正确处理国家、企业和职工的分配关系，在国民经济发展、企业经济效益提高的基础上保证三者利益的共同增进，兼顾效率与公平。

（2）坚持企业工资总额的增长幅度低于经济效益（依据实现税利计算）增长幅度，职工实际平均工资增长幅度低于劳动生产率（依据不变价的人均净产值计算）增长幅度的原则。

（3）贯彻按劳分配原则，把职工个人的劳动所得与其劳动成果联系起来，克服平均主义。

（4）坚持把工资宏观管好，微观搞活。在保障国家所有权的前提下，落实企业工资分配自主权。

（三）基本工资制度

根据国家统计局《关于工资总额组成的规定》若干具体范围的解释，基本工资（标准工资）是根据劳动合同约定或国家及企业规章制度规定的工资标准计算的工资（包括实行结构工资制的基础工资、职务工资和工龄津贴）。基本工资制度，即用人单位依法确定的工资总额、工资标准、工资水平、工资形式和工资增长办法等一系列规则的总称。由此可知，用人单位在这方面拥有较大的自主决定权，因此目前存在较多不同的基本工资制度，如岗位工资制、技能工资制、绩效工资制等。由于本书第三章已经深入阐述了基本工资的内容，这里不再赘述。

二、用人单位的工资分配自主权

用人单位的工资分配自主权是企业经营管理自主权的重要组成部分，是企业在遵守相关法律法规和工资制度的前提下，从经营收入中提取工资总额并将其分配给职工个人的自主权。我国《劳动法》第四十七条规定，"用人单位根据本单位的生产经营特点和经济效益，依法自主确定本单位的工资分配方式和工资水平"，从法律层面确定了用人单位的这一权利。影响用人单位工资分配的因素主要有用人单位的经济效益、用人单位的生产经营特点、劳动生产率和劳动力市场供需状况等。

需要明确的是，在社会主义市场经济中，享有工资分配自主权是市场主体依法自主经营、自负盈亏的必要条件和重要表现。因而，工资分配自主权的主体应限于从事生产经营活动和具有经济效益目标的用人单位，其中主要是企业和个体经济组织以及实行企业化管理的事业组织。实行全额拨款和差额拨款的事业组织只对工资总额的一定部分享有工资分配自主权。

三、最低工资保障制度

为了维护劳动者取得劳动报酬的合法权益，保障劳动者个人及其家庭成员的基本生活，我国《劳动法》第四十八条第一款规定："国家实行最低工资保障制度。最低工资的具体标准由省、自治区、直辖市人民政府规定，报国务院备案。"最低工资保障制度的实施可能会提高企业的人力成本，但是企业出于经济性考虑会采取减少劳动力雇佣、增加劳动者有效劳动时间等方式，增加单位劳动力的产出，或者通过提高劳动生产率的方式增加单位劳动时间的产出，以部分抵消成本上升对企业效益的负面影响。从总体上看，最低工资标准的提升对劳动者就业具有积极作用，同时还有利于促进企业提高劳动生产率。

（一）最低工资标准的法定概念

按照《最低工资规定》，最低工资标准，即劳动者在法定工作时间或依法签订的劳动合同约定的工作时间内提供了正常劳动的前提下，用人单位依法应支付的最低劳动报酬。其中，正常劳动，是指劳动者按依法签订的劳动合同约定，在法定工作时间或劳动合同约定的工作时间内从事的劳动。劳动者依法享受带薪年休假、探亲假、婚丧假、生育（产）假、节育手术假等国家规定的假期间，以及法定工作时间内依法参加社会活动期间，视为提供了正常劳动。

最低工资标准一般采取月最低工资标准和小时最低工资标准的形式。月最低工资标准适用于全日制就业劳动者，小时最低工资标准适用于非全日制就业劳动者。

（二）最低工资标准的实施

依照《最低工资规定》第十二条规定：在劳动者提供正常劳动的情况下，用人单位应支付给劳动者的工资在剔除下列各项以后，不得低于当地最低工资标准：①延长工作时间工资；②中班、夜班、高温、低温、井下、有毒有害等特殊工作环境、条件下的津贴；③法律、法规和国家规定的劳动者福利待遇等。实行计件工资或提成工资等工资形式的用人单位，在科学合理的劳动定额基础上，其支付劳动者的工资不得低于相应的最低工资标准。劳动者由于本人原因造成在法定工作时间内或依法签订的劳动合同约定的工作时间内未提供正常劳动的，不适用于本条规定。

（三）最低工资标准的确定和调整

我国《劳动法》第四十八条第二款规定："用人单位支付劳动者的工资不得低于当地最低工资标准。"最低工资标准是由政府确定的，但省、自治区、直辖市范围内的不同行政区域可以有不同的最低工资标准。

确定和调整月最低工资标准，应当综合参考当地就业者及其赡养人口的最低生活费用、城镇居民消费价格指数、职工个人缴纳的社会保险费和住房公积金、职工平均工资、经济发展水平、就业状况等因素。小时最低工资标准的确定和调整，应在颁布的月最低工资标准的基础上，考虑单位应缴纳的基本养老保险费和基本医疗保险费因素，同时还应适当考虑非全日制劳动者在工作稳定性、劳动条件和劳动强度、福利等方面与全日制就业人员之间的差异。最低工资标准发布实施后，如果该地区的相关因素发生了变化，那么就应当对最低工资标准进行适时调整。最低工资标准每两年至少调整一次。

用人单位应在最低工资标准发布后 10 日内将该标准向本单位全体劳动者公示。

特别需要指出的是，2016 年教育部等五个部门联合颁布的《职业学校学生实习管理规定》明确提出顶岗实习学生报酬底线，从而避免"廉价劳动力"现象发生。实习单位参考本单位相同岗位的报酬标准和顶岗实习学生的工作量、工作强度、工作时间等因素，合理确定顶岗实习报酬，原则上不低于本单位相同岗位试用期工资标准的 80%，并按照实习协议约定，以货币形式及时、足额地支付给学生。

例证　11-3

2019 年 31 省份最低工资排名出炉

人社部在 2019 年 4 月 4 日公布了全国各地区月工资、小时工资的最低工资标准情况（截至 2019 年 3 月）。其中，上海的月最低工资标准达到 2 420 元，为全国最高。上海、北京、广东、天津、江苏、浙江的月最低工资标准超过 2 000 元。北京的小时最低工资标准为 24 元，居全国之首。同时，北京、天津、上海、广东的小时最低工资标准均超过 20 元。

（资料来源：最低工资标准出炉！全国 31 省月最低工资标准情况[EB/OL].（2019-04-10）. http://www.sohu.com/a/307073730-744896.）

（四）最低工资标准实施的保障与监督

1. 最低工资标准实施的保障

我国通过法律法规保障最低工资标准的执行。从正面角度分析，我国《劳动法》第四十八条第二款规定："用人单位支付劳动者的工资不得低于当地最低工资标准"；《最低工资规定》第十一条规定："用人单位应在最低工资标准发布后 10 日内将该标准向本单位全体劳动者公示"，意义在于积极引导用人单位严格执行最低工资标准。从负面角度分析，根据《最低工资规定》，若用人单位违反该规定第十一条的，劳动保障行政部门将责令其限期改正；违反该规定第十二条的，由劳动保障行政部门责令其限期补发所欠劳动者工资，并可责令其按所欠工资的 1~5 倍支付劳动者赔偿金。通过明确的罚则条款，警醒用人单位要依法行事。

同时，《最低工资规定》也明确指出，若劳动者与用人单位之间就执行最低工资标准发生争议，按劳动争议处理有关规定处理。

2. 最低工资标准实施的监督

县级以上地方人民政府劳动保障行政部门负责对本行政区域内用人单位执行最低工资标准的情况进行监督检查。各级工会组织依法对最低工资标准执行情况进行监督，发现用人单位支付劳动者工资违反本规定的，有权要求当地劳动保障行政部门处理。

四、工资支付制度

我国的工资支付制度主要是指用人单位必须按照《劳动法》《工资支付暂行规定》及与工资支付相关的法律法规和制度的规定，通过与职工大会、职工代表大会或者其他形式协商制定的内部制度。工资支付制度必须告知本单位全体劳动者，同时抄报当地劳动行政部门备案。依照《工资支付暂行规定》，工资支付主要包括工资支付的方式、工资支付的标准、工资支付的保障与监督等内容。

（一）工资支付的方式

1. 一般情况下的工资支付

我国《劳动法》第五十条规定："工资应当以货币形式按月支付给劳动者本人。不得克扣或者无故拖欠劳动者的工资。"以下对相关重要概念做具体解释。

（1）以货币形式，即工资应当以法定货币支付，不得以实物或有价证券替代货币支付。

（2）按月支付，即工资至少每月支付一次。实行周、日、小时工资制的可按周、日、小时支付工资。

（3）支付给劳动者本人，即用人单位应将工资支付给劳动者本人。若劳动者本人因故不能领取工资，可由其亲属或委托他人代领。用人单位必须书面记录支付劳动者工资的数额、时间、领取者的姓名以及签字，并保存两年以上备查。用人单位在支付工资时应向劳动者提供一份其个人的工资清单。用人单位也可委托银行代发工资。

（4）不得无故拖欠，即用人单位若无无正当理由，工资必须在用人单位与劳动者约定的日期支付。如遇节假日或休息日，则应提前在最近的工作日支付。

需要注意的是，无故拖欠不包括：①用人单位遇到非人力所能抗拒的自然灾害、战争等原因，无法按时支付工资；②用人单位确因生产经营困难、资金周转受到影响，在征得本单位工会同意后，可暂时延期支付劳动者工资，延期时间的最长限制可由各省、自治区、直辖市劳动行政部门根据各地情况确定。

其他情况下拖欠工资均属无故拖欠。

2. 特殊情况下的工资支付

依照《工资支付暂行规定》，特殊情况下的工资支付主要包括以下几种情况。

（1）对完成一次性临时劳动或某项具体工作的劳动者，用人单位应按有关协议或合同规定在其完成劳动任务后即支付工资。

（2）劳动关系双方依法解除或终止劳动合同时，用人单位应在解除或终止劳动合同时一次付清劳动者工资。

（3）用人单位依法破产时，劳动者有权获得其工资，在破产清偿中用人单位应按《中华人民共和国企业破产法》规定的清偿顺序，首先支付尚未付的本单位劳动者的工资。

（二）工资支付的标准

1. 按劳动合同规定的标准

按劳动合同规定的标准，即指劳动合同规定的劳动者本人所在的岗位（职位）相对应的工资标准。一般情况下，用人单位支付给劳动者的工资应按照劳动合同规定的标准执行。此外，以下这些情况也应按照劳动合同规定的标准支付工资：①劳动者在法定工作时间内依法参加社会活动期间，其中的社会活动包括依法行使选举权或被选举权，当选代表出席乡（镇）、区以上政府、党派、工会、青年团、妇女联合会等组织召开的会议，出任人民法庭证明人，出席劳动模范、先进工作者大会，《工会法》规定的不脱产工会基层委员会委员因工会活动占用的生产或工作时间，其他依法参加的社会活动；②劳动者在依法享受法定节假日、年休假、探亲假、婚假、丧假期间；③非因劳动者原因造成单位停工、停产在一个工资支付周期内的。

2. 特殊情况下的支付标准

依照《工资支付暂行规定》，特殊情况下的支付标准主要以下几种。

（1）非因劳动者原因造成单位停工、停产超过一个工资支付周期的，若劳动者提供了正常劳动，则支付给劳动者的劳动报酬不得低于当地的最低工资标准；若劳动者没有提供正常劳动，应按国家有关规定办理。

（2）用人单位在劳动者完成劳动定额或规定的工作任务后，根据实际需要安排劳动者在法定标准工作时间以外工作的，应按以下标准支付工资：①用人单位依法安排劳动者在法定标准工作时间以外延长工作时间的，按照不低于劳动合同规定的劳动者本人小时工资标准的150%支付劳动者工资；②用人单位依法安排劳动者在休息日工作，而又不能安排补休的，按照不低于劳动合同规定的劳动者本人日或小时工资标准的200%支付劳动者工资；③用人单位依法安排劳动者在法定休假日工作的，按照不低于劳动合同规定的劳动者本人日或小时工资标准的300%支付劳动者工资。实行计件工资的劳动者，在完成计件定额任务后，由用人单位安排延长工作时间的，应根据上述规定的原则，分别按照不低于其本人法定工作时间计件单价的150%、200%、300%支付其工资。经劳动行政部门批准实行综合计算工时工作制的，其综合计算工作时间超过法定标准工作时间的部分，应视为延长工作时间，并应按《工资支付暂行规定》支付劳动者延长工作时间的工资。实行不定时工时制度的劳动者，不执行上述规定。

（3）因劳动者本人原因给用人单位造成经济损失的，用人单位可按照劳动合同的约定要求其赔偿经济损失。经济损失的赔偿，可从劳动者本人的工资中扣除。但每月扣除的部分不得超过劳动者当月工资的20%。若扣除后的剩余工资部分低于当地月最低工资标准，则按最低工资标准支付。

（4）劳动者受行政处分后仍在原单位工作（如留用察看、降级等）或受刑事处分后重新就业的；或劳动者受刑事处分期间，如收容审查、拘留（羁押）、缓刑、监外执行或劳动教养期间，其待遇按国家有关规定执行。

（5）学徒工、熟练工、大中专毕业生在学徒期、熟练期、见习期、试用期及转正定级后的工资待遇由用人单位自主确定。

（6）新就业复员军人的工资待遇由用人单位自主确定；分配到企业的军队转业干部的工资待遇，按国家有关规定执行。

（三）工资支付的保障与监督

各级劳动行政部门有权监察用人单位工资支付的情况。用人单位有下列侵害劳动者合法权益行为的，由劳动行政部门责令其支付劳动者工资和经济补偿，并可责令其支付赔偿金：

（1）克扣或者无故拖欠劳动者工资的；

（2）拒不支付劳动者延长工作时间工资的；

（3）低于当地最低工资标准支付劳动者工资的。

经济补偿和赔偿金的标准，按国家有关规定执行。若劳动者与用人单位因工资支付发生劳动争议的，当事人可依法向劳动争议仲裁机关申请仲裁。对仲裁裁决不服的，还可以向人民法院提起诉讼。

例证 11-4

因讨要双倍工资用工单位翻脸

1. 事情缘由

徐某说，在2011年、2012年、2013年和2014年，他分别与某公司签订了4份劳动合同，合同约定了双方相关的权利和义务。2014年底，劳动合同履行期限届满后，公司没有与他续签劳动合同，他继续在公司工作到2015年6月。2015年6月初，学习了《劳动法》后，他才明白，像他这种情况在公司干满一年，如果公司迟迟没有签订劳动合同，有理由让公司支付1年的双倍工资。按照这一规定，他向公司领导递交了支付双倍工资的申请，而公司领导说，如果他想继续在公司干，可以续签劳动合同，但不能拿双倍工资，他对公司的说法不认可，于是拒签劳动合同，后来公司以他拒绝签订劳动合同为由，与其终止了劳动关系，他与公司多次交涉未果。

2. 双方说法

徐某认为，公司没有与他及时签订劳动合同违反了劳动法，就应该支付双倍工资。徐某所在公司则认为，徐某的劳动合同到期后，并未及时找公司领导续签劳动合同，也没有尽到提醒的义务，如果徐某执意要求支付双倍工资，只能与其解除劳动关系。

3. 律师说法

青海延辉律师事务所某律师认为：徐某所在的公司以徐某未在劳动合同到期后及时续签劳动合同为由终止劳动关系是没有任何法律依据的。因为依据《中华人民共和国劳动合同法》第十条规定，建立劳动关系应当订立书面劳动合同，已建立劳动关系但未同时订立书面劳动合同的，应当自用工之日起一个月内订立书面劳动合同。因此，与劳动者签订书面劳动合同是用人单位的法定义务，用人单位不能将自己的义务转嫁到劳动者身上。徐某所在的公司在合同到期后并未书面通知徐某续订劳动合同，因此徐某可以向该公司主张双倍工资赔偿。

（资料来源：因讨要双倍工资用工单位翻脸[EB/OL].（2019-05-09）. http://mini.eastday.com/a/190509082628460.html. ）

第三节　我国有关社保的法律规定

国家发展社会保险事业，建立社会保险制度，设立社会保险基金，使劳动者在年老、患病、工伤、失业、生育等情况下能够获得帮助和补偿。目前，我国社会保险制度坚持广覆盖、保基本、多层次、可持续的方针，以社会保险水平应与经济社会发展水平相适应为原则，建立起涵盖基本养老保险、基本医疗保险、工伤保险、失业保险、生育保险等方面的社会保险制度。为了规范社会保险关系，我国的《劳动法》《社会保险法》《工伤保险条例》等多部法律法规都涉及社保的规定，依法维护公民参加社会保险和享受社会保险待遇的合法权益。本节为读者介绍我国有关社保的法律法规的主要内容。

一、社保的一般性规定

我国有关法律规定，中华人民共和国境内的用人单位和劳动者必须依法参加社会保险，缴纳社会保险费，并且有权查询缴费记录、个人权益记录，要求社会保险经办机构提供社会保险咨询等相关服务。缴费单位、缴费个人应当按时足额缴纳社会保险费。劳动者有权监督本单位为其缴费的情况。征缴的社会保险费纳入社会保险基金，专款专用，任何单位和个人不得挪用。

劳动者在下列情形下，依法享受社会保险待遇：①退休；②患病、负伤；③因工伤残或者患职业病；④失业；⑤生育。劳动者享受的社会保险金必须按时足额支付。劳动者死亡后，其遗属依法享受遗属津贴。

（一）社会保险费征缴

1. 社会保险登记

根据《社会保险法》规定，用人单位应当自成立之日起三十日内凭营业执照、登记证书或者单位印章，向当地社会保险经办机构申请办理社会保险登记。社会保险经办机构应当自收到申请之日起十五日内予以审核，发给社会保险登记证件。用人单位的社会保险登记事项发生变更或者用人单位依法终止的，应当自变更或者终止之日起三十日内，到社会保险经办机构办理变更或者注销社会保险登记。

用人单位应当自用工之日起三十日内为其职工向社会保险经办机构申请办理社会保险登记。未办理社会保险登记的，由社会保险经办机构核定其应当缴纳的社会保险费。

2. 社会保险费缴纳

根据《社会保险法》规定，用人单位应当自行申报、按时足额缴纳社会保险费，非因不可抗力等法定事由不得缓缴、减免。职工应当缴纳的社会保险费由用人单位代扣代缴，用人单位应当按月将缴纳社会保险费的明细情况告知本人。

用人单位未按规定申报应当缴纳的社会保险费数额的，按照该单位上月缴费额的110%确定应当缴纳数额；缴费单位补办申报手续后，由社会保险费征收机构按照规定结算。用人单位未按时足额缴纳社会保险费的，由社会保险费征收机构责令其限期缴纳或者补足。用人单位逾期仍未缴纳或者补足社会保险费的，社会保险费征收机构可以向银行和其他金融机构查询其存款账户，并可以申请县级以上有关行政部门做出划拨社会保险费的决定，书面通知其开户银行或者其他金融机构划拨社会保险费。用人单位账户余额少于应当缴纳的社会保险费的，社会保险费征收机构可以要求该用人单位提供担保，签订延期缴费协议。用人单位未足额缴纳社会保险费且未提供担保的，社会保险费征收机构可以申请人民法院扣押、查封、拍卖其价值相当于应当缴纳社会保险费的财产，以拍卖所得抵缴社会保险费。

（二）社会保险基金管理

根据《社会保险法》规定，社会保险基金包括基本养老保险基金、基本医疗保险基金、工伤保险基金、失业保险基金和生育保险基金。除基本医疗保险基金与生育保险基金合并建账及核算外，其他各项社会保险基金按照社会保险险种分别建账，分账核算。社会保险基金执行国家统一的会计制度。社会保险基金专款专用，任何组织和个人不得侵占或者挪用。

二、基本养老保险的一般性规定

（一）基本养老保险的缴纳与管理

1. 基本养老保险费的缴纳

根据《社会保险法》的规定，职工应当参加基本养老保险，由用人单位和职工共同缴纳基本养老保险费。《社会保险费征缴暂行条例》规定，基本养老保险费的征缴范围包括国有企业、城镇集体企业、外商投资企业、城镇私营企业和其他城镇企业及其职工，实行企业化管理的事业单位及其职工。

基本养老保险实行社会统筹与个人账户相结合，基本养老保险基金由用人单位和个人缴费以及政府补贴等组成。用人单位应当按照国家规定的本单位职工工资总额的比例缴纳基本养老保险费，记入基本养老保险统筹基金。职工应当按照国家规定的本人工资的比例缴纳基本养老保险费，记入个人账户。国有企业、事业单位职工参加基本养老保险前，视同缴费年限期间应当缴纳的基本养老保险费由政府承担。

2. 基本养老保险金的管理

基本养老保险金根据个人累计缴费年限、缴费工资、当地职工平均工资、个人账户金额、城镇人口平均预期寿命等因素确定。国家建立基本养老金正常调整机制，根据职工平均工资增长、物价上涨情况，适时提高基本养老保险待遇水平。

个人跨统筹地区就业的，其基本养老保险关系随本人转移，缴费年限累计计算。个人达到法定退休年龄时，基本养老金分段计算、统一支付。

（二）基本养老保险待遇

根据《社会保险法》规定，参加基本养老保险的个人，达到法定退休年龄时累计缴费满十五年的，按月领取基本养老金。参加基本养老保险的个人，达到法定退休年龄时累计缴费不足十五年的，可以缴费至满十五年，按月领取基本养老金；也可以转入新型农村社会养老保险或者城镇居民社会养老保险，按照国务院规定享受相应的养老保险待遇。基本养老金由统筹养老金和个人账户养老金组成。个人账户不得提前支取，记账利率不得低于银行定期存款利率，免征利息税。

参加基本养老保险的个人，因病或者非因工死亡的，个人账户余额可以继承，其遗属可以领取丧葬补助金和抚恤金；在未达到法定退休年龄时因病或者非因工致残完全丧失劳动能力的，可以领取病残津贴，所需资金从基本养老保险基金中支付。基本养老保险基金出现支付不足时，政府给予补贴。

三、基本医疗保险的一般性规定

（一）基本医疗保险的缴纳与管理

根据《社会保险法》的规定，职工应当参加职工基本医疗保险，由用人单位和职工按照国家规定共同缴纳基本医疗保险费。《社会保险费征缴暂行条例》规定，基本医疗保险费的征缴范围包括国有企业、城镇集体企业、外商投资企业、城镇私营企业和其他城镇企业及其职工；国家机关及其工作人员；事业单位及其职工；民办非企业单位及其职工；社会团体及其专职人员。

个人跨统筹地区就业的，其基本医疗保险关系随本人转移，缴费年限累计计算。

（二）基本医疗保险待遇

根据《社会保险法》的规定，职工基本医疗保险、新型农村合作医疗和城镇居民基本医疗保险的待遇标准按照国家规定执行。参加职工基本医疗保险的个人，达到法定退休年龄时累计缴费达到国家规定年限的，退休后不再缴纳基本医疗保险费，按照国家规定享受基本医疗保险待遇；未达到国家规定年限的，可以缴费至国家规定年限。

参保人员医疗费用中应当由基本医疗保险基金支付的部分，由社会保险经办机构与医疗机构、药品经营单位直接结算。社会保险行政部门和卫生行政部门应当建立异地就医医疗费用结算制度，方便参保人员享受基本医疗保险待遇。符合基本医疗保险药品目录、诊疗项目、医疗服务设施标准以及急诊、抢救的医疗费用，按照国家规定从基本医疗保险基金中支付。但下列医疗费用不纳入基本医疗保险基金支付范围：①应当从工伤保险基金中支付的；②应当由第三人负担的；③应当由公共卫生负担的；④在境外就医的。若医疗费用依法应当由第三人负担，第三人不支付或者无法确定第三人的，由基本医疗保险基金先行支付。基本医疗保险基金先行支付后，有权向第三人追偿。

四、工伤保险的一般性规定

根据《社会保险法》的规定，职工应当参加工伤保险，由用人单位缴纳工伤保险费，职工不缴纳工伤保险费，即工伤保险实行雇主责任制，由用人单位单方缴费，职工个人不承担缴费义务。《工伤保险条例》规定，中华人民共和国境内的企业、事业单位、社会团体、民办非企业单位、基金会、律师事务所、会计师事务所等组织和有雇工的个体工商户应当参加工伤保险，为本单位全部职工或者雇工缴纳工伤保险费。中华人民共和国境内的企业、事业单位、社会团体、民办非企业单位、基金会、律师事务所、会计师事务所等组织的职工和个体工商户的雇工，均有享受工伤保险待遇的权利。

国家根据不同行业的工伤风险程度确定行业的差别费率，并根据使用工伤保险基金、工伤发生率等情况在每个行业内确定费率档次。行业差别费率和行业内费率档次由国务院社会保险行政部门制定，报国务院批准后公布施行。社会保险经办机构根据用人单位使用工伤保险基金、工伤发生率和所属行业费率档次等情况，确定用人单位缴费费率。用人单位应当按照本单位职工工资总额，根据社会保险经办机构确定的费率缴纳工伤保险费。

（一）工伤保险基金

根据《工伤保险条例》，工伤保险基金由用人单位缴纳的工伤保险费、工伤保险基金的利息和依法纳入工伤保险基金的其他资金构成。

1. 工伤保险费缴纳

用人单位应当按时缴纳工伤保险费。职工个人不缴纳工伤保险费。用人单位缴纳工伤保险费的数额为本单位职工工资总额乘以单位缴费费率之积。对难以按照工资总额缴纳工伤保险费的行业，其缴纳工伤保险费的具体方式，由国务院社会保险行政部门规定。

2. 工伤保险基金管理

工伤保险基金逐步实行省级统筹。跨地区、生产流动性较大的行业，可以采取相对集中的方式异地参加统筹地区的工伤保险。

工伤保险基金存入社会保障基金财政专户，用于工伤保险待遇、劳动能力鉴定、工伤预防的宣传、培训等费用，以及法律、法规规定的用于工伤保险的其他费用的支付。工伤保险基金应当留有一定比例的储备金，用于统筹地区重大事故的工伤保险待遇支付；储备金不足支付的，由统筹地区的人民政府垫付。任何单位或者个人不得将工伤保险基金用于投资运营、兴建或者改建办公场所、发放奖金，或者挪作其他用途。

（二）工伤认定

根据《社会保险法》的规定，职工因工作原因受到事故伤害或者患职业病，且经工伤认定的，享受工伤保险待遇；其中，经劳动能力鉴定委员会鉴定为丧失劳动能力的，享受伤残待遇。工伤认定和劳动能力鉴定应当简捷、方便。

1. 认定为工伤的情形

（1）职工有下列情形之一的，应当认定为工伤：在工作时间和工作场所内，因工作原因受到事故伤害的；工作时间前后在工作场所内，从事与工作有关的预备性或者收尾性工作受到事故伤害的；在工作时间和工作场所内，因履行工作职责受到暴力等意外伤害的；患职业病的；因工外出期间，由于工作原因受到伤害或者发生事故下落不明的；

在上下班途中，受到非本人主要责任的交通事故或者城市轨道交通、客运轮渡、火车事故伤害的；法律、行政法规规定应当认定为工伤的其他情形。

（2）职工有下列情形之一的，视同工伤：在工作时间和工作岗位，突发疾病死亡或者在 48 小时之内经抢救无效死亡的；在抢险救灾等维护国家利益、公共利益活动中受到伤害的；职工原在军队服役，因战、因公负伤致残，已取得革命伤残军人证，到用人单位后旧伤复发的。

2．不认定为工伤的情形

根据《社会保险法》的规定，职工因下列情形之一导致本人在工作中伤亡的，不认定为工伤：故意犯罪；醉酒或者吸毒；自残或者自杀；法律、行政法规规定的其他情形。

3．工伤认定申请

根据《工伤保险条例》，职工发生事故伤害或者按照职业病防治法规定被诊断、鉴定为职业病，所在单位应当自事故伤害发生之日或者被诊断、鉴定为职业病之日起三十日内，向统筹地区社会保险行政部门提出工伤认定申请。遇有特殊情况，经报社会保险行政部门同意，申请时限可以适当延长。用人单位未按规定提出工伤认定申请的，工伤职工或者其近亲属、工会组织在事故伤害发生之日或者被诊断、鉴定为职业病之日起一年内，可以直接向用人单位所在地统筹地区社会保险行政部门提出工伤认定申请。用人单位未在规定的时限内提交工伤认定申请，在此期间发生符合本条例规定的工伤待遇等有关费用由该用人单位负担。

（三）工伤保险待遇

根据《社会保险法》的规定，因工伤发生的下列费用，按照国家规定从工伤保险基金中支付：

（1）治疗工伤的医疗费用和康复费用；

（2）住院伙食补助费；

（3）到统筹地区以外就医的交通食宿费；

（4）安装配置伤残辅助器具所需费用；

（5）生活不能自理的，经劳动能力鉴定委员会确认的生活护理费；

（6）一次性伤残补助金和一至四级伤残职工按月领取的伤残津贴；

（7）终止或者解除劳动合同时，应当享受的一次性医疗补助金；

（8）因工死亡的，其遗属领取的丧葬补助金、供养亲属抚恤金和因工死亡补助金；

（9）劳动能力鉴定费。

因工伤发生的下列费用，按照国家规定由用人单位支付：

（1）治疗工伤期间的工资福利；

（2）五级、六级伤残职工按月领取的伤残津贴；

（3）终止或者解除劳动合同时，应当享受的一次性伤残就业补助金。

若职工所在用人单位未依法缴纳工伤保险费，一旦发生工伤事故，则由用人单位支付工伤保险待遇。用人单位不支付的，从工伤保险基金中先行支付。从工伤保险基金中先行支付的工伤保险待遇应当由用人单位偿还。

工伤职工有下列情形之一的，停止享受工伤保险待遇：

（1）丧失享受待遇条件的；

（2）拒不接受劳动能力鉴定的；

（3）拒绝治疗的。

工伤职工符合领取基本养老金条件的，停发伤残津贴，享受基本养老保险待遇。基本养老保险待遇低于伤残津贴的，从工伤保险基金中补足差额。

五、失业保险的一般性规定

根据《社会保险法》的规定，职工应当参加失业保险，由用人单位和职工按照国家规定共同缴纳失业保险费。《社会保险费征缴暂行条例》规定，失业保险费的征缴范围为：国有企业、城镇集体企业、外商投资企业、城镇私营企业和其他城镇企业及其职工，事业单位及其职工。

用人单位应当及时为失业人员出具终止或者解除劳动关系的证明，并将失业人员的名单自终止或者解除劳动关系之日起十五日内告知社会保险经办机构。

职工跨统筹地区就业的，其失业保险关系随本人转移，缴费年限累计计算。失业保险金的标准，由省、自治区、直辖市人民政府确定，不得低于城市居民最低生活保障标准。

（一）失业保险基金

《失业保险条例》规定：失业保险基金由下列各项构成：①城镇企业事业单位、城镇企业事业单位职工缴纳的失业保险费；②失业保险基金的利息；③财政补贴；④依法纳入失业保险基金的其他资金。

1．失业保险费缴纳

依据《失业保险条例》，城镇企业事业单位按照本单位工资总额的百分之二缴纳失业保险费。城镇企业事业单位职工按照本人工资的百分之一缴纳失业保险费。城镇企业事业单位招用的农民合同制工人本人不缴纳失业保险费。

2．失业保险基金支出

《失业保险条例》规定，失业保险基金用于下列支出：

（1）失业保险金；

（2）领取失业保险金期间的医疗补助金；

（3）领取失业保险金期间死亡的失业人员的丧葬补助金和其供养的配偶、直系亲属的抚恤金；

（4）领取失业保险金期间接受职业培训、职业介绍的补贴，补贴的办法和标准由省、自治区、直辖市人民政府规定；

（5）国务院规定或者批准的与失业保险有关的其他费用。

（二）失业保险待遇

1．失业保险金标准

按照《失业保险条例》，失业保险金的标准，按照低于当地最低工资标准、高于城市居民最低生活保障标准的水平，由省、自治区、直辖市人民政府确定。

2．失业保险金领取

根据《社会保险法》的规定，失业人员失业前用人单位和本人累计缴费满一年不足五年的，领取失业保险金的期限最长为十二个月；累计缴费满五年不足十年的，领取失业保险金的期限最长为十八个月；累计缴费十年以上的，领取失业保险金的期限最长为二十四个月。重新就业后，再次失业的，缴费时间重新计算，领取失业保险金的期限与前次失业应当领取而尚未领取的失业保险金的期限合并计算，最长不超过二十四个月。

用人单位应当及时为失业人员出具终止或者解除劳动关系的证明，告知其按照规定享受失业保险待遇的权利，并将失业人员的名单自终止或者解除劳动关系之日起十五日内报社会保险经办机构备案。失业人员应当持本单位为其出具的终止或者解除劳动关系的证明，及时到指定的公共就业服务机构办理失业登记。失业人员凭失业登记证明和个人身份证明，到社会保险经办机构办理领取失业保险金的手续。失业保险金领取期限自办理失业登记之日起计算。

失业人员符合下列条件的，可从失业保险基金中领取失业保险金：

（1）失业前用人单位和本人已经缴纳失业保险费满一年的；

（2）非因本人意愿中断就业的；

（3）已经进行失业登记并有求职要求的。

失业人员在领取失业保险金期间，按照规定同时享受其他失业保险待遇。失业保险金由社会保险经办机构按月发放。

失业人员在领取失业保险金期间，参加职工基本医疗保险，享受基本医疗保险待遇。失业人员在领取失业保险金期间患病就医的，可以按照规定向社会保险经办机构申请领取医疗补助金。

失业人员在领取失业保险金期间死亡的，其家属可持失业人员死亡证明、领取人身份证明、与失业人员的关系证明，按规定向经办机构领取一次性丧葬补助金和其供养配偶、直系亲属的抚恤金。失业人员当月尚未领取的失业保险金可由其家属一并领取。死亡的失业人员同时符合领取基本养老保险、工伤保险、失业保险丧葬补助金和抚恤金条件的，其遗属只能选择领取其中的一项。

失业人员在领取失业保险金期间有下列情形之一的，停止领取失业保险金，并同时停止享受其他失业保险待遇：

（1）重新就业的；

（2）应征服兵役的；

（3）移居境外的；

（4）享受基本养老保险待遇的；

（5）无正当理由，拒不接受当地人民政府指定部门或者机构介绍的适当工作或者提供的培训的。

例证　11-5

2019 年 5 月 1 日起，社保费率要这样降

2019 年 4 月 1 日，国务院办公厅印发的《降低社会保险费率综合方案》，是为贯彻落实党中央、国务院决策部署，降低社保费率、完善社保制度，稳步推进社保费征收体制改革而制定的。该方案明确了关于养老保险、失业保险、工伤保险和社保缴纳基数等方面的新政策。

在养老保险方面，自 2019 年 5 月 1 日起，降低城镇职工养老保险（包括企业和机关事业单位基本养老保险）单位缴费比例。各地企业职工基本养老保险单位缴费比例高于 16%的，可降至 16%；低于 16%的，要研究提出过渡办法。省内单位缴费比例不统一的，高于 16%的地市可降至 16%；低于 16%的，要研究提出过渡办法。目前暂不调整单位缴费比例的地区，要按照公平统一的原则，研究提出过渡方案。各地机关事业单位基本养老保险单位缴费比例可降至 16%。在失业保险方面，自 2019 年 5 月 1 日起，实施失业保险总费率 1%的省份，延长阶段性降低失业保险费率的期限至 2020 年 4 月 30 日。在工伤保险方面，按照《人力资源社会保障部 财政部关于阶段性降低社会保险费率的通知》（人社部发〔2016〕36 号）已纳入降费范围的统筹地区，原则上继续实施，保持力度不减。此前未纳入降费范围但截至 2018 年底累计结余可支付月数达到阶段性降费条件的统筹地区，要按规定下调费率，确保将符合条件的统筹地区全部纳入降费范围。阶段性降费率期间，费率确定后，一般不做调整。另外，在调整就业人员平均工资计算口径方面，

各省应以本省城镇非私营单位就业人员平均工资和城镇私营单位就业人员平均工资加权计算的全口径城镇单位就业人员平均工资，核定社保个人缴费基数上下限，合理降低部分参保人员和企业的社保缴费基数。调整就业人员平均工资计算口径后，为保证新退休人员待遇水平平稳衔接，人力资源社会保障部、财政部将提出基本养老金计发办法的过渡措施，并加强对各地的指导。在完善个体工商户和灵活就业人员缴费基数政策方面，个体工商户和灵活就业人员参加企业职工基本养老保险，按照调整计算口径后的本地全口径城镇单位就业人员平均工资，核定社保个人缴费基数上下限，允许缴费人在 60%至300%之间选择适当的缴费基数，以减轻其缴费负担、促进参保缴费。

（资料来源：关于贯彻落实《降低社会保险费率综合方案》的通知[EB/OL]．（2019-04-28）．http://www.chinatax.gov.cn/n810341/n810755/c4299407/content.html.）

六、生育保险的一般性规定

（一）生育保险缴纳

根据《社会保险法》的规定，职工应当参加生育保险，由用人单位按照国家规定缴纳生育保险费，职工不缴纳生育保险费。

（二）生育保险待遇

根据《社会保险法》的规定，用人单位已经缴纳生育保险费的，其职工享受生育保险待遇；职工未就业配偶按照国家规定享受生育医疗费用待遇，所需资金从生育保险基金中支付。

生育保险待遇包括生育医疗费用和生育津贴。生育医疗费用包括下列各项：

（1）生育的医疗费用；

（2）计划生育的医疗费用；

（3）法律、法规规定的其他项目费用。

生育津贴按照职工所在用人单位上年度职工月平均工资计发。

职工有下列情形之一的，可以按照国家规定享受生育津贴：

（1）女职工生育享受产假；

（2）享受计划生育手术休假；

（3）法律、法规规定的其他情形。

（三）生育保险实施新规

2019 年 3 月，国务院办公厅颁布的《关于全面推进生育保险和职工基本医疗保险合并实施的意见》指出，全面推进生育保险和职工基本医疗保险（以下统称两项保险）合并实施，实现参保同步登记、基金合并运行、征缴管理一致、监督管理统一、经办服务一体化。该意见明确了"保留险种、保障待遇、统一管理、降低成本"两项保险合并实施的总体要求，明确了"四统一、两确保"的政策措施。

（1）统一参保登记。参加职工基本医疗保险的在职职工同步参加生育保险。

（2）统一基金征缴和管理。生育保险基金并入职工基本医疗保险基金，统一征缴，统筹层次一致。按照用人单位参加生育保险和职工基本医疗保险的缴费比例之和确定新的用人单位职工基本医疗保险费率，个人不缴纳生育保险费。

（3）统一医疗服务管理。生育保险和职工基本医疗保险两项保险合并实施后实行统一定点医疗服务管理，执行基本医疗保险、工伤保险、生育保险药品目录以及基本医疗保险诊疗项目和医疗服务设施范围。生育医疗费用原则上实行医疗保险经办机构与定点医疗机构直接结算。

（4）统一经办和信息服务。经办管理统一由基本医疗保险经办机构负责，实行信息系统一体化运行。

（5）确保职工生育期间生育保险待遇不变。参保人员生育医疗费用、生育津贴等各项生育保险待遇按现行法律法规执行，所需资金从职工基本医疗保险基金中支付。

（6）确保制度可持续。各地要增强基金统筹共济能力，增强风险防范意识和制度保障能力，合理引导预期，完善生育保险监测指标，根据生育保险支出需求建立费率动态调整机制。

同时，要求各地要高度重视生育保险和职工基本医疗保险合并实施工作，根据当地生育保险和职工基本医疗保险参保人群差异、基金支付能力、待遇保障水平等因素进行综合分析和研究，周密组织实施，确保参保人员相关待遇不降低、基金收支平衡，保证平稳过渡。各省（自治区、直辖市）要加强工作部署，督促指导各统筹地区加快落实，2019 年年底前实现两项保险合并实施。

七、残疾人就业保障金的一般性规定

（一）残疾人就业保障金的缴纳

残疾人就业保障金简称残保金，是为保障残疾人权益，由未按规定安排残疾人就业的机关、团体、企业、事业单位和民办非企业单位缴纳的资金。由用人单位所在地的地方税务局负责征收，没有分设地方税务局的地方，由国家税务局负责征收。

（二）残疾人就业保障金的征收标准

1．人数要求

用人单位安排残疾人就业的比例不得低于本单位在职职工总数的 1.5%，具体比例由各省、自治区、直辖市人民政府根据本地区的实际情况而定（如北京为 1.7%，上海为 1.6%）。用人单位安排残疾人就业达不到所在地省、自治区、直辖市人民政府规定比例的，应当缴纳残保金。

2．雇佣要求

用人单位将残疾人录用为在编人员或依法与就业年龄段内的残疾人签订一年以上（含一年）劳动合同（服务协议），且实际支付的工资不低于当地最低工资标准，并足额缴纳社会保险费的，方可计入用人单位所安排的残疾人就业人数。

用人单位安排一名持有《中华人民共和国残疾人证》（1~2 级）或《中华人民共和国残疾军人证》（1~3 级）的人员就业的，按照安排两名残疾人就业计算。

用人单位跨地区招用残疾人的，应当计入所安排的残疾人就业人数。

3．费用计算

保障金按上年度用人单位安排残疾人就业未达到规定比例的差额人数和本单位在职职工年平均工资之积计算缴纳。计算公式为

保障金年缴纳额=(上年度用人单位在职职工人数×所在地省、自治区、直辖市人民政府规定的安排残疾人就业比例－上年用人单位实际安排的残疾人及就业人数)×上年用人单位在职职工年平均工资。

举例：北京地区残疾人保障金的征收标准：应缴纳的保障金=(上年度用人单位在职职工总数×1.7%－上年度用人单位实际安排残疾人就业人数)×上年度用人单位在职职工年平均工资。

假定位于北京的一家公司上年度职工年平均工资为 80 000 元，单位上年度在职职工总数为 200 人，无残疾人，则根据公式计算可知，应缴纳的保障金=200×80 000×1.7%=272 000 元。

（三）残疾人就业保障金的使用管理

残疾人就业保障金纳入地方一般公共预算统筹安排，主要用于支持残疾人就业和保障残疾人生活，支持方向包括以下几个方面。

（1）残疾人职业培训、职业教育和职业康复支出。

（2）残疾人就业服务机构提供残疾人就业服务和组织职工职业技能竞赛（含展能活动）支出。补贴用人单位安排残疾人就业所需设施社保购置、改造和支持性服务费用、

补贴辅助性就业机构建设和运行费用。

（3）残疾人从事个体经营、自主创业、灵活就业的经营场所租赁、启动资金、设施设备购置补贴和小额贷款贴息、各种形式就业残疾人的社会保险缴费补贴和用人单位岗位补贴。扶持农村残疾人从事种植、养殖、手工业及其他形式生产劳动。

（4）奖励超比例安排残疾人就业的用人单位，以及为安排残疾人就业做出显著成绩的单位或个人。

（5）对从事公益性岗位就业、辅助性就业、灵活就业，收入达不到当地最低工资标准、生活确有困难的残疾人的救济补贴。

（6）经地方人民政府及其财政部门批准用于促进残疾人就业和保障困难残疾人、重度残疾人生活等其他支出。

第四节　我国有关住房公积金的法律规定

目前，我国关于住房公积金的法律法规主要是《住房公积金管理条例》。该条例是为了加强对住房公积金的管理，维护住房公积金所有者的合法权益，促进城镇住房建设，提高城镇居民的居住水平而制定的。本节结合《住房公积金管理条例》，主要介绍我国有关住房公积金的相关法律规定。

一、住房公积金的一般性规定

（一）住房公积金法定概念

依据《住房公积金管理条例》，住房公积金是指国家机关、国有企业、城镇集体企业、外商投资企业、城镇私营企业及其他城镇企业、事业单位、民办非企业单位、社会团体及其在职职工缴存的长期住房储金。

职工个人缴存的住房公积金和职工所在单位为职工缴存的住房公积金，属于职工个人所有。住房公积金应当用于职工购买、建造、翻建、大修自住住房，任何单位和个人不得挪作他用。

（二）住房公积金法规修订

目前，我国仍在使用 2002 年修改施行的《住房公积金管理条例》，十多年过去了，国情早已发生变化。因此，为了进一步加强对住房公积金的管理，2015 年，住房城乡建设部起草了《住房公积金管理条例（修订送审稿）》并报请国务院审议，国务院法制办就该文件公开征求意见。然而征求意见期过去了，到目前为止新修订的条例仍没有正式出台。2019 年 3 月 24 日《国务院关于修改部分行政法规的决定》修订了《住房公积金管理条例》中的部分条款，主要是针对条例当中的第十三条第二款、第十四条、第十五条进行了修订。需要注意的是，此次修订是以 2002 年的版本为基础的，因此，2002 年的《住房公积金管理条例》仍然有效。

二、住房公积金的缴存与使用

（一）住房公积金缴存

根据《住房公积金管理条例》，职工和单位住房公积金的缴存比例均不得低于职工上一年度月平均工资的 5%；有条件的城市，可以适当提高缴存比例。具体缴存比例由住房公积金管理委员会拟订，经本级人民政府审核后，报省、自治区、直辖市人民政府批准。住房公积金自存入职工住房公积金账户之日起按照国家规定的利率计息。

1．对单位的规定

根据《住房公积金管理条例》，单位应当向住房公积金管理中心办理住房公积金缴存登记，并为本单位职工办理住房公积金账户设立手续。每个职工只能有一个住房公积金账户。

新设立的单位应当自设立之日起 30 日内向住房公积金管理中心办理住房公积金缴存登记，并自登记之日起 20 日内，为本单位职工办理住房公积金账户设立手续。单位合并、分立、撤销、解散或者破产的，应当自发生上述情况之日起 30 日内由原单位或者清算组织向住房公积金管理中心办理变更登记或者注销登记，并自办妥变更登记或者注销登记之日起 20 日内，为本单位职工办理住房公积金账户转移或者封存手续。

单位录用职工的，应当自录用之日起 30 日内向住房公积金管理中心办理缴存登记，并办理职工住房公积金账户的设立或者转移手续。单位与职工终止劳动关系的，单位应当自劳动关系终止之日起 30 日内向住房公积金管理中心办理变更登记，并办理职工住房公积金账户转移或者封存手续。

单位为职工缴存的住房公积金的月缴存额为职工本人上一年度月平均工资乘以单位住房公积金缴存比例。单位新调入的职工从调入单位发放工资之日起缴存住房公积金，月缴存额为职工本人当月工资乘以职工住房公积金缴存比例。

职工个人缴存的住房公积金，由所在单位每月从其工资中代扣代缴。单位应当于每月发放职工工资之日起 5 日内将单位缴存的和为职工代缴的住房公积金汇缴到住房公积金专户内，由受委托银行计入职工住房公积金账户。

单位应当按时、足额缴存住房公积金，不得逾期缴存或者少缴。对缴存住房公积金确有困难的单位，经本单位职工代表大会或者工会讨论通过，并经住房公积金管理中心审核，报住房公积金管理委员会批准后，可以降低缴存比例或者缓缴；待单位经济效益好转后，再提高缴存比例或者补缴缓缴。

单位为职工缴存的住房公积金，按照下列规定列支：①机关在预算中列支；②事业单位由财政部门核定收支后，在预算或者费用中列支；③企业在成本中列支。

2．对职工的规定

根据《住房公积金管理条例》，职工住房公积金的月缴存额为职工本人上一年度月平均工资乘以职工住房公积金缴存比例。新参加工作的职工从参加工作的第二个月开始缴存住房公积金，月缴存额为职工本人当月工资乘以职工住房公积金缴存比例。

例证　11-6

华为住房公积金比例从 12% 降至 5%

2018 年 7 月底，有网友发帖称："千万不要来（北京）华为，住房公积金比例从 12% 突降到 5%，没有任何通知，相当于每个月降薪好几千，没法干了！"事实上，（北京）华为这次"降比例"并没有违反任何政策规定。按国家规定，2017 住房公积金年度北京地区企业住房公积金缴存比例调整为 5%~12%，企业可根据自身经济情况在规定范围内确定具体缴存比例。但是，为什么此次华为下调住房公积金缴存比例会引发员工如此强烈的反应呢？据报道，（北京）华为此次下调公积金缴纳比例的举动，事先并未让广大员工知情，这也是引发舆论关注的主因之一。甚至有网友在某论坛发布帖子控诉："公司这一制度没有征兆、没有讨论，让人寒心。"但也有华为员工如此留言："华为一直是按最低标准缴的，北京之前最低的缴存比例是 12%，现在调低了，华为立马跟进。深圳最低的缴存比例一直是 5%，公司地址位于其他城市的华为基本也是按当地的最低标准来缴纳住房公积金。"对此，华为也进行了强势的回应："公司始终鼓励员工的收入依靠其劳动贡献所得，避免法定性保障福利化。"然而，对于这一解释，员工似乎并不能接受，因为不满公司在没有充分沟通的情况下就调低住房公积金缴存比例。此次（北京）华为将公积金缴纳比例降至 5%，节省了一大笔人力成本，不知道是否会引发其他企业跟风呢？

（资料来源：华为公积金比例从 12% 降至 5%，你能接受公司下调公积金吗？ [EB/OL]．（2018-08-05）．http://new.qq.com/omn/20180805/20180805A1FC4N.html．）

（二）住房公积金提取使用

1．住房公积金提取的分类

住房公积金提取，是指缴存人按照公积金提取的要求，到办理公积金提取的相关部门办理公积金提取手续，将公积金账户内的部分或全部金额提取到个人银行账户的行为。办理公积金提取，需提前到指定银行申领公积金联名卡，提取的公积金将直接转入联名卡储蓄账户中。

住房公积金提取可分为约定提取、部分提取和销户提取三种类型。

（1）约定提取。住房公积金约定提取是指因购买、建造、翻建、大修自住住房及偿还住房贷款本息等情况而办理公积金提取的职工及其配偶，向公积金管理中心提出相关申请，按照申请时填写的约定时间，由公积金管理中心按时将提取的公积金转入职工本人的公积金联名卡储蓄账户中。

（2）部分提取。住房公积金部分提取是指公积金的缴存人按照公积金部分提取的要求，申办公积金的部分提取。最高可提取额为账户总金额减 10 元。

（3）销户提取。第一，符合住房公积金提取中销户提取的条件有以下几个：①离退休：应当提供离退休证或劳动部门的相关证明、提取人身份证；②户口迁出本市：应当提供公安部门出具的户口迁出证明、提取人身份证；③出国定居：应当提供户口注销证明；④丧失劳动能力且解除劳动合同：应当提供劳动部门提供的职工丧失劳动能力鉴定及单位解除劳动合同证明、提取人身份证；⑤进城务工人员与单位解除劳动关系：应当提供户口证明和解除劳动关系的证明；⑥职工在职期间被判处死刑、无期徒刑或有期徒刑刑期期满时达到国家法定退休年龄：应当提供人民法院判决书；⑦职工死亡或者被宣告死亡：应当提供职工死亡证明，若其继承人、受遗赠人提取的，还需提供公证部门对该继承权或受遗赠权出具的公证书或人民法院做出的判决书、裁定书或调解书。第二，公积金提取中销户提取的办理：公积金提取的销户公积金提取和银行账户的销户取款相类似，办理销户提取时按公积金提取中销户提取的要求，填写销户提取申请书，然后到公积金提取的管理部门办理即可。

2. 住房公积金的提取条件

职工在职期间可以提取住房公积金，不过提取是有要求的。根据《住房公积金管理条例》第五条，住房公积金应当用于职工购买、建造、翻建、大修自住住房，任何单位和个人不得挪作他用。

根据《住房公积金管理条例》第二十四条，职工有下列情形之一的，可以提取职工住房公积金账户内的存储余额：

（1）购买、建造、翻建、大修自住住房的；

（2）离休、退休的；

（3）完全丧失劳动能力，并与单位终止劳动关系的；

（4）出境定居的；

（5）偿还购房贷款本息的；

（6）房租超出家庭工资收入规定比例的。

依照上述（2）、（3）、（4）项规定提取职工住房公积金的，应当同时注销职工住房公积金账户。职工死亡或者被宣告死亡的，职工的继承人、受遗赠人可以提取职工住房公积金账户内的存储余额；无继承人也无受遗赠人的，职工住房公积金账户内的存储余额纳入住房公积金的增值收益。

职工提取住房公积金账户内的存储余额的，所在单位应当予以核实，并出具提取证明。职工应当持提取证明向住房公积金管理中心申请提取住房公积金。住房公积金管理中心应当自受理申请之日起 3 日内做出准予提取或者不准提取的决定，并通知申请人；准予提取的，由受委托银行办理支付手续。

3．住房公积金的提取流程

住房公积金提取的具体流程如图 11-1 所示。

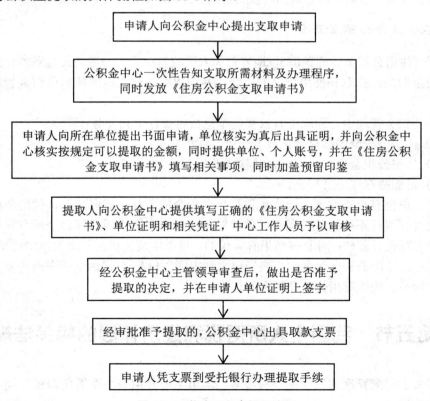

图 11-1 住房公积金提取流程

三、住房公积金的管理与监督

（一）住房公积金管理

根据《住房公积金管理条例》，住房公积金管理中心在保证住房公积金提取和贷款的前提下，经住房公积金管理委员会批准，可以将住房公积金用于购买国债。住房公积金的增值收益应当存入住房公积金管理中心在受委托银行开立的住房公积金增值收益专户，用于建立住房公积金贷款风险准备金、住房公积金管理中心的管理费用和建设城市廉租住房的补充资金。

住房公积金管理中心的管理费用，由住房公积金管理中心按照规定的标准编制全年预算支出总额，报本级人民政府财政部门批准后，从住房公积金增值收益中上交本级财政，由本级财政拨付。住房公积金管理中心的管理费用标准，由省、自治区、直辖市人民政府建设行政主管部门会同同级财政部门按照略高于国家规定的事业单位费用标准制定。

（二）住房公积金监督

根据《住房公积金管理条例》，地方有关人民政府财政部门应当加强对本行政区域内住房公积金归集、提取和使用情况的监督，并向本级人民政府的住房公积金管理委员会通报。

住房公积金管理中心和职工有权督促单位按时履行下列义务：

（1）住房公积金的缴存登记或者变更、注销登记；

（2）住房公积金账户的设立、转移或者封存；

（3）足额缴存住房公积金。

职工、单位有权查询本人、本单位住房公积金的缴存、提取情况，住房公积金管理中心、受委托银行不得拒绝。职工、单位对住房公积金账户内的存储余额有异议的，可以申请受委托银行复核；对复核结果有异议的，可以申请住房公积金管理中心重新复核。受委托银行、住房公积金管理中心应当自收到申请之日起 5 日内给予书面答复。职工有权揭发、检举、控告挪用住房公积金的行为。

第五节　我国个人所得税和经济补偿的相关法规

我国关于薪酬管理的法律法规有很多，本节主要介绍有关个人所得税、经济补偿的相关法律法规。

一、个人所得税的一般性规定

（一）个人所得税法定概念

《个人所得税法》规定，在中国境内有住所，或者无住所而一个纳税年度内在中国境内居住累计满一百八十三天的个人，为居民个人。居民个人从中国境内和境外取得的所得，依照本法规定缴纳个人所得税。在中国境内无住所又不居住，或者无住所而一个纳税年度内在中国境内居住累计不满一百八十三天的个人，为非居民个人。非居民个人从中国境内取得的所得，依照本法规定缴纳个人所得税。纳税年度，自公历一月一日起至十二月三十一日止。

应当缴纳个人所得税的个人所得包括：

（1）工资、薪金所得；

（2）劳务报酬所得；

（3）稿酬所得；

（4）特许权使用费所得；

（5）经营所得；

（6）利息、股息、红利所得；

（7）财产租赁所得；

（8）财产转让所得；

（9）偶然所得。

居民个人取得前款第（1）项至第（4）项所得（以下称综合所得），按纳税年度合并计算个人所得税；非居民个人取得前款第（1）项至第（4）项所得，按月或者按次分项计算个人所得税。纳税人取得第（5）项至第（9）项所得，依照本法规定分别计算个人所得税。

（二）个人所得税应纳税所得额计算

1. 个人所得税的税率

（1）综合所得，适用 3%~45%的超额累进税率（见表 11-1）；

（2）经营所得，适用 5%~35%的超额累进税率（见表 11-2）；

（3）利息、股息、红利所得，财产租赁所得，财产转让所得和偶然所得，适用比例税率，税率为 20%。

表 11-1　个人所得税税率表一（综合所得适用）

级　数	全年应纳税所得额	税率（%）
1	不超过 36 000 元的	3
2	超过 36 000 元至 144 000 元的部分	10
3	超过 144 000 元至 300 000 元的部分	20
4	超过 300 000 元至 420 000 元的部分	25
5	超过 420 000 元至 660 000 元的部分	30
6	超过 660 000 元至 960 000 元的部分	35
7	超过 960 000 元的部分	45

注1：本表所称全年应纳税所得额是指依照《个人所得税法》第六条的规定，居民个人取得综合所得以每一纳税年度收入额减除费用六万元以及专项扣除、专项附加扣除和依法确定的其他扣除后的余额。

注2：非居民个人取得工资、薪金所得，劳务报酬所得，稿酬所得和特许权使用费所得，依照本表按月换算后计算应纳税额。

表 11-2　个人所得税税率表二（经营所得适用）

级　数	应纳税所得额（年）	税率（%）
1	不超过 30 000 元的	5
2	超过 30 000 元至 90 000 元的部分	10
3	超过 90 000 元至 300 000 元的部分	20
4	超过 300 000 元至 500 000 元的部分	30
5	超过 500 000 元的部分	35

注：本表所称全年应纳税所得额是指依照《个人所得税法》第六条的规定，以每一纳税年度的收入总额减除成本、费用以及损失后的余额。

2. 免征个人所得税的情形

根据《个人所得税法》，下列各项个人所得免征个人所得税：

（1）省级人民政府、国务院部委和中国人民解放军军以上单位，以及外国组织、国际组织颁发的科学、教育、技术、文化、卫生、体育、环境保护等方面的奖金；

（2）国债和国家发行的金融债券利息；

（3）按照国家统一规定发给的补贴、津贴；

（4）福利费、抚恤金、救济金；

（5）保险赔款；

（6）军人的转业费、复员费、退役金；

（7）按照国家统一规定发给干部、职工的安家费、退职费、基本养老金或者退休费、离休费、离休生活补助费；

（8）依照有关法律规定应予免税的各国驻华使馆、领事馆的外交代表、领事官员和其他人员的所得；

（9）中国政府参加的国际公约、签订的协议中规定免税的所得；

（10）国务院规定的其他免税所得。

免税规定，由国务院报全国人民代表大会常务委员会备案。

3．减征个人所得税的情形

根据《个人所得税法》，有下列情形之一的可以减征个人所得税，具体幅度和期限，由省、自治区、直辖市人民政府规定，并报同级人民代表大会常务委员会备案：

（1）残疾、孤老人员和烈属的所得；

（2）因自然灾害遭受重大损失的。

国务院可以规定其他减税情形，报全国人民代表大会常务委员会备案。

4．应纳税所得额的计算

（1）居民个人的综合所得，以每一纳税年度的收入额减除费用六万元以及专项扣除、专项附加扣除和依法确定的其他扣除后的余额，为应纳税所得额。换言之，个税起征点确定为每月五千元。

（2）非居民个人的工资、薪金所得，以每月收入额减除费用五千元后的余额为应纳税所得额；劳务报酬所得、稿酬所得、特许权使用费所得，以每次收入额为应纳税所得额。

（3）经营所得，以每一纳税年度的收入总额减除成本、费用以及损失后的余额，为应纳税所得额。

（4）财产租赁所得，每次收入不超过四千元的，减除费用八百元；四千元以上的，减除百分之二十的费用，其余额为应纳税所得额。

（5）财产转让所得，以转让财产的收入额减除财产原值和合理费用后的余额，为应纳税所得额。

（6）利息、股息、红利所得和偶然所得，以每次收入额为应纳税所得额。

劳务报酬所得、稿酬所得、特许权使用费所得以收入减除百分之二十的费用后的余额为收入额。稿酬所得的收入额减按百分之七十计算。

个人将其所得对教育、扶贫、济困等公益慈善事业进行捐赠，捐赠额未超过纳税人申报的应纳税所得额百分之三十的部分，可以从其应纳税所得额中扣除；国务院规定对公益慈善事业捐赠实行全额税前扣除的，从其规定。

第（1）项规定的专项扣除，包括居民个人按照国家规定的范围和标准缴纳的基本养老保险、基本医疗保险、失业保险等社会保险费和住房公积金等；专项附加扣除，包括子女教育、继续教育、大病医疗、住房贷款利息或者住房租金、赡养老人等支出，具体范围、标准和实施步骤由国务院确定，并报全国人民代表大会常务委员会备案。

居民个人从中国境外取得的所得，可以从其应纳税额中抵免已在境外缴纳的个人所得税税额，但抵免额不得超过该纳税人境外所得依照本法规定计算的应纳税额。

5. 纳税调整

根据《个人所得税法》，有下列情形之一的，税务机关有权按照合理方法进行纳税调整：

（1）个人与其关联方之间的业务往来不符合独立交易原则而减少本人或者其关联方应纳税额，且无正当理由；

（2）居民个人控制的，或者居民个人和居民企业共同控制的设立在实际税负明显偏低的国家（地区）的企业，无合理经营需要，对应当归属于居民个人的利润不作分配或者减少分配；

（3）个人实施其他不具有合理商业目的的安排而获取不当税收利益。

税务机关依照前款规定做出纳税调整，需要补征税款的，应当补征税款并依法加收利息。

二、经济补偿的一般性规定

经济补偿，即用人单位依照法律法规，与劳动者解除或终止劳动合同时，应当支付给劳动者经济上的补助。关于经济补偿，我国的《劳动法》《劳动合同法》等法律法规当中都有条款提及，以下介绍其中的主要规定。

（一）给予经济补偿的主要情形

用人单位应当给予劳动者经济补偿的情形包括但不限于以下情形，其仍然存在法律、行政法规规定的其他情形。

1. 用人单位提出解除劳动合同

用人单位向劳动者提出解除劳动合同并与劳动者协商一致解除劳动合同的，用人单位应根据劳动者在本单位工作年限，每满一年发给相当于一个月工资的经济补偿金，最多不超过十二个月。工作时间不满一年的按一年的标准发给经济补偿金。

2. 用人单位经营不善

用人单位因濒临破产进行法定整顿期间或者生产经营状况发生严重困难而裁减人员的，用人单位按被裁减人员在本单位工作的年限支付经济补偿金，在本单位工作的时间每满一年，发给相当于一个月工资的经济补偿金。用人单位因被依法宣告破产，或因被吊销营业执照、责令关闭、撤销，或因决定提前解散，而与劳动者终止劳动合同的，用人单位也应当向劳动者支付经济补偿。

3．不能胜任工作

因下列情形之一，用人单位与劳动者解除劳动合同的，用人单位应当依照国家有关规定给予经济补偿。

（1）劳动者患病或者非因工负伤，经劳动鉴定委员会确认不能从事原工作，也不能从事用人单位另行安排的工作而解除劳动合同的，用人单位应按其在本单位的工作年限，每满一年发给相当于一个月工资的经济补偿金，同时还应发给不低于六个月工资的医疗补助费。

（2）劳动者不能胜任工作，经过培训或者调整工作岗位仍不能胜任工作，由用人单位解除劳动合同的，用人单位应按其在本单位工作的年限，工作时间每满一年，发给相当于一个月工资的经济补偿金，最多不超过十二个月。

（3）劳动合同订立时所依据的客观情况发生重大变化，致使原劳动合同无法履行，经当事人协商不能就变更劳动合同达成协议，由用人单位解除劳动合同的，用人单位按劳动者在本单位工作的年限，工作时间每满一年发给相当于一个月工资的经济补偿金。

4．用人单位侵权

用人单位有下列侵害劳动者合法权益情形之一的，由劳动行政部门责令支付劳动者的工资报酬、经济补偿，并可以责令支付赔偿金：

（1）克扣或者无故拖欠劳动者工资的；

（2）拒不支付劳动者延长工作时间工资报酬的；

（3）低于当地最低工资标准支付劳动者工资的；

（4）解除劳动合同后，未依照《劳动法》规定给予劳动者经济补偿的。

用人单位因有下列情形之一，劳动者与用人单位解除劳动合同的，用人单位应当向劳动者支付经济补偿：

（1）未按照劳动合同约定提供劳动保护或者劳动条件的；

（2）未及时足额支付劳动报酬的；

（3）未依法为劳动者缴纳社会保险费的；

（4）用人单位的规章制度违反法律、法规的规定，损害劳动者权益的；

（5）因以欺诈、胁迫的手段或者乘人之危，使对方在违背真实意思的情况下订立或者变更劳动合同致使劳动合同无效的；

（6）法律、行政法规规定劳动者可以解除劳动合同的其他情形。

5．竞业限制

竞业限制是《中华人民共和国劳动合同法》的重要内容，根据本法第二十三条、二十四条的规定，它是用人单位对负有保守用人单位商业秘密的劳动者，在劳动合同、知识产权权利归属协议或技术保密协议中约定的竞业限制条款。具体来说，是指用人单位和知悉本单位商业秘密或者其他对本单位经营有重大影响的劳动者在终止或解除劳动合同后的，一定期限内不得在生产同类产品、经营同类业务或有其他竞争关系的用人单位任职，也不得自己生产与原单位有竞争关系的同类产品或经营同类业务。限制时间由当事人事先约定，但不得超过二年。竞业限制条款在劳动合同中为延迟生效条款，也就是劳动合同的其他条款法律约束力终结后，该条款开始生效。

根据《中华人民共和国劳动合同法》第二十三条，用人单位与劳动者可以在劳动合同中约定保守用人单位的商业秘密和与知识产权相关的保密事项。对负有保密义务的劳动者，用人单位可以在劳动合同或者保密协议中与劳动者约定竞业限制条款，并约定在解除或者终止劳动合同后，在竞业限制期限内按月给予劳动者经济补偿。劳动者违反竞业限制约定的，应当按照约定向用人单位支付违约金。

例证　11-7

从腾讯离职而引发的天价赔偿案

腾讯游戏前高级研发人才徐先生，在腾讯游戏任职期间及离职后，成立自己的公司并研发出多款与腾讯研发的游戏相似的游戏产品，其中一款游戏与《王者荣耀》具有高度相似性。腾讯质疑徐先生的行为违反了双方签订的劳动合同中的竞业限制条款，因此要求徐先生承担违约责任并将徐先生诉至法院。上海一中院二审判决徐先生依约返还腾讯1940万，这一数额创下此类案件的最高赔偿纪录。在这起案件的背后，揭示了互联网行业激烈的"人才"之争及利益角逐。包括腾讯在内的诸多互联网公司，在与员工签订劳动合同时，均设置了竞业限制条款。条款的基本模式是：员工在离职后的一定期限内，不能进入"竞争对手"的企业工作；公司可以为此支付竞业限制补偿金。负有竞业限制义务的人员，一旦被认定存在违反义务的行为，必须承担相关责任；即使未造成原用人单位的损失，也需要承担违约责任。通过检索中国裁判文书网可以发现，互联网行业的竞业限制案件呈多发趋势，且高赔偿额逐渐成为常态。这些案件大多表现为离职员工拿了竞业补偿金后，在竞业限制期限还没结束之前就进入了"竞争对手"的企业并从事与之前相同或相似的业务工作。

（资料来源：离职引发天价赔偿案竞业限制瞄准这类员工[EB/OL]．（2018-08-05）．https://www.yicai.com/news/100006762.html．）

6.　劳动合同期满

除用人单位维持或者提高劳动合同约定条件续订劳动合同，劳动者不同意续订的情形外，因劳动合同期满而终止固定期限劳动合同的，用人单位应当向劳动者支付经济补偿。

7. 法律责任

用人单位有下列情形之一的，由劳动行政部门责令限期支付劳动报酬、加班费或者经济补偿；劳动报酬低于当地最低工资标准的，应当支付其差额部分；逾期不支付的，责令用人单位按应付金额百分之五十以上百分之一百以下的标准向劳动者加付赔偿金：

（1）未按照劳动合同的约定或者国家规定及时足额支付劳动者劳动报酬的；

（2）低于当地最低工资标准支付劳动者工资的；

（3）安排加班不支付加班费的；

（4）解除或者终止劳动合同，未依照《劳动合同法》规定向劳动者支付经济补偿的。

对不具备合法经营资格的用人单位的违法犯罪行为，依法追究法律责任；劳动者已经付出劳动的，该单位或者其出资人应当依照本法有关规定向劳动者支付劳动报酬、经济补偿、赔偿金；给劳动者造成损害的，应当承担赔偿责任。

需要注意的是，在非全日制用工情况下，双方当事人任何一方都可以随时通知对方终止用工，且用人单位不必因终止用工而向劳动者支付经济补偿。

（二）经济补偿标准

根据《劳动合同法》第四十七条，经济补偿按劳动者在本单位工作的年限，每满一年支付一个月工资的标准向劳动者支付。六个月以上不满一年的，按一年计算；不满六个月的，向劳动者支付半个月工资的经济补偿。劳动者月工资（指劳动者在劳动合同解除或者终止前十二个月的平均工资）高于用人单位所在直辖市、设区的市级人民政府公布的本地区上年度职工月平均工资三倍的，向其支付经济补偿的标准按职工月平均工资三倍的数额支付，向其支付经济补偿的年限最高不超过十二年。用人单位违反《劳动合同法》规定解除或者终止劳动合同的，应当依照前述规定的经济补偿标准的二倍向劳动者支付赔偿金。

 **本章小结**

1. 我国薪酬立法的主要原则包括按劳分配原则、同工同酬原则、工资水平在经济发展的基础上逐步提高的原则。

2. 我国目前与薪酬管理相关的法律、法规和政策文件有很多，主要包括《劳动法》《劳动合同法》《工资支付暂行规定》《最低工资规定》《社会保险法》《住房公积金管理条例》《个人所得税法》等。

3. 我国有关工资的法律规定主要内容包括：工资的一般性规定、用人单位的工资分配自主权、最低工资保障制度和工资支付制度。

4．我国社会保险的主要项目包括基本养老保险、基本医疗保险、失业保险、工伤保险和生育保险。我国有关社保的法律规定主要包括社会保险费征缴、社会保险基金管理、以及基本养老保险、基本医疗保险、工伤保险、失业保险、生育保险和残疾人就业保险金的一般性规定。

5．我国有关住房公积金的法律规定主要包括：住房公积金的一般性规定、住房公积金的缴存与使用、住房公积金的管理与监督。

6．我国薪酬管理的法律法规中还包括与个人所得税、经济补偿等相关的内容。

@ 网站推荐

1．中华人民共和国人力资源和社会保障部：www.mohrss.gov.cn/index.htm
2．中华人民共和国司法部：www.moj.gov.cn
3．中国政府网：www.gov.cn

思考题

1．简述我国薪酬立法的主要原则。
2．我国有关薪酬管理的主要法律法规有哪些？
3．简述我国主要的社会保险及相关的法律法规。

案例分析

万科重构工资体系 不再论资排辈

经历了股权之争的万科，并没有停止变革的步伐。自 2012 年开启城市配套服务商的新定位以来，与之匹配的顶层制度设计、组织管理变革一直在进化。2017 年发布的万科事业合伙人纲领，可以说是万科在新时代的"基本法"，在这一框架之下，万科在过去几年进行了事业合伙人持股、员工跟投、事件合伙的变革，如今变革已进入深水区。万科内部从 2017 年起到今天，一直都在进行组织重建，最新进行的板块是员工职级工资体系的重构。新的工资体系中最大的亮点是万科在国内首创了"岗位责任工资"，根据评定结果，员工的工资水平可高可低，打破了现行工资体系只上不下的局面。

据了解，此次工资改革覆盖全体员工，重构之后的月薪将由基本工资和岗位责任工资组成，其中基本工资不再与职级绝对挂钩，而以员工的专业能力和工作经验为主要依据，同时考虑社会工资水平而确定。"以教育业务为例，万科请的一个校长以前是当地排名数一数二的中学校长，具有非常强的专业能力和丰富的经验积累，按照新的基本工资体系评估，他可以拿到和董事会主席郁亮一样的基本工资。"万科人力资源系统的知情人士介绍说。

更值得关注的是岗位责任工资的设计，根据员工承担的责任大小、任务多少、风险高低来确定，每年至少评定一次，员工的工资可多可少，现在更强调和专业能力、岗位承担的责任挂钩。上述人士又举例进行说明：深圳公司有个工程师，去西藏负责非物质文化遗产博物馆的援建工程，岗位没变，但环境艰苦、配套资源少、责任大，且具有很大的不确定性，按照新的机制，他在西藏这段时间内应该获得更高的岗位责任工资；当他回到深圳公司后，岗位责任工资就要相应调回来。这意味着，一个专业能力和工作经验非常强的中基层员工，可能基本工资会和高管差不多。岗位责任工资可以根据个人负责的业务和环境变化实行动态调整。据了解，万科此次还将符合标准的外包员工纳入编制，公平对待所有为万科提供服务的人员。

对于员工关心的"重构后工资是涨是降"以及"如何保证公平与合理性"的问题，万科人力资源系统的相关人士表示，这次重构没有改变工资总包，因此不存在普涨或普降；事业合伙人机制推行5年了，绝大多数人是匹配的，此次改革后，80%左右的人员工资和收入变化不会太大；有些人可能涨了一些，也可能有极少数人不合格。至于公平问题，职级与基本工资评定、岗位责任评定、绩效管理将由多方参与、共同评定，不由上级一个人决定；岗位责任评定、绩效管理制度透明，评定结果适度公开；此外还将开通员工咨询和申诉热线，接受监督。

整体来看，万科开创了国内"岗位责任工资"的先例，打破了职级、绩效这种相对固化的工资体系，而采用一种更为灵活、人性化的方式，贯彻"劳有所得，多劳多得，奋斗者文化"的价值观。

值得一提的是，与一般企业自上而下发起变革不同，万科此次月薪结构调整是一次自下而上的变革，传统意义上负责制定薪酬制度的人力资源部，也只是参与者之一，并非决定者。参与过薪酬体系讨论的万科员工告诉记者，关于组织重建、薪酬体系调整的讨论非常激烈，历经了5次集中研讨，总部、各区域、物业等共计300多人参与，中基层员工占比78%，最终制定出大家一致比较认可的方案。

　　（资料来源：万科重构工资体系不再论资排辈[EB/OL].（2018-07-07）. www.sohu.com/a/239797725_313745.）

讨论题：

1. 万科"岗位责任工资"的设置是否符合我国相关的法律法规？为什么？
2. 万科重构工资体系，这一举措对于企业管理者和员工而言，分别有什么启示？

参考文献

[1] 安妮，张晓蕾，周绿林，等. 生育保险与职工基本医疗保险合并实施试点的现状及问题分析[J]. 中国卫生经济，2019，38（3）：31-34.

[2] 晁玉方. 现代薪酬管理——理论、工具方法、实践[M]. 北京：清华大学出版社，2017：432-435.

[3] 贾洪波. 降低社会保险费率与城镇职工基本医疗保险制度结构性改革[J]. 价格理论与实践，2019（3）：12-15+175.

[4] 金露，曲秉春，李盛基. 最低工资制度的劳动供给效应[J]. 税务与经济，2019（02）：44-49.

[5] 理查德·I. 亨德森. 薪酬管理[M]. 刘洪，韦慧民，译. 10 版. 北京：北京师范大学出版社，2013.

[6] 钱雪亚，蒋卓余，胡琼. 社会保险缴费对企业雇佣工资和规模的影响研究[J]. 统计研究，2018，35（12）：68-79.

[7] 乔治·米尔科维奇，杰里·纽曼，巴里·格哈特. 薪酬管理[M]. 成得礼，译. 11 版. 北京：中国人民大学出版社，2014.

[8] 邱立强，王猛. 薪酬管理案头手册[M]. 广州：广东经济出版社，2012.

[9] 托马斯·J. 伯格曼，维达·古尔比纳斯·斯卡佩罗. 薪酬决策[M]. 何营，译. 4 版. 北京：中信出版社，2004.

[10] 王国勇，邹先菊. 贵州国有企业发放加班工资：现状、问题与政策建议[J]. 贵州社会科学，2018（5）：136-141.

[11] 汪润泉，张充. 高费率低待遇与基金失衡：中国社会保险制度困境[J]. 江西财经大学学报，2019（1）：82-94.

[12] 王少东，张国霞，梁小清. 企业薪酬管理[M]. 2 版. 北京：清华大学出版社，2016.

[13] 徐智华. 劳动法学[M]. 北京：北京大学出版社，2008.

[14] 杨广莉，李波. 基于敏感性分析的个税专项附加扣除研究[J]. 财会通讯，2019（8）：125-128.

[15] 约瑟夫·J. 马尔托奇奥. 战略薪酬管理[M]. 刘小刚，童佳，译. 3 版. 北京：中国人民大学出版社，2005.

[16] 张宝生，孙华. 薪酬管理[M]. 北京：北京理工大学出版社，2018.

[17] 郑尚元. 劳动法学[M]. 北京：中国政法大学出版社，2004.

[18] 庄家炽. 从被管理的手到被管理的心——劳动过程视野下的加班研究[J]. 社会学研究，2018，33（3）：74-91+243-244.

[19] 邹丰华，吕康银. 最低工资标准与企业劳动生产率[J]. 税务与经济，2019（1）：42-48.